無錫文庫

第三輯

薛氏族譜采遺
禮社薛氏宗譜

鳳凰出版傳媒集團
鳳凰出版社

ISBN 978-7-5506-0804-7

9 787550 608047 >

圖書在版編目（C I P）數據

薛氏族譜采遺 / (清) 薛福辰纂修. 禮社薛氏宗譜 / 薛國華等纂修. -- 南京 : 鳳凰出版社, 2011.8
（無錫文庫. 第3輯）
ISBN 978-7-5506-0804-7

Ⅰ. ①薛… ②禮… Ⅱ. ①薛… ②薛… Ⅲ. ①氏族譜系－無錫市 Ⅳ. ①K820.9

中國版本圖書館CIP數據核字(2011)第173493號

責任編輯　王　劍
裝幀設計　姜　嵩
出版發行　鳳凰出版傳媒集團
鳳凰出版社(原江蘇古籍出版社)
南京市中央路165號　郵編 210009
發行部電話 025－83223462
集團網址　鳳凰出版傳媒網　http://www.ppm.cn
印　　刷　無錫市證券印刷有限公司
無錫市揚名高新技術產業園B區75號　郵編 214024
開　　本　889×1194毫米　1/16
印　　張　30.25
版　　次　2011年8月第1版　2011年8月第1次印刷
標準書號　ISBN 978-7-5506-0804-7
定　　價　400.00圓
(本書凡印裝錯誤可向承印廠調換,電話:0510－85435666)

無錫文庫工作委員會

顧　問

楊衛澤　毛小平　周和平　譚　躍

主　任

王立人

副主任

曹佳中　陳海燕　吴小平

委　員

方標軍　須　儉　陳堯明　尤文科

何承志　蔡文煜　葉建興　施　展

嚴克勤　劉　川　雷群虎　李祖坤

瞿　敬　華瑞興　周興安　姜小青

無錫文庫編輯委員會

無錫文庫學術顧問

（按姓氏筆畫排列）

朱玉麒　朱維錚　江慶柏　李文海
沈衛榮　武秀成　金良年　胡福明
莫礪鋒　徐中玉　陳熙中　許倬雲
張仲禮　張廷銀　彭　林　程章燦
馮　遠　馮其庸　楊天石　趙生群
劉玉才　錢　遜　錢中文　錢文忠

總序

七千年文明史，三千年建城史，江南名城無錫，襟長江依太湖，自古以來就是魚米之鄉，禮儀之邦。無錫文化自泰伯南奔以來，騰蛟起鳳，尚德崇文，在數千年的傳承發展中，教化常持，經世務實，人杰輩出，大家林立，文藻絢麗，錯彩鏤金。舍南舍北皆春水，欲與湖山作主人，數千年的人文傳統，賦予了風光秀美的無錫以獨特的文化魅力，鑄就了城市剛柔相濟、秀逸清麗的的文化品格。

無錫是中國吴文化的發源地。早在商代晚期，周太王古公亶父的長子泰伯三讓王位，携其弟仲雍奔吴，定居無錫梅里，建『勾吴國』，『端委以治周禮』，施以禮儀教化；興修水利，授以農桑，不數年而『民人殷富』。泰伯帶來的中原文化與無錫本地土著文明相結合，吴文化以及作爲其重要組成部分的無錫文化就此發端。晋室南渡，北方人群大量南遷，帶來了中原的文化技術，促進了無錫農業、水利、手工業和商業的發展，中原文明再度與吴文化進行融合互滲。在本土文化與异地文化的碰撞和交融中，不斷推動着無錫這座城市的文明進步。

無錫歷史文化『迨歷七千餘載歲月滌蕩，遂經四大轉折而成其廣大深厚：泰伯西來，吴文化成焉；永嘉南渡，江左文脉振焉；宋室波遷，江南文風始焉；歐風東漸，錫邑占風氣之先，民族工商文化始焉。數百代鄉彦賢達智慧與創造累積，文獻足徵，無慮百千』（《錫山先哲叢刊》重版弁言）。無錫文化以兼容并蓄多樣化的形態不斷發展。

崇文尚教，以教促文。北宋嘉祐三年（一〇五八），無錫始設縣學；北宋政和元年（一一一一），理學傳人楊時在無錫創建東林書院，此後無錫出現了喻樗、尤袤、李祥、蔣重珍等一批知名的教育家。至明代，顧憲成、高攀龍等在東林書院講學，此後又有許多書院相繼而起。古代無錫對教育的重視，促進了『崇文』和『尚教』的風氣，也造就了大量的人才。自隋朝開創科舉取士到清末廢除科舉，無錫共出了五名狀元、三名榜眼、六名探花和三名傳臚，并有五百四十名進士，一千二百多名舉人；『一榜九進士』、『六科三解元』，自古傳爲佳話。近代以來，經濟的繁榮進一步帶動了教育的興盛。無錫籍國學大師錢穆曾說：『晚清以下，群呼教育救國，無錫一縣最先起。』此後無錫的實業家紛紛出資興辦文化教育事業。教育的繁興，在極大程度上促進了無錫的文化發展，出現了空前的文化人才崛起的高峰。

文脉綿延，後出轉强。歷來『文化』的概念有廣義和狹義之分，這裏的『文脉』之『文』，用的是狹義的概念，即指經史、文學、藝術等人類所創造的精神財富的總和。在無錫的歷史文化傳統中，自古及今，悠悠文脉，如瓜瓞之綿綿。必須指出的是，從文化發生學的角度來看，早期中華文化的中心是在黄河流域的中原地區，無錫在宋元以前，雖有像顧愷之、李紳、尤袤、蔣捷、倪瓚等一批人文英才，但在整體上，無錫的文氣是自明清以迄近現代達到巔峰。在整個江南地區文教昌明和無錫經濟繁盛、教育勃興的大背景下，無錫地區在經史、文學、繪畫、音樂等諸多領域中，建樹卓越，俊才雲蒸，真正呈現出『人文之盛，冠於南國；碩彦輩出，著述繁富』的局面。

求實務本、重工崇商。無錫自古爲江南富庶之地、魚米之鄉。明代東林講學者將士商并列爲『本行』，講求經世致用；近代早期維新的思想家、實踐家薛福成提出『黜浮靡，崇實學』，大力倡揚『工商爲先，耕戰植其基，工商擴其用』的觀念，這些都成了近代以來無錫人求實務本、重工崇商的重要的思想根源；兼以明清時期，封建自然經濟解體，資本主義開始萌芽，無錫經濟日趨繁盛。鴉片戰争以後，上海開埠，由於商品經濟的發展和商業資本積累的增加，逐步形成了一個以上海爲中心的，北接江陰、靖江，西連蘇州、無錫、常州的經濟區域。有布、米、絲、錢『四大碼頭』的無錫，被譽爲『小上海』。到了十九世紀末、二十世紀初，無錫許多有識之士積極引進西方生産技術，大力興辦工廠，形成了近代六大資本系統，無錫成了近代中國民族工商業的發祥地和蘇南經濟中心。經濟的繁盛，不僅爲無錫文化的不斷發展提供了堅實的物質基礎，而且也形成了無錫文化的主流形態之一的，具有鮮明特色和豐富内涵的『工商文化』。

文化源長，文獻宏大。在歷史上，無錫有過兩次較大規模的文化整理。一八九九年，《常州先哲遺書》是包涵無錫在内的第一次區域性文化整理集成。一九二二年，《錫山先哲叢刊》是無錫真正意義上從城市角度進行的一次文化整理。當時，國家積貧積弱，社會動蕩離亂，身處亂世的有識之士高擎文化的旗幟，以縱覽千古的魄力和毅力致力於城市文化傳統的繼承與弘揚，爲無錫地方人文教育提供了文化楷模，對增强無錫崇文興教氛圍發揮了重要的作用，爲無錫躋身江南名城提供了文化動力，其意義至今爲後人感念。

滄桑巨變，天上人間。經過近一個世紀的奮鬥探索，特別是改革開放三十多年來的迅猛發展，中華民族强勢崛起。國運昌隆，盛世修典。中共無錫市委、市政府高度重視地方傳統文化的整理弘揚工作。自二〇〇七年提出『建設文明無錫，打造文化名城』以來，無錫全面深入開展歷史文化遺産的挖掘、清理、保護和修復工作，傳承弘揚優秀傳統文化，彰顯城市人文歷史底藴，掀起歷史文化名城建設新高潮。此後，市委、市政府在《無錫市文化大發展大繁榮行動綱要》中明確要求全面整理出版地方歷史文獻，市委、市政府在《關於深化文化體制改革加快文化强市建設的決定》中再次明確要求編纂《無錫文庫》，正式啓動迄今爲止無錫地區規模最大、綜合性鄉邦文獻集成的修編工作。爲確保《無錫文庫》的編纂工作順利進行，市委、市政府專門成立了『無錫文庫工作委員會』，由市委宣傳部牽頭，設立了『無錫文庫編輯委員會』，計劃用三年時間完成編纂出版工作。《無錫文庫》的編纂，將以嶄新的學術角度和現代學科框架對城市歷史文化進行全面梳理和弘揚，站在時代的高度，充分展示城市深厚的歷史底藴，彰顯先賢哲人的智慧創造，解讀無錫文化的獨特個性，提煉升華無錫的人文精神，光前裕後，古爲今用，以文化人，由人化文，以史爲鑒，開啓未來。

《無錫文庫》的編纂出版必將發揮重要的文化功能：首先是搶救文獻。無錫自古即有豐富的地方文獻，無論經史子集，都有重要著作流傳於世。然而無錫近代歷經戰亂，一些重要典籍已毁佚，僅有書名存留；還有一些珍貴的明清地方史籍，也以孤本存世，處於若存若亡之間。由於各種原因，一些代表無錫文化的典籍保存於國内外各大圖書館中，在無錫不易見到。從清末到民國期間，在文化上有不少重要成果，而這部分書籍因長期被忽視而處於毁佚的邊緣。《無錫文庫》的編纂就是爲了搶救文獻，保存文脉。其次是古籍整理。無錫先賢留下的載籍很多，但現存書籍，版本雜亂，良莠不齊，整體而言没有經過系統編排梳理，使用不便。《無錫文庫》的編纂，就是從版本目録學的角度加以梳理，每書皆撰提要，鉤玄指要，便於閱讀使用。第三是服務大衆。《無錫文庫》所收皆爲地方古史遺文，是研究無錫歷史沿革和文化傳承的必讀書目。《無錫文庫》的編纂出版，使這些書籍的使用更加便捷和廣泛，對無錫的文化建設、城市規劃、古迹保護、名勝開發都具有很高的學術價值和實用價值。

歷史唯物主義觀是《無錫文庫》編纂出版工作的重要指導思想。《無錫文庫》是一部具有社會主義新時代特點的典籍集成，編纂理念和選編觀念更加科學，注重學術性、實用性和經典性相結合，并且儘量收入古籍版本研究的新成果，廣泛收集流散在國内外的珍貴典籍。編纂工作中，始終堅持『尊重歷史、尊重科學、尊重規律、尊重專家』的原則，堅持『雙百』方針，對傳統文化中重要的不同學派、不同觀點的資料兼收并蓄，力求客觀、完整和全面。當然，《無錫文庫》不可能包羅萬象，而以文史哲爲主要内容，兼顧其他類别著述，整體呈現出無錫歷史文化的發展脉絡。强化編纂工作的學術規範，提倡實事求是的良好學風，對文庫的整體規模、體例框架、所收書目、版式裝幀等進行反復論證，反復比較，多方聽取意見，慎之又慎，力争使《無錫文庫》成爲一部真正代表無錫文化的綜合性鄉邦文獻集成。

編纂出版《無錫文庫》的盛舉，得到了海内外衆多著名的文史專家、學者教授的熱烈響應。許倬雲、馮其庸、楊天石、李文海、徐中玉、馮遠、胡福明等無錫籍文化名人和劉玉才、程章燦、江慶柏、張廷銀、金良年等專家學者應邀擔任《無錫文庫》的學術顧問，他們扎實的學術功底、嚴謹的治學風範、卓越的學術見識，爲《無錫文庫》提供了有力的支撑。

千年吴地文明，百年工商繁華，賦予無錫人聰慧和靈秀，創造了具有獨特品質的城市文化和城市精神。當我們手捧先哲留下的珍貴文化遺産，不僅滿懷感恩、敬畏之心，更涌動着不負前賢、勵志圖新的激情，去努力創造城市文化嶄新的輝煌，讓無錫文化大發展大繁榮的春天更加姹紫嫣紅、繽紛燦爛！

無錫文庫編輯委員會

二〇一一年一月

凡例

一、《文庫》所收爲無錫籍作家的著述和與無錫相關的歷代文獻，分爲《官修舊志》、《地方史料專著》、《年譜家乘》、《無錫文存》和《近現代名家著存目》五輯。

二、無錫地域範圍以現行政轄區爲準。《文庫》立足無錫市區，兼顧江陰、宜興，適當選收江陰、宜興具有代表性的著作。

三、《文庫》所收著作，以史料價值高、使用價值大爲原則，適當兼顧其版本價值。

四、《文庫》主要采用影印方式出版，《近現代名家著存目》收入作家小傳和主要著述目録。

五、《文庫》所收著作，其編纂年代下限爲一九四九年；《近現代名家著存目》則不受此限。

六、《文庫》所收著作，原書如有蠹損、殘缺、漫漶不清處，原則上以相同版本予以換頁、補頁，使全書清晰、整齊。

七、《文庫》對所收每種圖書，均撰寫提要，置於每種書扉頁之背面；每册均新編頁碼，自爲起訖。

八、《文庫》編制書名索引和著者索引，以方便讀者使用。

第三輯編輯説明

本輯為《無錫文庫》之第三輯《年譜家乘》，收録無錫（含江陰、宜興）歷代名人年譜以及部分著姓望族家譜。

年譜是史籍中一種人物傳記體裁。但和一般的傳記有所不同，一般的傳記主要紀傳主的生平大要，而年譜則是以譜主爲中心，以年月爲經緯，比較全面細緻地叙述譜主一生事迹。所謂『叙一人之道德、學問、事業，纖悉無遺而系以年月者，謂之年譜』（朱士嘉《中國歷代名人年譜序》）。家譜是一種以表譜形式記載一個以血緣關係爲主體的家族世系繁衍及其重要人物事迹的圖書體裁，主要包含譜序、題辭、恩榮、凡例、像贊、世系、傳記、宗規、家訓、祠墓、義田、藝文等内容。

它們都屬於史籍中較爲特殊的體裁，過去由於歷史研究中理論的誤導，不重視或忽視人的主體性，對名人與望族的研究相對來説顯得薄弱。隨着思想禁錮的打破以及地方史研究的逐步深入，纔慢慢爲學界所重視，並成爲熱點。今天我們将此列爲專門研究对象，着眼點是它的社會意義，具體一些説，就是某一望族在它所處的社會制度下，對政治、經濟、文化、社會生活諸方面所發生的正負影響，又從某一望族的興衰過程透視其社會歷史的宏觀背景。同時望族的研究離不開個體研究，離不開對名人和精英在歷史發展中所處的地位和發揮的作用、功過善惡給予合乎歷史真實的評價。無論是群體或個體研究，其結果都對現實生活有借鑒的作用。

無錫，地靈人傑，截至二〇一一年，産生於此的百餘名科學院、工程院、社科院院士（學部委員）已使它成爲名副其實的『院士之鄉』、『人才高地』，無錫的人文之厚，正源自這片熱土千百年來所湧現出的衆多風流人物與著姓望族。本輯首次較全面地彙編了這些名人的年譜和部分著姓望族家譜共約一百三十種，爲學界研究提供參考。需要説明的是，考慮到文獻資料的完整性、實用性、稀見性，個別年譜家乘會突破一九四九年的年代下限；而當代編寫出版的無錫歷代名人年譜，坊間易得，不在此次收録之列；另有十一種年譜因已分別附録在《無錫文庫》第二、三、四輯的相關書内，也就不再重復收入，它們是：《梁溪先生年譜》（譜主李綱，李綸編）收入第四輯之《梁溪先生文集》，《修敬公年譜》（譜主秦旭）、《端敏公年譜》（譜主秦金）、《從川公年譜》（譜主秦瀚）、《海翁公年譜》（譜主秦德藻）收入第三輯之《錫山秦氏宗譜》，《盛顒年譜》（譜主盛顒）收入第三輯之《勾吴盛氏宗譜》，《顧端文公年譜》（譜主顧憲成）收入第四輯之《顧端文公遺書》，《師竹廬自述》（譜主竇鎮）收入第二輯之《師竹廬隨筆》，《孝侯公年譜》（譜主周處）、《簡惠公年譜》（譜主周葵）、《少宰公年譜》（譜主周家楣）收入第三輯之《國山周氏世譜》。

本輯排列順序，先年譜後家乘，無錫、江陰、宜興各自分編。年譜依譜主歷史年代爲序，全文收録。家乘依姓氏筆畫爲序，視其文獻價值，全文收録或選擇收録，選擇收録者，在提要中加以説明。

目録

薛氏族譜采遺

（清）薛福辰 纂修

《薛氏族譜采遺》十二卷，（清）薛福辰纂修，清光緒五年（一八七九）木活字本，現存卷一至卷六。

薛福辰（一八三二—一八八九），字撫屏，號振美，別號時齋，無錫人。咸豐五年（一八五五）舉人，以員外郎分發工部行走。丁父艱歸，會太平軍攻打無錫，尋母避居寶應，教弟福成、福保等學制舉文。復入都居工部六七年，精研醫術。出參李鴻章幕，以功改補山東知府、濟東泰武臨道員。丁内艱，服闋入都。薦奉内廷，治愈慈禧寢疾，寵賜隆盛，歷至都察院左副都御史。以疾乞歸，卒於里中。著有《素問運氣圖説》等。

薛氏族出汴梁，先世遷鳳陽，宋室南渡後，始祖皞，字尚仁，遷毗陵，官翰林承旨，娶江陰杜氏，遂又遷江陰之叢桂坊南巷。元末，七世度避亂遷居無錫北鄉寺頭；明中葉，十三世皓遷南門學前；清後期，二十一世湘再遷前西溪，即爲著名的『前西溪薛氏』。卷一序、凡例、家訓、誥命、學前遷前西溪支世系、封贈、翎支、職官、科第、貢監庠生，卷二清節樓文鈔上（先塋志、錫山支譜序），卷三清節樓文鈔下（家傳），卷四清節樓詩鈔，卷五有巢吟舍詩鈔，卷六未雨齋古文上，卷七未雨齋古文下，卷八至卷十二各支世系。該譜留存了『前西溪薛氏』珍貴的家族史料和藝文作品。

薛湘（薛福辰之父）、薛福成（薛福辰之弟）等人皆出此族。

本書據清光緒五年本影印。

（朱　剛）

光緒歲次己卯重修

薛氏族譜采遺

珍藏

薛氏族譜采遺序

慧山薛氏三義士祠祀吾遷錫第七世祖清湖公瀨暨兄瀘溪公且弟濂溪公艱記所謂能禦大災則祀之者也有明嘉靖間倭寇無錫主帥下令築城邑侯王公其勤檄吾祖兄弟尸其役凡三晝夜而工畢登陴者守倭死咋不能入寸尺危而得全鍔哉此功詳於邑乘者偉矣

聖清中興大學士兩江總督一等毅勇侯曾公國藩上其事於

朝遣官致祭例得建立專祠而苦於資糧不給吾族叔藺初明經誦芬不轂鋭身任事乃詣族勸輸且曰有能助緡錢者當爲增設木主祀吾江陰遷祖尚仁公皞於祠俾得同瞻廟貌其有載輸丁錢者卽爲修治譜牒寓敬宗收族意且以補江陰譜之所未詳族人乃相率輸祠費丁錢恐後祠以落成峩峩翼翼俎豆維新甚盛典也無如費繁工鉅並所收丁錢陸續

告罄於祠夫以吾叔藹初處事之精幹植品之端潔畢人爲出絲毫不苟卒至所用浮於所估謂非經始之難與光緒三年冬余奉　先太夫人諱旋里族子姓諄諄以譜事請余詔之曰爾等無紛爭無鬩損家貲而丁又少何能集事可每人出錢七百姑作淩雜費其他資用無論幾何當爲爾等獨任之以蕆斯役蓋所以慰族之人而成吾叔藹初建祠之美也昔我

皇祖奚仲遷奚仲虺衍派代有聞人迄宋寧宗朝有

勝夫公諱抗者仕至樞密副使爲五牧薛氏所奉之始祖其長子子希公拯官北宋工部侍郎實吾江陰遷祖尙仁公所自出次子子善公極以進士及第官觀文殿大學士封和國公卽五牧譜所奉之二世祖也今按洋歧等若干支舊載五牧譜中甚悉顧爲江陰族譜所遺而遡厥由來誰非我樞密使勝夫公之支裔沱與岷其源與潛與亦岷其源與奚必斤斤焉過存畛域乎其間也抑又有說焉假設以秦檜嚴嵩之醜行果有嫡派子孫吾恐爲之後者靡不諱匿多方而避之若浼今吾祖尙仁公碩德淸望歷久彌芳七百年來濟濟雲礽孔蕃孔碩若惟恐人不知其爲公之餘裔者益歎吾先世之明德遠矣按江陰譜例正譜外另刊存疑備考一卷藉資考證免罣漏用心至爲仁恕乃吾錫洋歧等支竟以僻處山陬並不得與存疑備考之列能不向隅此余所以有采遺之刻也又江陰譜成於同治甲戌歲而吾家自光緒紀元

後凡封贈職官科第明經生監歲不乏人因爲一一補入以光家乘其他錫山支之旣載江陰譜者至詳且悉不復贅云

賞戴花翎二品頂戴按察使銜山東濟東泰武臨道

尙仁公二十二世孫福辰謹序

大淸光緒五年秋七月朔日

薛氏族譜目錄

凡例

一譜圖兼法歐蘇二氏而稍爲增損標世數欲易見也詳遷徙防散逸也表官爵昭　恩寵也至生卒出處大節具載於譜以便稽考其未詳者則缺而不錄

一書生卒年月詳始終也書配某氏崇正體也失偶而再娶則書繼不忘元配也娶妾則書側室正名分也書妾之子明嫡庶也

一凡立後者以親兄弟之子承繼若親兄弟無可繼者於堂兄弟之子繼之由親及疏以次而繼倘以外姓人繼者不宜含混令於某人下旁註螟蛉字樣以別之

一凡婦女守節自誓者爲宗長者宜白於當道旌表其節庶可以勵薄俗如未行即當備入於譜立傳以載之家乘

一女子雖本乎一脈所生然至于歸已從他族但於

本生父名下書女幾人適字某氏而不書其詳者
婦人內夫家而外父母也
一墳墓以藏祖宗體魄必詳載之爲子孫者方知祭
掃之所
一凡子孫有爲僧道者於父項下註明後乃一體收
錄
一譜中生卒配葬間有不詳者緣稿有缺文無從考
核故書有詳畧非變例而有彼此之分也

一族有子孫遠居出贅者其後嗣一體錄之以示一
本之意若音問不通亦須查訪不可視爲途人也
一族有十惡大逆者則削其名以示貶見譜法等於
史法也若其子孫能蓋愆則仍錄之以全一本不
以祖父之惡而廢子孫之賢也
一江陰譜成於同治甲戌歲而吾家兄弟子姪甲戌
後所得封贈科第生監既不乏人而官職升轉亦
月異而歲不同爰將吾胞兄弟子姪遷居前西溪

一房逐項補刻以光家乘其錫山支之已詳江陰
譜者不贅
一吾祖贈資政公所撰清節樓文鈔皆係塋志家傳
而江陰譜既未經全載又吾祖撰有清節樓詩鈔
暨吾父贈資政公撰有有巢吟舍詩未雨齋古文
各若干卷均爲江陰譜漏刻統宜全刊以寶先人
手澤
一是刻各據來稿詳加采訪方准發刻與江陰譜例

正復相同異日江陰續修宗譜如許收錄未始非
考證之一助云
裔孫福辰謹識

家訓

譜中莫不載家訓但高遠難行與俚鄙近俗者往往
而有茲採先正格言散見各集者十六條而修身正
家之要亦已畧備自好之子孫潛玩焉可也
方正學撰宗儀曰凡爲吾祖之子孫者敬父兄慈子
弟和鄉里時祭祀力樹藝無胥欺也無胥訟也無犯
國法也無虐細民也無相攘竊奸侵以賊身也無鬻
子也無故不出妻也勿爲奴隸以辱先也有一於此

不許入祠登譜
眞西山曰父母者子之天地也爲人而慢天地必有
雷霆之誅爲子而慢父母必有幽冥之譴王十朋兄
人禮佛呼而告之曰汝有在家佛何不供養蓋謂人
能奉親即是奉佛若不能奉親雖焚香百拜神亦不
佑省身錄云君容而斷臣恪而忠父嚴而慈子孝而
敬兄愛而訓弟恭而勞夫和而莊婦正而順人倫之
道盡矣處內以睦處外以義檢身以正交際以誠行

已之道至矣
袁氏世範曰人家兄弟不親則宗族不附宗族不附
則奴隸親戚爲讎矣况他人耶故人家篤愛兄弟非
但出於天性亦事勢宜然
溫公家範曰石碏諫衛莊公曰臣聞教子以義方弗
納于邪驕奢淫佚所自邪也四者之來寵祿過也自
古知愛子不知教使至于危辱亂亡可勝數哉
彭石屋云長於我者有同宗之長外親之長鄉黨之

長凡年長以倍十年以長皆所當尊敬若恃其富貴
才華而凌忽長者即爲無德之人雖有富貴亦何足
羨雖有才華亦何足觀凡稱呼拜揖坐起問答迎送
之間若能以謙卑遜順爲心自不失尊敬長上之禮
矣
法樞云妯娌異姓相聚一門計短較長量財評勢加
以長舌婢婦交鬭其間最多嫌怨丈夫人其浸淫久
而不察骨肉爲讎蓋婦人好佞善讒往往借公義以

行私怨乘小隙以搆大禍恃枕蓆以恣甘詞雖智者亦難猝悟鄭義門家法每至夜分令老僕於各巷大呼曰丈夫勿聽婦人言婦人不許説家事此可爲訓

覃太子云祖宗富貴自詩書中來子孫享富貴則棄詩書矣家業自勤儉中來子孫得家業則忘勤儉矣此所以多衰門也人可不讀詩書而務勤儉哉

諸暨屠氏父失明母痼疾親戚相棄鄉里不容女移父母達住紵舍晝採樵夜紡織以供養父母父母俱

卒親營殯葬負土成墳鄉里多欲娶之以無兄弟誓守墳墓不嫁

莊語云天下事利害常相半惟讀書則有利而無害不問貴賤貧富老幼讀一卷便有一卷之用讀一日便受一日之益

眉山蘇氏輕財好施遇歲凶則賣田以賑其鄉里無吝色至冬豐熟人將償之皆辭不受由是破其祖業幾不自振而好施愈甚後生子曰洵孫曰軾曰轍皆顯名天下人以爲善恤鄉鄰之報

應俊曰夫所謂陰德者非獨富貴有力者能之尋常之人皆可爲也世有樂施者施棺砌井修橋整路此皆陽德也惟能推廣善心力行方便不阻人之善不成人之惡不揚人之過人有貧乏吾濟之人有患難吾救之人有仇讎吾解之不大斗衡以取利不深機穽以陷物隨力行之如耳之鳴惟已自知人無知者乃爲陰德

彭仲剛云儉美德也古人之所寶也禹大聖人帝舜稱其德曰克儉於家人君富有天下猶以儉爲德况庶民乎故曰儉德之共也人能省口腹之欲抑耳目之好食可飽而不必珍衣可暖而不必華居處可安而不必麗吉凶賓客可備禮而不必侈如此則一身之求易供一歲之計易給既免稱貸出息俯仰求人又且省心寡過安樂無事豈不美哉

省心錄云語人之短不曰直濟人之惡不曰義又云

以言傷人者利於刀斧以術害人者毒於虎狼故言與術俱不可不慎也

約言云士君子貧不能濟物者遇人癡迷出一言提醒之遇人急難出一言解救之亦是無量功德又云不責人小過不發人陰私不念人舊惡三者可以養德亦可以遠害

石氏家規曰孝義勤儉謂之四寶酒色財氣謂之四賊苟能守其寶而防其賊則可以立身成家矣

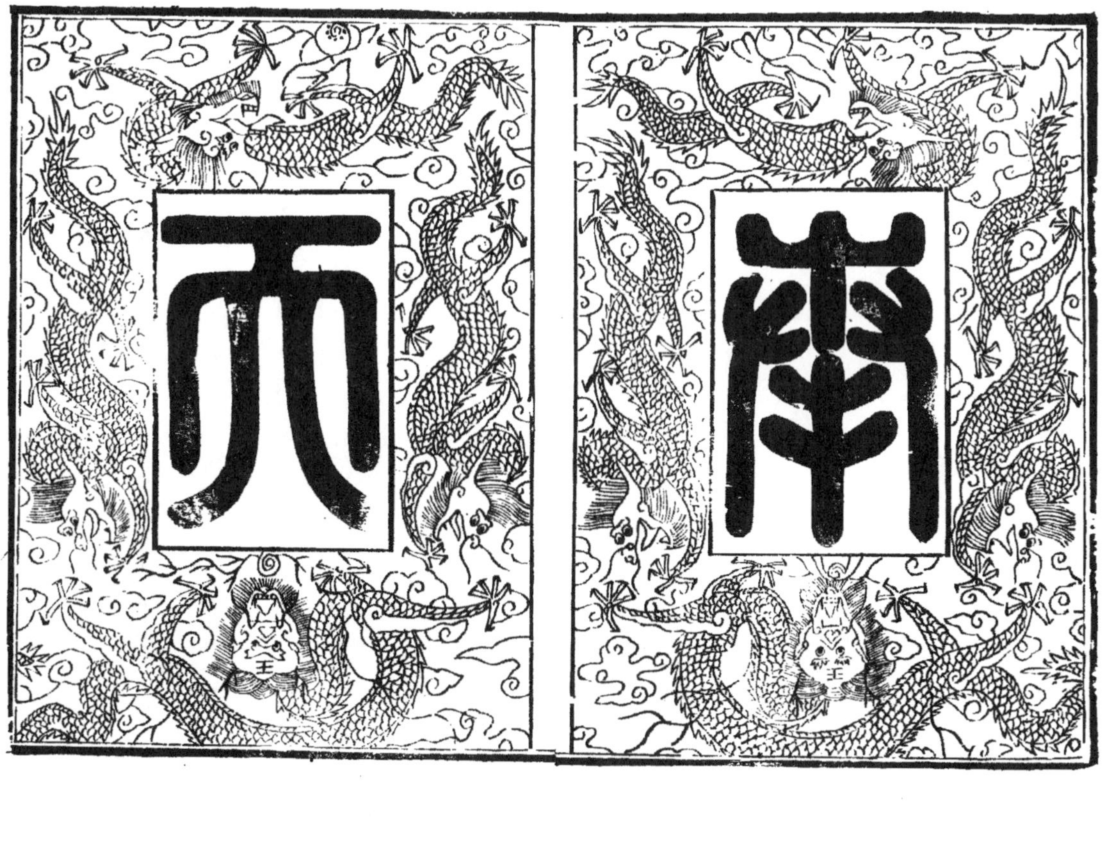

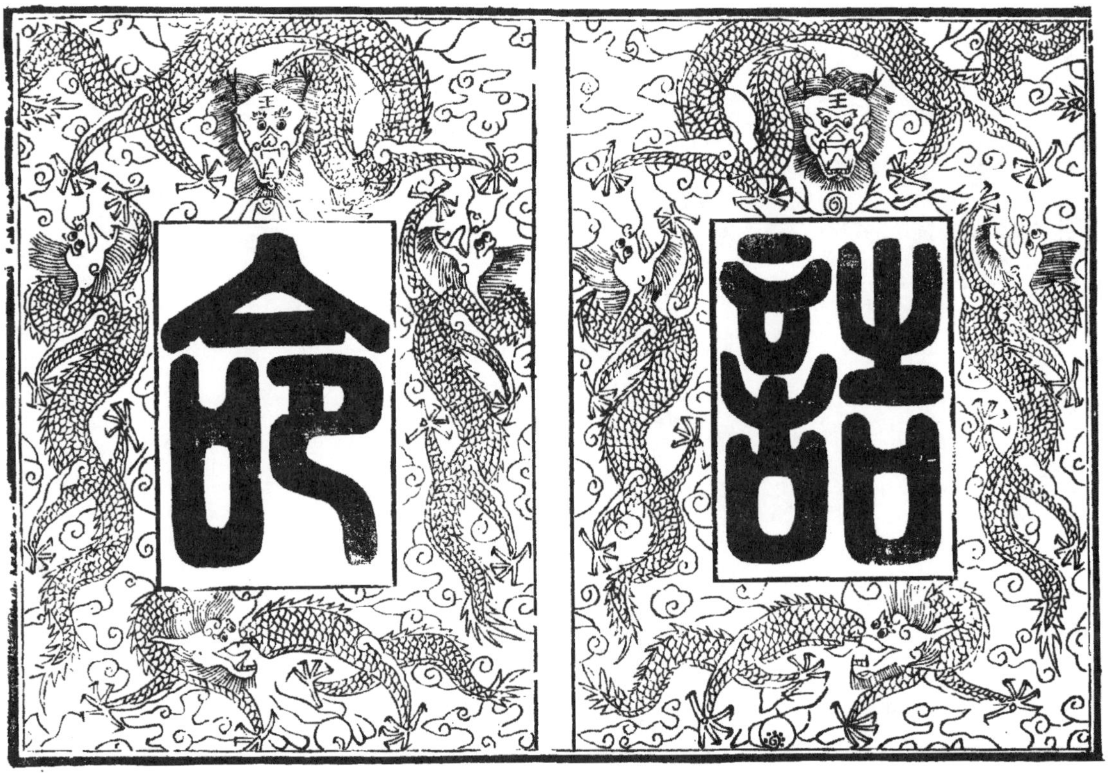

奉
天承運
皇帝制曰嘉謨垂弈葉
允昭世德之求殊寵

一

錫公朝盖展曾孫之
孝祇承新渥用報曩
徽爾薛世琛迺花翎
二品頂戴按察使銜

山東濟東泰武臨道
薛福辰之曾祖父敦
修無斁垂教有方種
德開先堂構益恢於

二

來緒詒謀裕後箕裘
克紹於前休懿矩攸
彰恩施遂逮茲以覃
恩貤贈爾爲資政大

夫錫之誥命於戲四
世其昌久聚德星之
慶九原可作永承褒
命之榮國典洊膺家

三

風益振
制曰蕃宣佐治寵既被於
外僚貞順垂休恩聿
推於內德特敷惠澤

用播徽音爾許氏廼
花翎二品頂戴按察
使銜山東濟東泰武
臨道薛福辰之曾祖

四

母肅雍可範令善堪
模樹慈訓於後昆爰
著鍾祥之德傳素風
於弈葉式彰貽穀之

謀允作母儀用昭國
典茲以覃恩貤贈爾
爲夫人於戲九重錫
慶洊邀丹誥之褒四

五

世承恩益煥朱幀之
色勤宣令問用闡幽
光

勅　命

光緒元年正月二十日

之　寶

六

奉

天承運

皇帝制曰表臣報績爰

歸美於詒謀司士詔

功必遡原於繩武殊

榮洊被積代增華爾

薛錦堂廼花翎二品

頂戴按察使銜山東

十

濟東泰武臨道薛福
辰之祖父衍緒開先
垂休裕後孫枝挺秀
聿昭樹德之符世業

丕昌大啟承家之學
茲以覃恩贈爾爲資
政大夫錫之誥命於
戲錫五章而敷澤刊

二

里流光推三葉以承
恩德門集慶祇膺茂
典長荷寵綏
制曰鴻恩錫類聿彰詒

穀之休令範宜家益
著含飴之懿式逢慶
典爰沛殊施爾顧氏
迺花翎二品頂戴按

三

察使銜山東濟東泰
武臨道薛福辰之祖
母度叶珩璜訓嫺圖
史心莊體順著壺範

於中閨善積慶餘表
母儀於弈世茲以覃
恩贈爾爲夫人於戲
播蘭陔之芳澤寵被

四

重幃揚芝檢之徽音
光流華胄榮章洊遠
德範猶存

勅命
光緒元年正月二十日
之寶

五

奉
天承運
皇帝制曰誼篤靖共入
官必資於敬功歸訓
廸猶子亦教以忠爰
沛國恩用揚家訓爾
薛沆廼花翎按察使
銜山東濟東泰武臨

一

道薛福辰之伯父躬
修士行代啟儒風抱
璞自珍克發珪璋之
秀儲材足用聿昭杞
梓之良茲以覃恩貤
贈爾爲通議大夫錫
之誥命於戲昭令聞
於經籯書貽刻鵠佩

二

黻章於策府寵賁迴
鸞茂典丕承榮名盍
劭
制曰家有孝慈之範美

以相濟而成國崇褒
錫之文恩以並推而
廣爾宋徐氏廼花翎按
察使銜山東濟東泰

三

武臨道薛福辰之伯
母德可相夫教能啟
後一堂環珮和音克
著其慈祥五夜機絲

內治聿昭其柔順茲
以覃恩貤贈封爾為淑
人於戲冑一體之榮
施鸞章賁采表同心

四

於訓迪象服分光

勅命

同治十三年正月二十日

之寶

五

奉

天承運

皇帝制曰夙夜宣勞事

君資於事父雲霄布

澤教孝實以教忠特

賚絲綸用光閥閱爾

薛湘廼花翎二品頂

戴按察使銜山東濟

七

東泰武臨道薛福辰
之父操修純篤矩範
嚴明術在詩書克敬
趨庭之訓業恢堂構

實開作室之模茲以
覃恩贈爾爲資政大
夫錫之誥命於戲錫
天府之徽章殊榮下

二

逮際人倫之盛美茂
典欽承祗服誥詞允
光譽問
制曰家聲昌大夙彰式

穀之休壺教賢明不
替樹萱之慕適逢上
慶用錫殊榮爾顧氏
廼花翎二品頂戴按

三

察使銜山東濟東泰
武臨道薛福辰之母
敦習禮規恪循箴訓
寢門治業著恒德於

貞心閨壼授經寓慈
風於雅範茲以覃恩
封爾爲夫人於戲恩
能育子挺杞梓之良

四

材善必稱親被笄珈
之茂寵祗承嘉獎益
展芳儀

勅命
光緒元年正月二十日
之寶

五

第一世　第二世　第三世　第四世　第五世
韓 覯之子 —— 昶 —— 瑛 —— 鑑 —— 灝
第六世　第七世　第八世　第九世　第十世
峻 灝之子 —— 度 —— 文 —— 敏昌 —— 績
十一世　十二世　十三世　十四世　十五世
宇 績之長子 —— 璋 —— 皓 —— 存誠 —— 瑾
十六世　十七世　十八世　十九世　二十世
儀 瑾之次子 —— 振采 —— 榮 —— 世琛 —— 錦堂

薛氏族譜采遺　卷　學前遷前西溪世系圖　一

廿一世　廿二世　廿三世　廿四世　廿五世
湘 錦堂次子

薛氏族譜采遺

第一世　韓
覯之子字侑仁先世由河東徙鳳陽復徙毘陵南宋時公任翰林承旨贊江陰杜氏遂占籍江陰之叢桂坊今南鎮巷故址存焉子二昶旭次子旭表另詳江邑乘中不復贅

第二世　昶
韓之長子號養陽配倪氏側氏年未逾立而卒倪守育諸孤節操卓偉有司奏表其閭子適底八人瑛珍瑤瑜瓊瑋瑱瑞七子均詳載江邑乘中不復贅

第三世　瑛
昶之長子字均玉配王氏公少失怙孝事寡母友鞠諸弟克拓前業田疇至廬聯絡州治鄉人稱薛半州元末之亂昆季離散子二鑑銓次子銓詳載江邑乘中不復贅

第四世　鑑
瑛之長子字德昭配周氏公素有才名元間以賢良徵不赴銓司抑爲東陽主簿抵任三月而歸紅巾之亂遂卜居青暘即今之鄧暘也子四澤源灝泳澤源泳詳載江邑乘中不復贅

第五世　灝
鑑之三子字伯淵配　氏子一峻

薛氏族譜采遺　卷　學前徙居前西溪支　一

第六世　峻
灝之子字士明配　氏子一度

第七世　度
峻之子字渡道號宜齋配王氏由鄧暘遷寺頭始祖葬松塢下

第八世　文
度之子配　氏子三敏芳敏盛敏昌長次詳載江邑乘中不復贅

第九世　敏昌
文之三子字廷美配　氏子三綱紀緒長次詳載江邑乘中不復贅

第十世　績
敏昌三子字西溪配徐氏子三宇宙容次三另詳江邑乘中不復贅

溪岸蟥蛇肚墳子一丈

十一世 宇

積之長子字惟大號雲谷配徐氏公生於成化壬辰卒於嘉靖癸巳氏生於成化壬辰正月初三日卒正德庚辰正月二十九日合葬珊巷新阡子三璋璧金女一適奚甫溯次三詳載江邑乘中不復贅

十二世 璋

宇之長子配張氏公生於宏治丙辰八月二十四日卒於萬歷己卯正月二十四日氏生於宏治丙辰卒於隆慶戊辰合葬珊巷先卒子三曰皓景旦爲青暘寺頭仁村支皓爲無錫南門學前支景爲虹橋支

十三世 皓

璋之次子號青珊配徐氏側氏公生於嘉靖乙未六月二十五日卒於萬歷壬辰七月十七日徐氏生於嘉靖己亥六月二十四日卒於萬歷己亥十二月十三日葬牧字三百三十六號新阡子三存孝存誠存弟孝弟另詳江邑乘中不復贅

十四世 存誠

皓之三子號堉吾配唐氏繼陸氏側氏公生於萬歷辛巳十一月十六日卒順治癸巳七月三十日唐氏生於萬歷甲申六月十二日卒於辛丑六月初四日陸氏生於萬歷乙酉卒於崇禎庚辰子五瑾之亭芳蕚之高之花四子另詳不復贅

十五世 瑾

存誠長子字朗生邑庠生配錢氏公生於萬歷辛丑四月初一日卒於順治甲午七月初三日氏生於萬歷辛丑十一月二十一日卒于康熙壬子十一月十五日葬闕字一千三百三十九號新阡子三振儀恆長子三子另詳

十六世 儀

瑾之次子出嗣之亭

十七世 振米

儀之次子字擢階

十八世 燊

振米次子字友琦

十九世 世琛

燊之次子字雲從

二十世 錦堂

世琛之子字旦華

（儀）邑庠生配錢氏側朱氏高氏公生於崇禎戊辰八月初六日卒於康熙庚午七月十七日錢氏生于崇禎庚午二月十三日卒於康熙辛巳四月十九日高氏生於順治甲午十一月二十五日卒於康熙辛丑閏六月初四日合葬蘇郡元墓山香雪海新阡子二楷祥振采祥另詳不復贅徙居學前塔坊 楷

（振米）國學生配孫氏側馮氏公生於康熙丙辰二月初九日卒於乾隆甲子正月初九日孫氏生同庚九月十四日卒於乾隆戊子九月十八日馮氏二十二歲守節例請旌表另傳公與孫氏同祔葬於墓山香雪海父塋昭穴馮氏另葬寺頭北沿河培吾公墳側子四煌燊琔熉俱正出煌琔熉另詳不復贅

（燊）國學生配李氏公生於康熙壬午八月初三日卒於乾隆庚午十一月二十一日氏生於康熙庚辰十二月初十日卒於乾隆丙戌八月十三日合葬天授鄉仁村新阡子二延璐世琛璐另詳不復贅

（世琛）號葆光配許氏公力學早卒一貧如洗氏少寡撫孤例旌節孝事載邑乘著有訓子遺言另傳公生乾隆辛酉八月十一日卒於癸巳八月初二日氏生於乾隆乙丑十一月二十九日卒于嘉慶辛酉六月二十一日合葬仁村父塋左旁子一錦堂女二長適奉祀生施鶴立次適胡蔭燊

（錦堂）號鼎園郡庠生配顧氏公生於乾隆辛卯八月初四日卒於道光己亥正月二十六日氏生同庚十一月初十日卒道光戊子十二月二十二日合葬仁村呂字號八畝墓祠塋子四沆犖澄湘澂殤女二長適邑增生秦際初次未字卒

廿一世 湘

錦堂次子字曉帆道光辛卯恩科南闈經魁

廿二世

廿三世

廿四世

廿五世

甲辰會魁廣西潯州府知府配顧氏丕生於嘉慶丙寅五月初一日卒於咸豐戊午七月廿八日氏生于嘉慶庚午十月初三日卒於光緒丁丑二月初二日子六福辰福同福成福保福祁福庚女一適顧

封贈 補無錫學前支遷前西溪一房

國朝

自宋迄明均詳載江陰譜內茲特就無錫學前支遷前西溪一房爲江陰譜所未詳及江陰譜已載而在光緒紀元以後小封晉爲大封者概行補入

第十九世 世琛 配許氏

貤贈廣西潯州府知府朝議大夫

晉貤贈花翎二品頂戴按察使銜山東濟東泰武臨道資政大夫

貤贈恭人

晉貤贈夫人

第二十世 錦堂 配顧氏

誥贈朝議大夫廣西潯州府知府

晉贈資政大夫花翎二品頂戴按察使銜山東濟東泰武臨道

誥贈恭人

晉贈夫人

第二十一世　沆　配朱徐氏

貤贈通議大夫花翎按察使銜山東濟東泰武臨道

貤贈淑人

第二十一世　湘　配顧氏

誥授朝議大夫廣西潯州府知府

晉贈資政大夫花翎二品頂戴按察使銜山東濟東

泰武臨道

誥封恭人

晉封太夫人

第二十二世　福辰　配王繼樊氏

誥授資政大夫花翎二品頂戴按察使銜山東濟東

泰武臨道

誥贈夫人

誥封夫人

錫支　補無錫學前支遷前西溪一房

第十九世

世琛　誥贈花翎

第二十世

錦堂　誥贈花翎

第二十一世

沆　貤贈花翎

湘　誥贈花翎

第二十二世

福辰　賞戴藍翎　賞換花翎

職官 補無錫學前支遷前西溪一房

國朝

自南宋迄明均詳載江陰譜内兹特就無錫學前支遷前西溪一房爲江陰譜所未詳及江陰譜已載而在光緒紀元以後小職遷大職者概行補入

第二十一世

沆 候選訓導

湘 山湖南安福縣知縣累官至廣西潯州府知府

第二十二世

福辰 由工部員外郎管理黄布城監督兼藍布城監督累官山東濟東泰武臨道現届服闋起復

福同 揀選知縣

福成 直隸候補知府光緒四年　簡放出使外洋德意智參贊以懇請終制未赴任所

福保 四川候補知府

福祁 由内閣中書改銓知縣

福庚 揀選知縣

福楏 殉咸豐庚申之難　賞給雲騎尉世職

第二十三世

開爵 襲雲騎尉世職

科第 補無錫學前支遷前西溪一房

國朝

自南宋迄明均詳載江陰譜內今特就無錫學前支遷前西溪一房爲江陰譜所未詳及江陰譜已載而在光緒紀元以後中式者概行補入

第二十一世

湘 道光十一年辛卯 恩科江南本省鄉試第三名經魁二十五年乙巳 恩科第十一名會魁殿試二甲 賜進士出身

第二十二世

福辰 咸豐五年乙卯順天鄉試南元

福同 同治丁卯江南本省鄉試舉人

福成 同治丁卯江南本省鄉試副舉人

福庚 光緒元年乙亥 恩科順天鄉試舉人

貢監庠生 補無錫學前支遷前西溪一房其他詳於江邑譜者不贅

第十八世

燊 國學生

第二十世

錦堂 郡庠生

第二十一世

沅 歲貢生 並見職官 封贈

湘 邑庠生 並見科第職官 封贈

第二十二世

福辰 邑庠生肄業國子監 並見職官科第 封贈錫支

福楏 邑廩生 並見職官

福同 邑庠生肄業國子監 並見職官科第

福成 邑庠生肄業國子監 並見職官科第

福保 邑庠生 並見職官

福祁 恩貢生 並見職官

福庚　邑庠生肄業國子監　並見職官科第

第二十三世

翊運　國學生

薛氏族譜卷之首　二

清節樓文鈔目錄

金匱丁　培

梁谿薛錦堂蘅圃著　常熟姚福增　同校

無錫許禮和

無錫蔣大鏞

清節樓文鈔

梁谿薛錦堂蘇圃著　無錫許禮和企度　常熟姚福增湘陂　校　金匱丁　培植卿　無錫蔣大鏞和叔

先塋志

墓之不可無志夫人知之矣有十世之德必有十世子孫志之有百世之德必有百世子孫志之孔子云

丘東西南北之人也不可以弗識也識之也者志之也爲一世志之即爲十世百世志之吾祖之遷錫也子姓繁衍無有失墜而先世墳墓亦且祭享無闕脩築有人殆吾祖若宗碩德懋行有以感召於隱微者乎顧十數年來支葉稍陵夷衰微矣不及今志之大懼子孫弗克永守或仕宦而忘其邱壟者有之或遷徙而遺其兆域者有之今輯是編也展卷而墟墓如在焉披圖而宅兆可溯焉即陵谷變更滄桑移徙而先人體魄所藏尙可存其髣髴則亦未始非報本追遠之一助云爾乃列其世譜詳其基址釐爲八則著于篇

蛇肚墳

蛇肚墳在無錫縣天授鄉寺頭鎮闕字一千三百四十二號土名松港壟似蛇形原丈平田一畝七釐四毫南路爲步十步二尺北一千三百四十三號爲步十一步三尺東水漕爲步七步西本號田爲步五步五尺墳向坐南朝北埜明處士宜齋公暨配王孺人

吾薛氏遷錫始祖也公諱度字度道別號宜齋系出居汾陰縣開國男伯褒公諱收之後上世繇汴梁徙鳳陽後徙毘陵南宋時內翰尙仁公贅江陰杜氏僦居鎭巷鰣魚廠叢桂坊後復徙泗河鎭之鄧陽里居焉六傳至宜齋公苦紅巾亂負擔南行薄暮抵錫邑寺頭無所棲宿匃食村中滌椀谿側而沈焉公喟然曰此殆吾葬梗之所乎里有王翁君子人也壯公貌

而宿之家僱爲傭勤謹儞職久之翁以女女焉翁卒無子公斂葬如禮旣而家日饒稱富室云公軼事甚多然俱不能詳且不經故不贅吾嘗慨世之頌祖德者無不競尙貴顯人亦以此豔稱之甚則比附而粉飾之以爲非是則舉無足述矣然家之可久不以勢而以德族之可大不以貴而以賢況吾宗科甲綿延接踵而起門閭昌大應運而興者乎於戲始祖之德可謂盛矣公生卒享年不詳家乘而墓上豐碑爲洪

武二十八年所立則公生於元末明初無疑也江陰族譜列公於化治間誤矣子一爲第二世祖章甫公（江陰譜作璹璟）

蛇肚墳之昭葬明處士章甫公暨配某孺人遷錫第二世祖也公諱文字章甫公之軼事無可考世譜但載公窮居好施鄉稱善人他無聞焉於戲是亦足矣夫好施非難窮居而好施則難鄉稱善人非難窮居好施而鄉稱善人則難吾宗自公以來代有隱德積久乃顯越十一傳祿天以進士刺西蜀十二傳科聯以甲榜尹黔陽十三傳田玉以詞林典制誥俱揭竿于墓以昭始祖之德嗣是科甲蔚興人文鼎盛德報殆未艾耳公生卒享年亦不詳家乘以宜齋公墓碑準之大約建文永樂時人也子三長諱敏芳析竹園衕巷張村支次諱敏盛一傳而逸三郎第三世祖廷美公

六房巷墓

六房巷墓在無錫縣天授鄉寺頭鎮閏字一千三百四十四號土名六房巷又名薛巷在蛇肚墳之東原丈平田二畝四分六釐七毫南抵水漕廣二十六步北界一千三百四十五號廣二十四步三尺東本號長二十五步西距一千三百四十三號長二十一步四尺墳向坐南朝北塋明布衣廷美公暨配某孺人遷錫第三世祖也公諱敏昌字廷美先自宜齋公居寺頭已而析宅居住始徙此巷今其遺址在松埣東

本稱薛巷後人乃謂之六房巷薛氏舊宅皆在焉士
人稱吾先世故饒于資至公益恢廓六房巷宅基至
五百餘間之多皆公手創故家乘載公行事甚畧而
析公支派甚繁其爲敏昌公支者大書特書不一書
爲與江陰南北房相埒於戲盛矣吾嘗考他家譜牒
其先皆顯宦美官而吾家獨否得非厚德之報需其
久而後應者與墳之東有阿姐墳或謂公侍婢頗多
俱葬於此今爲吾族殤塚矣公生卒年月配某氏俱

無考子三長諱綱早卒妻朱氏旌節見明史葬公之
昭次諱紀另葬三郎第四世祖西谿公
六房巷之穆塋明徵士西谿公暨配徐孺人遷錫第
四世祖也公諱績字西溪配徐孺人以勤儉起家有
田數十畝每雜諸傭作苦暇則緯棉紝布不以爲勞
年踰六旬健羨猶昔子婦以爲請公曰吾豈爲爾曹
作馬牛哉顧吾聞勤儉恆致富貴奢惰恆致貧賤吾
儕飽食以嬉干造物之怒矣七秩稱觴諸名士作歌
詞隱寓負耒彈棉等語以爲諷公曰是何傷哉此吾
分也但得吾子孫常能績布以謀
生便稱亢宗矣今吾學前虹橋青暘三大支皆公所
自出讀書積善方興未艾而其廬于松港者尚數十
家農工商賈各名一業繇此言之負耒彈棉初何負
于公哉吾祖之塋閧暑收三號者相睽秖二三里獨
此壯墳與六房巷墳基址宛然松楸無恙以有子孫
廬墓也吁非吾祖之德何以傳世長久若此哉公生

卒年月不可考而所謂七旬稱觴者則爲唐解元祝
京兆一輩人則公之卒在正德季年可知也徐孺人
生正統己巳十月二十五日卒正德壬申二月三十
日年六十四子三長郎第五世祖雲谷公次諱宙俱
正出三諱客側出宙之後爲松港支客之後爲潘墅
支

黃石墳

黃石墳在無錫縣天授鄉寺頭鎮暑字五百號土名

瑚巷原丈平田二畝一分六釐二毫南抵住基爲步二十步一尺北界四百六十九號爲步十八步三尺東連族墳約共三十條步西廣二十五步葬明例贈文林郎晉贈奉政大夫雲谷公暨配例贈孺人晉贈宜人徐太宜人還錫第五世祖也公諱宇字惟大別號雲谷有文名明例自外徙者不准入籍赴考公以高祖江產齋志以終而貲甲鄉里一時號稱富室其葬瑚巷也規模極其峻整四面以黃石築牆故號黃

清芬樓文鈔　卷二　七

石墳前有墓門月池中有石臺石磴設神道碑三后土碑一己巳庚午閒予偕族人謁公墓古柏陰森尚數十株鬱鬱葱葱爭奇競秀洵發福之嘉壤也丙子之春豪右胡氏毀碑砍樹踐冢排牆以爲牧地族人獲牛稟解幸韓芸圃邑侯洞燭豪奸立將胡氏梏責結示保墓倘亦公之靈爽有以涵濡庇覆于無窮耶公生成化壬辰某月某日卒嘉靖癸巳十二月十八日年六十二徐太宜人生成化壬辰正月三日卒正德庚辰五月二十九日年四十九子三長卽第六世祖思雲公次諱璧例授翰林孔目祔葬穆穴三諱金另穴璧析樹園支金析洪邱墩支

黃石墳之昭壟明貤贈文林郎光祿寺丞晉贈奉政大夫廣東布政使司經歷思雲公暨配貤贈安人晉贈宜人陳太宜人還錫第六世祖也公諱璋字士宜別號思雲居松埠饒貲財迄今謁公之墓其氣象蓋可見矣然公生前明中葉之時至今土豪稍橫立被

清芬樓文鈔　卷二　八

重譴蓋以見我　朝寬大之德而前代莫能及也史稱元明平塚抑何慘刻我　朝特嚴禁發掘澤及枯骸仁覆之恩比隆三代培養元氣莫大於此願吾世世子孫長爲　聖朝之良百姓也於戲吾儕祇謁祖墳孝弟之心可以油然而生矣忠義之心亦可以油然而生矣陳宜人江陰譜作琉璜張氏無錫譜及墓碑影堂俱稱陳氏公生宏治丙辰八月二十四日卒萬歷己卯正月二十四日年八十四陳宜人生同

庚十二月十七日卒隆慶戊辰二月二十一日年七十三子三長諱旦以子存忠封文林郎光祿寺丞晉贈奉政大夫廣東布政使司經歷析墩下仁村青暘北渚祝塘爲江邑巨族次郎吾七世祖淸湖公析寺頭坊前學前等支三諱景析虹橋支

天池巷墓

天池巷墓在無錫縣天授鄉寺頭鎮收字三百三十六號土名天池巷與果吾公朱藤墳相望也原丈平

田一畝五分五釐四毫南界三百二十九號廣十步四尺北抵潤頭廣十二步東三百三十四號袤十九步三尺西抵秦墳袤二十二步酉山卯向塋明義士淸湖公暨配徐太孺人遷錫第七世祖也公諱昊江陰譜作皓無錫譜作顥邑志作吳作灝字子大別號淸湖與兄旦弟昶竝尙義烈倭冦無錫主帥下令築城邑侯王公共勤親詣吾族勸輸維時聚族而謀莫肯出一僮以襄事王侯號令森嚴刻期蕆役西南隅缺百六十丈檄公昆仲於三晝夜內率家丁竣之乃躬持畚插華山石積砂礫城竟而倭至登陴苦守城以不陷計期剛三晝夜也賊退王令嘉公昆仲赴義之勇督役之勤而集事之敏乃手題匾額一門三義以旌事詳錫山景物畧梁谿識小錄而郡邑諸志僅于城池部稱王令共勤募寺頭民薛旦等竟其役而公畧焉其後又舉公爲糧長蓋明季漕政民收民兌有糧長米頭收頭兌戶等名目其法以孱弱農民爲

刀軍悍丁之魚肉常正米一石費至二倍而差每歲舉殷實二人戶其事賠累應墊往往破家甚有棄籍而逃役者公毅然應募無難色乃取通邑之冊揀其賦役之不均者特爲糾出而以病農殃民之大畧上書當道當道難之公歷陳積弊至再至三必得請而役已雖激怒上臺不畏也書出邑人競鈔錄之入我朝脩賦役志嚴中尢全載公書其後則竟削焉以康熙六年定官收官兌之法及於寬政遂忘前困故

也徐孺人合州府教授諱槐公女側室梁氏顧氏俱祔葬公生嘉靖乙未六月二十五日卒萬歷壬辰七月十七日年五十八徐孺人生嘉靖己亥六月二十四日卒萬歷己亥十二月十三日年六十一子三長諱存孝邑庠生徐出世居墩下次諱存弟附貢生梁出徙倂坊前三郎八世祖培吾公正出

墩上墓

墩上之墓在無錫縣天授鄉寺頭鎮閟字五百八十

二號土名北沿河原丈平田一畝八分三釐九毫南抵吳田爲步十九步北抵吳墳爲步十七步三尺東抵吳田爲步十四步西界五百八十五號爲步二十一步塋明保舉儒士八品冠帶培吾公元配唐太孺人繼配陸太孺人遷錫第八世祖也公諱存誠字君格別號培吾由俊秀舉儒士當道交薦其才公以丁明之季辭不就後以助餉賜八品冠帶甲申之變土賊往往嘯聚以刦掠爲事公與從孫庭鳳團鄉勇嚴斥堠悉力堵之庭鳳帥家丁守薛家濱公麾衆出張塘河賊三戰三北遂不敢越青魚蕩而東擾嚴埭閘莊諸路村落一空既而江陰拒官兵城將陷求救于吾族之枯泗河鎮者族人重公才致書乞援公期以兵餉兩足而後出庭鳳與顧祖禹姻婭也顧亦致書庭鳳期速舉事乃晝夜鍊兵藏於墩下老宅事未集而江邑陷庭鳳獄宅先逃公以望重得無事庭鳳故雄于貲多怨不敢歸走之江西而墩下宅基土人因

改建張睢陽廟其隙地耕者往往得遺鏃云庭鳳獄既解公棄家事從保寗僧游　功令購遺民匿不出癸巳有疾戒子孫以明服入殮時各房子孫皆爲門戶計未敢錄入家乘載諸邑志則公之遺憾多矣公富于著述諸經多有評本吾家分得檀弓一卷其手編也公生萬歷辛巳十一月十六日卒順治癸巳七月三十日年七十三唐孺人生萬歷甲申六月十二日卒萬歷辛丑六月四日年十八陸孺人生萬歷乙

酉五月九日卒崇禎庚辰八月十三日年五十六子六長卽吾本生高高祖勗生公唐孺人出次爲吾嗣高高祖珽生公三諱之芳邑廩生四諱之夔歲貢生俱陸孺人出五諱之高六諱之充側出

珽生公志

珽生公早亡不詳其墓所在而向時宗祏亦無其主然禮有之爲人後者爲之子雖無墓可志安得不爲志也公初諱之亭後更諱珩爲吾嗣高高祖不幸早

卒以吾高祖令脩公爲嗣公有同出幼妹字石幢葉崇儒之子肩晟未嫁夫亡守貞奉佛公哀其志爲築靜室於蘇郡鄧尉山曰維新菴事詳江南通志公卒令脩公爲之經理故維新菴田至今不廢而葉姑之墓亦歸然獨存不知公之墓何以無考也予於甲午歲謹爲公添設栗主倘更能尋公墓而奉之吾願畢矣公生萬歷乙卯二月十四日卒崇禎壬申十月二十四日年十有八配高孺人不載生卒年月嗣子卽吾高祖令修公

松墳

松墳在無錫縣天授鄉寺頭鎭閭字一千三百三十九號土名松埣又名磨盤墩又名薛家濱與蚍肚墳六房巷墳鼎足相望也原丈平田一畝六分五釐四毫南卽松埣大路廣十六步六尺北本號住基廣十六步七尺東松埣大路袤十四步西抵護墳秧地袤十九步一尺向對張塘河坐南朝北葬明廩生勗生

公暨配錢孺人吾本生高高祖妣也公初諱之亮後更諱瑾字珉生晚號守齋邑廩生例以歲貢銓職因天下多故以俠烈爲已任徧游海內竟不就選甲申之變培吾公拒賊公力捍多難髮令下公絕粒誓死會庭鳳事發培吾公勸公爲門戶計不得已從焉乃棄籍爲遺民終身不入城市或謂公曰士之守身猶女子然其博高第爲顯宦者女之嫁者也則夫存亦存夫死亦死其中鄉舉未爲官者女之受聘者也則

改字與守死俱無不可若爲諸生女之待字而未許者耳奈何以朝不坐燕不與之身而效夸父逐日乎公曰是何言與趙武靈王變華俗效胡服而民不悅北魏孝文帝變胡服效華俗而民亦不悅國家有難子死其父民死其君他何計焉會關中李二曲講學毘陵耳公名就訪焉榜公室曰守齋學者因稱守齋先生俄而病沒戒子孫以明服入殮邑志稱公有才氣常遊關隴踰太行抵漠北航海而歸博稽輿地形

清節樓文鈔　卷二　十四

勝務爲有用之學鼎革後屢徵不起顧祖禹贈詩曰踽遲芒鞵朔蜀秦逝思計決老吟身野人博得頭銜在故國當年草莽臣著航海錄二十卷燬于火梁溪支譜若干卷自序一首今尚存墳向有大朴樹一株大松樹三株二十里外隱隱可見故土人號曰大松墳乾隆中吾過其地藤蘿掩映蒼翠可觀今爲松港族人剗削牧放樹木無存甚至取墳土以決渠夷墳塚以作路年來遣長男脩整墳塋次男清鳌墳界茲收本號浮糧八分七釐七毫而以墳前秧地三分招佃照拂而選强作踐之箝鮀亦蒙蕭書亭邑侯繩之以法復着盜豹等罰築墳牆漆設界石自是稍還舊觀矣公生萬歷辛丑四月一日卒順治甲午七月三日年五十四錢太孺人馬橋念支公女生同庚十一月一日卒康熙壬子十一月十五日年七十二子三長諱振郡庠生次即吾高祖翎脩公出嗣公胞弟挺生公後三諱恒振恒耐公昭穆穴其後裔徙張村

清節樓文鈔　卷二　十五

香雪海墓

墓在光福鎮之泥埠巷。與土人所呼下大畝頭者接壤。同　先曾政海州公中式進士。曾樹旗杆四枝於墓前。土人因號其墓曰紅旗杆墳。如掃墓。須自[illegible]於潘[illegible]河頭。問下河亭橋。便是。以[illegible]鎮南有上[illegible]也[illegible]李春堂現以塞錢爲業不肯[illegible]梟。只好作鄉導矣。

香水溪中有山焉岡巒紆繞嶺岫參差非七十二峯之奇所能槩也而其閒出沒隱現若近若遠有隱君子者愛而埜之曰郁太元因號其山曰元墓稱北爲鄧尉山春初梅花極盛一望如雪行數十里香風尚不絕謂之香雪海而予家之墓在焉郎今蘇州府城西南七十里吳縣十九都二十一圖光福鎮鞠字圩芝華山所謂薛家墓是也原丈山地一畝四分南抵

馳道大路爲步十一步三尺北鄰邵墳有墓道一條廣二步一尺東長十七步二尺西長十五步有五寸乾隆中　聖駕南巡太守鑿山通道以望幸先塋適當其衝乃斷墓道爲之路東望黄公輔山鄰邵墳爲步十三步三尺西卽芝華山其南爲項墳其北爲汪墳爲步十七步有五寸穴之南廣十一步四尺有麗牲碑二后土碑一金城自東至西共三丈三尺乾山巽向兼亥巳三分塋明邑庠生　皇清例贈承德郎候選直隸州同知令修公暨元配例贈安人錢太安人副配例封安人高太安人吾高祖考妣也公諱儀字羽吉號翎修晚號耐叟工帖括年十七遊庠丁明之季隨守齋公棄諸生籍僉副徵書踵至公若勿聞晚乃遯於蘇門鄧尉山卒遂葬焉著有非非子書藁詳邑志隱逸傳吾宗自鄧陽徙寺頭未有宗譜至守齋公輯之纔有成書旋罹于火公復續輯之其序云予宗之自山右而汴梁而鳳陽而毗

陵而澄江而梁溪也迄今三十餘傳矣前此不贅卽今聚族而居幾二千指而譜牒未詳先府君守齋公始輯之而五六傳以上生卒年月多缺而失考後此未有脩也今不早爲續輯則缺略不詳將蹈從前之遺憾而且支派混淆尊卑失次將同宗合祖之人甚至目不相識耳不相習勢必等于路人如是而猶望其敦倫紀厚恩誼別親疏明長幼也惡可得乎此先府君所以皇然不獲已于中而輯之于始予兄誦叔所以惻然以悲喈然若失而續之于繼而予更瞿然有感穆然有望焉予先世代有名賢世爲顯宦乃自宜齋公遷錫後雖遊槐門列黌舍者亦踵相接然不得乘風破浪攀龍附鳳其較諸毗陵澄江何菀枯異致也豈天之厄我宗黨與抑人事猶未盡爾後之人見吾先世勤學好善而未獲報也其德業加謹焉文行加勉焉則天之嗇于而先者未必不豐于而後而其悲惋抑鬱不能得之于身者未必不收之于子若

孫也初公善風鑑愛林屋洞庭之勝卜宅不果及維新菴之築居葉姑于鄧尉山乃買地香雪海爲自已營菟裘而以葉姑別業招女尼住持兼爲墳墓照拂仍名維新菴公卒遂葬于此錢太安人馬橋瑞徵公女有賢德高太安人滕田高氏女教吾曾祖廉讓恪謹俱稱賢母公生天啟戊辰八月六日卒康熙庚午七月十七日年六十三錢太安人生崇禎庚午二月十三日卒康熙辛巳四月十九日年七十二子三長

清循椿士鈔　卷二　本

諱艮嗣嫡出早卒次諱榴祥邑庠生側室朱氏出三朗吾曾祖摺陛公生妣高太安人出朱氏及榴庠另葬寺莊新阡（墓在入字一百三十九號乾隆中已失今始尋而得之勒碑記焉）香雪海之昭塋

皇清太學生例授承德侯郎選直隸州同摺陛公元配例封安人孫太安人吾曾祖考妣也公諱振采字鷺洲號摺陛年十五遺家多難依姑丈孫公洊住以居遂爲孫公之壻孫公故住資雁里公是以徙居塔坊橋公少穎敏觀書數行俱下所錄諸名家大小題文各房多分至數百篇動合楷法深得鍾元常王逸少之秘考職授州司馬以家難未赴執秩課四子嚴而有法比列黌序入成均鵬搏鵲起而公遂絕意仕版矣初耐叟公契賣香雪海之地去維新菴基址里許公卒徽人與摺陛公各執一契幾爲所困既而正經界域溝澗公辯論侃侃一無所詘方耐叟公卒時兄榴祥公先卒寡嫂奪公田而逐之于外公俛首遜讓若不能與較者及與徽人

清循椿士鈔　卷二　五

挺然不詘人以是大奇之吾嘗慨世之號爲兄弟者一芥之微一鍼之末不肯相讓及出遭橫逆則身家性命有不遑顧舉以畀人如棄草芥而所謂兄弟者方且乘風縱火入室操戈必推墮陷穽而後快惟其如是是以忍于內鬩而怯於外爭也其與閱牆禦侮之意遠矣聞我公之風亦可少愧哉公又嘗與相國嵇文敏公之子搆訟比年而獄不解時相國開府南河公即爲稟牘令吾祖友琦公親敏督轅聽其曲直

相國直公而責其子雖相國之優容不欲以權勢震壓親鄰要非公之明敏幹練不及此孫太安人寬和慈惠御下有德嘗能匡公之所不逮公亦以此賴之公生康熙丙辰二月九日卒乾隆甲子正月九日年六十九孫太安人生同庚九月十四日卒乾隆戊子九月十八日年三十三子四長諱煌郡庠生次卽吾大父友琦公三諱琁四諱熉俱邑庠生公晚年娶蓮室馮氏無子而有女公卒守節以終年八十三

詔旌貞節事載邑志另葬壩上培吾公墓側伯祖塋孔山三叔祖塋仁村四叔祖葬大池

仁村先塋

仁村先塋在無錫縣天授鄉西膠山堰橋鎮土名仁村巷田名八畝里原丈呂字三號平田一畝五分七厘五毫十七號平田四分四釐八毫二十一號平田四畝一分二釐四毫二十二號平田一畝二分七釐五毫四號合爲一邱張塘河繞其南仁村巷環其北東西擦濱有水左縈右抱亥龍入首鳳皐山峙西北仁郵橋立東南觀音菴建東北堡里橋拱西南南廣七十步有三尺北廣七十步有五尺東袤百三十四步西袤百三十二步艮山坤向兼丑未三分塋

皇清太學生友琦公暨配李太孺人吾祖考妣也先祖府君諱桑字友琦少時銳意舉業與兄允妏公弟琬齋公樸園公同出表兄明經錢度舒先生之門及允妏公遊庠而揩陛公年老謝事因諭公援例入監

公以是不爲博士弟子終身憾焉比琬齋啟沃二公先後入泮而公擬襆被入都又不果公最善率更帖所錄文字皆銀鉤鐵畫力透楮背初揩陛公避家難借居學前而寺頭老宅無人居住至是四子析筯以新宅爲三股舊宅爲一股備闔聽拈時伯祖允妏公已卒伯祖母闔得鄉閒與老大房合住公謂鄉閒多故非所以居孤寡願以新宅平屋三楹讓嫂住之皆曰善旣而伯祖母改平屋爲樓房而吾家天井頗苦窄

獲至今猶受其累公罔悔也先大母李太孺人直隸州同音昭公九女家素封及歸大父擱家務不衣華穀有桓少君之風自大父逝世吾家中落大母因噎廢食晚年之志苦矣然吾儕所以食舊德服先疇者猶賴有大母吾雖不逮事大母備聞吾母稱其盛德也先君子之卒也孤錦堂甫再期不能周知祖先之故及長情理糧業請於吾母曰仁村先塋共成八畝乃合四號爲一耶者也今吾與伯氏各得四畝而

渭餘樓文鈔 卷二 圭

吾家四畝則三畝極南一畝極北伯氏四畝則介其中及辨糧則又每號各剖其半是所執之田非所完之糧所完之糧非所執之田也敢問亦有說乎吾母泫然流涕曰此非小子所知也昔者夫已氏嘗聞于汝祖母曰八畝之田既已析矣何不各完各糧各執各業之爲便也汝祖母忿然作色有間歎曰此田以護墳也非以收租也所以使兩房牽制者正恐後世不肖子孫以祖宗朽骨帑售他人而彼一房者屏息

不敢作聲如是則吾骸骨危矣汝曹當知八畝之糧乃墳糧非田糧也安用分清皁白爲夫已氏歛然若肇由然若抉廼遷延而辭避爾小子既得聞此言也盍亦筆之以詔來世乎則對曰唯退而謹識之不敢忘時乾隆五十八年九月日也兹志友琦公塋因併志此公生康熙壬午八月三日卒乾隆庚午十一月二十一日年四十九李太孺人生康熙庚辰十二月十日卒乾隆丙戌八月十三日年六十七子二長廷

渭餘樓文鈔 卷二 亖

璐整公之昭次郎先府君葆光公

仁村先塋東南爲地四分離友琦公塋二丈許仍在八畝之内癸山丁向兼子午三分葬 皇清例貤贈文林郎郎選知縣葆光公暨元配 詔旌貞節崇祀慧麓節孝祠例貤贈孺人許太孺人吾考妣也

先府君諱世琛字雲從號寶光一作葆光工帖括詞翰著有軼藁二卷業師錢學林先生點定又最善栩誠懸書舊藏左街僧録古楊一本其素摹也不幸早

背未竟其用時人慼焉府君卒時太孺人年二十九
遺孤三歲戚黨無可倚者太孺人紡織度日撫一子
二女于委廢單弱中卒以成立外王父右丞許公王
母侯太孺人所以存郵太孺人者甚至然外王氏可
來而太孺人不可往嘗陰雨兼旬糧食匱乏不食三
日矣或謂盍遺而子告母家太孺人怫然曰餓死事
極小乞憐事極大奈何令三尺童子踵門行乞也其
耿介類如是性喜讀書所以期望後人者甚切嘗曰

吾爲未亡人覩閔既多受侮不少天道好還嗇于前
必豐于後吾子孫其有興者乎讀書者起家之本也
積行者裕後之資也子弟果能勤學好善不患不發
惜吾不及見耳乙酉江陰續譜成刻少司農顧臯所
譔太孺人傳云太孺人姓許氏貳尹諱醇之女故處
士薛公世琛配也于歸時年二十越九載而寡又越
二十九載而沒處士公之卒也遺子女俱幼太孺人
守節撫孤俾玉成立即今高才生名錦堂者也太孺

人事姑也孝佐夫也勤家本貧薄田十餘畝持以儉
約僅得給饘粥孀居後義方訓子有古賢母風身多
疾病强自支厲卒遂其志鄉邦多之事既纂入邑乘
行將邀　旌門之典矣臯先君子太孺人甥也表章
潛德義不敢辭爲述其梗概如此贊曰古之人有言
曰守節易全孤難若薛母許太孺人豈非兼爲其難
者哉持茶集蓼以終其身而所以翼子詒孫者實大
爲全祖望有言苦節可貞久而必報吾于太孺人亦

云府君及太孺人行事予嘗作詩狀一篇徵諸名流
題詠另有刻本其訓子遺言又嘗爲文述之茲不多
贅府君先於乾隆三十八年祔葬祖塋之穆嘉慶辛
酉十二月二十二日遷於祖塋之東暨太孺人兆合
焉府君生乾隆辛酉八月十一日卒乾隆癸巳八月
二日年三十三太孺人生乾隆乙丑十月二十九日
卒嘉慶辛酉六月二十一日年五十七子一郎錦堂
跋曰右先塋志八則所以謹先人窀穸而因詳舉先

代之碩德懿行以示後世子孫俾知五百年來尚存一坏之土于玆大非偶然也抑是書也予蓋竭數十年之博考遐稽旁搜遠紹而得之非苟爲述祖德頌也予不幸生三歲而孤則雖先君子之遺澤亦僅得之耳聞而未能徵諸目見况其遠者乎然吾聞之禮先祖無美而稱之是誣也有善而弗知不明也知而弗傳不仁也予故爲是惴惴焉大懼遺澤之泯焉澌滅致蹈三者之過乃上采錫山景物畧錫金識小錄

江南通志泰虹州嚴秋水華芋園舊志以及名流文集故老傳聞而覈諸吾家舊譜疑者闕之其可信者則一言之細必以登一事之徵必以錄務以徵實非以誇美云爾抑又聞之我先世竹石居士家于鳳陽其子爲武進令挾譜之任厥後鄉邦淪沒僑寓毘陵而宗派章章可考卽今兩鑫五牧兩譜之所據也其後江陰族祖有諱球者以宏治經魁官安仁令亦載譜往至今族人寶之名曰安仁舊譜凡源流異同支派出入悉取裁焉夫世系且然况邱壟爲先靈所式憑乎是不可以不志

仁邨祔塋 續志一

福辰謹讀　先王父薌圃府君所撰塋志八則竊歎其詔示後人者至爲深遠後之人允宜仿而行之用垂永永也我　先考之沒於新寧任也丁粵賊僭亂之熾海宇分崩重以家難内訌實繁螟螣進則公私赤緊無得了之期退則滿目荆榛無可歸之路因不得已遣吾弟福同從西江間道敬謹扶　靈先返而福辰則攜弟福成滯迹荆南凡所以清乾没徵正賦

散霾僕扶奸胥還豪右者事孔棘經營餘兩載而　先考歷任交代之糾纏乃得蕆事先是福同以咸豐九年五月歸　先考之喪抵錫因福辰等孤羈在楚未克塋也越明年而庚申粵賊之難作賊自金陵傾巢大舉旬日間略江以南名城百數十無錫實介其衝顧海内承平久民不知兵甚有謂賊至不過猶賽會過城大可安眠如故者幸吾母顧太夫人識力堅卓持權厝之議益力尅日遷　先靈於仁邨高祖考友琦府君兆穴之穆而挈家避地至寶應得無恙時福辰于役楚之澧其年端午澧州牧陳亦漁先生（名秉鈞寶應人壬辰進士以國士遇福辰）設筵款接席間得江東全陷惡耗不克終席即時攜弟福成作尋親計乃跋山涉海出入鋒鏑者逾二萬里以歲暮祀竈日達於錫邑是夜雪大如掌而土寇某某等謂福辰宦家子宜有貲遂鈎連紅巾賊百餘騎雪夜攻我西張鎮將以掩執我而甘心焉福辰膽素豪鋭身略賊且擇紅巾中

之驍悍爲首者紿之曰我與若素相識何得乃爾賊怪詢相識之由乃更以游詞戲謔之百餘騎悉釋刀木立怏怏以返且謂明日復相見也故時人皆謂福辰有談笑郤熊羆之畧而不知非吾祖若宗厚德覆幬默相其間無此從容也遂雪夜兼程渡江而北途間更迭遭險阨跋履兼旬乃得謁吾母顧太夫人於寶應嘻幸矣哉初吾曾祖葆光府君之祔葬　先塋也吾祖薌圃府君適多羸疾術者遽歸咎壙塋以是

有遷葬之役時嘉慶辛酉十二月二十二日也詎知啟兆舉殯官瞥見金鯽魚二頭躍而上吾祖悔焉術者乃詭言東偏地更美如以盂水取魚置遷穴庸何傷不知此魚見風即化也故吾曾祖府君初葬處所僉云吉壤佳氣既洩即爲棄壤人人漠不置意云迄庚申之亂吾母顧太夫人慮 先靈密邇危城急切未能卜吉竟權厝其地歲辛酉福辰既得省吾母顧太夫人於寶應顧念 先靈浮厝亂邦非計乃更攜

弟福成微服入賊巢不諏吉不擇向遂即厝所定焉距吾曾祖府君之遷葬適逾甲子一周也溯吾家自辛酉秋卜葬後吾手足游庠者二掇孝廉藐科者三
特恩貢成均者一其擢爲令若牧洊升太守監司者歲不乏人即福辰德薄能鮮亦得遭時竊祿觀察濟東泰武臨迎養吾母顧太夫人者垂三載胡天不弔又於光緒三年二月日竟奪我太夫人哀哉痛哉福辰等竊念窀穸事大不容怠緩謹率諸弟扶 靈返籍遂以明年春正月十七日合葬於 先考資政公之兆嗚呼自吾鄉遭紅巾亂災及松楸故仁郵
先壟遍地磽瘠犖确幾若無措足處既合葬吾母顧太夫人坟即爲芟其惡木鋤其瓦礫治其低窪聯其斷續自吾高祖以下暨旁祖伯叔諸祔葬者合爲一大墳佳哉鬱鬱吾子孫其有代興者耶茲撰 先塋續志特詳其顛末如此俾吾子孫知青烏術僞任數不如任理理得則心安自古無舍心理之安而可恃

術數以邀富貴利達者而福辰紹述艱難之梗概亦畧存於是云 先考以縣學生中道光辛卯 恩科第三名經魁道光乙巳 恩科第十一名會魁歷官湖南安福新寧知縣擢廣西潯州府知府以光緒紀元推恩贈資政大夫生於嘉慶丙寅五月初一日寅時卒於咸豐戊午七月二十八日寅時春秋五十有三 先母以光緒紀元
推恩封爲太夫人生於嘉慶庚午十月初三日戌時

卒於光緒三年二月初二日寅時春秋六十有八子
六長福辰由縣學生肄業國子監中咸豐五年乙卯
順天鄉試南元　賞戴花翎二品頂戴按察使銜山
東濟東泰武臨道次福同由縣學生中同治丁卯舉
人次福成由縣學生中同治丁卯副舉人直隸候補
知府　簡放出使外洋德意智參贊次福保由縣學
生　詔徵入覲洊擢四川候補知府次福祁同治壬
戌　恩貢即選知縣次福庚由縣學生中光緒乙亥

恩科舉人女一適同里顧福基孫男十八人孫女七
人

大浮山塋 續志二

邑之南鄉曰漆塘鎮其鎮以山得名鎮之中羣山環
拱自嚴秋秦小峴華芋園諸邑志未由一一名其山
也光緒四年九月十四日我繼室
皇清覃恩誥封夫人樊夫人卒於里第以元配王夫
人慧麓舊塋地隘相地至漆塘得化字二十五號山
地一畝五分二十六號山地三分兩號合爲塋址岡
巒繚繞形勢雅類香雪海而澗水屈曲來會秀氣襲

人視香雪海蓋勝余生平不信青烏術而連獲佳壤
堪輿家談地理者輒首推吾鄉秦氏世墓方茲蔑矣
宅兆之將營也地師各主一說彼曰宜偏左此曰宜
偏右相持不決余因定以左右適中作兆穴迨舉鍤
而見下有圓暈結穴處適當其中兩地師皆酡顏氣
奪讕語頓息遂以光緒五年正月二十七日塋我樊
夫人并遷我王夫人之靈於其左其地背南面北以
左爲上故佝左而余亦自營生壙王夫人兆穴之左

踐盟也王夫人事吾　母顧太夫人謹最得懽心而爲人伉直有至性余以年少丁多故抗塵走俗久勞於外故思婦之苦夫人爲多以咸豐元年九月二十七日歸於我五年十月初七日卒年二十有一生一女而殤王夫人歸余再五稔首尾相聚僅百數十日其卒也余方捷乙卯順天鄉試南元出今總河李子和師帥之門其夫人奉天樊氏也遂以其夫人之姪女繼室於我是爲樊夫人夫人以同治元年閏八月

清簡樓文鈔　卷二　書

十三日來歸温惠廣淵有才思未嘗爲詩懲之如鴆不屑屑計米鹽陵雜而事無曠廢關雎詩人之賦淑女必形之以窈窕若夫人儻所謂善心曰窈善容曰窕者與生於道光二十年十二月初一日距卒之日年三十有九子適族四庶出者曰開爵夫人出者三開邦開陽開藩生四女殤其一余作王夫人輓聯有云一日比三秋彌死莫非爲憶我異室還同穴此生舍是更無他及輓樊夫人也又云同穴矢無渝漫說

暫離終古聚中年粒又斷最難百事一身擔今茲秋八月大浮山塋事告蕆復於墓門撰句云皦日此盟歸一室青山何幸共千秋言之不足又長言之所以慰我兩夫人於九京者止於此嗚呼可哀也巳大浮山見於邑志而不能證之以圖今所葬土人訛呼大文山踰山南行又概稱之曰大壺則玆山之爲大浮無疑也謹案會典載墳塋規制民公侯伯至二品例設石像生如儀衛其儀爲石人二石馬二石虎二石

清簡樓文鈔　卷二　書

羊二又石望柱二既一一如制惟圍牆以限於地勢僅築二十丈餘未能符品級並於塋門兩旁設后土碑一寶藏庫一歷階北下建方臺二圓臺一又北數武引澗水爲池池內畜金鯉魚數頭建環橋其上渡橋而北乃立墓門門以外治爲神道更闢東偏隙地築石室三楹顔曰冢堂所以拜埽焉栖遲焉平時則守塋戶之所栖息也其他石闌石磴石几暨松柏冬青數百株氣象甚美吾子孫儻有克繼余膺二品秩

旨例得如此爰詳述以資觀感云時光緒五年八月
日福辰自撰

錫山薛氏支譜續脩序

古人最重譜學自譜學廢而宗法壞倫序紊家政乖其失匪淺鮮也然不能正諸衆姓猶可正諸一姓即不能正諸合族之姓猶可正諸一支之姓此錫山薛氏支譜所以續脩也吾薛自禹陽流派車正分符越周武剖封以國爲姓而薛氏始盛于楚及漢興而廣德官御史大夫實爲鼻祖廣德生長沙太守饒饒生淮陽太守愿再傳爲千乘太守漢三傳爲司徒祭酒彪嗣是徙吳徙蜀徙河東汾陰代有聞人襄公襲侯爲卿爲相世德廉孝颺于河汾究其淵源俱御史公之分派也歷傳至隋仁壽間元卿公諱道衡爲尚書吏部郎中加上儀同三司子伯褒公諱收以文中子高弟爲唐太宗元勳封汾陰縣男子孫世襲三傳爲嗣通公諱稷太子少保禮部尚書封晉國公始居江陰寶垘鄉之稷山今其別業在焉江陰之有薛氏自公始然而遷徙靡常所在皆爲著姓嗣通公六世孫

景方公諱居正爲開封浚儀人宋門下侍郎平章事加左僕射昭文館大學士贈太尉中令書謚文惠文惠公七世孫勝夫公諱抗以進士令寧海有政蹟遷樞密副使以子極貴贈觀文殿大學士和國公則五牧奉爲始祖者也勝夫公子二長爲子希公拯宋季進士官終工部侍郎實吾祖所自出次子善公極寧宗朝進士及第官終觀文殿大學士封和國公謚文忠即五牧之二世祖而西鑫漏湖等支奉爲始祖

者也然不免傳聞異詞矣吾祖所逮聞者則倘仁公始居江陰父子皆以進士官翰林承旨然進士表不載爲越六傳而宜齋公避紅巾之亂始徙無錫寺頭稼穡開先詩書裕後墳墓第宅歷歷可稽故吾錫山支譜斷自宜齋公爲第一世肯高忠憲公修譜七世以上缺而不傳而其後倡道東南遂爲東林不祧之祖可知人貴自立何必以門第相誇耀哉況吾宗大節昭昭如瀘溪公兄弟鬮資築城清湖公釐正差役共利溥于一邑培吾公團練鄉勇其績著于一鄉朗生公令修公棄諸生籍其心存于一朝培吾公延鳳公慨然起義無有難色其義聞于一郡以布衣鄉祭酒而不忘致命遂志興利除害苟如是是亦足矣矧復科甲蔚興人文鼎盛抑且大有人焉孰非吾祖之德耶而敢舍其近而祖其遠耶爰仿守齋公成例參以江陰族譜爲十二卷末附家廟先塋里居科第官階職銜封贈旌表行誼藝文諸表爲一卷同宗異派

同姓異宗同氏異姓木宗出外異姓入繼諸志爲一卷合之凡十四卷云

恭述先節母許太孺人訓子遺言

先節母許太孺人年二十歸先君子葆光公爲室生二姊及錦堂逮二十九先君子捐館舍錦堂生甫再期太孺人守節撫孤家貧紡織自給漆室長號潛如也稍長即口授四子書及一切經訓口講指畫雖嚴師無以過夜則手杼軸間篝鐙危坐將日間所授之書課其温習如誦聲洪亮略爲霽顏否則悲號達旦百端勸之不應錦堂是以不敢一日輟業以嬉室甚

隘居僅小樓二楹右楹設大士像終歲茹齋頂禮無間錦堂素多疾恒尪羸不勝衣猶憶少時患傷寒命在呼吸恍惚聞太孺人祝于大士曰吾所以不遽從夫地下者徒以有孤兒在今孤染危症醫禱罔效吾與爾女節衣食供餐茶已計窮力竭矣以神之靈及我薛氏祖宗之庇俾孤得成立承祀宗祧則吾且苟延旦夕否則兒朝以絕則吾夕以死夕以絕則朝以死唯尊神監之祝已錦堂張目能言越宿尋愈錦堂

幼警悟十歲能屬文太孺人告之曰汝父弱冠名噪一邑試輒冠童子軍然寡言笑矜廉隅不妄論人長短歉然不敢自足惜早年見背不逮汝之成也憶汝父屬纊時捉汝臂戒予曰此子若長當昌大吾門汝當寶如珠培如芝勿以獨子而姑息勿以切望而過苛汝能任之吾目瞑矣是時予哽咽不出聲首肯而已今而善承父志哉他日舉業有成將父遺囊好好詮次亦足慰生平之志矣錦堂泣而識之不敢忘錦

堂年十歲出就外傅修脯俱太孺人紡績所給雖藜藿不充不少緩比錦堂遊府庠以太孺人一生苦節例得旌表將具呈白當事太孺人垂泪言曰止予所以偷生人世者豈爲邀表坊之成例已哉汝誠讀書登第倖叨一命之榮不旌猶旌也否則一衿終老困守青氊旌而不旌也既而太孺人疾大作庚申大比以侍疾不赴辛酉初夏方冀太孺人日瘳一日擬發憤潛心以博一第而慰母志孰意天方降割竟奪我

孺太人於戲哀哉於戲痛哉太孺人姓許氏考諱醇字右丞國學生例授登仕郎候選縣尉妣侯太孺人家素封先君子卒右丞公以吾家貧輒饋遺焉太孺人婉卻之曰我居寡而累父母心何以安太孺人介而和儉而中節親族中無少長咸肅然起敬雅不喜禦人口給郎情理不可遣者亦姑置之嘗有催科吏肆追呼而家中僅餘粥米數升小布一匹短衫二領命錦堂質錢償之錦堂有難色太孺人叱曰汝豈以

女戸單丁可綏正賦哉踴躍輸將正是佳子弟好消息今日完賦明日餓死有何不可嗣是未届期而納課戒不聞追呼聲以爲常高曾墳墓在鄧尉山每輸値祭雖饘粥不繼而祭埽必時儀物必戒曰貧人不修祭祠斯貧而不可反者矣祭祀絶是與祖宗不相往來此吳興温太君名言也錦堂雖孩提必屬幹僕扶抱而行曰祖宗精神與子孫息息相感召子孫不至先人安所憑依王父友琦公塋仁村每逢墓祭

太孺人撫先府君號慟幾絶終數十年如一日錦堂同案友某偶見訪談訟事太孺人從屏後竊聽既去責曰羣居終日言不及義聖人所惡也吾聞與不善人居如入鮑魚之肆急擯之毋相從爲國之蠹也後錦堂與某日疏不數年某與宗人涉訟引證數十人株連成大獄而錦堂得超然事外始服太孺人先見云太孺人于經史靡所不讀其訓子女以朱子小學爲本嘗題其上曰不如此不可以爲人不如此不

可以爲子易簀之夕猶諄諄以忠孝大義爲孫輩誦錦堂問何所苦曰吾無苦方歸見而父地下以不愧其言足矣乃端坐而逝太孺人生乾隆乙丑十月二十九日卒嘉慶辛酉六月二十一日享年五十有七生男一女二伯姊歸例監施鶴立仲姊歸文學胡蔭棨錦堂娶顧氏處士名開鼎公女孫男三孫女一錦堂少孤不及見先君子之梗概猶得因太孺人口述而彷彿見之至于太孺人乃錦堂所逮事者也言行

卓卓迄今照人耳目詎敢聽湮沒而不傳矧太孺人拒錦堂之請旌將以有待顧所垂爲訓誡者復不克表而出之毋乃恧與用敢次其遺言輯其大畧如是於戲拭淚和墨墨淚盡而太孺人警覺提撕之語未盡截簡爲端簡端窮而太孺人顧復鞠育之恩無窮其可無述耶其能悉述耶

荆室顧孺人傳

於戲予自孩提失怙貧病交侵先節母許太孺人撫之成立既無叔伯終鮮兄弟弱冠後母子俱嬰危疾兩姊既嫁中饋無人瀕死者數予年二十四孺人來歸頗得內助而貧病交侵自若也兼予素性樸拙雅不喜毀方爲圓故困苦不堪之境予與孺人徧嘗之他人莫之知也幸天不我棄俾諸兒克繼書香微內助之力不及此計孺人與予處三十四年備嘗艱阨困頓無聊則慰之曰以卿茹苦習勤兼患體弱不幸先我以死我必爲立傳垂諸家乘以爲宗祏光今已矣昔日身後言今朝眼前事矣雖不文其可已孺人姓顧氏上世爲江東著姓居邑之梅瀆祖諱林字西翰考諱開鼎字重巖尤稱善教從游甚衆予亦其門下士也先生既以長女歸予顧予歲暮債逼孺人出奩資以償一無所吝新春服布素亦恬然無慍色明年大兒汪度生生計益窘則勤鍼黹以佐薪水每歲

暮爲鋪家僱刺帽邊凡兒女添補衣服皆取給焉有
餘則爲予佐卒歲費率以爲常又明年予遊郡庠會
許太孺人病殆需日夜撫摩予與伯姊日不暇給而
孺人所以爲予治生者至詳且悉以是予得專意太
孺人左右而伯姊封胑以進予亦不至多虧子職云
辛酉太孺人疾終予方患痁作顧家貧無以斂憂痛
交迫孺人慰予曰君勞瘁甚矣姑嫜身後之事吾自
能主持幸勿過憂既而斂殯如禮諸事楚楚予方詫

清節樓文鈔　卷二　卅六

之則曰君家故貧也姑疾不起非一朝夕事也三數
年前吾已逐日節省積數十金今盡出之即買地卜
吉亦沛然矣予心乃稍寬遂以是冬舉殯成禮幸不
告貸他人郎一時會葬者亦謂予得賢內助也服闋
次兒畢澄生頗穎異孺人愛之嘗曰能高大門閭者
必此兒也不幸以痘殤爲醫生用藥所誤予兒人輒
尤醫生孺人戒予曰生死數也醫何能爲詆之徒以
損彼生計而於我奚裨三兒湘之生也家累益重又

値年荒幾乎衣食不給孺人乃勤于治紝供兒女衣
著已或冬月衣敝葛予問之則曰吾不苦寒也每晨
炊則儘諸兒食之謂讀書人不可過餓以傷氣而已
僅飲湯數勺予又問之則曰吾不苦饑也庚午予赴
省試或贈程費數金會四兒淞適臨蓐予郎以金付孺
人作湯餅費試罷歸語予曰向所留數金予召藤匠
修理牀榻及椸子庶幾以一月用易十數年用也今
每念之輒淚下庚辰大兒入泮方苦覆試無貲孺人

清節樓文鈔　卷二　卅七

笑曰吾固知兒數年勤讀將入泮矣覆試之費準備
多年乃出十數緡曰兒覆試歸當以餘金爲爾成婚
也旋以是冬爲兒畢姻一切庖廚飲饌俱孺人手治
外囊無其敏捷也乙酉三兒入泮孺人復以二十緡
爲試費予戲曰家有亟用叱嗟立辦得毋別營金穴
耶曰大兒成婚爲集戚黨以醵今適輪舉告竣爾倘
秋間僥倖中舉又將爲營計借矣無何鄉舉報罷孺
人忽病殆雖幸有閒終以是疾殞命哀哉方孺人嬰

疾也沈吟間輒以三兒婣事爲言予諾之俟疾間爲聘顧氏然苦囊中羞澁竭蹶成之予因是欷歔不樂孺人慰予曰我爲大兒畢婣幸君館穀稍豐故聊貯青蚨以待不時需耳今我病廢兒輩摒擋無具何怪焉但能再爲阿四完姻吾願畢矣時四兒年十六予以爲非急務姑置不理而孺人竟于明年逝矣於乎哀哉孺人課子有法諸兒塾課之暇或偸覷拍毬蹋鞠擲骰放箏諸戲必撻諸數十始予遠館鄉間大兒

屆東嶽賽會偶偕窗友觀之翼日爲四月朔窗友邀觀城陽賽會孺人遽拈扑出責自是窗友不復來舊藏曲本數種畧涉淫媟輒括而畀之火與媳輩道古事不旁涉盲詞說部諸兒歲時解館多不過三日輒迫之曰毋自曠曠人也傍晚非有警事不點燈令諸兒背誦文字天未明督子女整衣裳各理正業大兒自館歸偶攜淡巴菰管孺人怒而折之曰世風愈趨愈降須吾輩主持之奈何尤而效焉吾聞之吾父云

淡巴菰者乾隆初年猶干例禁者也汝曾讀學士方苞奏劄乎生平不佞佛而放生戒殺勉爲之自己服用極其菲薄卻喜慷慨好施之舉子婦有過不少假以詞色而慈愛顧惜有過尋常比屬纊猶以勤學好善爲諸兒媳勉者久於戲倘所謂賢德者耶孺人生乾隆辛卯十一月十日卒道光戊子十二月二十二日存年五十有八男四女二各亡其一

論曰予爲鄉教授所得辛修不敷日用恆黽勉有無

不以貧爲予累歲比不登則磨麵爲餬和以穛秕數月不飫常不使予知而偶有亟用未嘗以匱乏告昔程太中家貧其夫人上谷郡君雅善經理每歎曰是良轉運使才也予德愧不逮太中而孺人工學晝善治生則亦予家都轉耳悲夫

薌圃府君行狀

府君姓薛氏諱錦堂字緇衫一字且華又字晝衣晚號薌圃系出宋工部侍郎諱拯公之後世居毘陵一徙江陰再徙無錫曾祖國學生例授承德郎候選直隸州同知諱振采祖國學生諱槃考諱世琛妣　詔旌貞節許太孺人府君生三歲而孤家中落許太孺人紡織鞠之恒體無完衣甑無積飯許太孺人機杼之暇兼授府君四子書十歲始出就學歷從顧侍御式度湯孝廉瀾甫鮑明經戟門諸先生試輒高列會許太孺人遘疾府君謹侍湯藥寒暑無間凡十六年既而嫁兩姑平內難府君獨力支持不遺許太孺人憂人以爲孝府君輒搖手閉目謝曰我何知孝我但念不忘親而已年二十四吾母歸府君花燭之夕忽自責曰我自幼不忍頃刻離母我母病劇尤不忍頃刻離母吾過矣吾過矣妻

子備而忠孝衰今果然矣遂從吾外王父車嚴先生學米鹽凌雜悉以委吾母而吾母亦善治生不以貽府君累年二十九始遊府庠明年大比吾母促府君省試則曰古人一日養不以三公換我誠策名筮仕如老母何又明年大母病益劇須蔘苓無以給府君仰天痛曰吾母相依爲命母死我何獨生遂刺心出血雜和刀圭以進大母病立愈有偵知其事者輒託言伯姊所爲蓋大姑母嘗刲臂以療許太孺人疾故也愈後兩月仍患心疾而卒時辛酉六月二十一日府君方患疽作顧家貧無以斂幸吾母力措其事大禮以成殯于廳事族子某輒以桃茢梆杖及刀劍壓柩府君與爭反被毆擊府君怒欲訟焉吾母婉解之曰先姑最惡訟事今衰絰而訟諸官恥孰甚焉不若急營窀穸以安先姑之心然後徐觀其變以償其侮事乃中止遂以是冬

舉殯如禮既而府君同案友某與族某結不解之讎必欲置之死地謂府君曰彼若讎也天或者將棄彼矣若幸助我若孝于親義于友并可爲若圖温飽蓋是歲爲丁卯府君脫館二載矣前年一妹一弟俱斃于痘不孝汪度不孝湘及歸秦長妹痘疵俱重藥餌不貲加以歲歉無擔石儲故某丈啗府君以利府君領之某丈去遠府君忽自省曰吾聞公仇公報彼侮我是彼自絕于天天命不悟終當罰惡我因風縱火亦淺之乎爲丈夫矣遂追而謝之族某聞之袒而請罪饋以多金府君叱曰汝得罪吾先人恨不能食汝肉安用此瑣瑣者爲乃懷金竄去先是府君終大母喪將應舉泣然曰予以少孤不能子逮事寡母時邀徼祿以爲養今吾母已沒顧效毛義奉檄安往邪甲子丁卯戊辰庚午之間屢邀房薦終報罷嗣是竟不應舉矣府君博覽羣

行狀　三

書尤究心漢學每謂不孝等曰讀書之法務求根柢逼古今遇不遇命也自是日取數卷討論之期合于鄭許諸君而後止無如不孝等薄劣譾材不克紹承萬一每一念及既自慙且自恨已府君終歲課子不喜道戶外事治家量入爲出雖饔飧不繼不稱貸于人耆久要重然諾横逆不校溫溫善下不爲崖岸人飫聞府君言論丰采均謂大耋可臻故不孝湘試南宮滯京邸需次教習不復有內顧憂道光壬辰冬府君得饐嗝疾每粒食必嘔既而告瘳乙未冬復發遂不復飯日啗果餌藥物以當饘粥丙申冬杪益劇不孝湘棄教習歸養抵家有聞戊戌不孝湘試禮部能歸是冬疾大劇今春正月精神益疲憊而食飲不尙甚減不孝等私心竊冀以爲春融當少瘥也至二十四日身體稍嫌木彊食飲少進醫謂營衛兩虧不可復起至二十六日喚

行狀　四

不孝等取衣冠謂曰吾今以先人留貽清白之身歸報地下汝曹善守好秀才家風苟無落學吾目瞑矣遂談笑逝於戲哀哉於戲痛哉不孝等竊計府君身體雖羸而神明尚能支厲且語音朗朗聞者以爲壽徵方繪爲寒窗授經圖冀明春稱觴爲歡詎料圖未成而噩夢先告不孝等自維進不能通經致用自顯于時退不能績學立名以光于後加餐乏術走禱無方擢髮

行狀　五

難稽糜身莫補於戲哀哉於戲痛哉府君平時訓子弟以敬處宗黨以和族有父子兄弟相訟病者質于府君得一言即渙然釋先世多壟與寗鄉壙糧爲通族合辦年久多逋賦府君擇貧戸代輸之遂著爲例遠祖墓碣爲土人所碎兼樵牧爲府君重建豐碑復爲立灑埽戸家祠被廢重設影堂奉始祖以下栗主皆自出已資不均派族人嘗病江陰譜之畧也作先塋志載吾

祖出處本末又重脩錫山支譜詳載合族行實事以存亡繼絶爲心高伯祖榴祥公壟寺莊其嗣既微其墓遂廢將百年矣復尋而得之勒碑記焉府君嘗謂不孝等曰士生于世必有所用不用于國必用于家漫無建白塊然與草木同腐吾耻之吾重耻之故凡敬宗收族諸事爲之不遺餘力所以爲不孝等貽謀者至深遠也府君生於乾隆辛卯八月四日亥時卒於道光已

行狀　六

亥正月二十六日巳時享年六十有九郡庠生例封文林郎覺羅教習候選知縣鄉飲大賓著經說標異十卷字體溯原六卷清節樓筆記三卷瓣圃吟草二卷配吾母顧太孺人處士重巖公長女先府君十一年卒男四長不孝汪慶優廩生今以選始祖諱更名沆娶朱氏國學生宗源公女先卒續娶徐氏清芬公女次不孝澄穎異蚤卒次不孝湘邑庠生辛卯經魁乙巳會魁娶顧氏處士

諱鈞次女次 不孝淞 娶華氏鄉飲賓諱廷烈女 淞後
府君三年卒 女二一適邑增生秦際初孫男七 福槿不
孝汪度出 福辰福同福成福保福祁不孝湘出
福梁不孝淞出 俱未聘 今福辰聘王福同聘朱福槿聘顧 孫女
四 不孝汪度出三一適華一字沈一適華 不孝
湘出一未字以己亥四月十二日葬府君于天
授鄉仁村新阡 墓在無錫縣天授鄉堰橋鎮鳳凰山之陽土名仁村巷凡畝里
徐疇區新阡南望先曾祖友琦公塋約三畝零前錫田後泰田癸山丁向兼子午三分 敢

行狀 七

先妣顧太孺人兆合焉
先妣姓顧氏世爲江東右族祖西翰先生諱林
父重巖先生諱開鼎皆有文名爲鄉祭酒先妣
幹事敏治家肅撫人慈臨財廉而尤嚴于課子
府君授徒四方間數月一歸 不孝等 課程勤怠
悉以委先妣己巳庚午間吾鄉賽會甚盛三月
二十八日爲東嶽誕辰鄰友邀 不孝汪度 去先
妣知之而不言閒一日爲娛陽東平王賽會有

輪車擡扛之觀鄰友就 不孝汪度 告之而先妣
已建大杖立門右扶 不孝汪度 仆地鄰友駭而
逸嗣是 不孝等 不復敢以無事出癸未 不孝汪
度 館于北里歸攜淡巴菰管先妣見而怒之曰
方今洋煙之熾皆淡巴菰爲之兆也欲去其變
本加厲者須絕其造端託始者取而折之以銜
諸子先妣志盛而言約識卓而機警每 不孝等
應試預籌試費其坊表匾額懸于何處旗竿墓

行狀 八

碣寘于何處一一多有調度無如 不孝等 樗散
庸材不克於先妣生前令之見也至 不孝等 行
已待人之道諄諄提命以勤學好善爲訓今則
告于殯而無訓也臨于空而無訓也謁于墓而
無訓也噫嘻亡矣不可復聞訓矣 不孝等 將終
身爲無父無母之人矣於戲尚何言哉於戲尚
忍言哉先妣以乾隆辛卯十一月十日卯時生
以道光戊子十二月二十二日子時卒享年五

十有八先於道光甲午葬藁脣仁村祖塋今合葬
新阡不孝等由苦昏迷語無倫次顧不敢以虛
美失實致蹈矯誣謹就見聞所及纚陳梗概伏
望
當代立言君子錫之銘旌以光泉壤則不孝等世
世子孫感且不朽已亥四月旦穀不孝汪度不
孝湘不孝豁泣血謹述乙巳長至日承感下沆
湘敬謹增注

行狀　九

誥授朝議大夫廣西潯州府知府
晉贈資政大夫二品頂戴山東濟東泰武臨道先考
曉颿府君行狀
府君諱湘字衡瞻一字曉颿姓薛氏始祖尚仁公諱
皞仕宋爲翰林承旨籍江陰傳七世徙無錫賓雁里
遂世爲無錫人曾祖友琦府君諱燊國子監生曾祖
妣李氏祖葆光府君諱世琛劬學早卒
貤贈朝議大夫
晉贈資政大夫祖妣許氏
貤贈恭人
晉贈夫人父薌圃府君諱錦堂府學生
贈官如祖考妣顧氏
貤封如祖妣府君生於嘉慶十一年五月朔爲人孝
講天至族黨無閒言尤篤于友于字猶子親于己子
其自奉也約少有贏則以贍三黨之窶且艱者少負
殊稟七歲即能爲文弱冠補縣學生旋中鄉試第三

行狀　一

名舉人文意調皆新造師其體者纍纍登甲乙科天
下遂爭相模效稱爲薛調薛調云逾年爲道光十二
年取充覺羅官學教習四方通賢碩夫至輦轂下者
爭就質所不逮更十二年大挑二等明年中第十一
名貢士以病不與廷試越二年補試
賜二甲進士性耽文史仍以二等挑就選除鎮江府
學教授兼攝丹陽縣學事方教授時治旁舍舍弟子
近遠胥來學積五年援科者如林立咸豐三年除湖

南安福令時紅巾賊窟聚楚中府君喟然曰我自今
其少有施矣亟之官邑四與寇鄰又窟封室其中賊
涎覗者久府君至則料民集丁壯扼塞險隘多樹旗
幟爲疑兵四年五月賊帥數萬衆陷常德連陷澧州
府君部鄉兵禦之龍山市殪其渠賊受創遁去安福
以南十數州縣皆獲全六年兼攝石門縣事七年秋
湖南補行壬子乙卯科鄉試充同考官得士三倍他
房杪冬量移新寧興革利病民氣大洽會大府以安

福戰功聞
上材之遂超兩階授廣西潯州府知府府君自忖以
孱官稱職擢守巖疆益思自奮得當以報適新寧民
累牘乞留於大府不得爰代去俄遘急疾以咸豐八
年七月二十七日卒於官時福辰于役澧門狀亟馳
歸已不及二十三日嗚呼天降罰于福辰何酷也恨
豈有終極邪府君居常證鼎今古邃通天文輿地篆
隸說文象數之學旁究兵家言以陽明別集爲一大

宗故用兵輒奏奇效尤好治古文辭精於詩律著有
割圜指掌圖六卷方輿形勝備覽二十四卷大小篆
圖說四卷隸辨訂譌二卷說文段氏翼二十四卷河
洛鉤元四卷折衝錄十六卷未雨齋古文一十二卷
有巢吟舍詩一十卷滌非齋五經四書文八卷其制
舉文爲湘鄉曾文正公所激賞推爲有明以來第一
大家每見一藝輒手錄副本詳加評騭以課其子弟
吾鄉自經喪亂而滌非齋文僅存若干篇者文正公

之賜也府君年五十有三配顧恭人
晉封太夫人同邑處士願堂先生諱鈞之次女子福
辰舉咸豐五年京兆試南省第一官山東濟東泰武
臨道
特賞二品頂戴
賜孔雀翎自府君以上至葆光府君皆
贈資政大夫者光緒紀元
推恩也次福同同治丁卯舉人次福成與福同同榜

行狀　四

中式需次直隸知府光緒四年
簡授出使德意智參贊以顧恭人終制未赴次福保縣
學生同治朝
詔徵人覲以浙江候補同知擢知府次福祁內閣中
書改官知縣次福庚光緒乙亥舉人女一適顧福基
孫十八開爵開邦開陽開藩辰出學勤同出翼運長
文慈明雅珪成出聰彝保出孫女七人府君以咸豐
九年五月喪歸自楚未及葬也明年四月粵賊大舉

陷江東諸郡無錫實介其衝乃先期厝之仁村友琦
府君祖塋右而舉家避地至寶應又明年九月福辰
偕福成等微服入賊巢載謀窀穸始即厝所塋焉嗚
呼自慘遭父喪迄于畢葬數年之間家難其宏多矣
而燎原巨憝肆其凶燄以來殄滅我桑梓田疇屋舍
鞠爲戎墟憂憤百端肝腸如裂竊嘗狀次我府君行
事而濡筆輒中輟也屬以僭亂削平赫有
中興丕烈福辰亦得遭時竊祿將母濟東亦云幸矣

行狀　五

胡天不弔重降鞠凶吾母顧太夫人遂以光緒二年
二月二日棄子濟而今而後其終爲無父無母之人
矣乎嗚呼痛哉福辰等竊念府君之歿距今十有四
年矣而生平志事弗克稱揚一二其何以塞乃考服
詔後昆爰詮次如右伏乞當世有道德而能文章之
君子錫之碑誌世世子孫實感且不朽光緒四年二
月日孤福辰泣血謹狀

誥贈資政大夫潯州府知府薛公墓誌銘

武陵楊彝珍譔

公諱湘字衡瞻江蘇無錫人曾祖諱燊國子監生祖諱世琛
贈資政大夫父諱錦堂府學生
贈官如祖公以道光二十五年成進士除鎮江府教授咸豐三年遷湖南安福令七年攺移新寧尋擢廣西潯州府知府未受代去以八年七月二十八日卒

於新寧年五十有三娶顧夫人子六長福辰二品頂戴山東濟東泰武臨道次福同舉人福成由直隸知府
簡授出使德意智參贊福保浙江同知福祁內閣中書福庚舉人女一孫十八公與予故友善孤福辰又從予遊以咸豐十一年九月日葬公於仁村先塋之右越十有四載始奉狀來乞銘乃為銘曰

公學汪洋博無涯涘尤健於文孤出一體流播區宇鼓動獨雄多祖且襲試輒摧鋒而已則躓六駕六蹇晚始見遇仍投閒散五載南徐宮牆盤處以其鐸鳴有造庠序川澤不流仁賢所聚攺令楚中其施乃溫邑小而沃內居奇贏多藏誨寇戎虜斯乘豨突我常鋒旋逼澧遮畀剽殺邇無百里公張疑兵繁樹旗旛別選健卒伏扼險隘賊渠揚揚來授厥首往斧彼吭黨潰而走功不言祿莫償其勞反移夫吏使牧饑猺往設條教不鄙其民譬是狉狉化為彬彬有粤之潯

盜所穴藪跳踉莫制而難其守
帝念前能命往疆理馴爾龍蛇化為赤子公亦感奮授袂慨慷舉幡千人奔走傍徨方留于郊遽弔于野若嬰失母有涙其瀉愛遺在吡尸祝而尸委祉來昆於百世斯

誥封夫人冢嫂樊夫人家傳

夫人奉天樊氏大父師仲江蘇淮揚兵備道父恩照刑部山西司員外郎同治元年歸吾伯兄爲繼室光緒四年九月辛酉卒是時　太夫人喪未除顧言以喪服斂初夫人病甚越數日少間神氣湛然語伯兄勿仕而敦誡其諸子女盡詳雖僮嫗亦頗因所曉警發之是日問夫人語者材者逼愍者泣椎者思或感悔內傷至於發狂又旬日而歿男四人夫人出者三

人女四人一殤幼者二歲夫人性靜穉生而有高識遠韵于書史音律方藥皆不學而能伯兄才素高又少更憂患閱天下之義理多矣然夫人所贊益輒無以易焉及福保與諸兄弟聞之乃更以爲得于意表昔詩人樂道西周士女之美則曰彼君子女謂之尹姞以爲安而有君子之行則又推本其家世焉若夫人豈非周京尹姞之風詩人所思詠而不憖少留以儀其子女哀哉甚矣吾家之不造　太夫人之喪未及大祥而夫人又中折也伯兄之高節儒緩而以傑然啼號盈室者攖其慮也　太夫人之陟降孔邇哀我後人而不能默相吾兄以壽夫人也詩曰維憂用老伯兄將五十矣其將不憂也耶其能不憂也耶在制功服夫弟福保撰

高賀幽曠蓄鬱之氣四塞惟其言之也切故其感人也深讀未終不禁潸潸泪下　兄福展識

清節樓詩鈔目錄

無錫周翼墀
梁谿薛錦堂蘅圃著　江陰王　燦　同校
金匱華蒸照
無錫王[illegible]

清節樓詩鈔　目錄　三

清節樓詩鈔　目錄　四

情節樓詩鈔

無錫周翼墀庸山

梁谿薛錫堂藕圃著　江陰王　燦綺霞　校

金匱華藜照纂劉

無錫王以銓栢廷

出就外傅四首 此及二十四孝詩俱少時作

童蒙十歲出從師孀母堂前拜跪癡書本無非攜格語案頭不敢置新詩一張破机緑繩扮三尺危臺倩竹支開館今朝纔一日東脩打點理殘絲

飯時不用倚閭望多謝鄰翁酒一觥幾碟山蔬堆首蓆一盤鹹饌賦羔羊腊雞襯人新炊餅炙肉行來滿把鴟莫道兒童多客氣生來咽慣舊糟糠 自注云豐時風氣古樸白蔔絲拌海蜇冷羊糕小燒餅鹹糟雞塊頭炙肉皆爲數簋上菜

布襪青鞵當皁韡衣冠半借別人家肩撐文字襟彌斂腹貯詩書氣自華此日嬌兒身上服昨宵寡母手中紗將來報稱知何似珍重天庭寶相花

傍晚歸來落日寒慈帷無語暫盤桓書間課誦燈前習日裏行爲枕上看三鼓嚴更驚鯉躍一腔熱血和熊丸來朝幾尺門闌雪重整襪繇易米餐

重定二十四孝各賦一首

曾參養志

一樣高堂酒肉陳阿誰養志足娛親紛紜剝棗盤匜列拮据培瓜累寵頻秋水朱弦音倍樂春風白袷服重新出妻縱爲蒸梨事細故何曾累老人

閔損衣單

赤身且臥白水渾况被蘆衣也毋恩不忍同胞齊耐冷摒教一子獨微溫曝將黃日棉如著吹向犁雲絮欲翻弱弟歸來動慈聽一庭和氣各無言

仲由負米

傷哉菽水缺朝朝百里奔波負米遑羞爲餅罍勞涉足喜把劍佩尚橫腰殘薪有析肩同荷宿飽無糧腹屢枵惆悵他年一盂飯白雲深處路蹊蹺

高柴泣血

掩泣靈帷不作聲模胡血泪暗交橫染餘素絰斑斑淫凝作紅冰點點明三載難逢開口笑九泉空自把心盟此中最是柴愚處越是愚人孝越誠

老萊戲彩

高堂具慶樂何如七秩嬰兒盼倚閭采采紅衣抛杖履星星白髮跌階除雙親目笑渾忘老幾輩肩隨嫺學渠孺慕衷腸竟何似膝前好像幼孩初

樂正病足

守身明訓證師傳臥病經旬尙歎然易簀有期纔得正開衾無故始歸全肌膚不毁冰淵地跬步難忘震夙天獨有忠臣殉軀日斷肱猶自著鞭先

伯俞受笞

不經笞責不成人撻血何曾怨老親恩棒轉求鞭著力薄毆翻怪杖離身龍鍾手腕垂垂弱匍舍心神暗暗呻只怕一朝傷永訣肌膚隱隱播痕淪

薛包被逐

逐身容易逐心難洒埽堂前日未闌慈父無恩門外叱弃兒有泪暗中彈親非槁木終能悟室有田廬不敢干情景幾如屈正則愛君一樣懸忠肝

江革脫難

吁嗟漢季亂如毛負母營生暫脫逃力可格天容避刼情能感賊未餐刀背間繈縷安於馬足下殘骸積似牢子自奔馳親自逸膏騰穢據象牀高

黃香扇枕

炎天酷似火雲烘一枕清凉一扇風孝子常將牀拂拭夫人暫化竹玲瓏黑甜夢裏身疑蝶粉素書邊耳到蟲且喜飢蟲新喋血雷聲未許困而翁

茅容宰雞

避雨無端結友生偶然衡品便成名座間雅遇清流輩廚下魂飛湯火聲蔬食款賓存古誼小鮮將母表眞誠何堪世上持苛論道是鴟高太不情

陸績懷橘

手搓新橘褒問留拜下當塗不顧羞摘到霜丸公路座跪詒雪鬢洞庭秋三枚碩果慈顏喜六歲兒郎孝色柔可有蟠桃獻王母暫借曼倩一回偷

王裒廬墓

廬墓終身廢蓼莪哀哀父母痛如何片墳留作首陽石枯柏屈成岳氏柯心惡西來徵辟郤坐偏東面泪痕多門人把卷流連處應補夷齊薇蕨歌

王祥感異

虐使休嫌後母威埽除忍泣臥牛衣氷痕著泪魚驚躍樹底號風雀繞飛物感純心開異瑞天憐孝念永春暉祇緣弟覽工幾諫頓覺慈親格舊非

王延色養

子自貧兮親自安西風莫怯短衣單只聵割肉全無用不怕攀心力易殫一室辛勤營拮据半醺卯飲樂盤桓此時色養真純孝且喜忠貞晚節看

丁蘭刻木

事死如生果有知休緣刻木笑君癡三年守孝有終日百歲思親無盡期心裏逼真儀貌古眼中流出泪痕奇世人畫像不堪說楮上空譚壁上垂

何平營葬

藏骸理與宅身通葺屋何如葺殯宮枕凷不消依堊室誅茅安用庇㷀躬衰麻忍脫三年後饘粥常如百日中世亂何然況平日停棺休論戶西東

黔婁嘗糞

一行作吏未經旬身繫官兮心繫親痾糞深嘗違問穢苦甘細辨乃能真更無妙藥能醫疾只有幽衷可敏神堪笑世人貪奉檄告身僅許博恩綸

徐積避石

里名勝母且回旋况犯嫌名石一卷舉足不忘尊乃父履氷幾欲笑前賢還山只合棲塵土陟岵何心溯嶺巔莫謂而公果迂濶逼儒千古幾人傳

壽昌尋親

母子分離五十秋去官四海徧搜求幼憐襁褓容難認早弃衾裯命不猶神鬼暗矜斯念篤清溫快把此心酬蘇公贈句烏臺恕此案依然千古留

鮑妻拜姑

莫愁羅綺女兒嬌提奩行看出汲遥荆布歸來成大禮羹湯作就奉三朝亭亭拜手紅妝淡草草盟心白水邀一代夫忠兼婦孝西京嘉話著前朝

陳婦養姑

妾年十六憫長征一諾郎君萬里行夫子盡忠儂盡孝阿姑完節婦完貞人原白璧珍千古天賜黃金滿一籯笑煞詩家不解事新婚泣別最淒情

盧女衛姑

烈婦何如烈士情一心全孝更全貞賊威弱質幾乎斃身捍衰姑不作聲妾體渾同金石鍊儂心早與鬼神盟成仁取義知何似諸葛襟懷信國誠

崔母乳姑

孝婦流芳郤不難乳姑只把乳兒看八旬米粒難三咽一口酥醪抵半餐這種溫存眞養志者般慈愛樂承懽揭來門祚昌無比天賜嘉祥慰寸丹

詩狀

先慈卒辛酉季夏下澣初孤子苦由際縷述忽忽諸五言作哀狀未敢具尺書用告立言者銘誄飾靈車於戲母少時籍隸高陽許忠孝乃傳家室富族且巨

自幼工吟詩名句屬機杼十九字清門二十歸吾父貧薄遣奴婢誕育俱自乳婉顏和羹湯靜氣奉箕帚婦道不敢虧寢門佇立久夫子工帖括立志本自豪累應郡邑試試輒冠其曹梁曹兩文宗遺珠譽俊髦惜哉衿未青詩篇轢風騷廿一舉長女廿四次女生妊兒兼紡織但勗夫子名廿七育遺孤先嚴已搆病三年祈禱虔終破菱華鏡其時未亡人呼天且踏地誓死不獨生鞠孤未收淚丹旐雨淋淋素帷風瑟瑟

終歲閉深閨長年痛淼室伯似亦寡孀出言毎倂張
其餘諸羣從同室若異鄉欺侮且難免扶持何敢望
先慈曰咄哉吾人貴自强何消賴負荷何消競短長
我有兩手腕斲正易稻粱我有兩目眶拈綫國賦償
好將舊書本篝燈授兒郎好將舊衣裳澣濯授女孃
儻有外侮至厲刃拚一死死後訟諸天烈名表靑史
幸有外王父饋遺笑語溫吾母輒謝之食力足自存
孤子纔五歲口授四子書七歲至九歲五經熟讀餘

十歲講育左外傅出就初出告反必面未晚輒倚閭
如有不自愛令跪木主前且撻且哭責祖肩痛着鞭
悔改不敢後須臾仍憫憐迄今捫播瘢一棒一銘鐫
教女亦復嚴藥石頻鍼砭晨聽三更雞暮瞻一輪蟾
及笄遣之嫁荆布具妝奩舉案婦道順縫裳女手纖
孤子年弱冠論婚揀舊家不羡門第貴不取服用奢
但得賢淑女讀書種子誇厥後娶顧氏三日便入廚
逾年遂抱孫衰老足自娛孤子正勤讀冀慰老母懽

僅得靑衿售未能朱紫紆有時怨天命謂天何予辜
有時怨人事謂人不我扶老母聞之怒小子何昧昧
陵母能知興嬰母能知廢人事果無咎天道何可懟
秀才世其家賢於負鼎鼐味必美于回鋒必韜于晦
讀書非求榮祇以勵後代珪璧以束躬郎此能自愛
飢饉終年豐何必告貧耒一番正大論如聞淸夜鐘
從此絕妄念嬉嬉侍親容親亦頗色喜安貧無憧憧
奈何病竊發醫家謂怔忡此病起中年覯閔爰諸侮

發輒神恍惚一歲以十數奈何錮疾深蔘苓不能愈
庚申春夏交委頓食每吐幸得長姊孝進藥暗封股
雖未能霍然元氣亦少補辛酉四月後痰涎不離口
饘粥無時進問之但搖手於戲六月初棺衾備翣柳
延至廿一日夜半呻吟久痛哉不可留母子遂分剖
吁嗟母何辜盡是厥子咎養兒未獲報呼天眞負負
而今孤子身自比根與荄而今孤子心形存質已朽
有母如此賢未邀花誥鮮有母如此節未沐坊表宣

有母如此慈不能歲月延有母如此慧未將著作鐫
享年五十七勤劬不自便中表罕識面苦志閒學禪
絶糧釜生魚枵腹而紡棉外氏斗粟賙郤之心憮然
父母慈如佛剛腸不受憐每苦催科厲完賦期趕先
歲時勤祭奠墓亭彌潔蠲高曾瑩蘇郡輪祭具綺筵
節縮衣與食日賞撲滿錢孤子少多病忘寢泣漣漣
旁觀偶揶揄聞之心愈煎及其既告瘳課讀機杼邊
束脩不少緩典衣而鬻鈿兒女婚嫁畢尪羸體遂孱

祖遺二十畝以爲續命田毫釐無少動忍饑不弃捐
母善不勝述述之累簡編母苦不可說說之人聳肩
孤子持狀泣哀敬等籲天但求立言人濡染大筆椽
清節賴以著芳名賴以傳存沒均銜結垂之億萬年

甲子初應省試

我聞東漢毛安陽奉檄色喜親在堂又聞西晉李令伯累表陳情侍晨夕二者跡異心則同不令喬木悲生風海內流傳盛名下乃真不愧讀書者吁嗟孤子襁褓間嚴親見背生理艱四壁空立彤慈顔只有課兒不放閒細思古人每豔羨安得成名令親見奈何家貧長作老諸生辜負年年壓金綫（庚申先慈疾篤不赴省試辛酉六月奉諱）此次濫竽親則徂心骨爲悲泣漣如而况鮮生志氣誰能紓

中元夕泊金山

朅來一塔揷江心遥數名山雅號金寺接雲頭光掩映嵐隨水影面浮沉蒜山月黑風濤捲瓜步烟迷雪

浪深獨有盂蘭盆會盛五更真个鬼神吟

渡揚子江之金陵

楊柳渺何處滔滔江自流風生豚觸浪波撼雪飛舟
水勢如襟帶山形作冕旒金陵時在目指點古皇州

晚泊燕子磯

峭壁臨江起形如燕子棲煙凝千樹杳雲壓衆山低
滚滚波流急濛濛野景迷漸看新月上斜映緑楊隄

金陵懷古二首

秣陵山色太無情六代英雄幾戰爭氣旺曾鬪金作鎮運衰何事石爲城可憐夜月終雙闕那惜殘鐘破五更惟有鷓鴣多鬪歷喚晴喚雨一般聲

桃葉桃根劇可憐茶亭相與話纏綿六朝舊景留詞賦半面新妝臘管弦綽約幾更張緒柳風流猶似永和年青旗紅板王孫路只在長橋落照邊

閨中夜坐

雲開五色繞閨中人坐蜂房氣轉雄茲對一輪秋月

朗不知誰得步蟾宮

鎖院唯聞鼓角聲文思卻向靜中生素心擬似天心月吐出清光萬里明

明遠樓前報曉籌鼓吹聲徹廣寒秋頓教逸興遄飛去擬達青雲最上頭

回舟次黃天蕩

凉飈颯颯失寒星目送征帆渡遠汀古月平分千里白懸匡橫創半江青握中子孰爭先下弦外音堪隔

晚聽多少鄰舟齊按拍只愁依舊作浮萍

薄暮

薄莫歸來未盡權慵將鍵戶倚荒園燈前欲待王公酒月下誰敲陶令門頻聽寒蟲嘶菊徑忽聞征雁過松軒明晨再約題糕客重把新詩子細論

勵志詩

燭銚迴焰爐風腳轉堂坳詩思豔于雪道心堅若膠求名方射策得咎乃占爻今古一長夜我生如繫匏

晝短功難補宵長興未闌風前微有暈燈外不知寒小路驚羊角浮生惜鼠肝箸書標甲子吾道日安安

夢中得句

絕糧纔七日斯道竟千年（二句夢中所得）眞性了無夢幻詩成有緣埽殘青鏤管穿破蔚藍天不改孔顏樂簞瓢只偶然

寒梅

乍見寒梅放芳聲正可嘉幽姿時有韻素色本無瑕

逸品臨風潔天葩帶月華十林未吐豔一點早含花

今日

今日何凄凄昨朝已養養感遇不可期遊仙空成想玉局資蹲鴟少陵采栗椽往哲且如斯則吾將安放

擊柝

擊柝清谿側谿清響亦清入林燈影疾吠豹一聲驚

讀西江五家制義

性靈頗不汩時好濡首捫胷追化工文外有神句含

清節樓詩鈔　卷一　十五

璞字遊出力詞生風讀之渾渾蓄元氣對此茫茫酬射洪我爲臨川尋位置四岳分布嵩當中

哭亡女璇姐

女中明慧孰如汝六歲殘冬以痘殤痙汝孤魂何處所天池巷上祖墳旁

哭亡男肇澄

澄兒胡不壽一病竟如斯聰俊踰兄弟性真識孝慈身焦緑痘毒藥誤恨庸醫書本焚拚殉衣裳泪滿垂問年剛五歲入夢慰千絲雙葬依亡姊仍然平日嬉

丁卯秋試

賣田半畝零得價十兩許五兩贖典質二兩遺糧糈臢有三兩餘金陵應鄉舉附舟向丹陽暫結旬客侶學騎禿尾驢幾乎墮溪渚閒關抵板橋下榻餉角黍幸得主人嫗温言慰逆旅貢院二里遥陰雨塗履苴三場業告竣歸途且色沮夜宿汀中章書栖田畔稽躑躅達毘陵幸無風雨阻題是爲君難所難在窮處

清節樓詩鈔　卷一　十六

安得神點頭堪榜然蠟炬心苦筋骨勞聊共家人語

春草

謝客回清夢階前綠意勾驚心河畔色極目隴頭春塞北渾如舊江南獨自新王孫從此去遥惜馬蹏塵

蚤行

樊籠偶然脱瀟洒出荆關照水了真性看山敦古顔苔衣侵石罅霜粉膩花灣冥色迷天曉蒼茫雲海間

農夫歎

不根不莠稻心空苗秀何堪破浪風戽水儂家都盡
力苦無妙手捉青蟲
手輕脚健靠天公築圃登場稼既同糯米香秔一齊
上為完國課早牽礱
不見場頭穀滿堆新租舊欠一齊催稻華零落棉華
少村外無人抱布來
八口家畊數畝田無多恒產又荒年兒童餓飫成虛
話村北村南少爨煙

不曾掩欠一分糧籽粒收來盡上倉露積如山何處
去風吹茅屋雪堆牀
醫瘡剜肉盡輸將不見倉中鼠耗糧嫁女婚男如願
少一生心力為誰忙
阿翁垂泪悔駛貲婦女擕蘿作嘯歌説道來年禾稼
好來年今日又如何
盼得農夫眼欲穿茅簷日暖趁高眠東家釀酒西家
醉猶道今年是去年

家人辛苦盡嘑饑豪右催租日斂扉粒粒珍珠難到
口勸郎切莫種灰肥
一寸田疇一寸金祖宗勤苦百年心人生有力須勞
力無食無衣何處尋

曉起開江

極目江頭眺波涵玉宇澄白浮天萬里青接浪千層
霞起光華滿霧開氣象增曉蟾孤側翅沙鳥慣呼朋
樹杪片颿挂煙絲半渚凝海潮平荻岸星火亂漁燈

請曲來淵浦觀濤下廣陵金焦朧兩點雲路約同登

戊辰八月初二抵金陵

白下今秋景物新板橋風月話前津比年試已逢三
到百歲花能看幾人桃葉隨波空弔古臺城無栁不
宜春可憐冷落胭脂井凄絶山頭月滿輪

隨園

學士歸來三徑荒隔籬猶賸一枝芳憐儂入室香初
試羨彼貪花老更狂潟海春波濃作露拔山秋氣重

客來

客來莫笑先生病欲滌詩腸且問吾巷處顏回何陋
有粟辭原憲亦貧無潛心捥下千言史撒手人閑十
斛珠一向推袁子才子靈魚老去作仙狐

白門新柳和楊藝圃

着人風轉酒酣時映水拖藍拂幾枝十里短亭聲別
騎半村野店颺新旗金閶暗惹三春夢玉遂吹殘兩
鬢絲張緒丰神應不減莫愁湖畔女兒知

寒烟輕籠古僧寮嫩綠垂垂鎖竹橋葉底流來鶯語
澁枝頭瞥見燕飛嬌臺城此日留空壘隋岸當年泊
畫橈羨煞依依眠復舞漢宮春色一朝朝

題陸東塘巉巖騎虎圖 東塘名廷燮維社人予同案友

十年强作畏人鼠江干聊結魚蝦似忽聞豪士開壯
顏跨得於菟服疆䌫昔聞將軍蒙馬以虎皮今見壯
士縛虎當馬騎真如李廣射獵南山時先生一何怒
山君一何懼奮爭試作箭雲路揚州跨鶴問有無馳
于霜筠齋詩筆隨園室紅粉青山接應忙

明祖陵

碧蘚蒼松點點斑只留片石不教删隴頭雲氣濃于
染樹外風聲冷到山別有微詞垂國史更無遺蹟著
人寰大江湖湧如奔馬逝水無心只等閒

闈藝告竣口占二首

龍文百斛萬夫雄一點心源活水通手到快時剛破
竹心于清處欲生風幾多幻夢花分筆自有陵雲氣

吐虹借得天孫機上錦巧翻新樣絶人同
文場三戰有餘酣瞎祝簾官子細諳健筆擊來狂似
虎低聲詠出細如蠶學非有用工猶拙心到能專苦
亦甘但願鑒衡號平允文章傳遍大江南

登金山江天閣寄楊藝圃 時藝圃客當塗

高閣凌虛四面空江天一覽景無窮人行萬頃水波
裏樹出千重帆影中渺渺燕磯游可到迢迢牛渚望
難逼浮雲落日情何限聊寫新詩赴宿鴻

馬試劍胡爲乎

同楊藝圃訪菊

華與人俱逸日斜香自橫十分秋色遠一望野畦平搗葉留仙骨移根近俗情高風追靖節籬外有餘清

秋夜呈藝圃

瀼瀼露掩尺水紋柳絲穿月細于筋多將心事亂方寸小以清吟入夜分社老目無隙相國貴臣心有李將軍如何脉脉銀波裏不賣人間乞巧文

雪意與藝圃聯句限十四鹽

粉墨天如繪（鄉）寒威倍嚴覺擁衾疑水潑（藝）刮面訝風銛落葉先催信（鄉）遥峯待殁尖濃陰籠翠竹（藝）微響墮蒼蒹雲氣模糊合（鄉）松梢淅瀝添飢須憐凍雀（藝）晦已掩明蟾柳絮何時舞（鄉）梅花此夕霑灞橋曾把酒（藝）梁苑擬堆鹽東閣詩堪詠（鄉）南華夢正恬凉鐙摇楮壁（藝）深院下氈簾小隱關門卧（鄉）豐年隔歲占詎憂人跡靜（藝）買醉趁青帘（鄉）

秦淮紀遊

十里秦淮清且漣春風披拂畫樓前笙歌一曲宜人處笑看楊花落舞筵

不盡游人載酒過輕搖雙槳漾晴波燈光遥映青樓畔亞字闌干倚翠樓

庚午報罷自笑

豈有文名海內知卄年心力困于斯酒能催夢何曾醉詩欲追魂絕似癡半壁雲飛天外鏡一梳風掠水邊絲呆芝訪徧商山道花落靈巖看弈棋

秋柳六首

舞腰重嚲小蠻知冷雨如珠怯瀉絲無限秋心入溝水擬他紅葉亂題詩

落盡三春婀娜枝隴頭不見葉參差桃根去已鶯鶯老幾度離亭拂酒巵

愁生眉黛畫難如一樣黃知不及初年去年來弄春色怯漆清影入窗虛

疾一朝夢醒到頭差玉門關外山如剪銅柱崖邊劍
列麻仰天大笑看跨馬囊錐人去學囊沙

春日偕村人遊芙蓉山同酌新醖

芙蓉山畔負春暄挈伴偕遊草際温爛漫千園紅杏
樹芳菲一桁綠楊村青驄得得荒郊路白板斜斜野
店門好訪牧童簾挂處待評明月伴清罇

莫春偕同人遊西神山

課餘偷得少年閒挈伴同遊淡冶山不暝不寒三月
底有花有柳二泉間名園到處隨吟屐高閣綠雲欵
石關爲愛春光無限好夕陽西落未須還

詠雪二首用坡公尖叉韵

翦水雕冰素質纖紛紛亂逐朔風嚴漁蓑衝去方披
絮野艇堆成似販鹽寒氣從衡侵水幙清光上下失
瑠簷前村欲往探梅信恐有銀花眩屐尖

模糊不見有飛鴉凍合關山欲沒車不夜光新疑挂
月未春樹老亦開花朋行易識先生屐僵卧應憐處
煙花飄蕩作浮萍笙管歌殘眼不青斜日中陰看試
馬亞夫營裏落寒星

繫陰都伴絮沾泥憔悴當風日向西張緒丰神曾不
減五更還夢卜生黃

繫馬章臺東復東短長亭畔别離同怕聽玉笛新翻
曲吹徹紅樓一夜風

東藝圃

已共騷人結弟昆雪澌毛髓風捜魂檢書有意若無
意希世能言不敢言桐實半山銜小鳳土花滿竈飾
寒窗眼前生理更如許蟢子沿牀雀守門

問月

高捧銀盤呼玉童素娥對我磨青銅如何天上有圓
缺怪底人間判異同影怯似憐嬌態女光寒偏厭老
年翁願借吳剛斫桂斧一枝分種東堂東

投筆

管城子欠封侯相高揖長辭毛穎家萬里風生揮手

士家待至彤雲輕散後犢遺還倚玉了爻

牧牛兒

朝上黃泥阪暮下白水溝芻牧不可得朔風眩兩眸犢鼻褌穿結散髮如俘囚西陌鄰家子手挽雙犉牛背綰青絲紉腰纏碧玉鉤總角清且婉前代爲公侯兩兒各分道向晚柴門投一童被箠楚一童上高樓牧豎判貴賤況乃士人儔

雞卵

悟得元黃理形還雞卵伴宛分天地位不判古今秋缺爲生初月圓曾鋭兩頭竝無巢可破翻覺石難投覆翼原能長吹毛未許求多情三五送搯計百千留剝白光先照凝紅色暗浮剖來勻粉面吸去響歌喉諏吉金絲絡宜春錦帳搜大生資化廣闢外郤中采擲地金丸瀉調羹玉液流雄飛知有待雌伏且爲謀

黃豆

邱隴收餘糧枷板落盈把秋風吹硬黃蔌蔌寒萁下味雜菜羹長香清鹽汁灑田叟太憨癡珠孃亦嬌姹倉卒蕪蔞亭馬上胡爲者

夜坐

冰輪碾太虛玉露明仙掌晝夜兩循環白日不長往萬籟聲蕭蕭糟牀滴清響妙理不可名天機息元想啟戸臨階除松陰落千丈

述懷

北溟有鯤魚失水困螻蟻天末生涼風隨波浴蘭芷

予亦懷葛徒希蹤漢黃綺畏兹驅倫才不入淮陰市渾渾還大初屯蒙一孺子覆蕉空有無化蝶齊生死迴首悵煙塵泉目直如矢

省墓鄧尉山

先高祖耐叟公塋吳郡鄧尉山香雪海先曾祖晉陛公祔焉余以省墓到蘇因得紀遊

眞看吳門匹練長危峯咫尺洞庭鄉蹤尋鄧尉雲常護地接銅山雪亦香萬頃湖光縈翠麓一竿塔影枕

青岡何嘗待那梅花發一湖香谿訪澹妝

晚泊虎墅

四顧長空起野煙碧天如水水如天舟浮萬頃湖光裏人語三更月色邊暮柝半宵巡賈舶村醪終夜吠桑田鄉關夜永何時寐卧聽晨雞一唱傳

曉發吳門

萬槳如飛泛翠娥夜深各自唱吳歌無端棹入桃花隊只許推篷卧夢過

五人墓

一擊足千古芻蕘有是非能知天子詔敢殺寺人威存日豈殊衆死時方悟稀同心亦同穴壞土覺崔嵬

鳳仙五首和鄒著溪韵 鄒詩云朶枝點綴深明霞碧映闌干弱絳紗若准擬詩爲起何嘆伊眞是女郎花

曉含清露晚凝霞雲髻峨峩對茜紗何物女郎偏有幸忻逢知己爲許花

一片繁華燦若霞深紅淺碧映窗紗詩人莫把尋常看采鳳飛來幻此花

翹然欲舞帶雲霞矗矗芳苞籠絳紗采鳳丰神仙品格風流原不數凡花

花形似鳳媚朝霞曾向春臺舞碧紗自古紅顏多命薄歎伊眞是女郎花

紅芳綻處煥朝霞旖旎娉婷鬭翠紗不枉珍珠題小字秦樓曾得貯飛花

借劉澗千丙 朱韻清韶 陳仲甫錫元 朱伯安炳

市姪覲宸省度 梁清溪汎舟觀桃

一曲譜東風恐誤周郎顧烟花三月天柑酒欣相過樂事正言新賞心偏道故擬訪武陵源春滿天涯路

短長舊有枝肥瘦新生蘖風雨閉吾門春深胡至此榮枯憶去時感慨係之矣韶光瞬息間愼勿忘弧矢

春光駐前眼過客思百代天女散此花豈爲功

退風雲護厥麥雨露憐其憩悠悠復何求爲有蟠
寶在

送表兄楊杏江應京兆試

驪唱初傳幼婦詞焚香細讀正相宜撩人別緒千山夢動我新愁一卷詩花爲客行頻綴錦柳因春老盡垂絲來年應有泥金報珍重雙魚慰我思

征驅片片影搖風此日登臨惹恨同清健潘輿行色壯蕭疏江管賦詞工愁生淮浦春潮裏怕說巴山夜雨中中表關情豈汎汎相思時藉月明通

專設諸塔

一龕深巷峙突兀中塋千年壯士骨精魂凜凜石巖巖題額猶存半磨没當年堀室事何如尺劍鋩寒巧實魚崇朝舉國還公子片刻成功報伍胥我讀龍門刺客傳夜深雨急燈光顫毛髮森動亦爲驚就中畢竟公其選一死壯夫何代無偏教嘉話留句吳白屋幾家鄰狗屠紅牆三尺集妖巫吁嗟乎太伯家風頓

非舊骨肉相夷誰執咎至今翻並讓王祠孤墖亭亭永不朽

贈內弟顧印若 時印若歸自山左

遊子高才日播閩驚交只爲利名分定知詩律清于水怎有風情薄似雲杜甫春歸憐少女季鷹秋思感離羣明年重綰長亭柳一曲驪歌解宿醺

春草

斗室無嫌陋當簾草色勻漸侵三徑路未到十分春書帶圍猶細裙腰染得新託根幽遠地何處紅惹塵

送楊藝圃之當塗

皎皎當窻月臨風怯影侵秋雲三疊曲夜雨兩人心世路無從問生涯何處尋遥憐鄰舍女凄絶擣衣砧

既送藝圃歸而作夢再續前韻

夢出荒郊外寒猋颯颯侵江頭揮別淚海內託知

心春草依然詠覆蕉不可尋無情鐘喚醒獨自聽情
砧

仿唐人詠史三十首 錄二十二

延陵劍

相逢心許已多時三尺高懸地下知季子更無長劍
倚徐君應有故交思化龍此日星初動彈鋏何人風
自吹笑我鉛刀何處贈牀頭鳴躍總無期

呂虔刀

神物百年終有主解刀持贈不曾誣異時名字金甌
覆今日風塵寶匣輸絶似探懷歸趙璧未須按劍擲
隨珠婦人仁或弗能與太守原非小丈夫

陶潛菊

歸去來兮斗米餘東籬蒔菊當餐霞野人自變顛狂
酒高士能看隱逸花一徑長松不知路五株楊栁便
爲家地偏心遠疏香裏獨坐繁英對日斜

阮籍眼

埽盡繁華眼不經雙瞳炯炯骨亭亭其于人也爲多
白可與言乎見小青敏尸迴非凡鳥伍放歌偏覺草
堂靈步兵廚給百年飲脾睨長空一酒星

蘇武節

漢臣奉使家何在淒絶孤鴻塞北飛坐握寶符摇海
岳卧看上國捲旌旗十年沙漠羊成石九月天山雪
滿衣還計去帷傷破鏡忠心只勸李陵歸

遼東帽

清操氷雪勵非難碩果唯留管幼安僻壤不親朝士
笏名流猶見古儒冠科頭過夜舟中訟當膝瘦從榻
上看整幘何須市折角幾曾容易服羅紈

卞和玉

大器晚成君記取九重輕獻少人憐足求再刖太多
事價許連城不計年山石有靈能韞玉世人無力可
回天偶然吐氣秦庭上從此聲名萬古傳

陶侃甓

英豪虛際着精神運甓高齋草莽臣抱甕不爲農圃業下車猶是宰官身廣州刺史原無事江左夷吾有人好與羣賢同僇力百年新見永和春

嵇康鍛

峭厲風情入劍霜當鑪部笑別人狂清姿映徹三眠柳傲骨鎔成百鍊鋼世俗見聞眞不達衣冠來去亦何常玲瓏手撥逍遥火六月陰中自在凉

范蠡舟

清節樓詩鈔　卷一　三十三

隻手新將構李扶雲浮過眼不招呼迢迢遠櫂移仙島落落輕裝謝故都烏喙君王盟帶礪紅顏眷屬狎江湖此中名利芟除盡猶向人間貨殖無

謝公屐

永嘉太守列仙班石壁雲梯幾度攀風月輕敲前後齒煙霞半鎖利名關一生著屐無多屐終歲遊山不在山巖瀨石門遺詠在孤懷常件釣徒還

阮脩錢

酒旗飄影送流年飛去青蚨集甕邊嬰下苦無擔石粟市中笑拄杖頭錢由他呼喚羣呼飲問我酸甜一醉眠最怕君家雙白眼囊空不受俗人憐

陳蕃榻

釣藁紛紛幾百人當年孤榻儘懸塵舟中契友李偕郭座上清流徐與陳太守雅懷八尺賓名實知已一朝伸雲泥分位漆膠意千古難逢此主賓

王喬舄

清節樓詩鈔　卷一　二十二

髣髴浮邱把袂過無端闕下聽鳴珂雙鳧自作排雲鳥隻手誰張傍日羅莫道世間仙令少也知天上客星多大年好問東方朔屈指幾添滄海波

荊軻七首

無多車騎入強秦易水瀟瀟去問津督亢地圖呈庶子荊卿七首出夫人耳後光飛銅柱火殿中風起藥囊塵田先生亦何爲者老去英雄不惜身

相如酒壚

市中滌器幾人看一笑回春酒不寒對客佳人調冷
暖背壚才子味辛酸文成封禪書遲上賦就長門墨
未乾自得狗監青眼後茂陵秋雨託身安

伯牙琴

欲尋洞壑聽潺湲伐木丁丁樵徑還野岸無人閒流
水斷雲何日復高山賞音意得絲桐外知己神遊霄
漢間從此不勞排玉柱輞通清韻杳難攀

召平瓜

清節樓詩鈔　卷一　十五

瓜美青門世所稱肘懸金印力難勝百年阿閣煙初
滅萬頃故園霜欲凝莫弔從龍蕭相國但憐抱蔓召
東陵咸陽不見春如舊秋雨離離子滿籐

禰衡鼓

君臣分在正宮商一曲如聞淮水傷名士未妨爲鼓
吏奸雄何敢託周王漁陽撾奪三公魄鸚鵡洲流百
世芳意態當年傾四座殿前慷慨換衣裳

王戎李

可笑安豐晉宰衡一生卓識李中明道旁苦果兒能
棄宅內甘芳核已傾只怕世間無好種不虞身後送
虛名公卿鑽盡蠅頭利道是鹽梅鼎鼐羹

留仙裙

一搦纖腰步步蓮巫峯何日落當筵帷中遠望猶疑
夢掌上輕留便是仙舉袂撼風光旖旎搴裳罷舞影
蹁躚昭陽女弟新承寵廣袤生花更可憐

楊妃襪

清節樓詩鈔　卷一　十六

錦韈猶存信未通紅顏黃土古今同華清湯暖朝朝
見劍閣峯連步步空檢點舊恩憐國色剪裁新樣奪
天工攜來倘入君王眼喚醒霓裳一夢中

讀三國志四首

曹瞞容易下江東戰艦連環一炬空瑜亮當年稱伯
仲孫劉于此見英雄荊襄失守軍威挫炎漢無靈王
氣終只有君臣逾骨肉千秋遺恨永安宮

北伐旌旗日月翻臥龍譚笑立軍門出師前後追遺

勝蹟

五十六齡初到此山僧猶欲訂重來

又次邵文莊公韵

望湖亭枕五湖高（寺前有望湖亭今圮）挈客登臨盡布袍千載
齒牙譚朽骨半天風月出松毛自攜茗碎烹鑪火聊
讓賓朋酌酒醪竟日看山看不足拏舟奔放駛洪濤

又次姚少師韻

花花渾作藏（寺之得名本係華嚴法藏俗訛作花藏）花滿眾峯幽果熟
知梅夏林深想桂秋湖開明鏡靚山作畫圖遊歸路

煙霞晚閒吟接鷺鷗

又題張循王墓

從龍動業本非凡附佞戕忠忍用讒遺像已教生鐵
鑄何勞此地種松杉

題管社山楊園同徐孚琯

何年卜築傍嶮岈四望烟波靜不譁削壁撐空驚鳥
雀疾雷起蟄走龍蛇閒探谿水梁鴻宅遙指扁舟少
伯家豪傑故園存碩果短牆猶放碧桃花（明季邑人楊子淵招）

詔上表興衰建直言七縱倘非威外地三分何以定
中原當初魚水君臣遇夜落長星萬古冤
亭侯天授作人豪大義君臣何所逃四海爲家心在
漢一身有主目無曹鬚眉易破奸雄膽口舌難回烈
士操不已壯懷悲逝水英風萬里捲波濤
滿朝文武運謀將相調和覇業求大帝紫髯師豁
達小喬紅粉嫁風流有人刮目驚吳下無路分兵打
石頭天遣長江限南北所爭何必在荊州

丙戌初夏同徐孚琯遊華藏寺

湖山環拱翠微中極目登臨世界空水蕩金蛇朝浴
日藤搴石馬夜嘶風穿來楊柳千重碧櫂入薔薇一
簇紅堪歎循王留廢塚殘碑埋沒建炎功（寺爲張俊塋處）

又次尤文簡公韻

莊嚴佛寺對湖開誰是遺亭玉作堆（寺舊有雲海堆玉二亭）嵐
氣萬重包傑構水天一色現蓬萊石留指爪磨蒼蘚
蠑去鬚尖溯碧苔（僧房小有池產蠑無鬚池上有小石一方多指爪痕俱古高僧所留）

乘義士爲一時名勝今則破瓦頹垣僅存前文臺

天竹

凌霜圓改色犒角一叢看燦爛紅于豆勻圓粒似丹

火珠攢百顆絳雪聚千丸鳳尾層層葉龍鍾小小竿

暄妍金谷晚點綴玉堂寒供獻春王瑞無須羨集鸞

水仙

孰與梅爭勝玲瓏几席邊臨波西子靚出水洛妃妍

澹雅宜高隱清幽是謫仙冰姿生自我玉骨本由天

葉荇沙盈握根環石一拳銀臺金盞客名冠百花先

高賢王水仙詞的皪玉臺寒肯教金盞單玉臺一作銀臺

蠟梅

埽盡枝頭葉寒葩帶雪探點金冬過半吐蕚歲餘三

色混鵞兒酒香輸佛手柑無言含磬口得意付瑶簪

巧欲檀心孕圓如蠟瓣參衆芳功作殿百卉問誰堪

如意草

小草稱如意娑婆耐歲寒纍纍珠作串顆顆膽爲丸

雅號宜蠲忿佳名可合歡願隨花富貴好傍竹平安

摘去供書案拈來戴女冠庭階閑自種消遣幾多般

啄鴨

羣鵞羣雁亦羣雞雖有高株不敢棲斜展綠毛乘匹

耦倒翻紅掌啄鯤鮞循隄曲曲莎爲褥蹋水層層浪

作梯驚起鴛鴦君莫打長鳴昂首夕陽西

雲谿襍詠 十首錄九

罨畫谿

天然奇秀出神工夾岸林花爛漫紅畫裏有詩詩有

畫蕩舟人在畫圖中

張公洞

縣厓峭壁孰飛昇千載猶聞張道陵陽羨偏傳龍虎

跡天書授受果何憑

玉女潭

石梁天半跨深潭中有仙娥宿翠嵐何日玉京驂鶴

去散花應得徧荆南

碧鮮菴

何年同學在山隈不辨雄雌兩不猜貞義古今傳膾炙行人何說祝英臺

周處祠

孝侯神勇詎輕生一怒除殘抱不平射虎斬蛟躬折節長橋流水盡呑聲

任昉釣臺

惠民太守一漁翁卜築荆谿煙雨中六代風流銷鑠

盡釣臺千古屬任公

杜牧水榭

陽羡吾廬冒雪遊尙留水榭曲而脩焚香細讀樊川集定擬詩人第一流

東坡別業

買宅何如焚券賢郤傳別業在湖邊不愁調水頒符使近有梁溪第二泉

蜀山瓷器

罐注壺餅一擔挑生涯全仗紫泥燒宜興土產甲天下何事柴窯又定窯

毘陵雜詠 十首錄三

蘭陵酒

南蘭美酒配銀鱸客醉高歌買玉壺歲歲詩題新甲子年年杯憶舊屠蘇黃封好共黃冠酌紅友還須紅袖扶醒後不知吟興發聳肩忽已過蓉湖

陽羡茶

荆溪苦茗沁心凉到口時聞雀舌香櫂放五雲溪路潤鼓敲千曲柳陰長負乘穀雨收荷露豔湖挑湖乞桂漿唐貢佳名三品重相將七椀漱枯腸

張渚筍

春雷一簣鐘龍驚吳地家家煮作羹土物偏稱張渚產風流厭說渭川名打頭屋矮延賓坐折脚鐺寒對客烹試看筍抽過舊竹後生今已壓先生

蘭陵竹枝詞

南蘭城畔栁條條半夜東風正漲潮千百太平鵶報
曉一聲欸乃白家橋
滿城簫鼓正喧嘩紅粉裝成錦繡車婢子當頭娘押
尾綠楊陰裏扇頻遮
猫頭筍美壓吳舠彳亍山腰載酒豪領畧渭川風味
好百花叢裏貫松膠
桃花簇簇柳差差紅雨繽紛吐色絲翦就絨花東市
賣玉搔頭上鬬奇姿

艤舟亭畔石榴紅競渡游龍戲碧空半面妝看橋影
裡隔船高唱大江東
紅裙宛轉疾如流取次城東挈伴遊纔炷佛前香一
瓣轉廊又上大觀樓

喜西師告捷張逆就擒賦得一月三捷得西字

廟算功何速臨洮震鼓鼙
詔書天甫降捷奏月三齊倦鵲依枝踞窮蝯抱樹啼
鐵城降狡兎開網宥鯨鯢稽首連崩角歸心勿噬臍
四征驚塞北一箭定關西壁壘妖氛靜軍門曉月低
凱旋聞
錫命
晋秩鎮伊犂

香雪海省墓

斷霞一片展蒲颿花滿叢林雪滿嵒陣陣幽香飄石
逕灣灣明月照春衫五湖活水千源滙百歲荒墳十
丈杉暗祝吾宗緜世澤墓門重請勒新銜

已丑八月十六日偕諸子同游慧山因過秦公
子梅陂邀至寄暢園小酌即席口占

青鞖布韈雨三班繞道龍峯五里環曲沼方圓題
御筆疎林淺淡畫秋山衹傳衣鉢留千古客賞蒲團
勝萬間欲敏遠公聽說偈遊人雜遝掩重關

歸途再疊前韻

六旬老叟鬢毛班爲愛龍峯一水環腰脚不須攜短
杖目光猶自數遥山泉流瀧瀧來雲表日色蒼蒼落

樹間獨變稻畦豐穰足貧兒得飽倚柴關

重九日偕諸子登慧山再疊前韻

隨行齒已歷同班選勝林泉石徑環扶杖曲腰難戲馬迎風破帽怕登山袒肩羅漢原無我證果菩提尙有關咫尺蓬壺遊不盡說經何必度函關

追悼顧孺人四首

去年今日鼓盆傷悵望簾旌欲斷腸鍼綫無存衣已盡但餘遺影挂空房

瑤臺未訂許歸期寂寂空幃已一朞子婦團圞互相對椒盤循例捧雙巵

精明彊幹孰如卿無米能炊饘粥成三十四年真短夢而今萩水更誰平

楮窗獵獵翦刀風爆竹催將凍雪融夢裏續成前日句瑤宮無路恨難通

除夜大雪

除夜今年氣較寒雪花密處爆聲殘風威幾撼索綯屋絮影微侵辭歲鞍半醆薄醪融而凍一甌菜粥鉄盤餐爲憐子婦麻衣褪祥祭依然白布冠

庚寅止人上壽

辜負韶華六十春何須介壽獻盤辛好風倩作迎門豎明月權充入幙賓兒女啞啞簫管隊老身吟詠葛懷民早完國課償私債便是維揚控鶴人

歲辛卯余花甲再周未有孫也壬辰三月九日次男湘恰試禮闈次媳生子於母家喜題二

律志之

挾策登龍家產麟發祥佳兆慶盈門四辰一氣罕言命（新生兒年月日時皆辰）六甲再周初抱孫有客適遺三尺鯉（燒香饋於人戩以魚十數斤饋）而翁薄賀半肩豚公侯袞袞原非望望衡明年齒作昆

齒錄重添一代丁（時湘方栞齒錄）讀書有種大吾門鬢思悠忽成斑白年愧蹉跎望子孫纘述無慙元敬鳳嬌癡不作景升豚綿綿瓜瓞初生日應知稱後昆

和次男出都就館延慶道中四首即用原韻

早發德勝門

禮闈報罷且謀飱，走馬今從德勝門。輾轉我兒行役去，劇憐保抱痛慈恩。

過居庸關

天開奇險壯都中，九塞于今獨擅雄。不是計偕難得到，磨礱健翮待春風。

逾八達嶺

皇都無暇詠思鄉，策馬離京峻嶺長。移孝作忠原一體，王尊盡道郎王陽。

劉蕡故里

對策千秋不忍抛，昌平故里孰誅茅。後生小子初矜式，敢借先賢作解嘲。

秋海棠

秋半猶春杪，嘉葩比海棠。豈緣思婧化，欲鬭太眞妝。翠褎羞嬌舞，紅顏擬睡緗。似嫌桃李俗，不共蕙蘭芳。一笑凌風弱，無言怯露凉。菊同彭澤賞，桂伴小山香。綽約三霄燭，葳蕤九月霜。爲誰依碧檻，宛轉別離腸。

崤函吏仿少陵體二首

自昔圖王業，秦中必弁包。一雙禽作畤，百二地當崤。據險河爲固，憑高土不磽。關開雞狗遁，師出虎狼嘘。匹馬驅千騎，單刀敵萬猶。鞭隨頑石走，善向悍侯敲。卒勁丸封谷，心雄卵破巢。愚哉洹水約，舌微杜相嘲。

勝勢嬴秦踞，雄誇百二嚴。摩天新劍棱，拔地古崤函。自昔稱奇險，于今尙戒嚴。兩峯仙掌擘，對峙虎牙巉。直可當千萬，無須用鼎凡。上游三面擊，朝發五城劉。不作狼煙警，須防狗盜監。誰知悲失鹿，一舉埽長攙。

賦烘鑪

歲寒老病卧匡牀，羸得圍鑪與復狂。借作夫人非是竹，權充婆子不須湯。苦無送炭心腸冷，幸可呵煙口

舌香夜久燔柴灰不死繽紛繚繞半間房

喜大媳四十生子 一首 錄二

蓮宵雨雪遲春風瑞靄芝蘭入夢中人說麒麟天上有我家培種桂堂東

祖宗三鳳德難量餘慶綿知熾且昌不信試觀天意在桂林連占兩枝芳

洗兒二首

四十之年纔舉子阿翁詩作洗兒錢愧無玉燕投懷

句羨有芳麟繼世賢弧矢式張朱戶左組戈看取繡帷前未知題就秋聲賦岐嶷猶堪娛老年 公鈺十歲作秋聲賦

雨雪連天一夜風詰朝報我浴兒童宜男佇看翀霄鶚得子初占入夢熊王祜植槐誠可羨范喬賜硯豈無功有孫有子稱全祉知足還希玉局翁

蛩吟

誰是悲秋者憑欄獨聽蛩簷前循破壁宇內喜高墉得勢宮能守靈通穴正封戶鄰長足蹄衙笑細腰蜂梧闕強無敵潛藏小有容近宜和月杵遠恰杏霜鐘託庇升堂易知音入座逢良宵頻唧唧磊磈欲澆胸

夏晚納凉

楮窗竹屋小魚池一枕新凉午夢遲閒數落花棋半局清風細雨作秋時 作讀去聲

莠齋遣興

嗟予所苦病魔纏書卷良醫是宿緣碧蘚侵階因雨長綠蘿補屋任風牽半窗蟾影虛生白一席蝸居小

有天富貴功名無我分尙餘清興度衰年

呈曾滌生族子四十韻

楚國文章藪莊騷體製包大音流漢沔夫子繼笙匏
北斗名皆仰南豐派不淆清門槐植蔭甲第竹爲苞
通德思仁里延釐羨樂郊皇華紀原隰祖榦蔽檜樸
蓮炬恩凝蠟芸湘巧織鮫神仙依　鳳闕侍從傍
螭坳　宸眷資衡鑒臣衷契漆膠舉賢師陸贄
黜異謝尸佼班馬擿詞倣求羊欵徑庨韓詩研五際
虞易飲三爻緒恐誠明墜聲符競病敲戲鴻圖入陳

薦鶚禮張罝豈意中台選偏聯下士交徵名諸物論
大雅廣民胞宏奬風流意吹噓令德教高軒驚枉過
小草念難拋索晻慚劉沈搜幽愧許巢雲煙思擾擾
風雨誦嘐嘐頡擊宗工節旋飛彍騎鶺今玆形可忘
昔歲話頻呶卞璞連遭刖揚元孰解嘲覷吟輸蟋蟀
窖綱礙蠨蛸竿竟同緣木蓍誰筮拔茅沈淪人海杳
侘傺石田磽沸技壺雖儁情談說敢勦源頭須溯遠
石面欲堆巔勝境三山筏靈泉一勺瓟萬言先挈領
百氏竝充肴闊大雲垂野凌虛月挂梢取材如轉餫
練識務登轈藻耀翾鸞舞蕭閒靖虎虓晝區井戊
扼要擇敖鄗心比雙林澈牙因八詰聱卮言傾瀝液
醇聽瀆旂旓譬以農夫藿來盈太宰庖鯽生徒唱蚓
學士自騰蛟儻許龍鱗附還期鹿角捎最希一品集
津逮自傳抄

壽趙東麗明府七十

東麗先生健于鶴早脱朝衫步蘅薄北斗高高南斗域政聲百日今猶昨龍門循吏傳秖五遺愛在人君繼作歸來更出治譜餘利器時時見盤錯名德模範漢三君意氣英多季一諸行年七十不知老郤杖登山好腰脚流水自流樞自轉爲用客成養生藥蒲栁春華易感秋松柏凌寒彌矍鑠賓公獻禮張蒼律魁碩天全頽沃若作詩却寄道所懷匏繫聊當晋瑶爵

佘氏宗圖贊

古重宗祊昭穆秩秩姬敝劉燼宗法遂失佘本無佘夏肆是出沿晉暨元圖譜有述像設維五垂綫則一劍南詩翁鄂王昆卿吉光片羽重名若日殿以太樸淒其晩節老韓同傳頁史負筆我識數語千秋同覽以歸蟬系永保貞吉

和張仲眉孝廉歲莫襍詩八首用原韵

早達愁稱鄧仲華蹉跎與我竝離家看君舞鳳排雲上媿我塗鴉點筆斜鬻藥本須丹九轉揲蓍何必咏重差只今朋盍圍鑪話俊語名章樂未涯

韓門籍湜趵凡材東閣重爲下士開（高陽師招湘往讀書仲眉已先在）求友鶯聲堪倡和負風鵬翮任稭穏待商生計雙甄應全幟閒情一炬灰彈指銅街花事速頤隨駿足鎮徘徊

人海茫茫不染塵貴無雕飾見天眞筌蹏舉業工何益冰雪聰明悟有因客路楚咻渾自笑名場秦諜孰如神孝標辨命須三反莫負曹倉熟幾囷

架潤宜教矢弗過儆名偏誤十年多毎逢直友慙兼善偶受諛言醒亦酡牛馬走猶嫌負氣魚龍戲或衍回波好從魁碩求忠告朋友倫中極諫科

詩到西江派最隆涪翁初祖溯熙豐江湖有集麻沙外（江湖集僅見鈔本）豁徑於今惝怳中錬句欲爲千辟劍安

章應勝九和弓幾番勉效邯鄲步怕又摹橅似卷蓬
同到龍門相見遲綸変各自訴操持讀書樂不求邀
譽行路難先問入時嚇鼠任從貞士誚雕蟲難免壯
夫爲平生意氣忘車笠論到形骸我早辭

㸔年緯史與經經黼黼章終當瑞露零風雅所關言有
物性情能寫句皆靈舍人體妙流宮禁學士詩多在
御屏客邸春回無一事預斟柏酒慶延齡

苦吟噯唶酒相宜帘外風饕窖地罷獸炭生威鄉夢
熟蟫編補闕古人資短衷歲晏猶堪御長鋏時艱只
自知淡泊由來明志好書生休讓左徒詞

樂只篇 有序

明嘉靖中徐海煽虐東南松滋少月王侯（者共勤以進士令無錫遷戶部主事）適宰吾土城久圮侯督築甫竣冠至城以全邑賦多浮額吏胥因緣爲姦侯履畝勘丈不辟權貴民困大蘇高忠憲旣祠公於慧山之麓望湖門外又有水仙廟以奉公聽民祈賽今侯之十一世孫雲客茂材寶來具言楚經闖獻之亂故家譜牒多喪將羅故實以補松滋志乘之闕且爲崇祀鄉賢徵祭統曰先祖無美而稱之是誣也有善而弗知不明也知而弗傳不仁也茂材之舉可謂明矣仁矣爰賦四章題曰樂只篇

卄棠澤旣衰王風變大車雖則尙刑政畏服非虛譽
自從嬴劉來操切弄政書州縣親民官張皇而補苴
豈無龔黃輩落落晨星如民生後三代疾苦誰能除
無錫舊壯縣猾吏蓋有諸最偉少月侯丁明嘉靖初
能以豈弟意而奠蕩析居倭夷往來跳吳越多邱墟

豪强往兼并糧賦多浮餘完城城以謐淸糧糧不虛
我城既已完我糧既已淸鳴琴與民休和氣周新城
當時邑人作新城詩以頌 除書擢郎官卧轍環畊萌侯來民家乂
侯去民心領民懇亦何知相感惟一誠椒漿與桂糈
明德馨神明

巍巍松滋祠赫赫水仙廟永永三百載朗朗萬類照
不祧同始祖雲仍合長少粱谿百里閒崇報德已耀
豈知神明後適派自吉劭

子民愛好官子孫崇賢祖官好必報功祖賢必繩武
賢侯有賢裔徵信咨吾土云蜚劫灰後譜牒不可數
幸登名宦傳未列鄉賢主將搜實事往用作後人矩
清白眞傳家我聞歌且舞爲賡臺萊頌德音嗣千古

黃承祖學博淸才碩彥久困公車歲甲辰北上
年已六十三
自壯其行繪圖徵詩率賦
我過東平州言瞻梁灝坊狀元八十二老大焉足傷
碩儒多大年往牒請具詳君奭百八十齒踰東海姜
九十辟伏生百世徵張蒼百六十四齡竇獻司樂章
所由神明健先戒學術荒毹毹蕙庭翁垂老氣益揚
耳順又三歲善飯豫且康七駕計偕車郢曲猶鏗鏘

繪圖屬我題賤子試較量託交紀羣閒調令孚念華相對
彌聰強上第何足道丈夫貴激昂冷官附同寮光儀
頁就將楊柳知春風老鞠知秋霜春風豈不愛宛轉
隨飄颺秋霜豈不厲兀𣓌傲華揚相期保晚節浩浩
凌天閶

芝軒兄六十作詩介壽

好學深思六十春巖巖氣象大儒身一州誰抗文章伯三黨交推孝弟人鑄行不羣金鸑鷟克家有子石麒麟對牀聽雨猶堪約兄弟相師味最親

阿干魁碩是吾師家慶繩繩喜可知六十年來今上壽五千里外只吟詩高懷山水心相印下吏風塵鬢已絲聞道瓌才須晚達歲寒松柏挺奇姿 乙卯正月十八日

乙卯元旦年正五十署中無事循省少壯以來

作詩一百十二韻郵寄　芝軒兄感韶光之易擲幸祖德之未衰意興所到拉雜書之亦欲兄見弟於五千里外也并索和章待銘座右

百年已及半勞薪何碌碌燕齊吳楚身疲難衡繫局雁鶩爲稻粱農夫爲菽粟未進先思退知足乃不辱官中無一事往事堪捫腹綱懷同氣枝兄弟姊有六登兄全姊殤余孩不知哭稍長五六歲識字修汲屋屋有古井顏曰修汲 庭訓嚴功課父出兄也續見兄學爲文多圖便竊讀 兄課作有好處圈多者即睄讀之 兄方應院試予喜可馳逐兄試偶不利顏色殊踖踧逮兄入學年予亦知題目初試童子軍字劣如壞木因之名不高牛後頻躑躅十載困童試弱冠芹始馥我生知已初辛師號筠谷無何吾母病娶婦只求速母氏有疏宗贅我西溪曲離家不百武晨昏可日告隨兄赴大比酉歲同雖伏忽然陟屺傷憂戚常局促抗顏童蒙師疏食食無肉道光辛卯科竟獲蕉中鹿吾師申二鄭得士交推

轂 座師申文恪公鄭堺如夫子房師鄭星槎夫子 試卷已八音屬和偏庠塾短調遂風行還珠都買櫝從兹賦北征計偕往而復黃河槎千里泰岱雲萬族放開經生眼直到燕山麓衕時京闕富百昌並充足獨有范叔寒邸舍吟燈宿禮闈仍鎩羽教習幸收錄遂出居庸關鳥道危峯矗胡公喜館我兒曹奉約束幼者孝廉科長者澧州牧頻年落拓歸著書筆已秃兄方研鄭許經義皆純熟歸歸顧侍郎愛若會稽竹赫赫祁壽陽賓若崑山玉

狀元與宰相傾倒連聲服豐才天奇過把酒蒼天矚
自從書契來都都勝郁郁斷角不並子熊魚不兼欲
兄樹東林壇弟鳴燕市筑與儂兄席尊人海弟文獨
河東感桃李兩家分樂青吾父方含飴靈椿折更酷
倚廬亥子丑草草窀穸卜墓田在仁村吉兆令終做
奈何子季慘琴亡身算贖未聽泮飛鴞胡然舍集鵩
痛絕兄與我勸把遺孤鞠遺孤果若何覑棄惟匍匐
伯姊賦命艱陶嬰歌寡鵠有子終無子回首悲孤鸞

有巢吟舍詩鈔　卷　十一

中年哀樂多惽惽愁千斛甲辰赴大挑許我餐苜蓿
懸布蘇復上乙巳逢徐穆（是科爲稼生師所薦穆鶴舫師相所中）倘有許
賈周（許滇生賈藉堂周芝臺三夫子）交譽稱騏驂蓬山船已到何復
回風觸刻楮謀原疏洴澼手先疼公卿雖下士藥籠
非所蓄教授選鎮江且食升斗祿金焦看五年山水
相孕毓咸豐始紀年天子受圖籙二年走京師拂拭
重膏沐引見　乾清宮分發楚安福湖南本奧區貨
殖饒竹穀蕭蕭喪亂後民氣多怨讟小縣竊猶頓易

招蠻蠆毒去歲岳州陷殺機蛇起陸料民集丁壯烏
合何能淑常德繼不守文武逼屠戮澧州賊復至官
民交觳觫安福介其間天高敢不跼昏亡則齒寒首
疾先頻蹙軍書旁午急徵調空杼軸我起鑿凶門感
氣思一蹴先除白喜奸次斬揚千僕誓與賊死咋獲
諜禡元纛共機在兩甄其妙在七覆賊酋膊而前艦
步遥聯屬掉尾鱷與鯢驅而馳若螻蟈哉翬不遑狡
兔入罝罷大憨火焚旗小醜車脫輻我軍乘其亂餓

有巢吟舍詩鈔　卷　十二

鴟飛白鏃濤頭鐵鈑喧雪影銀刀簇嗟彼兒戲軍何
知夫子勛狂猘蠢動來從未受茲衄椎牛犒士弓
櫜矢威觥脅從罔株連非種必鋤剷歲申害馬誅用
輯良鴻肅守土吾之分微勞敢署牘歎歎曾夫子聞
已告當軸吾宗宜碩大纛官續自愿兄以由夷聲而
振湖山俗阿咸青雲器如日方朝旭高文覇吳中髦
士登棫樸阿大省我至相對淚蔌蔌邇來習騎射策
駿如策犢三四五七八諸子粗勤篤九十兩雛兒岐

墟書田沃和氣自致祥門內咸雝睦故園清且嘉初
篁發新綠銀雲梅蕚吐紅雨桃華縟安得歸去來手
植東籬菊所幸歲豐稔行野無采菖囊中青萍劍倘
遇吾家燭作歌志平生不厭語繁複下以示子姓上
以陳家督觀我百韻詩和我百年祝

性農弟部兒示和海門學使詩次韻奉答

援琴激情徵庭有元鶴跡三號齊臺震溢海盈丈尺
萬物感精意幽通得天白白旄郤陽侯焉用儀抑抑

君子防未然眾人責苟得積雪塡枯井癡人自相惜
有心矯造化竹刑殺鄧析不見蒲且弋愛鳥鳥之賊
不見詹何釣愛魚魚之戚雍門乃大哭歙咆將何適
農夫取十千廉士辭九百窮來君子固達去圭璋特
熟讀齊物論垢氛遠疇昔孔門政事賢乃歎今女畫
秋霜與春風老盡車馬客易識天且昏難候人顏色
忽爲一院花忽爲千仞壁忽爲無懷民忽爲戴國策
安得聖賢徒一揮與皁役君今楚國望析爻推子革

題鄂跗孔懷圖爲葆芝亨觀察作

觀察兄弟十三人長兄圻與阿殉節湖北今存者七人中外文武各異故有此圖

聖清肇領侔周室常棣論功皆第一磨衛毛明胙土
年齊英肅鄭分藩日盛哉觀察世臣家禕矣壎篪清
要秩忠門喋血士無諱孝水濯纓冊有珌性情直與
閔曾諧經濟都從韓范出作宦來看南嶽雲探裏早
辦東坡筆徧野萑苻隻手芟夾城花蕚中心結十年
聽雨到瀟湘五夜聯牀隔鄠駟思親思國思眷令或

將或儒或建節逍遙堂遠罷弥諱光德里閎通典誤
鍊就伯霜仲雪材分韞張文朱武贄鐵雨金風古別
離琴心劍膽今仙佛闔門作繪象怡怡斷璧零縑心
鬱鬱（公有昆仲分書絨扇常寶藏之）我綴卮言告僕夫請聲往事爲
公說鄂驅誰如子美賢有龍宜爲慈明屈一門冠蓋
比高陽八士勳階傳伯适我公志氣壯雲霄我公德
量齊綸綍股肱獨具拜颺才手足彌思匡輔術糾族
無忘召穆公咨議永追羊舌肸扶夷下吏入鈞陶轉

側中懷依玉律媿非石隱爾榮趑差勝馬窮東野畢
楊柳餘風沁齒牙（楊性農戎部爲介紹）薛莎小草輝蓮華長官
願試何易于瑞牒今知斡離不圖不曾來記可知詩
難寫就情還滋待勒燕然繪　紫光勳鼎何能
銘甲乙

楊閣老歎（洞庭之濱有汊曰楊閣老發此過可避洪流然須紆五六十里余自省返粵榜人願走捌小遭大風浪泊捌港三日始得徐行因作此歌自訟）
洞庭一波楊閣老穩避巔風水門小我過洞庭第四

遭三炎全從爪徑繞果然但見小波淪差幸浮生勝
鷗鳥揭來長年欲誇健直走洪瀾看浩渺水程貪近
六十里爛嘴磯頭狎池沼（洞庭大口名）長日姓雲好曳篷
便趁大溜趁南風破浪古人行萬里丈夫豈畏鼉鼉
宮傳殘定到安鄉縣披衣舒嘯凌蒼穹那知下稷風
力退艭得微飇漾篷背帆檣無用篙艫爭廿里未來
天霧晦茫茫何處檥孤舟聊覓菰蘆難結隊陡焉石
尤土囊起噫氣怒號出水底鐵貓下椗珥爬沙金虎

排衙方礪齒洞庭之君揚靈旂馮夷醉舞酡顏喜須
臾綠水變黃河金鼓連天白馬多眼看鄰舟後梢住
走貓橫艭如飛梭休管此舟何底止且愁今夕難泊
磨又怕雈苻好貸財又愁鰲背駕山來燭淚當風容
易盡窸心打兩毒然開僮僕相對無人色先生大咲
鼾如雷天公憐愚惡詭遇戧風請汝折回去欲速得
遲至理存自古疾行無好步苦要便宜半日程分應
耽誤三天路先生自訟作詩記下一轉語知非戲我

發狂言閣老聽不能履險唯能避死後遺傳捷徑名
未識人生本如寄楚狂行矣不回頭究竟安鄉掛颿
至丁巳五月廿日作於洞庭之白沙洲

贈上海蕭承尊郎書其秋夜讀書圖卷時上海失守僻兵來錫

黑雲起海壖吳門遂多事粱谿衣帶水瑣尾乃靡至
有客滬江來入門相對視髗髗多英氣神交歎不置
相思十二年一旦鳴素志昆朋會面難闇闇風鶴使
風鶴會有因職由防海吏
寒暄且勿道狂焰情所切南風太不競聽子從頭說
桓桓陳將軍苦戰先死節滬城已累卵親串相訣絕
監司暨邑侯設法奇且譎邀我子民來誓死期喋血

誰知是夜半聯翩出城缺寇至盍去諸曾未一矢折
人生一相見戈甲能爲媒有酒斟酌之菡萏花初開
緜竹肉拉集形影神追陪夙契章蔣丁芝楣和叔直卿今雨
俱不來意氣我與爾忠告無嫌猜齊奴亦有言奴輩
利吾財金閶非善地時蔣眷已移蘇曷若西神隈趙嘏有餘
屋僕從容恢恢釋我海上慮酌花開盃
秋夜讀書圖名流題已滿賤子謏米鹽蒲廬久生管
枏尙在意氣吟誦是吾短讀書師其意英豪見亦罕
拔劍吷浮雲生民劇瘡痏不見東海彊勝似妢胡笴
章句欲何爲青紫安足算狂言直書之噍殺雜嘽緩

奉和張海門學使晨燈酬唱元韻

翼翼文昌星公家瓣香迹手摯鐵如意化作量才尺采風到九澧真贋澄黑白芝蘭看庭升榛莽必鋤抑如離明兩作巽坎求小得恨非就試人未獲賞音惜我懷楚先賢疑義莊騷析自從元李來秕學日相賊欲揮魯陽戈恰舞形天戚捉搦爲文詞形悴神不適小學諷八千虞初設九百但逞技雕蟲不知𨚗用特下吏乏九能小碎歌昔昔我公矜寵之無鹽蒙刻畫

遺響古所變墮履念殘客新詩賜一弓秋滿洞庭色緯以長楊才堅作細栿壁白雪和未成春風坐無策惟當勤負羇亟應采薇役泗淵若匡君側身思里革

性農太史枉詩見贈次韻奉答

伐檀古詩人用力何坎坎君子不素餐高風曠世感先生韞奇瑶不愛虛名敢略展平生胸已寒魑魅膽獲鶴鎮不驚蚍蜉豈能撼慨自嚨言與普御時憯憯吹竽厠南郭伐鼓埋嵢窞安得先生畫破的如射慘

幾輩貂襜褕踞拔筵前毯導以風后經緣以黃門塹淨洗潢池涔刈苻不芟菡拜既承新詩幽險造平濳陶韋王孟柳其味甘回攬古文揉衮鉞間帶韓非慘與阼徑闢榛扈詞帚埽葵粹温黑鵠寓斷割青萍敢文章古屬楚莊屈見亦頷下吏夙欽遲奉若龍威覽從玆自修飾朝摹與夕攬吟成雪其雾坐看同雲黲

性農戎部作木礮甚靈妥福用共匠人效作百餘詩柬戎部

楊左遺神熹浩氣鬱心坎掀天揭地手東林直聲感昭代有兩賢金寶不可啖姓氏耀前後異遇同肝膽古有三李杜白甫最難撼二賢今似之不見我心憯楊公獨好我險韻門坎窞功深九還丹味美五和慘日夾春風被山中翠生毯食古筆通神逞妍刀勵斬當其微妙處法華笑拈菡曾子小辰嘉道師夷濳宜喝當頭棒而錫開掌欖遷甯故自芳薙草不妨慘不聞木將軍燒賊如燒萎主人心晏然（先生閣名）懦夫皆

勇敢孫吳文章傑探得驪龍頷我邦蝟蜂警奇器快一覽特遣奴星來範式神機攬鐵星勝堅城我士顏勿黲

性農先生穆行瓌才今之李杜韓歐也游氛擾常德先生塵鄉兵擊郤之里獨完適雲曹騎尉以大集見示勉呈俚句以答雅貺即乞削正

參旗夜放天狼走武陵漁人也避冠熊熊一顆太史星分野撐持翼軫宿隨陸能文絳灌武小隱邱樊涵宇宙元鑿赤螳螂將軍致望子雲亭外嗾隆隆箸述圖史恬貞氣渾灝鱉尸牖奴僕命騷合詩史高丈看將衡湘壽億昔京華歎代木秋杜懷八猝難覯南豐先生願紹介石鼓未獲桐魚叩（滌生師屬起居探己南歸）何圖撐檄來天南百里一賢作者舊來自神仙李鄴侯不負詞科王伯厚下吏風塵辱齒牙般垂先示明堂構太息偏隅雖瓦全一得甘居壘翟後豬都屢揭赤羽嬌兎

有巢吟舍詩鈔　卷三　卅

采難掩黃腰獸孫樵如載何易于敬嶲元方陳左右

咸豐四年五月十六十七兩日常德澧州先後淪陷安福介在常澧既乏城垣又匱兵餉其不危者幸也二十三日冠退喜而有詩

刼塵摧澧又淪常唇齒何堪一日亡蕞爾並無城郭固嗟予時虐土氓傷宦途如海纔登岸鄉里無書總斷腸（不接家書六月矣）冠退有詩聊示吏道州遺意與誰長

二十六日常德賊復至塵鄉兵擊卻之

封狼已去虺重來道水灘頭響似雷昏黑疑兵鳴萬火倉黃駿獸度三災功成天幸無長策生際時艱怕短才敢負書生慣戎馬自茲金板徹宵開

五十述懷詩

閱將閱歷溯從前措大生涯五十年一片青氈三易地（充覺羅教習選鎮江教授兼丹陽教諭）半通墨綬兩朝天（乙未癸丑兩次引見）遷安福令愧無厚祿千人養頗有微名萬口傳殺賊讀書鬢未老早生華髮也欣然

有巢吟舍詩鈔　卷三　卅一

譽爲君稱戰上乾州 下忙幾癰九月中方可收
腥風血雨戰何酣楚將於今是健男殺盡封狼屠盡
虺麒麟孔雀滿湖南

查圖作 甲寅十月二十七日

團團併作一團陳斬盡萑苻氣象新到處師行三十
里呼來子弟八千人 圖人其有八千 治兵自合蒐苗體敵愾
同思將帥臣太息江東氛尙惡好傳芳訊到西神

咏八仙過海

有巢吟舍詩鈔 卷 廿四

果老騎驢踏浪先笑他鐵拐趕難前洞賓劍氣衝牛
斗國舅衙歌壓凭紘嘹喨韓耶吹玉笛蹁躚何女執
金蓮門風搖到鍾離扇藍采和來香滿船

偶成 丙辰小除夕

安稀班春已四春愧無一事慰吾民長毛退去非關
勇案首排來盡道眞 所拔案首俱寒士 慈儉偶然依老子 予不喜嫂刑而自奉甚約 才能畢竟讓同寅屠蘇未飲拈髭笑天厚
無謀食肉人

羈丱成人一剎那匆匆婚宦眼中過五經異字購子
少四海畸人識我多道暑壯遊關紫塞 壬辰六月出居庸 蹋
冰上計渡黃河年來聽慣瀟湘雨惹得兒童竹馬歌
吾家分得河津脈卜築溪山近讓王五夜吟鐙樓外
遠百家隆簡枕中香性靈默默禪機會經濟條條藥
物嘗最是婆娑難料理天涯芳草滿斜陽

三月初九日辰兒生日家中人爲供壽星設麵
酒兼送北上子亦作詩以寵其行

有巢吟舍詩鈔 卷 廿五

阿大今年上 帝京家人置酒祝長生縣無事事家
中喜春爲遲遲野外晴 陰雨已久得晴 語到金華須及早時
方鐵甲待誰平此間萌俗安吾拙準備歌工聽鹿鳴
乙卯時兒中四成

贈聶芷汀都尉 時轉餉至福

多君意氣重於山握手相逢楚水灣一劍能酬嚴仲
子至今俠骨在人間
千金一諾轉輸秋民力艱難未易收聽得豐山九鐘

玉士仁兄大人著作材也丁未夏幸識於高陽
師第出　尊王父古村先生所作著書圖請
綴言其末并以所願學齋各種見示以湘稍
知樸學屬司讐校自念未暇以爲謹先題長
短句即求點定

乾嘉之際儒多聞戴禮張易段說文篤唐轢宋羿與
羣所願學齋老而勤丹黃兀兀忘宵昕易書詩禮孟
子云藏之名山息標榜久久光氣騰祥雲一行作吏

江漢濆引經決獄絲不棼早衙放衙能雋藉棼辯析踏
駁情何殷宜鬖蒼頹方瞳綠筋齋中新祭酒案上老
神君伍伯刷蟫蠹功曹肆典墳繪圖點筆無塵氛孫
技森竦中粹溫純綿麗密殊縕廣揚于王庭風涯斤
先人舊德留榆枌君不見傳經古貌梁邱賀麟閣晉
圖絕世勳曷若小同手澤詞淸芬翰墨香濃班馬薰

題吳淑芳夫人霜柏慈筠圖

霜柏美夫之刑家也夫人系自右宗嬪於相府遣君
子大威夫人正身以齊其家世祿勿替焉

有莞其柏在南山之陽之子于歸倬彼旂常猗竹既
揚榛栗既將終溫且惠女憲修不忘一章
柏之挺挺其葉森森既見君子如鼓瑟琴君子于役
王事靡盬寶惟我特吁嗟乎薄祜二章
歲既寒矣霜既饕矣維柏丸丸節既高矣日月駛止
女心摯止綽楔慰止女心慷止三章

慈筠美夫人之裕後也夫人有子四人教之恪守家

範爲海內望

綠竹青青筠則苞之徽音愉愉德則昭之其德孔昭
其子孫孔蕃以穀我子孫一章
恂恂孝竹（孝慈竹詳見顧凱之竹譜）如拱如護鬱鬱慈竹如復如
砥維孝婉爾容維慈嫣爾宗既孝既慈爾祿攸宜二章
昔有金母圖象甘泉斯人所圖知命之年女誡在手
蕃祉在後敬勝康爵爲夫人壽三章

壽龔季思大宗伯七十

其二
未測歸邪祲若何咨嗟蓑楚漫猗那恩恩世事看黃
落草草文章受壘磨遇事應思詩律細避炎先戒酒
兵苛推衰欲訴流風寫匏葉亨來拍手歌
九日同人登八方樓和羅仙舸學博
嘆喟吟壇獨樹旄元音正始歷詞曹重陽有意思風
雨（時旱若）四野何時買劍刀音斷賓鴻空念舊臺留戲
馬尙稱豪菊花未放東籬寂定怕趨炎抗節高

其二
高樓俯瞰絕黃埃志在臨流詠水哉彭澤一官歸計
阻香山九老畫圖開偶談時事思鞶鼓愧乏新蔬佐
酒杯三徑多賢推第五除書同省日邀來（觀察行五時將拜新綸）
仙舸學博以九日登高詩見示（湘）已奉答與有
未盡仍用前韻請正並簡同人
虞千未舞兩階旄好惡憧憧各一曹照世頻窺夷則
元老名成欒闕門奉揚春德笑言溫蓍生猶盼東山
展黃髮長開北海尊典則夔龍推內外文章班馬衍
兒孫從知　盛世多耆碩宣室平泉一例
恩
壽貴雪樵學博八十
弧南星采耀湖南耆碩於今勝健男藝菊定延秋九
九種松已滿徑三三蒲輪下詔經傳伏柱史多問禮
問聃自幸曾叨同地宋爲羣拜紀愧朋簪（謝於咸豐三年到任）

（先生方爲冢定校官今又與嗣君月秋同官矣）
願與先生結古驩青氈能洗鄭虔寒地名常德潛修
易時際乾隆極盛難待錫朝巾靈壽杖不彈杜後惠
文冠召公八十陳書外還有餘尤百歲安
酬袁菘圃少尉見贈之作次韻
公安詩派景行多何幸祁孫下邑過大雅扶輪花鑄
史中壘說苑鳥聞珂不登要路言詞爽爲憤時艱氣
象峩自古荊州多快士願君投筆莫投戈

鏡藏鏟已覓孟勞刀乃能埽電中黃捷四座臨風大
白豪熊耳受降青犢走會看積甲比山高

其二

羣言殺亂等飛埃良友相逢愛直哉豈不誠廉陳仲
子吾斯未信漆雕開胸羅貞佞編金鑑筆擅春秋署
玉杯珍重上林方獻棗正徯臣朔解來來

題錦峯校士圖 有序

厚菴年大人以端右才權稅奧關政寬而商集邦

布大裕作錦峯書院以食高才生之克樹立者奥
中畚然頌之繪圖徵詩旣又監督粵海關報政歸
旋以庫務被譴伊犂釋歸過我風度如昔也并出
圖索詩予詩主圖後立論寫性靈避膚言爾其詩
曰

佛言一剎那龍華刼屢變雨露基雷霆風過日又見
續續何衣公全鋒雪霜鍊方嘗綱部肅衛盼邀
宸眷經濟兼風雅吳苑英才選使節移嶺嶠到處民
輙使歸來報　天子趨走南薰殿忽然大波起宦
海濤一綫艨艟與蚱蜢轉側迅流電公起萬里行恬
然受嚴譴　九重鑒微眚　賜環疾若箭我習公
仲氏 詔星階太守同年 聯袂同席硯門閥標旂常通籍金閨
彥公今抱圖來頌言八已弁我爲下轉語圭組非有
戀升沉何足道樂育吾所善廣厦杜陵志大裘白傳
羡作詩寫公圖冰心同一片

題姚湘坡榴花雙白頭圖

多子誰如安石榴榴房金瓝玉爲鉤美人穠卧同功
繭不羡死央羡白頭

白頭相守伴春寒春硯添香老亦安我有小詞調笑
令榴花生子帶儒酸

題張婉紃夫人書 夫人係武昌大令張曜孫女兒張余同門弟也

織女原來一等星雲書箇箇燦瓏玲黃姑相伴多清
福勝飯胡麻讀道經

彩筆傳家是猛龍 夫人字學張猛龍碑 餘閒井臼寫從容不求

研娟求端正閨秀於今太華峯
長卽曹昭以左芬清河儒雅冠人文欲師衛鑠簪花
格悔不當初效右軍

附和作

春夢大夢剖同然文譽多君滿建章豹見一班珍墨
寶鴻裁五度冠詞場師迎老宿尋源遠交締新知話
雨凉相約丁年重握手近光樓畔覲　龍光

上　稼生夫子仍用前韻二首

百尺樓頭百寶然著成燕許大文章邪蒿辨纂誠明
學直眾傳薪典禮場雲布岱宗徵澍雨風生殿角起
徵凉漆雕使仕猶難信分得青藜述作光

經訓空慙帙滿然況無筆法叩元章慶蚪喜售新吟
藁李鳥驚收古戰場好學有心宗鄭許寫懷無曲譜
伊凉敢言籍湜鱻通曉幸附韓門日月光

附　夫子見荅之作

雅俗文爭上下然幾人手筆抉天章探驪豈屑餘鱗
爪射虎愁迷古戰場學爲匡時難偃仰詩因別調易
蒼凉蝸廬喜共歌風雨經籍紛綸夜有光

題寒林禪寺圖

白雲猶菴舊招提宋宋空林塔影低樹斷綺情禪解
脫鳥知鈴語佛依棲刹那金碧南朝榛巨耐丹黃北
苑題壑底松黃雲外唄寒聲沓盡夕陽西

送徐心禾世叔歸省郎之官上猶恭和　稼生
夫子原韻

一許平登江數然瓣香癖嗜湖陳章（同宗西江制藝）師承四
度淵源錄（同出鄭璵如許潁生李竹朋三先生之門）感遇千秋翰墨場此
去乘軺隨舊雨（借戴醇士學使出都）言歸扇枕趁新凉絳帷莫
負春風裏相待丁年覲　寵光

題老漁圖三絕句爲黃霈士學博作

南華徵旨笑拘隅漁父知非孔氏徒何幸黃瓊延入
室化爲子釣不綱圖

涓濱以後富春江寂寂漁竿歎寡雙師友君臣歸一

不愛官高愛品高不喜詩豪喜酒豪到得廣桑山下
泊何知星使出詞曹
避風久坐四禪天不鬥楞嚴十種仙和到新詩休道
敏嚴編杜集總欣然

少軒司馬用余雲亭茂才重陽詩韻見　示郎
次韻奉和并　正

采風君子正陽陽秋水渾忘道阻長自古憂民思孔
墨從來循吏說龔黃（由首邑擢永綏郎拜郡守）娛賓自愧歌魚麗

行役猶能紀鹿場（君到處有紀行志）野外蕭寒人意煖先鈔
佳句入奚囊（厚唱鈔入敝集）
半窻晴日寫時晴畫譜頻翻是李成（君工八法兼嗜畫譜）翰墨
自留佳士趣襟期不負昔賢情二難家世懷陳德（君昆弟升進士官舍人難兄難弟君家故實）九郡良材詠楚卿（君見器大府將邀保奏）會
聽丹山雛鳳叫好編治譜作衡程（預祝弄璋之喜）

奉呈詩

南國經編隻手持名臣言行　聖人知鄭侯轉饟

釣晝來閒供讀書窗
此公能唱定風波滿地江湖獨荷蓑先捕長鱸次濟
鰐不嫌龍伯大人多

和羅仙舸學博元日詠懷詩次韻

羅舍清擬太常齋臘鼓迎年得句佳有髮頭陀無酒
佛我曾五載放吟懷（予教授鎮江凡五年）
君今傀儡學登場轉瞬還成新嫁娘奪得狀元歸去
也莫忘同我祭句芒

數典金根錯改銀愛銀學士學尤貧文章報國原難
事五丈牙旗十丈塵
泮水須扶壽母經春風堂上禱湘靈蘭江冷宦蘭臺
客香到南陔一百齡
與君笙磬喜同音敢負冰臺一片心我不虐民君愛
士大家履薄又臨深
秋冬晴久共愁涂冷落新年也不嫌但怕東來只徵
雨北臺庭院想堆鹽

三軍食召伯平方六月師　帝喜衡湘無螳穴
士欽蓬閬舊鴻儀幸依宇下裁成切定許頑廉效伯
夷
曾丫丁鴻謁大椿（乙巳秋日曾在丁調孫廉予謁見大人）穆然知是古
名臣韋平業盛能容物王謝門高易引人鐵網早爲
搴策主金甌行布一家春我公豈耀高陽望談笑看
清五嶽塵
王選溪茂才奉母太夫人就養硯農大令任所

途中遇賊予迎至署中辱詩見酬次韻奉和
弁東　硯農
爲奉高堂賦遠遊君家重見鳳麟洲地推樂土依熊
卅人抱奇材識馬周湖水相逢魚脫網烽烟未定鳥
思傳板輿安到河陽縣先報王祥記我否
予令安福四載矣事簡民敦不廢嘯詠窗外柳
枝鬱鬱時鳥將雛因顏吟舍曰有巢系之以
詩

遂古高風尚在茲慈烏喜鵲並栖時任他鞠子嬉春
好我亦人思借一枝
此間作室比金城不種桃花也辟兵綠雲團雲排我
闥爲編鳥紀贈嘉名
長官求簡不求苛靖得狐鳴聽鳥歌寄語後來新令
尹禽言謂我政聲多
戊午莫春氣疾偶作延李薪傳博學療之
前身原是老長庚一服逍遥快養生（服逍遥散而散）流水桃

花深洞裏投膠足洗十年兵
提囊笑煞夏無且箸論還追陸敬輿蒿目瘡痍方未
了先生胸有活人書
代錢唐某題金沙港關帝廟畫壁
一甌逸氣向空噴化作西湖壁上雲袖裏煙霞辟飛
去千秋抹煞李將軍
曾將造化拜吾師泣鬼驚神筆一枝寄語山靈勤護
惜不逢高士莫題詩

雲帆太守七兄以端右才待選於家即其處事之所闢隙地以爲廳顏曰四照有纂儀禮新宫之莞授簡于湘以紀其成湘尹兹土三年矣賴賢士大夫同心固圉獲免於戾登其堂有同慶焉賦詩四章以誌頌禱云爾

心在水晶域作室亦四照君子芋且蹐一覽收衆妙東面承青陽春王號百穀金飾任花醉玉碎間竹笑蓄鮝處士籬就拜金花詔常棣方鄂韡卿相取年少

黄雞只紛催黑鵲且一嘯

其西花非繇玩吟雜琴筑風篁雨篠間現出蓬萊屋鼠姑倚闌干鶯友出幽谷每於夕陽下延爽千章木賓來薛孟嘗主呼蔣潁叔蓍牙會蒐材莫錯園林福

樓臺涌其南具鬪碁金銀凌風不可攀絶頂巍巍身窅窅復窅窅高語閧星辰主人子雲才天倪葆其眞不爲六鑿眩乃見三山神薰風賡舜梧不問桃源津北有穹窿山流水回環之玲瓏妙光明此寶同仇池天然不雕飾類仰追軒羲陽何好睎髮觴詠恒于斯臺萊古君子樂只邦家基四照庥不屆我更進一詞上覲紫宸垣臨照得恩施下矚閶左隱肝鬲靡不窺

振振宜子孫爲補斯干詩

爲蔣雲帆題四照圖

樓臺一面

梧桐庭院分蓬閬之清輝楊柳樓臺入司空之麗品宋梅藝閣董杏栽壇虛籟調風斜窗印月茂林修竹

郎爲禊飲之亭流水長堤如到參寥之苑叙風雲而倒屣聯二仲于求羊闢林院以題襟擅三長於楊馬聊商大雅漫志小言

山水一面

鬱彼北林作于楚室在水一方如跂斯翼防則在甗其比如櫛爰有寒泉北流活活有蒲與荷有蕡其實君子至止赤芾金舄碩人之邁子孫千億於焉逍遥於焉嘉客

西面

歲西而成月西而盈仁則西王邪國壽則西有長庚器則璧陳西序官則階列西清名儒當學眞西山名將當學李西平西銘賢者備西義聖人旌孕育澧西之勝規撫泰西之精瀵西先藝菊墨西爲鼓笙何必西湖北西子正宜西笑賦西京

東面

瓶史曰賞花有地有時寒花宜初雪宜雪霽宜新月宜暖房溫花宜晴日宜輕寒宜華堂暑花宜雨後宜快風宜嘉樹蔭宜竹下宜水閣涼花宜爽月宜夕陽宜空階宜苔徑宜古藤巉石邊茗賞爲上譚賞次之酒賞又次之知言哉

桂山先生馮姓文燦名浙江紹興人嘉慶庚辰進士即用知縣宰江西十數縣有政聲丁憂揀發湖南署攸縣賞加同知銜調署澧州現署桂陽州

蘭江吟

桂山先生刺澧一載餘變瘠養腴日不暇給適轉輸告竭大府分遣諸營就餉于澧先生委曲經畫戸不擾兵不譁民吏私相慶幸會移刺桂陽當受代謳頌如雲欲留不得湘屬吏也素好爲詩作蘭江吟以授邪人寄永思焉猗猗澧有蘭養根公殆庶朝來父老泣道公當遷去公來一何暮公去一何遽就中疑信半相率探公署邪知改除確凍淚紛凝瘀古有阿大夫齊王日間譽百事無一理乃得安樂處我公廉明獨慈惠不猶豫獨少郭開金難免嬖奚御歎息復歎息雞鳴天欲曙

政如髮受櫛令如史載筆櫛疏髮不傷筆冷顆劃一公飲西江水與吡祟四術治行傳萬口早入龔黃室自泣態湘來澂水先晏謐盤錯資虞詡利器故無匹澧經兵燹後秕政方日出公爲去泰甚嬰啼慈母乳歲逢乙卯夏條例嚴手實何哉巾澤鴻變作鶉衣蝨嗌膚法可誅沃沸網愁害丞以續命湯而投无妄疾

此心感蒼天此獄與富室

富民害可矜矜以安其夢窮民愚可矜矜以安其眾不見潢池兵赤子有時弄陽虎愛爲富不仁竟何用要知菩薩腸任他哆侈鬨君子貴心得豈惜醯雞甕何況十萬戶戶戶長生頌何況五縣人人人去思痛清灃何洋洋艫香何洞洞跪把雙韡留勝貽五袴誦只恨囊無錢末由選錢送

好風知公行瑟瑟調笙簧好雪知公行密密滋廿棠

老人知公行扶杖號堂皇孺子知公行飲泣猶扶牀秀才知公行矢詠成琳琅兵士知公行轉鞞恩不忘異聲聽同歎請無問其詳

故吏尤悽悽欲言淚填臆鞠矢負前驅獨立鼇山側惟公能知我公去誰矜式市虎析我疑弓蛇與我直治民先獲上敢忘拮据力祝公無危言公不愛雕飾歌公無溢美公不喜浮譽奪公澧則怨得公桂則德德怨公兩忘湛湛恒春色看開旌節花隻手支南極書示采詩官中和宣樂職

題堯農同年碧湘老屋圖卷即用其韻

德星夜爛桃花氈輝聯翼軫光初然堯農夫子今彭錢殫聞柱下追商賢沅湘耆舊孰比肩心兵獨賦嗤先偏老人一宿扶南天其餘七叟飽且眠憶昔魁儒抗孟堅愧煞三變栁屯田鏗鏘欲盪鐘懸旋樞府務屏紫極巔喉舌出納誰敢穿上回天聽驚平泉下馳城外登大顛一朝素韡南陔前爪步光弢刀謝鉛白

華孝子養志先城南聯句韓孟篇教毓後輩瓊林仙劫火飛過湘江邊舊史重修八百年

題劉子重所藏君子磚拓本

有斐真成瀟灑傍斷甎抵璧壓千秋賢藩留得傳家寶君子高名又屬劉

八甎學士嬾如何此日收藏可訂訛不效李程兹附侃中唐有甓日摩挲子重其得八甎

法物西京不易逢校書天祿本儒宗先生訪古疲奔

俞子重今爲楚子重

題陳雲曹深柳讀書圖

讀書不甚解先生號五柳闔然登其堂分我白衣酒更喜將軍好武爭看細柳風高毛錐勝於大戟虎韜龍韜豹韜

不走章臺不貰魚綠陰深處是吾廬闗西夫子八中傑方覸人間未見書

德星偶聚許追攀永夕陶陶學尹班老屋已隨柯遂

變（君會火于賊假楊先生屋居之）閒情先買畫圖山竈觚日煖眠中散院落風來舞小蠻聞道元戎方選將爲君三叠唱陽關（將赴大帥營）

舞雩歸詠讀書天春雨春風不計年汁染藍衣人絢采堂開綠野樹含烟（用蓋都相國萬柳堂事）吟龍自據孫康案繫馬應看祖逖鞭最是眠琴飛瀑處晉子滌坐亦雲邊

贈劉生棐臣

美矣劉原父今之王子淵新詩欣貢我古韻獨璆然旣攪陳芳國須還自在天答吉箴與頌斯旨待君研

乙卯三月十四日赴澧州時雨後新晴溝渠皆滿春耕不誤喜而有詩

雨後松疏野氣清斷溪流水尚縱横三餘待築亭豐樂四溢如開庫大盈鳥雀弄晴求好友犂牛連夜迫春耕采蘭且愬王孫去無數時艱事不平

重修孔子廟弁言

今　天子文懷武克凡臣民能輸餉討賊者賞延于世弁加廣學第子員以惠元元於是湖南安福縣蔣君明試率其族子姓效錙三十六萬貫有奇大府以限于舊額酌如制請廣十名著為列維時邑八士歌衢舞巷謂天厚我安福而　夫子之祚庶士者靡有涘涯顧廟制宏碩崇極而圯士心滋懟乃相率走告湘思所以妥　先聖之靈而未有所出也亟與前教

諭羅君登瀛今署教諭貴君一林訓導黃君開霽趨走登堂見榱桷棟摧蝕窗而蟲糗之外雖煥然翼然而大廈之傾可翹足待今學第子將倍額中而　先師堂弗修俎豆莘莘不几而榛禮樂陶陶不寢而郊有司之罪大矣吾儕束髮受書已構精舍居而居先生以旁風上雨之廬人必非且笑而先生亦去之恐不速也不足以奉經師可奉萬世之師哉今與邑人士約蔣君既以爲國者爲家爲民者爲士自能銳志以奠　聖澤于無窮而邑人士亦不宜妄自菲薄苟循私以斁大誼知安福縣薛湘謹譔

墓志銘

皇誥贈中憲大夫賞加道銜世襲雲騎尉李君紫藩

君諱標初名昌蔭字紫藩取文昌六星藩衛紫薇垣也紫藩從余游好甘石家言故名字因之先世由旌德遷宜城曾祖夢夔縣學生祖承時妣王恭人考宜範　誥授朝議大夫松江府知府母丁恭人繼倪恭

人君倪出也松江公起家曹掾既由涿州守大郡清名治行畿內數賢牧令者必首推公紫藩既長見松江斷獄及庀家政一切均默識之紫藩筮仕楚北政聲翕然上下交孚皆松江公遺則也紫藩初受業于松江朱君虞卿崑山潘君恕齋因得明於宜城梅氏金壇段氏之書他如王西莊惠定宇之說皆能別白是非不爽毫髮繼從予遊獨稱家辭科第宜攻舉子業以博父母歡顧屢躓于有司松江公既疾作紫藩

入侍湯藥出則敕簡他事外內嶄嶄和而善斷咸服其能既終松江公喪入仕爲湖北公安縣地濱江民居在水中瘠困爲楚最紫藩既至脩隄之可復者賑其不可復者民大蘇量移孝感共待民如公安載移鍾祥以最舉荊門知州時與國有賊大吏故才君以討賊檄檄君君躍然曰若事之集幸也不集則以死繼之不欲如駑將跳奔蹶事也亟啟行日夜追程進比至以孤軍直擣其老巢而已匹馬橫突萬衆中五

戰皆捷蹙賊于田家鎮會甚雨君衣襲仗戈還賊無捨勇氣彌厲賊愈窮反鬬殊死咋君戎馬陷入于泥死焉時咸豐三年秋九月也大吏列狀以聞　天子悼其忠勇以道員恤蔭世襲雲騎尉紫藩之友張仲遠君書其事以告湘以湘嘗教授李君故湘因爲志以付其孤而瘞諸幽銘曰

死非病命以正牖下沙場終孰令而身可殲而節勁
忠魂來歸笳鼓競施及子孫有餘慶

與林撫部書 代許滇生師

少穆老前輩大人鈐下思證大賢之前久矣天下仰望丰采如饑思食而旅思歸侍無似模楷積數十年楊十曰睎顏之人亦顏之徒侍所睎者惟大君子已鈐下卿雲糺縵見處皆瑞頃有門生自雍至者具言雍之治一如治豫治皖治吳治楚治粵自方岳連帥以至兒僮走卒率訢訢然有喜色幸彼都之福特厚蓋由至性忠孝而經濟學問足以濟之故施于物者

事博而功鉅非侍一人之私言也頃閱邸抄知有積痗之疾上疏自陳并舉至堂方伯自代其於古大臣難進易退及以人事君之義無復有間天子倚畀方隆給三月假治病以冀艮已侍初覽之不覺悵悵如有失繼復沈思元會之說及海內大局竊敢預決精神速復不待禱祠行且以福雍者兼福寰海而未艾也何則賢人君子之蕃祉老壽與國家元氣相表裏數年來海事騷然創痏始復今鈐下病病而復亦元

氣之始損而終益也孟子以伊尹爲聖之任又曰其自任以天下之重如此鈴下固今之阿衡也天子任之天下任之其自任當何如國家元氣之復與否寄于鈴下之一身損而終益於理於數皆可決之矣昔趙充國以屯田自任至謂無踰於老臣今西陲屯政初開丞之才十倍於充國固當自任而不疑非可援難進易退以自解侍於老前輩望塵不及然自念曾居六卿之列叉膺至渥未敢以左遷故奉身歸西湖

又私念右滬江左翁洲海濤一綫里門厠其間常懷鱷鯢暴警之憂身依北斗時兢兢於南斗下老前輩桑梓在閩儻亦有牖戶之思乎秦人重氣節樸茂未散寶他邦所少而華陰縮轂關河之口勢建瓴而下鈴下又加之以教養使人人曉然於尊君親上足備一日馳驅緩急之用是亦大臣謀國之深心也侍婁娑九列少官事竊爲老前輩商出處而於老成之碩畫南北之大勢皆重有望於立起視事而願以卮言貢於席前右端協風告至順時節宣君子無病天下亦無病伏祈垂鑒而賜答爲幸甚不宜　侍某　頓首

朝議大夫江蘇松江府知府李君事狀

君諱宣範字君式宣城人曾祖志洪祖夢夔俱縣學生父承時兩世俱贈如君官君少孤依舅氏藥肆有奇軼氣母王太恭人教之以敦厲廉耻求所以自立年十九走京師供事內閣年三十六議叙得山西孟縣芹泉驛丞孟有大郡歲三月賽社數百里畢集里

魁設博局誘人黨數百君至暗以金則揮去且往洽之而胥役故中飽將至博所皆散里魁見君獨身來易君擲如前君直前捽魁而投於空黨駭皆跪聽命杖之俗遂革民德君刻石紀其事時嘉慶十七年也道光十九年君知直隸涿州會尚書隆文公奉使西陲返過驛覩所爲碑讀之歎曰驛丞能如是乎識之及復　命　上問山西有好州縣未隆文公對曰州縣則不知若芹泉驛丞李宣範乃好官也　上領之

曰是現官涿州知州朕知之矣果好先是今相國卓公方以尙書兼順天府尹以公治行第一上　上問公出身以供事對　上笑曰一供事官五品亦足矣而隆文公又言　上大悅遂超兩階　授松江府知府　召見　上諭以東南漕弊甚重宜大振刷之朕將大用汝公旣退　朝相國具言隆文公奏對時猶不知公官直隸也公自念以卑官猾潔上聞　天子大臣擢守財賦要區盍思自奮得當以報及莅松賦

重甲天下畮額征三斛有奇官收米一石勒折色八九千盞由通倉里正窟宅其中牢不可破非獨守令過也公知民力竭顧格於勢不可變乃擴捥大吏曰宣範豈忘天子語哉遂謝病歸歸二年卒於家公異政凡數十事如涖寶坻蝗不入境佐房山則創驕卒通州清豐密雲建祠尸祝嗚呼君何以得此於民哉而最偉者則在入官初政事更三十年過合卽由之視以官爲市者異矣公爲通州時湘嘗授其子標書

曾見公出訟繫者數十仵總督指其本管道怵之曰總督要打雷公徐對曰某所畏乃天上雷也蓋俗以參劾爲打雷而總督聲勢盛司道官承指恐後公獨無所阿湘旣重君又詮次之以備史官之采標方出爲湖北公安令并以勖標焉

皇誥贈奉政大夫秉彝廖君暨配周宜人墓志銘

君姓廖氏諱自倫字家訓一字秉彝上世居粵東大父諱某徙來湖南愛寧鄉山水家焉父諱某有隱德

生三子君最長有摯性移行娶于周諱某公女年若干歸於君秉禮審義動識大體事姑也敬勖卽也勤其教子學有間怒之嬉戲責之以底於成迄今宣鄉論母德者必推宜人咸豐乙卯夏公長子宗元轉餉至安福適同年生薛湘尹其地甚相得也宗元以名進士宰浙江循聲蔚然起將顯擢奉貤君諱歸里時楚南能轉輸者數年大府擇卿大夫之賢者任之勸富子輸金以佐軍食當事知宗元賢用鏊綾禮相敦

迫所至郡縣皆信用其説事立辦因告湘曰此宗元先君子及母宜人之教也先君子終身行恕母宜人以慈惠佐之在官猶在家未敢忘也湘聞翼然敬之因亟欲求如歐陽崇公之可以表見於後而庇賴其子孫者宗元遂具述庭誥并狀俾湘次第之以備蒐道之文宗元未達時君節縮衣食供羔雁及貴勉以遠大嘗示宗元曰禮禁亂之所由生猶坊止水之所自來也壞國破家亡人必先去其禮禮不去而風俗

隳國家敗者未之有也後之君子則不然不治其情而罪其欲民各以詐相遁於是多爲刑辟以束縛之此亂原也既偕宜人就養德清民以大乂大毋相僭視惟恐去宗元之得民和與君之勖子概可見矣道光己酉楚大饑君索金於浙爲救荒計且曰卽假貸必爲之及寄金被盜君計窘輟食分哺全活所親甚衆宜人無疾言遽色恭儉仁愛御一食有不得食者在其側弗甘也服一衣有不得衣者在其側弗襖也

同鄉而居者若族黨若鄰里長者無弗長也如其長幼者無弗幼也如其幼有乏無弗賙也有急無弗急也有疾病必問之必餽遺之憂之也若在己姻親宗女至無弗禮也有不堪者或輟飯飯之徹褔席席之不知有貴賤也人我也曰此亦有利於人之一端也門臨大道每以暑月具茶飲暍者兼修除道路毋使泥淖其勤儉好施如此嗚呼我朝多高門巨族然積累而興必有隱德有賢母闈中廖氏用此起家鉅夫

尙書一門鼎貴觀于贈君宜人之制行傳家殆與閩中之廖代興者矣君卒於咸豐辛亥月日年七十一壟某宜人卒於咸豐壬子月日年六十八祔焉子二宗元道光丁未進士知浙江德清縣候補直隸州宗先國子監生女一適彭元娶邵氏先娶羅氏孫二著生元出人澤先出銘曰君子固窮善人有後漢有于公蘇知滂母維秉彝公作少徵叟宜人佐之如陶翟耦式闕與門棫樸薪槱伐石鐫詞傳不朽世世子孫

秬鬯卣

重修許烈婦葉氏墓碣記 代李宜範

道光十七年範奉　命牧通州行部至新城南得許烈婦墓墓之碣卧且蝕矣樵牧既縱兆域寖削蔚薛讀之知烈婦爲明許紳妻紳賈家子嘉靖中以博揜失業妻諫不聽家遂落以道殣烈婦立槁于旁居人旣封樹之上其事于朝旌墓如制年代遷貿榛螾弗治範乃愀然揚靡曰窮哉婦也是固非歌寡鵠誓栢

舟者所比烈矣範忝莅茲邦而烈婦一坏土頹爾如委其何以妥貞魂遂釐正其界屬附近民而告之毋登壟毋伐樹四至毋踰凡到毋致民背如約凡立表甃基復田建宇華土藝木募丁實器之屬費若干緡蠲廉以藏厥事始州人有不便欲違議然爲義屈無異言於乎婦道如臣道若烈婦者致命遂志之君子何以加焉固宜邱壟所在奉爲女師馨香而尸祝之矣事既竣爰誌顛末以詔來者時道光十八年四月三日

東臺山記 代

聖清濯痍煦寒二百年所一二魑魅之屬持一日之柄哀鴻不剬害馬不去赤螘元蠭若壺若彖咸豐三年夏撫部駱公大臣曾公以孫詒頗習戎經檄勦江西賊行有日曾公謂孫詒曰子以端右之才出宰吾邑卒使盜賊解散獄訟衰息吾鄉感之戴之靡有涯涘今又援師江右捍父母之邦障我湖南全境仁愈

廣勇愈大維是古人行師好以整好以暇茲幸鍋帳已具和門已定而東臺山之役子既行無能爲役矣子何記之以鳴暇可乎孫詒自念菲材謏爲邦人士推重東臺爲湘鄉勝地東皋書院既將改建於茲而未果如山水有靈伩

國家威德犁平醜類東臺之築息壤在彼何日忘之均服在身卿以應命即以告於封公曾竹亭先生曁劉趙班賀之十舉人朱堯階生員而爲之約云

樂園記

丹山蔣君安福之耆碩有德者也湘治安福四載遇大事必咨君幸無大愆君自題其所築園曰樂園取知者樂水仁者樂山意也湘謂君性偏于仁而知亦非所短其氣宇寬厚以靜深不肯作翕翕熱至臨大事決大議雖悍夫不能奪蓋樂出雲降雨之山而嶁刻戌削者未嘗樂也樂波恬浪靜之水而奔騰淜湃者未嘗樂也湘每至園中必小憩升星而望攀者如

猱側者如蟹伏者如虵折者如鶴俯入石弄仰而視或銳如規或方如削或欹側如墜雲或爲芙蓉冠或如兩仙人偶語意態橫出自恨無虎頭寫眞筆也當湍而淩合流屈曲以注于池而又文禽翔奇樹茁精廬暎潭中魚可百頭日光下澈影布石上夷然不動翕忽已杳眞佳景哉栁子鈷鉧潭記曰枕席而卧淸冷之狀與目謀瀯瀯之聲與耳謀悠然而深者與神謀淵然而靜者與心謀斯言也可以贈樂園可以贈園主人矣豈徒矜意匠侈雲構哉君之子道溪能世其業書于石弁示道溪所以賀茲園之遭也無錫薛湘記時咸豐七年月日

淩義烈祠堂記 代朱石樵太守

有明長沙司李蔡公以獻賊陷城不屈死從役死者九人首曰淩國俊按志稱蔡既正命賊脅國俊降詭言收主骸骨及從賊信之乃瘞蔡公於善化南門外仍與其同輩殉乾隆朝　賜蔡謚曰忠烈淩謚曰義

烈噫明社將屋氣節磊磊軒天地父死子殉夫死婦殉主死僕殉所在都有乃至聽役之流追隨故主臨難不去完主之身而已之名亦完何其偉也彼遇難蝗之屯而帥棄其軍卒棄其帥有愧于役多矣封公曾竹亭先生曰帥而役則役之役而帥則帥之於是帥邑人以祠淩於縣西街之舊廳世世爲淩義烈祠勿廢咸豐三年某月某日記

游龍杖記 代許滇生師

蕭山相國既致仕棲心墳典杜門樂志游於圃截蓼莖爲杖捉之質堅而體輕製歌以美之且告某夫蓼草之不材者也鄭風曰山有橋松隰有游龍鄭箋謂橋松在山上比大臣不在位者游龍以喻縱恣之人相國固今之橋松也進禮退義於不在位無所慽而於縱恣者早痛絶之不復相聞是杖也將奚取哉某謂此未得相國之用心也相國負知人鑒持文柄三十餘年爲國家人材地一藝必錄古人所謂因物付

物而不物于物者游龍也可以杖則杖可以歌則歌他何計焉然而物之顯晦有時一草木之微爲賢人君子所甄錄如得山巨源王平子品藻百世下猶將引嘯詠於無窮風人以游龍喻縱恣遂歷數千年無變而賞之者今乃得相國以張之相國以峻望伏海內其歸卧乞身論者方之温公獨樂園一旦見相國曳杖如是天下鮐背黃耇必以游龍爲美曰此賢相國所杖也後之人慨想遐蹤引助嘯咏亦曰此賢相國所杖也名與出靈壽邛竹上矣究之鄭人惡縱恣而游龍當其厄相國亦非汎愛也愛其有杖材耳而顯晦乃因之以見士之遇不遇觀於是杖亦可以釋然哉

東湖九老圖記 代許滇生師

太子少保吏部左侍郎萍鄉劉夫子以名德峻望震海內中更遠謫蒙　恩放歸重入翰林而家於南昌與致仕在省之名公大夫游效白氏爲東湖九老圖

東湖在省城東有園有亭宋州守無擇建南軒張氏書額猶在我夫子與諸老觴詠處也夫子既殁公子大令元恩令其子以書偕圖來且告曰予先大夫入室弟子也請記之爲遺蹟重謹按圖據石垂釣者爲南昌萬綿盧司馬倚樹仰觀者爲新建曹霞城方伯據案操筆書者爲新建曹雲浦侍郎案左馮闌坐者爲南昌黃樹庭署正案右拈須坐者爲南昌段蘋香刺史執梅而步者爲奉新宋梅生觀察挾卷坐者爲

大庚戴可亭相國夫子亭內持璲者二面西則南昌温樸園太守面東則吾少保夫子也圖作於道光六年迄今又二十年圖中諸老盖無復存者矣回憶少保夫子先督學來浙以國士遇 某 平生知己之恩爲最先焉而又嘗出大庾相國門下今兩夫子先後徂謝宣髪門生把卷感觸不知涕之何從也而 某 重有感者天生魁儒傑士必使之大用於世顧卒不竟其用往往若鬼神異物陰秦蹇之然遇益蹇則文益鬱

未雨齋古文 卷 七

勃而奇昔東坡海外文爲平生得力處讀我夫子存悔齋集發攄所蘊於朝章國故如肉貫弗讁北極窮髮之地箸書益奇方諸文忠豈夸邪其後大庾相國亦以事得辠蒙 聖恩終始矜宥兩夫子之遇何一轍邪 某 於道光甲午視學江西已不獲見少保夫子過東湖輒憮然乙巳 某 以部務罣吏議 天子鑒其眚賜補太常惕焉省察自惟 某 之荷生成也獨厚未敢乞身歸西湖視夫子之走萬里外既得賜環復預

文學侍從之列晉末浹歲即以目疾求退退而與諸老徜徉湖山以有此圖也其爲愧汗何如邪雖然吾師負曠世才未竟其用而名在九牧宗於今祖於後世推我
朝大手筆無疑也師門方貴且庶如公子之誦清芬寶遺蹟又克承世業者也斯展是圖也 某 又將爲我夫子蹈舞於無窮矣謹書而歸之不敢以蕪陋辭道光丙午中冬既望某記

未雨齋古文 卷 太

高逸帆說性敘

吾黨生正學昌明之代凡左儒右釋學道不純之言如旭日在東而螢爝息所患知之審矣而行不至近於口耳之學則無當於身心而適以長客氣高子逸帆深於竺乾之書既屏去乃辨明沙隨呂子所論氣質之性降衷之性之不可分界復循遡程朱以發沙隨之誤題曰說性以示余勤矣哉高子之爲說也雖然余亦有說爲以質高子盖嚢患性學不明今患不

能率性不明之弊援儒入墨推墨附儒均爲性中大患大儒韓出講去其非雖三尺之僮能言性善而荀楊韓之説不能入也然皆顛倒於功利未有呼寐使覺計維不言躬行以振起之始爲世道人心之良藥而率性之功在乎戒懼慎獨以馴至位天地育萬物然則人苟能從事於率性固無問其氣質與降衷也孟子曰博學而詳説之將以反説約也戒懼慎獨約之至者也沙隨所言較之象山慈湖陽明白沙諸書

蓋能發明其所獨得吾輩師其長勿書其短約而守中庸之説兢兢戒懼慎獨惟恐力不足志不勇奚暇疑沙隨爲本朝醇儒無過乎湖其論諆字字稱量而出雖截山棃洲未有能先之者也余方有志景行循大路第恐欲至越而適得燕也竊更自懼夫高子師沙隨乃疑沙隨余重高子乃質高子遂書以爲叙

送張仲遠之官武昌序

古人以州縣爲親民官親民之學發原於明明德樂只君子自一鄉一邑推之乎天下不獨子其子愛之如父母此親民之學也儒先因康誥一語讀親爲新然新之義偏於教親者教養兼備其義至大而名獨歸州縣者則以與民近而區畫教化之所易周也仲遠爲儒林阜文先生從子循吏翰風先生適子負絶人之資以名孝廉出宰武昌吾知杜詩召信臣之爲不足爲仲遠難也楊伯起言使後世稱清白吏子孫夫能爲人子然後可以爲人父仲遠之淵遠純粹克

紹家聲如此能爲人父也必矣淵與仲遠爲昆季交幾十年其學問器識有慕之而未能至者於其行書以質之

綠槐書屋詩序

張生曜孫攜其叔姊綠槐書屋詩問序讀之詩惟五古題不徒作非人子所謂發乎情止乎禮義者不能漸也跡作者生平淑孝賢明居危苦之境而無不平之氣故其所言若有才而不欲自見其才而卒能自

拔於闤闠之外夫冬嶺之峻也對之者風骨高秋荼之苦也咀之者煩膩解自闤闠言詩綺章繪句務欲自見其才於乎詩果才而已乎佗傺御窮作爲詩歌而風骨高煩膩解則以禮義徹貫於胸中也蓋張氏自皐文先生以儒林起家翰風先生二難濟美故曜孫諸姊弟其詩文詞均有家法大抵權輿乎三百篇不復讀漢魏以後詩故動合古法如此雖然無作者之性情禮義而皮傅曰古此梔貌蠟言之尤者也安在其爲古邪

聽雲山館詩序

本朝詩人推安雅堂爲先河多悲憤激宕之音爲詩中變雅趙君月槎其鄉後進也所箸聽雲山館集揚摧漢魏源委少陵蓋去安雅堂二百餘年而萊陽之詩復振考自乾隆之末以迄於今文章之弊滋極僻學爲師封己自恃矜考據騁鉾豨相挺而作有變而嗚蚓竅入鼠穴淒聲寒魄爲鬼趣者有變而戴假面效夷言噍音促節爲兵象者審聲歌風君子懼焉月槎直瀰少陵而張之如胡寬之營新豐阡陌衢路未改則鷄犬皆識其家可謂派別眞而卓然不惑者矣抑詩者天地之元氣方今海宇清晏埽除蚍蜉蟻子之警前日之兆幽憂而伏慘愁者蕩爲和氣化爲清塵而月槎之詩出養醇變瘠直詣大家豈偶然哉予習於月槎久其眉宇心府廓豁洞露故異於暖暖姝姝者然則月槎將以詩教自任勿徒斷與安雅堂代興已也道光庚戌孟陬無錫薛湘序

重刻問濟軒文稿序

吾錫制藝名家代不乏人顧高馬諸君子既以理學忠孝懵海內圓沙朵臣各有根據爲不刊之業近時惟周犢山先生稿風行天下從兄岵亭其高足也犢山屢躓春官而岵亭以甲科顯其博大精深不如犢山而輕便處或過之此岵亭之稿所以克頡頏犢山與岵亭既歿其後不自振板將佚蔣先生秉鐸吾錫

并衰其未刻稿十九篇而重鐫之以惠來許於乎文章光氣不可磨滅雖後之人欲過而廢之猶有癖嗜如先生者肩其餘烈然則文特患不眞毋患不傳也而況忠孝理學根據不刊之業其名山俎豆也豈有涯哉爰識數言以質先生道光乙巳仲秋薛湘序

校試偶存敘

琴山夫子將梓共校試江右之文命門下士薛湘勘訂既卒業竊恨其僅試於郡邑分校不克舉天下澆

勉浮厎之習而盡挽之也閱諸先輩顧絳曰八股盛而六經微十八房興而廿一史廢誠疾籍談原伯魯之倫操進退人之權而世教之盛衰將繫之今甲乙部具列薔宗顧多貪常嗜瑣有司意爲去取工拙不甚相遠其蕩者爲之或浮而無實放而不收於是易堂諸子遂創謂秦皇以不讀書愚黔首明祖以讀書愚黔首何言之痛與非表裹詩書根柢遷固之鉅公回既倒之瀾而程尺之烏能於五降之後而反之元音與夫子之作義必嚴以閎氣必厚以愉緯以精緘之思奮以瑰鑠之辭故高而不撇華而不縟雄而不矜透迤而不靡才力之所至可以振天下之澆勉浮厎而矜式乃僅在一邑一郡一分校間戾可惜已獨思夫子雖無進退人之權其閑有堂稿已不脛而走四方今斯編出而服習變化且勝於有司之權之捷必可知也昔王房仲社稿出而學者宗之艾千子文待出而學者又宗之房仲文學千子兼車而考官且

視以轉移風氣況夫子以甲科爲矩矱哉然則斯編傳之遠且久乃天下風會之幸也刻既成謹誌簡端俟覽者詳焉

酌定求忠書院名並廣膏火試費小序

今
天子紀元之初盜竊發西南徵蔓於楚新寧江忠烈公寶帥鄉兵殄其渠轉戰荊揚梁之地開府安吳迄今盜死咋不能騷楚南境用一邑捍天下功在社稷

大節懍然偶乎咸豐朝一偉人也新寍人欲厲子弟廣教化舍是將安仰哉湘奉諷是邑見邑之人敦尙氣節勇公戰奮不顧身相率底通顯未嘗不歎忠烈公之遺烈也邑有維新書院爲諸生紘誦之所湘謂國家景命非一縣得私之也古人創建書院莫不爼梪先賢摩厲後進今忠烈公勳業在天壤行謚在史宬舍是將安仰哉昔方正學讀書於吳之九峯三泖間後李二曲講學吳中榜其所居地曰求忠書院取

未雨齋古文　卷　三三

求忠臣於孝子之義

聖祖南巡嘉其命名有當賜書表章遂爲吾吳盛事忠烈公與叔弟汝舟先生戮力王室以身許國太夫人猶在堂仲弟季弟每藉捷戰餘閒修白華潔養湘竊取求忠之義以爲諸生勸忠烈公赫赫之靈當必肆之於是出私錢三百緡且告公之弟達川廉訪匆陶郡伯及方伯劉公蔭渠都督李公相堂合力以助用繼膏火之不足者贍春秋試之絀於費者黝垩齋室之不堪居者凡我邦賢士大夫胥有賴焉行見人才蔚起彌久彌芳史不絕書方聞綴學之君子尙泚筆以待咸豐八年孟陬五日知縣事無錫薛湘序

毓秀書院記

咸豐戊午初夏閱團至西嶸村行館頗宏敞余駐馬此間父老告余此奉汰靖位司巡檢署也今改作書院延師聚徒讀書其中願易名以垂遠因顏之曰毓秀書院村之人紘誦弗衰必有以應我　朝稽古右

未雨齋古文　卷　三四

文之化者白鹿規條高陽冠蓋兼而兩之無疑也知新寍縣無錫薛湘記

沙定峯讀史大畧序

郡帥大興邵公告其寮屬薛湘曰江陰沙定峯先生予同郡人也所著讀史大畧予偉之將鋟諸板子可序湘按序者序所以爲作者之意卓哉定峯與古爲徒殫精瘁力而成是書可以破迂可以驪懋意人人有言人人無是經世不阿世之儒又何說乎湘盡紬

繹其書而知定案之治史與我公之治人一也治史之法曰例曰斷曰破例曰獨斷人知史尚例而不知例祖之在人心者例之極也史尚斷而不知斷獄之破鬼膽者斷之聖也定案于乙部之學博而公且辯然古人已往羣書間出吾意欲如是無吾辯者而辯易伸非眞有兩造具備此亦一是非彼亦一是非面爭而廷撓之也我公蒞實以來抱例不格例而獨斷出及揆諸決事比例之理則言例斷者未之或先也

用是爲　天子所知大府倚之以障嚴疆靖游氛實治而楚治何與定案之治史合也某嘗謂古今事理萬變而史法歸於仁義中正而已法譬諸規矩然規之形圓矩之形方而規矩所造爲櫃爲槃爲眼爲倨句磬折一切無可定之形紛然雜糅故曰規矩者方員之至也至也者能爲方員能不爲方員能爲不方員者也公異日勤施于四方爛熟于天理人情之極則亦如定案之由古史以推于二十三史必也然則公其有心法邪心史邪刻既成因序以復于公云咸豐八年三月日

鄉試錄後序　代

道光二十有六年丙午鄉試屆期禮臣以江南考官請有　旨以臣柏葰爲正考官而以臣贊湯副之伏念臣西江下士知識檮昧濫登詞館洊入諫垣復奉命視學　陪都再遷卿秩夙夜循省涓埃未報茲更仰荷　殊恩俾佐大省掄才之任兢兢然唯不克

稱職是懼謹隨臣柏葰眈征抵境如期入闈悉心衡校得士如額擇其文尤雅者恭呈　御覽臣例得綴言簡末臣惟　國家以經義取士示天下以修辭立誠去華黜僞之極則而傳經庀史之徒出其所著羽翼斯道與經史相表裏上求則下應蓋　昭代久道化成文治之烈爭盛千古非偶然也夫言者心之聲故古人於天之命人之性宣著於辭說而不能已者則散見於載道之文程子所謂有是言則是理明無

是言則天下之理有闕凡以達其心之理而已詞章之弊剽竊塗澤取古之人糟魄而敷衍之雖極工巧無實用豈知今之經皆古之文不通經不能見道即不可言文但能志道守正自不懈而及於古而非好學深思窮本知變不足與於斯也大江南北山水清淑名賢代興臣柏蔆與臣竊思以斯文之重扶樹名教用是崇雅放鄭搜羅務博採擇務慎翼正心聲而廣㕍業曾子曰尊其所聞則高明矣行其所知則光

大矣學光大之學自能言高明之言朱子曰道德文章不宜使出於二臣謹竊斯義而願與多士磨礱成就合名儒名臣而一之庶於　皇上策遺之盛意或能仰體萬一云爾

贈祁子駿序

安福生員祁光槼欲壽其父子駿君介前教諭今湖北同知羅仙舸君乞言于余余方奉檄襄校將敷甫官事以待後之人未暇也仙舸君曰子能爲古文爲親民官邑有好善潛德如子駿者而不獲表以附于子之文忍矣哉余深敬仙舸君同官二年言行相觀蓋有道君子不妄言者也仙舸君再謂子駿可以壽是亦余之文所欲壽者矣仙舸君遂言曰子駿三歲失怙母吉孺人紡績供讀子駿之兄曰體齋者隸邑庠孝養其母而子駿理生產得小溫飽葺祁之祖祠知敬宗收族意誠吾安福之耆碩也子方治安福使得如子駿者數十百輩教于家化于鄉雀鼠之爭化

蒿蓬之謠寢其效甚大與其壽王公大人而有甕言不如壽鄉里善人而有諍言之愈也予無以奪其說予來安福四載其族之盛者曰蔣氏蔣氏起家至四三品者十數人凡夸者詛者妬者倚藉者皆繩蔣氏其次則裴氏朱氏楊氏祝氏龔氏林氏而祁氏殿焉抑予不視子駿之爲蔣而仍祝其爲祁考山西壽陽祁氏如春圃相國竹軒制府韻士方伯敭歷中外炳炳在人耳目間余皆識之皆碩彥也彼祁之先必有

如子駿之養根竢實劬躬瘁後又可知也子駿為善不輟楚之祁何必不如晉之祁邪充其德以至于祁黃羊之有覺德行四國順之富誠不足慕貴又何可矜邪子駿有子四孫十三曾孫二光槼之子明民亦弟子員餘亦緘緘乎質有其文子駿勉之矣其彊飲彊食善自愛以觀肖子孫之蜚起于前也爰復子仙舸君以慰光槼之意云

陳浩菴手澤卷跋

述祖不於秩於其德守禰不於室於其澤德涼者澤微德崇者澤遠吏部郎中陳柳平君典銓務積二十年　天子書名於屏將大用茲彙其十一世祖浩菴公手簡及硯銘告同年生薛湘為之記於是識君之行有本末得自紹聞者崇且遠也浩菴公以直節懾當世方江陵柄用公如秋荼如冬嶺數百年來蟬嫣鳳舉為吳右宗子孫方躋華要先人墜簡視若尺璧其德與澤為何如哉雖然魏鄭公之笏錢武肅之券後之人樸蒙空侗亦知薰護以震炫於俗獨茲於手澤留詒不遺一字則賢於寶笏與卷也遠矣史趙之論陳兆也曰盛德必百世祀斯幀其兆矣乎咸豐三年二月十七日無錫薛湘記

跋楹聯

性農先生養望林泉適封狼麕至　先生麾鄉兵截其渠乃逸環數十里無犯者湘作詩寄誦左右承采摭句為楹帖耦以夢中所得句屬與言書之自維譾劣得附　名賢而先生志量亦足見一班矣甲寅臘八日無錫薛湘跋

跋蒙泉碑寄劉子重

蒙泉碑在湖南石門縣蒙山上土人謂之辟火碑士大夫多搨以餉遠山甚峻拓必架木緣梲上涪翁未嘗至石邑而蒼勁之氣與黃他碑埒非贋者也宋人不喜小學故蒙字中點移于上子重好古舉以貽之咸豐七年夏五薛湘識

禮社薛氏宗譜

（民國）薛國華等 纂修

《禮社薛氏宗譜》三十四卷首一卷，薛國華等纂修，一九二七年倫敘堂木活字本。

薛國華，無錫人，爲薛氏第十八世孫。

黄帝孫顓頊少子陽封於任，其後以任爲姓，薛氏之祖即出於此任姓。因後世受封薛地，又以薛爲姓，居河東一帶，至宋宣和間勳徙居汴梁，靖康時勳子皞又遷居江陰，數傳至復，仕明爲廣西僉事。復子琚，字良璧，號治亭，官至鎮撫將軍，後由江陰入贅梁溪王氏，遂卜居無錫禮社，是爲無錫始遷祖。薛氏宗譜於嘉慶、道光、同治間有修，此爲四修。卷首序、淵源、凡例等，卷一誥敕、稿、祠規、祖訓、家訓、祠堂記、祀田、墓圖，卷二至卷二十七世系世表，卷二十八譜辨、附譜世表、墓誌、傳、像贊、壽詩、祭文，卷二十九至卷三十四序略、事略、傳、紀略、行略、行述等。

薛暮橋（一九〇四—二〇〇五），琚第十九世孫，薛氏中房竬公支緯字派，原名與齡，字益三，曾名薛雨林，筆名餘霖、霖。著名經濟學家，老一輩無產階級革命家。一九五五年當選爲中國科學院哲學社會科學學部委員。著有《中國農村經濟常識》、《中國社會主義經濟問題研究》等。

孫冶方（一九〇八—一九八三），琚第十九世孫，薛氏中房竬公支文字派，原名薛鋒，字萼果，行四，化名宋亮、孫寶山、葉非木、勉之等。著名經濟學家，老一輩無產階級革命家。其在經濟理論上造詣深，且有膽識，有創見，著有《關於國民經濟建設和國家資本主義》、《社會主義經濟論》等。

薛明劍（孫冶方二哥，名光，字明劍，一字萼培）及其子薛禹勝（中國工程院院士）、侄薛禹群（中國科學院院士）等皆出此族。

本書據一九二七年本影印卷首、卷一、卷二十八至卷三十四。

（陳小青）

民國歲次丁卯續修

薛氏宗譜

倫敘堂藏板

薛氏續修宗譜序

金字號　世
裔孫　領

世界民族特重户籍而中國尤重宗譜所以别種族序昭穆也既同處一姓一系之下而支派不知尊卑不識將何以敦親睦之誼定禮節之文焉我薛氏宗譜自同治辛未序續修迄今已閱五十載代遠年湮生卒婚嫁幾無可考曩年族兄紹忠長族嘗籌有成議約期徵稿略具端倪卒以始基未固衆志未堅遂復延擱忽忽復經十載識者憂之今洪愧長於族乃復續

簽議出以毅力運以精心族姪國
華家鳳又更極力贊成各房長
亦詢謀僉協方能規定大綱詳訂
細則洪不才自信不勝其任頗讓族
弟省銓主其事省銓以行輩居次
未敢僭越經家以大義相規辭不

序

獲已勉承其之而國華乃就任總纂
自分纂以至校對皆屬族中子弟任
之由是綱舉目張有條不紊循序
漸進以底於成所幸在事諸子一
德一心不扶私見羣策羣力迅奏
膚功實賴我

列祖列宗呵護之靈有以致之嗚
呼繼志述事幸無忝於前賢啓後
承先更有望於來哲茲值譜事告
竣例得備詳顛末以弁簡端是
爲序

民國十六年歲次丁卯夏曆孟夏上浣

序

十七世裔孫文洪謹識

薛氏宗譜總目

花山墓圖
愚泉公墓圖 十三世
車家蕩墓圖 十二世
玉函公墓圖 十五世
沈宜人墓圖 十五世玉函公配
仲韓公墓圖
以和公墓圖
癸亥纂修名諱
己丑續修名諱

辛未續修名諱
丁卯續修名諱

卷二

第一世至五世總世系
第一世至五世總世表
東房六世至十世世系
東房六世至十世世表
中房六世至十世世系
中房六世至十世世表
西房六世至十世世系
西房六世至十世世表

卷三

東房十一世至十五世世系
東房十一世至十五世世表

卷四

中房十一世至十五世世系
中房十一世至十五世世表

卷五

中房十一世至十五世世系
中房十一世至十五世世表

卷六

中房十一世至十五世世系
中房十一世至十五世世表

卷七

中房十一世至十五世世系
中房十一世至十五世世表

卷八

中房東字十六世至二十世世系
東字十六世至二十世世表
中房祥字十六世至二十世世系
祥字十六世至二十世世表
中房開字十六世至二十世世系
開字十六世至二十世世表
卷十七
中房鎮字十六世至二十世世系
鎮字十六世至二十世世表

卷十八
中房撫字十六世至二十世世系
撫字十六世至二十世世表
卷十九
中房源字十六世至二十世世系
源字十六世至二十世世表
中房遠字十六世至二十世世系
遠字十六世至二十世世表
卷二十

中房流字十六世至二十世世系
流字十六世至二十世世表
卷二十一
中房長字十六世至二十世世系
長字十六世至二十世世表
卷二十二
中房經字十六世至二十世世系
經字十六世至二十世世表
卷二十三

中房文字十六世至二十世世系
文字十六世至二十世世表
卷二十四
中房緯字十六世至二十世世系
緯字十六世至二十世世表
卷二十五
中房武字十六世至二十世世系
武字十六世至二十世世表
卷二十六

原序

惟我祖宗系出澄江明洪武間文禘公任廣西僉事暨艮璧公鎮撫著家聲出贅梁溪王氏啟建門庭遂爲我薛氏始遷之祖地名禮社原與澄江之仁社命意相通也但由明迄今宗支繁衍散於鄉里者有之居於城邑者有之夫宗支不明則親疏莫辨而尊卑之屬紊矣何以爲詩禮之家乎賴四世祖允恭公手筆一帙信而有稽然僅得示其源尚未析其流廷珮因旁搜博採無分遠近列爲家譜庶幾族屬分明燦如指掌矣豈不快哉

康熙六十年歲在辛丑陽月之吉

十一世裔孫廷珮謹識

原序

黄帝二十五子一任姓後奚仲居薛爲夏車正禹就其地封之於漢爲魯國薛縣今爲山東兖州府滕縣地縣東南六十里尚有奚仲山李吉甫云奚仲造車於此是以名也薛之先最顯者於商爲仲虺祖已於周爲文王外家武王克商復封於薛春秋時薛伯是矣於漢爲御史大夫廣德於魏爲鎮東將軍安都於唐則曰訥曰稷曰超皆爲宰相曰仁貴曰嵩曰平或爲大總管或爲節度使並見新唐書世系表而其支分派别者則又有西祖南祖北祖分地徙居者則又有河東新蔡沛國高平此薛氏唐以前之大略也然以余考之周秦以來以薛爲氏者亦不盡皆任姓之裔戰國時齊田氏封於薛再傳爲孟嘗君後子孫亦以薛爲姓又字書無薩字考菩薩二字皆以草叜名説文云薛草也唐釋元應一切經音義云菩薩本作扶薛宋張有復古編又云薛别作薩非是今之以薩爲姓者又本皆姓薛取扶薛爲義是二氏又與任氏之薛判而爲三矣今禮社薛氏系出於任而派分於西祖自唐迄宋代有聞人宣和間勳仕宋爲

文獻閣待制由河東徙居汴梁子皥爲翰林承旨靖康時隨宋南渡由汴梁徙居江陰數傳至復仕明爲廣西僉事子鎮撫將軍琚由江陰徙居禮社源流確鑿昭穆秩如詎非名宗之多賢士大夫而能若是乎他如吾郡宜興之薛陽湖無錫分界五牧之薛姓雖同而宗派别有不可强爲聯合者此亦如得姓於田得姓於草者不可與任氏之薛統而同也夫畧其所疑而詳其所信作譜之法與著史同即今江陰之薛實由一本而分亦以族繁不及備載蓋其慎也即所以爲禮社之薛傳信也余與薛氏誼託葭莩最爲深悉樵圃薛君屬余爲序閲其譜牒所紀使遠者近疏者親孝友睦婣型仁講讓地稱禮社洵不愧焉爰書數語俾歸以弁之簡首時嘉慶八年歲在癸亥孟秋

賜進士及第
誥授奉直大夫前翰林院編修
上書房行走教習庶吉士
咸安宫總裁充　實錄國史館纂修石經處收掌兼詳覆官兼掌進擬文字提督貴州學政加三級洪亮吉序

原序

禮曰先祖無美而稱之是誣也有善而弗知不明也知而弗傳不仁也我始祖僉事公仁洽邊氓鎮撫公威加異域豐功偉績固宜炳曜百代世世子孫所樂爲稱述者也而王吳二公誌傳家乘闕佚不載不已韜不明之咎乎作譜之法與著史同洪太史前序已言之矣班孟堅因於史遷而整於史遷范蔚宗因於華嶠而備於華嶠新唐書之因於劉昫五代史之因於薛居正莫不皆然蓋創始者難爲功有所因者易爲力也吾宗自江陰徙居[illegible]社舊譜頗多散失因循數百年而後掇拾於殘缺之餘一時搜羅未徧不無待後人之補輯此今日重修之舉所以更不可緩余既與弟履堂姪東巖等詳加整緝期於無所遺漏凡閱六月而後成因以諗之族衆曰今日所爲非敢翹前人之過也亦以成前人之善而已世之言史者皆曰班范宋歐陽而不知班范宋歐陽止爲史遷華嶠劉昫薛居正之功臣也何也翹其過者皆成其善者也成其善者皆因其善者也吾薛氏定居於此十數世矣祖功宗德源遠流長繁衍脈厚寖昌寖

熾然此皆前人已創者也因其繁衍而閑以禮讓因其脈厚而澤以詩書秀良之質因而飾之文章敏達之才因而進之經濟以上希僉事鎮撫二公之遺烈庶幾春秋享祀可以對越而無愧矣詩曰無念爾祖聿修厥德爲子孫者固不但以稱述祖德爲貴而尤當以追配祖德爲賢也余忝長於族故於今日譜牒之成而推廣修譜之心書之簡首以諗於衆願與族之弟姪孫曾輩交勉焉

道光[illegible]年歲次己丑南呂上浣之吉

十四世裔孫道泰謹述

原序

吾族譜牒始於康熙辛丑修於嘉慶癸亥再修於道光己丑是時白鎮撫公卜居於此十數傳矣蕃衍熾昌號稱全盛丙午歲又議續修貲已集矣既而不果咸豐庚申春粵匪四竄卽將前所集貲散還各房爲避亂之資斧此事遂寢是年七月六日旋遭兵災以後風鶴屢驚人無安日未暇議及迨同治甲子賊氛肅清族人始歸故里丁口少十之三或一家止存一二人焉或一家竟無一人焉生全者殆十不及四而其間生卒無攷者指

不勝屈噫可慨矣然而天道有長必有消人事有盛必有衰貞元剝復理之常然無足怪惟是庚申之變吾族老幼男女殉難者百數十人視他姓爲獨多一時忠義節烈亘古不磨之氣直可感天地而泣鬼神豈非我

國家二百餘年之化與歷代祖宗之訓有以培植之而砥礪之歟今雖不若昔日之盛然更生聚數十年安知不復盛耶況殉難諸人業蒙大吏奏聞

朝廷從優議卹

賜祀襲職給帑建坊俾忠義節烈流芳百世可謂極宗族之光寵矣豈浮雲之富貴所可同日語耶則今日之衰非衰而實盛也余忝長於族故於修譜告竣用誌數語於簡端亦望後之人常相勸勉以無忘

國恩祖訓云爾

同治歲次辛未清和上澣

十五世裔孫應嵩謹述

薛氏淵源

薛氏出自任姓黄帝孫顓頊少子陽封於任十二世孫奚仲爲夏車正禹封爲薛侯其地魯國薛縣是也奚仲遷於邳十二世孫仲虺復居薛爲湯左相臣扈祖己皆其胄裔也祖己七世孫曰成徙國於摯更號摯國女大任生周文王至武王克商復封爲薛侯齊桓霸諸侯獨薛侯不從黜爲伯歷三代凡六十四世其可記者昣生初初生厲侯陵陵生宣武侯房房生哀侯褒褒生薛侯元元生平侯貴貴生邸侯直直生襄侯夷夷生桓侯辦

辦生康侯安興安興生定侯箱箱生恭侯佝佝生景侯魏魏生宣侯伯勤伯勤生簡侯文歡文歡生惠侯夷黄夷黄生靈侯英英生文侯俱俱生隱侯清清生愍侯洪爲楚所滅公子登仕楚懷王爲沛公不仕隱於博徙因以國爲氏所謂薛公也生雲雲生卬卬生倪爲楚令尹倪生翁翁生蠻漢初獻策滅黥布封千戶侯生瑑瑑生茂宣茂宣生懷則懷則生引孫引孫生廣德御史大夫廣德生饒長沙太守饒生愿爲淮陽太守因徙居焉生方邱字夫子方邱生漢字公子後漢千乘太守漢生彪字輔國司徒祭酒彪生侍御史安期安期生中山相修修生馬邑都尉山塗山塗生山陽太守固固生龍邱令文伯文伯生東海相衍衍生兗州别駕蘭爲曹操所殺子永字茂長從蜀先主入蜀爲蜀郡太守永生齊字夷甫巴蜀二郡太守蜀亡率戶五千降魏拜光禄大夫徙河東汾陰世號蜀薛二子懿始

懿字元伯一名奉北地太守襲鄠陵侯三子恢雕興恢一名開河東太守號北祖雕號南祖興號西祖

興字季達晉尚書右僕射冀州刺史安邑莊公爲薛氏

西祖配曹氏封魯郡太君子苑濤濤

濤字伯略中書監襲安邑忠惠公與北祖南祖分統部衆世號三薛子彊

彊字公偉秦大司徒馮翊宣公子辯邕寵

辯字元伯後魏雍州刺史汾陰武侯子謹

謹字法慎内都坐大官涪陵元公子洪祚洪隆瑚昂慶號五房亦爲漢上五門薛氏大房

瑚字　後魏河東太守謚曰簡子聰彧和逸芳

聰字延智黄門侍郎簡懿公子孝通

孝通字仲達中書侍郎子道徵道衡
道衡字元卿益州總管臨河貞公今譜字平濟六歲而孤專心好學年十三作國僑贊有詞致其後才名益著河東裴獻日之曰自鼎遷河洛吾謂關西夫子空傳其人今復遇薛君矣武成作相召爲記室及即位累遷太尉授内史侍郎煬帝嗣位轉播州刺史歲餘上表求致仕帝謂虞世基曰道衡將至當以祕書待之及至上高祖文皇帝頌帝覽之不悅顧謂蘇威曰道衡致美先朝魚藻之義也拜司隸大夫配畢氏子收按唐書長子大年次子收
收字伯褒年十二能屬文唐高祖興挺身歸國房元齡亟言之秦王召見問方畧所對合旨授府主簿是時方討世充軍事繁縟設方畧擒建德降世充觀隋宮室極言奢侈不足恃王重其言嘗上書諫王畋獵王稱成我者是卿也明珠兼乘未若一言賜黃金四十挺武德七年寢疾命輿疾至府親舉袂撫之論敘生平感激涕泗卒年三十三王哭之慟與其從兄子元敬書曰吾與伯褒共軍旅間何嘗不馳驅經畧款曲襟抱豈期一朝成

千古也且家素貧而子幼善撫安之以慰吾懷其後圖學士像歎其天不得與既即位語元齡曰薛收若在朕當以中書令處之生時與從姪德音元敬齊名世稱河東三鳳收爲長雛德音爲鸑鷟元敬最少爲鵷雛配叔孫氏子元超唐書名振
振字元超今譜字公升九歲襲爵高宗即位數上書陳當世得失帝嘉納拜中書舍人宏文館學士省中有磐石道衡公爲侍郎時嘗據以草制元超每見輒泫然流涕上元初帝按獵使諸番酋長得持弓矢以從奏諸番野心而使挾兵在圍中非所宜帝納之帝幸東都留輔太子太子監國拜爲相手勅以太子未習庶務關中務悉卿主之嘗諫太子射獵勸留情典籍帝知遣使厚賜慰之後因武后臨朝佯喑乞歸配王氏子永唐書作曜
永字子長司隸校尉配陶氏子憲宛
憲字叔度舉孝廉配閻人氏子安世
安世字長孺祕書省正字配張氏子稷种
稷字嗣通擢進士第累遷中書舍人與族兄曜更踐兩省俱以文章自命初虞世南褚遂良以書專家後莫能

及稷外祖魏徵家多藏虞褚書銳精臨倣結體遒麗遂
以書名天下晝又絶品睿宗在藩邸喜之及踐阼以稷
爲京門侍郎參預機務封晉國公拜爲相會鍾紹京爲
中書令稷言於帝曰紹京本胥吏素無才望今特以勳
進師長百僚恐非朝廷具瞻之美帝然之以翊贊功每
召入宫中與決事恩絶羣臣後有別業在江陰實池鄉
附山以居曰獻山載暨陽邑誌配韋氏子穎
穎字茂稷左司諫配姜氏子綮
綮字貲夫配周氏繼趙氏子彦先彦平彦高

彦先字修之配陳氏子伯謙
伯謙字士遜以孫貴封少傅太師左丞配徐氏子行儉
行儉字守約以子貴贈太師左丞配洪氏贈瀛國夫人
繼錢氏封徐國夫人子居正居中
居正字景方宋太祖時拜尚書左丞檢校太師同平章
事開府儀同三司上柱國開國侯謚文清配蔣氏封天
水郡夫人無出繼李氏封吳郡夫人子淑爽彧
爽字慈明朝奉大夫配龔氏子括
括字存中配萊氏子潤

潤字廣川配王氏子世艮
世艮字元友配連氏子自遜自延
自遜字謙淑配趙氏子端仁端義端禮
端仁字汝孝以孫貴贈太師配徐氏子克
克原名抗字子復以子貴贈少傅太宰配陳氏封夫人
子拯極
拯字子希舉進士文猷閣斈書兼國子祭酒工部右侍
郎配高氏子勳黠顯
勳字正功又字功賢號竹石居士舉進士仕宋爲翰林

承旨兼文猷閣待制後因亂去任居汴梁配焦氏子皡
旻杲晃
皡字尙仁南宋時任翰林承旨配杜氏始遷江陰之叢
桂坊子昶旭
昶字公輔號賓暘配倪氏子瑛珍琝瑜瓊璋璸璟
瑛字均玉號半州配王氏子鑑銓
鑑字德昭遷居鄧暘配顧山周氏至元間以賢良銓徵
不赴銓司抑爲東陽主簿抵任三日而歸子澤源灝泳
澤字伯聲號深庵配裴氏子模

楧字士規號竹居配王氏子安本
安字安道配汪氏子復
復字復善一字文佑號啓堂仕明任廣西按察司僉事
配姜氏繼黄氏子瓖璥琚琛璨
琚字亘璧號治亭自江陰卜居錫邑之禮社爲今譜始
祖列於簡首以備考訂云

宗譜凡例
一譜法以五世爲圖晝爲横格格中各書字某號某次
有爵者書之次書配某氏生某年月日卒某年月日
葬某處生子某女適某令各支一一查核載明以示
詳愼所有不及備載者篆舊集闕略非有厚薄於其
間也
一凡表誌行畧銘贊傳序可爲宗族光者備錄於譜務
使有美必揚若本無實行可舉强爲支綴以眩人耳
目徒供笑柄茲所不取
一凡違礙字樣俱遵　功令概行改易非妄爲點竄也
並有子孫直犯前人之諱者雖出不知要非尊祖敬
宗之道亦俱更换以示謹慎
一出嗣者於本宗子列仍書其名明所生也出繼外姓
者書其冒姓之始不拒其歸也以兄弟之孫爲後者
圖中空一格傳中空一世别昭穆也徙他處者書其
地從别教者書其名總以見一本之誼云
一異姓過房原無入譜之例然撫育之恩義不忍絶今
於本人名下詳明某姓以後子孫附載譜末亦使日

久相沿不至亂宗
一贅壻爲子倘祔女於廟某門配某氏如何寫得譜中
載明某人贅壻自後斷不許入祠
一凡族之習於下流玷辱祖宗者書名則用墨戳以示
貶見譜法一史法也倘改行爲善力蓋前愆仍宜錄
出至越禮犯上目無尊長者族內議責
一譜既告成總計合族領若干部散時編定字號分給
某字號某人領明揭一頁於譜尾以防冒領每部編
定卷數頁數日久或有失遺及私自改易爲人掣去

者議罰
一祠內公設譜一部每年輪祭者承管凡族內功名職
銜添丁婚配承嗣出繼以便祭時增註庶無差誤
一先正有云惟族有譜祖宗之光譜牒不修比之不孝
故譜必十年一修或二十年一修而後子姓之增益
祖父之卒葬有所稽考修輯之時須擇族之作事有
始終任事有擔當者一二爲綱首以一二正直優通
者翊之則成功既速纂輯亦精矣

設立譜局大綱

立設立譜局大綱議據族長文洪並各房房長省銓等
緣我族家乘三修於同治辛未迄今已五十三載年湮
代遠生卒失考殊非敬宗睦族之意文洪爰在宗祠邀
集各房房長暨合族裔孫公同議定准於今年夏季開
始纂修所有設局大綱開列於後凡我同人各宜同心
協力率由舊章破除成見以底於成則文洪等有厚望
焉立此設立譜局大綱議據一樣二十五紙族長及各
房各執一紙爲照

計議

一本局設總理一人以品學兼優者任之
一本局設編纂評議兩部編纂部設總纂一人分
纂二十四人校對五人書記五人庶務五人評
議部評議長一人評議二十四人
一本局職員由各房長公推之
一總理總纂評議長由各房長公推之
一編纂部職員爲有給職其薪金另訂之評議部
職員爲名譽職

一　分纂及評議由各房公推一人如本房無相當之人得聘他房人任之

一　開局後每逢一旬之終開評議會一次如有緊要事宜得由評議長臨時召集之

一　各房所送譜稿一律交由評議部評議之

一　因譜事發生爭議由各房自行理處不能解決得交評議部評議之如不服評議以致阻礙本局之進行應由當事人負責賠償損失至不得已時則暫行空白聽後辦理

一　如欲刊印墳圖傳序等每頁津貼工資一元不滿一頁亦作一頁計算

一　螟蛉贅婿一律列入附譜

一　本局職員一律自備膳食

一　倘有不肖子弟招搖需索納賄徇情等情事由評議部議罰之

文洪　漢鈞　鳴岐　復光　贍洪

省銓　肇榮　錦軒　玠銓　蕙泉

慶全　國華　以善　家鳳　和尊

秀堂　士秀　如林　裕法　樹蒼

勤學　階吉　葆沅　慶根　桂芳

中華民國十三年四月二十八日立

評議編纂聯席會議

第一條　總纂承總理之命清理編纂部一切事務

第二條　分纂商承總纂分掌各房譜稿編纂事務

第三條　校對商承總纂分任校對譜稿事務

第四條　書記商承總纂分任繕錄譜稿及撰擬文件事務

第五條　庶務商承總纂分理會計及雜務事務

第六條　各房譜稿送到編纂部卽由總纂編號登入收稿簿

第七條　各房譜稿登入收稿簿後卽由總纂分交各分纂悉心核閲謹敬編輯

第八條　各房譜稿之編校由各經辦職員分別盡職負責

第九條　各房譜稿設有不合程式或錯誤者應由各該房分纂隨時修改

第十條　編纂部辦公時間每日自下午三時至五時

第十一條　編纂部職員應按照辦公時間到局並設簽到簿親自簽名

第十二條　各項文件須由總理核閲方得收發

第十三條　每項收支簿據每旬之末應由會計核算送請總理核閲以昭鄭重

第十四條　支用款項數目在五元以上者應由會計詳述理由送請總理核准後方得動支

第十五條　關係重要事項得由總纂召集編纂部全體職員特開會議解決

第十六條　譜稿自送到編纂日起至遲不得踰三日應卽校閲編輯

第十七條　譜稿從分纂編輯後應卽彙齊送請總纂交由書記繕寫

第十八條　購置物件無論價值之多寡應由襍務開單送請總理核准方可向會計支款不得先行購用

第十九條　辦公應用之物品應備領物簿由雜務照錄簿內方可領取

第二十條　本局一切應用物件須由雜務隨時留意保管

第二十一條　編纂部辦事時間照第十條細則不准變更
第二十二條　世表內自民國起用年分不用干支來稿有
註生卒時者認爲合格毋庸刪改
第二十三條　本局來函應彙編成册由書記保存寄出函
件亦宜留稿以便考查
第二十四條　收入傳序應由總纂另立册簿編號登記以
備查考
第二十五條　駐局職員應將自己辦事成績當日登記暫
登錄

第二十六條　翻板價格每盤價定大洋五角如有增添喜
丁者另賞譜師大洋一元
第二十七條　停盤損失費每天三元雙方須預變停盤費
五天如不滿五天者照停盤日數計算但本
局實收之停盤費催由得嗣產者擔任不得
嗣產者照原數發還
第二十八條　老譜世表中凡並嗣某人之名載在本生父
名下則不登載嗣父名下惟在嗣父一行之
尾註明並嗣某人之字世系即照樣掛線今
因嗣子有嗣產關係恐啟爭端故此世表登
掛一名生卒婚配註明或在前或在後以杜
後患

立合族公同議據族長文洪等今因結束宗譜事
召集各房房長議決未進稿各支會經催過數十
次依然置若罔聞照修譜大綱論定空白聽後辦
理決不容情查此譜自開盤以來致越三載而未
告成者職是故也若再延遲恐受潮流影響或致
散佚之虞爲此邀集各房房長議決同心協力一

致進行達到完成譜事爲目的凡我在議之人各
具百折不回之志以了素願欲後有憑立此合族
公同議據存照

東房房長錦軒　望字房長以善　遠字房長鳴岐
澄字房長桂芳　重字房長家鳳　流字房長肇榮
汇字房長福賡　河字房長如桂　長字房長紹和
分字房長漢鈞　東字房長復光　經字房長詠林
派字房長秀堂　祥字房長國華　文字房長省銓
禮字房長裕發　開字房長旭初　緯字房長黼雲

社字房長儀庭　鎮字房長葆沅　武字房長勤學
世字房長惠泉　撫字房長殿棟　西字房長源泉
居字房長玠銓　源字房長根培
民國丁卯年四月　日立合族公同議據族長文洪

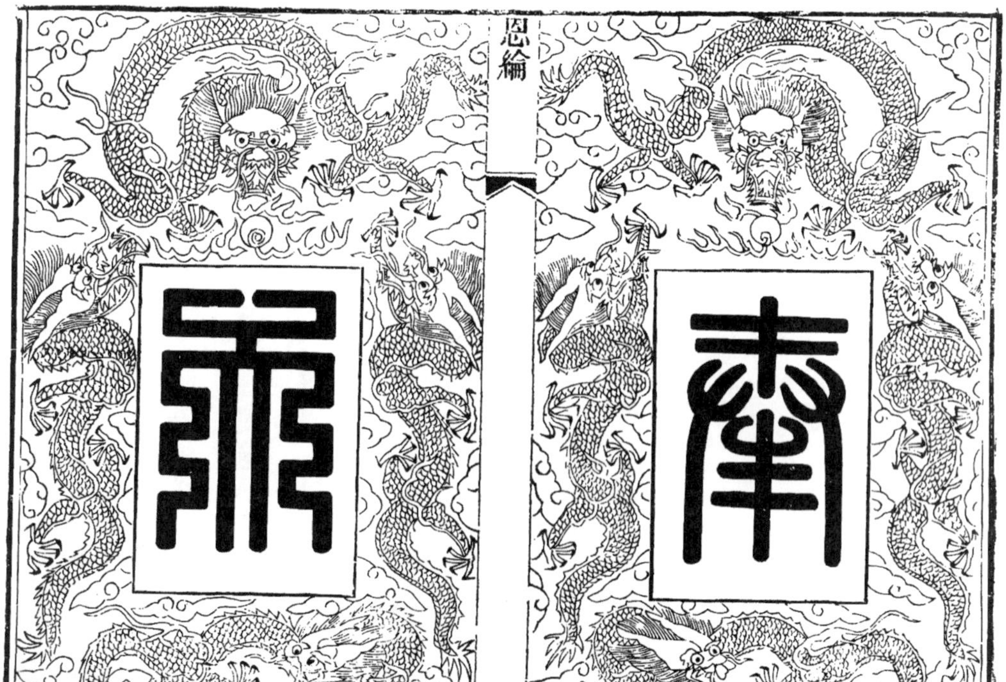

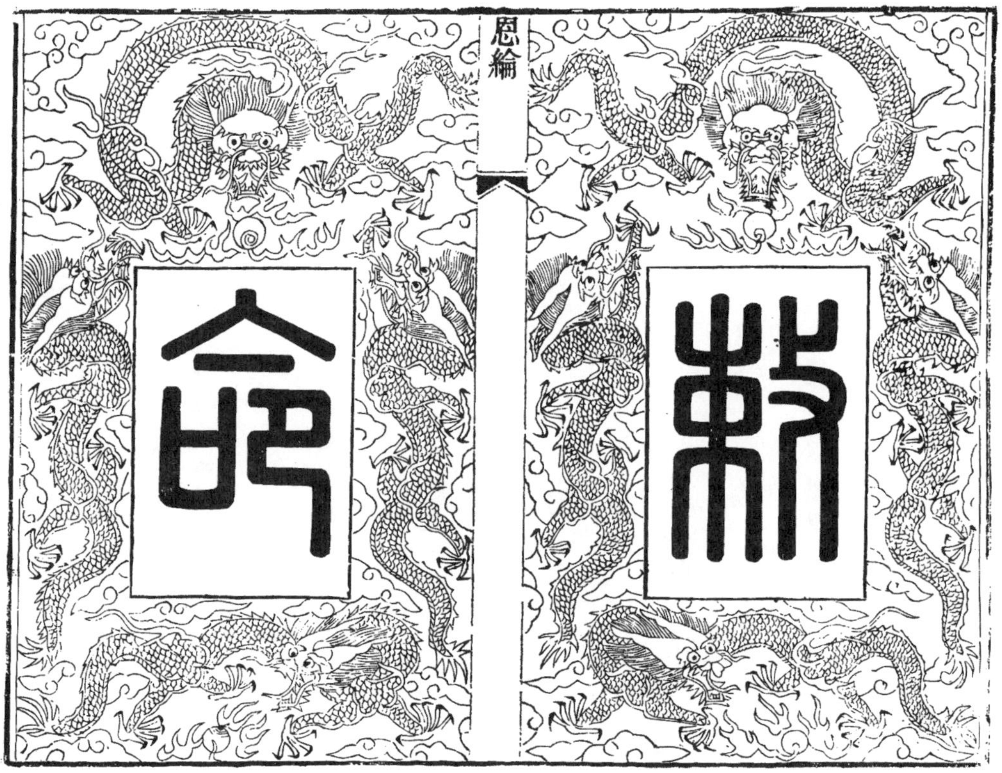

誥命 一

奉
天承運
皇帝制曰求治藉賢良之選
德行宜先保邦在法紀之
修明刑爲要爾廣西按察
司僉事薛復育德慎修遜
志典學潛光蓬壁共推砥
行之儒薦列詞垣兼擅才

誥命　二

華之美既而補選郡佐績
著中邦尋又遜跡邱園行
高鄉里予嘉乃德徵授言
官數納盡誠忠貞益著用

是使往西粵俾分憲車肆
爾明悉兵刑練達政教法
立而邊氓攸賴惠流而頑
庶胥捐厥功懋哉兹以覃

誥命　三

恩特晉爾階奉政大夫錫
之誥命於戲佾其祇服朕
訓益懋爾庸以襄盛治欽
哉

制曰賢能樹立每資內助之
良朝宁褒封乃有旁推之
命典章具在風化所關爾
廣西按察使僉事薛復之

誥命　四

妻姜氏出自鉅宗嬪於良
士柔嘉有則儉樸無華勤
警戒以相夫功成博學篤
恩義以治內化洽閨門爰

錫寵恩用旌賢淑茲特封
爲宜人尚其祇承嗣有顯
褒

誥命　五

勅命
洪武　年　月　日
之寶

勅廣西按察司整飭右江等
處分巡官武宣上林等處
地方苗夷雜處彼此不相
統攝以致賊寇猖獗侵擾

誥命 一

居民兩處防守官軍民快
不可無官統領今特命爾
前去賓州駐劄往來整飭
南丹等衛操練官兵鋒利

器械修護城池并廉察官
吏賢否軍民利病問理刑
名禁革奸弊仍約束土官
撫治土人遇有盜寇警急

誥命 二

督令軍衛有司土官即爲
設法撫捕有該照依夷俗
發落律例問斷者斟酌而
行軍衛土官有生事害人

誥命　三

訪察糾舉輕則量情處治
重則參奏拿問仍聽巡按
等官節制事有應與守備
等官計議者須計議停當

而行不許偏執己見有悞
事機爾爲憲臣受茲委任
尤須持廉秉公振揚風紀
毋或因循苟且恣肆乖繆

誥命　四

貽患地方自取罪戾爾其
愼之愼之故敕

敕命
洪武　年　月　日
之寶

旌節題稿

江蘇巡撫

題爲舉報貞節孝行以昭風化事切照貞節孝行例

應年底彙

題先經通行各府州屬詳加採訪去後茲據常州府

屬無錫縣呈報故民薛佑春妻徐氏二十二歲適

夫二十八歲夫故守節五十二年亡年八十歲等

情開具事實册結詳送由府司核明覆詳前來臣

覆核無異該臣看得禮稱從一守貞爲女子之經

詩咏靡它完節乃婦人之義茲嘉慶十七年分據

常州府屬呈報節婦薛徐氏一口矢志青年完貞

皓首身持苦節以嫠婦而作節資境處阨窮以弱

媳而兼子職心如金石操懍冰霜應請建坊

旌揚以維風化除將事實册結送部查核外臣謹會同

兩江總督臣百

江蘇學政臣文合詞具

題伏乞

皇上睿鑒勅部議覆施行

兩江總督部堂百

江蘇巡撫部院朱

江蘇提督學政文

蘇州布政使司慶

常州府正堂蔣

無錫縣正堂韓

無錫縣儒學教諭郭

嘉慶癸酉奉

旨採訪纂入邑誌庚辰從祀惠山貞節祠名上節孝坊

陳安人旌節詳稿

無錫縣爲矢志撫孤已符年例叩賜詳請

題

旌事道光十六年七月初七日准卑縣儒學牒稱道光十六年六月二十八日據薛研博稱竊身母陳氏年二十一歲適身父薛煦爲妻越六年父病歿時母年二十七歲守節至今計三十一載現年五十七歲伏念身母出自儒門生而貧困幼有至性長盡孝思代母劬勞謀饔飧於紡織侍親疾病奉湯藥於庭幃洎乎及笄遂賦夭桃六載齊眉一朝破鏡湘江斑竹出土即點淚痕蜀地啼鵑巢枝遽傷血化脫耳上之金環已拌殞命滴燈前之血淚誓欲捐軀祇以翁命難違强留餘息復念宗祧爲重立志撫孤煢煢弱質寂寂孤幃供甘旨於堂前媳還兼子訓義方於膝下嚴以濟慈況復井臼親操勤勞倍至風瀟雨晦之期時聞砧杵月冷燈明之候猶聽機聲翁姑扶杖兒女牽裾無冬無夏不晨不昏固已積卅載之淒其竭一身之勞瘁矣今者

撫孤成立既爲翁延一綫之宗祧又爲夫承百年之享祀功留蓬蓽難忘鞠育之恩節著閭閻久矢冰霜之操身愧無寸進莫報春暉念松栢之姿寒欲向

日華而乞煖憫堇荼之節苦思仰

湛露以求甘伏乞具文牒縣詳

憲請

題俾窮簷貞節不泯沒於

清時綽楔榮施樹坊表於閭里維持風化銜結死生矣等情又據本縣青城鄉八都三啚里鄰親族薛應泰等遞結前來據此隨傳詢明復諮訪無異儒學教諭徐炳看得節婦陳氏係已故儒童薛煦之妻幼習詩書長明義理六年佳耦悲比翼之分飛一念貞操誓此身於同穴勉承親命姑留待死之身力繼宗祧克樹承先之志採輿評而悉協稽實行而可徵用請

旌揚以維風化爲此備造該氏事實冊結加具印結循例牒送伏祈核看加結通詳等因到縣准此復再

訪查無異該署無錫縣知縣曾　核看得節婦陳
氏松栢同貞冰霜勵節幼嫻母教懔大義於彝倫
長適名門秉小心於慎淑于歸六載遽興破鏡之
悲矢志未亡直駕摩笄之烈痛所天之淪喪死賢
於生留弱質以承歡情止乎義奉翁姑以全婦道
撫幼子而續宗祧養生送死所恃者紡績之勤春
露秋霜無間者眞誠之格現年五十七歲苦節三
十一年允推巾幗之完人宜沐
旌揚之盛典今准儒學牒送册結前來理合加看加結

轉詳伏祈
憲臺電鑒核看加結轉詳
道光十六年七月二十三日禮一科承
正堂曾行

事實册

一節婦陳氏父邑庠生陳新母劉氏本婦生於乾
隆四十五年九月二十六日於嘉慶五年正月
初三日適同邑儒童薛璁爲妻時年二十一歲
至嘉慶十一年五月初五日夫故氏年二十七
歲至今道光十六年計守節三十一載現年五
十七歲
一節婦陳氏幼婉淑讀書識大體在閨時父因貧
乏遊學他鄉數年不返氏助母紡織以供薪水
之費母素有痰疾時發時止氏侍奉湯藥不離
左右里黨皆稱其賢孝
一節婦陳氏翁薛象書先娶諸氏生氏夫早卒繼
娶唐氏氏于歸後奉侍必先意承志翁止一子
既無妯娌中饋之事皆以一身任之操作之勤

三十年來常如一日今翁已年逾八秩姑亦年
過七旬氏問安視膳必身先兒媳使白叟黄童
怡然一室皆氏奉上率下之所致
一節婦陳氏敬夫子如敬嘉賓夫得疾焚香默禱
願以身代及易簀時誓不欲生翁姑知其志之
烈也常使人防閑之積數日防閑稍懈氏將金
環一枚呑之幸爲侍婢所窺奔報翁姑急以可
解之物逼令使食氏再三不可翁諭之曰子年
逾五十止有此子今不幸夭亡賴有兩孫以繼

宗祧汝果死㩜此襁褓物欲遺累舅姑耶且汝
果能撫孤成立勝於從死多矣氏不得已遂從
翁命銜悲飲泣決志守節
一節婦陳氏夫歿時止有兩子遺腹又生一女氏
保抱提攜教養兼盡今兩子俱成立女亦適人
諸孫蕃育氏所遭艱苦已極而卒能有成其志
之堅而功之偉如此
一節婦陳氏性勤儉一切井臼之事皆親操之至
於紡織常至深夜不輟十指所出悉以助甘旨
之需其勤而兼孝殆天性然也
一節婦陳氏持身端重自少至老足跡不出戶庭
嘗訓兩子曰釋道兩家世人每多崇信然究何
益於身且耗費資囊以投無益之地何如閭里
貧乏者畧爲賙恤耶聞者俱爲歎服
結狀
具結常州府無錫縣青城鄉八都三啚里鄰薛應
泰楊斌親族胡榮瞻薛璜等今於
與結狀爲矢志撫

孤已符年例叩賜詳請
題
旌事實結得節婦陳氏係已故儒童薛煦之妻生於乾
隆四十五年九月二十六日於嘉慶五年正月初
三日適夫氏年二十一歲至嘉慶十一年五月初
五日夫故氏年二十七歲至今道光十六年計守
節三十一載現年五十七歲允與
恩例相符應請
題
旌以厚風化中間不致誣捏具結是實
道光十六年　月　日具

汪孺人貞烈詳稿

無錫縣儒學　爲移請轉詳請

題

恩旌事今據前任直隸南河縣知縣邵涵初前任吳江縣訓導楊殿英翰林院庶吉士華晉芳內閣中書錢勛戶部主事王育芬署浙江海防同知鄒覲颺等爲表彰貞烈公籲牒詳請

旌以慰幽魂而維風化事竊本邑已故儒童薛炳文之聘妻汪氏生於道光十一年三月十八日許字之

後婚有日矣道光三十年九月初四日夫故聞訃絶粒以父母防範不得死抑鬱成疾咸豐二年二月十二日身故氏時年二十二歲伏念該氏堅貞天賦激烈性成待字深閨能先意承椿萱之志聯姻望族正屆期調琴瑟之音何圖二豎爲災遽赴修文地下深恨三生不幸未經待曉堂前痛碧海之難塡惟白華之比潔不隨夫逝隔冥路於堦鄉勉聽親言暫偷生於人世思蒿砧而何在脈脈神傷期泉壤以相逢盈盈兩泣迨雙親諒其志而死矣靡他半載參苓食不下咽兩棺桐梓穴竟長同洵女伴之恨人寶閨中之完璧治等見聞甚悉欽仰倍深公同環叩加看牒詳請

旌等情前來據此敝學看得該氏許字終身完貞畢世子職交修自昔眞誠愛日女儀獨表於今激烈可風金石比堅松筠勵勁苦貞似是

榮奬宜邀合行取具事實淸册鄰族甘結加具印結備文移送爲此合移

貴縣請煩加看加結轉詳幸勿有稽切切須移

縣詳

無錫縣　爲詳請

旌表事咸豐八年三月二十日准卑縣儒學教諭移稱前任直隸南河縣知縣邵涵初等聯名稟稱採訪得本邑已故儒童薛炳文之聘妻汪氏云云等情取具事實淸册鄰族切結由學加具印結備文移送過縣准此卑職伏查已故貞烈女汪氏係已故儒童薛炳文之聘妻許字後即於道光三十年九月初四日未婚夫故該氏抑鬱成疾至咸

豐二年二月十二日身故時年二十二歲委係冰
霜勵志鐵石銘心全歸全受終身深孺慕之思靡
慝靡他沒齒叶女貞之吉芳儀足式淑行可風用
沐
旌揚以彰潛德合將移到册結加具印結具文詳請仰
祈
憲臺電鑒主政會會題題電核查考實爲公便除詳
各憲外爲此具由詳申伏乞
照詳施行須至申者

一詳
撫
督 藩 府 憲
學
事實
一貞烈女汪氏係無錫縣揚名鄉二十六都一啚
人父國學生汪榮泉母鄒氏生於道光十一年
三月十八日許字本邑青城鄉八都三啚儒童
薛炳文爲妻婚有日矣道光三十年九月初四

日夫故聞訃絕粒以父母防範不得死抑鬱成
疾咸豐二年二月十二日身故時氏年二十二
歲
一貞烈女汪氏幼時以其父力攻舉業夜讀輒至
更深女惟侍坐父令之去起對曰未倦也蓋因
父有血疾時需湯藥直待讀竣而後已或詢之
則云母有弟妹在懷父又有病倘婢僕冷煖妄
進則恐滋疾聞者奇之
一貞烈女汪氏平素無疾言遽色聞訃後更哀慟

不言絕粒三日迫於父母命强而後食然終不
御鉛華不衣華服背父母飲泣病逾半年藥餌
從未下咽蓋以得死爲幸也臨終泣謂母曰女
今得爲薛氏鬼矣遂瞑訃至薛翁鹽提舉候補
通判薛寶書憫其賢以長房三房孫承嗣以其
柩與炳文合葬
一貞烈女汪氏以未婚而作未亡人可不死而甘
以死殉其守貞實知大義而激烈終至捐軀宗
族鄉黨咸傷之爰特摭臚事實呈叩轉詳請

旌以彰貞操

切結

具結常州府無錫縣青城鄉八都三啚里鄰職員

薛科生員楊治安親族廩生秦炳斗候選訓導薛

元熙等今於

與結狀爲表彰貞烈公籲牒詳請

旌以慰幽魂而維風化事實結得貞烈女汪氏係已故

儒童薛炳文之聘妻生於道光十一年三月十八

日於道光三十年九月初四日未婚夫故聞訃絶

粒以殳母防範不得死抑鬱成疾咸豐二年二月

十二日身故時年二十二歲允與

恩例相符應請

題

旌以厚風化中間不致扶捏具結是實

咸豐八年三月　　日具

范孺人貞孝詳稿

具呈舉人華錫光朱鎧章歲貢生龔人鏡廩生黃

金鑑華又祥增生嚴廷夔附生許渭熊竇維鑑等

呈爲貞孝兼全阨窮堪憫環叩牒詳請

旌以光

國典以勵人心事竊治等本邑已故庠生薛鳴和之

聘繼妻范氏生於道光十一年九月二十八日年

一十九歲許字薛鳴和爲繼室嗣於道光三十年

十一月十七日未婚夫故氏誓志奔喪毋不可舅

姑亦辭既而請益堅爰於咸豐元年十二月初八

日歸薛時年二十一歲至今同治八年八月十五

日卒年三十九歲治等伏念該氏系出儒宗幼嫻

姆教痛椿庭之早萎奉萱室以相依繐帳霜淒善

娛親志篝燈月冷伴佐女工洎乎及笄之候旋來

納幣之徵詎料河東訃至遽悼鸞飛劇憐堂北情

多乆藏鯉信凶聞一霎慘切九迴誓效栢舟之操

之死靡它願甘菱鏡之分畢生守寡毋兮莫挽翁

也難辭於是灑淚登車含悲入室奉二老以周旋

克兼子職撫孤雛而教養備極辛勤亡何紅羊劫
起青犢羣奔百劫歷飢寒堂上之調羹無缺三遷
經播蕩庭前之斷杼猶聞幸外患兮既息復家難
之頻遭舅歿姑衰侍疾則兼何不寐媳亡孫幼課
書則終歲忘勞況乃十指兼勤時聞蠶織抑且一
心崇儉疊結鶉衣遂令困頓半生奇節偏罹夭奇
疾竟爾坎坷一室幽貞倏化爲幽魂 治等見聞甚
悉景仰倍深爲此臚陳事蹟歷敘情繇伏乞
師臺大人加看移詳請

旌表庶窮簷貞操不泯沒於千秋綽楔榮施得表揚於
題
一邑維持風化感載死生矣上呈
計呈 事實切結

事實

一貞孝婦范氏金匱縣人父太學生范循鑣母薛
氏氏生於道光十一年九月二十八日年一十
九歲許字無錫縣青城鄉八都三啚庠生薛鳴
和爲繼妻婚有日矣道光三十年十一月十七
日未婚夫故氏誓志奔喪於咸豐元年十二月
初八日歸薛時年二十一歲至今同治八年八
月十五日卒氏年三十九歲

一貞孝婦范氏幼有至性三歲喪父事節母承顔
順旨務得其歡心女紅之餘復佐母經理家務
稽算出入氏歸薛後嘗迎母至家奉養勿怠後
痛母卒於亂離不得面訣時泣血哀思易簀時
猶以家貧未修薦饗爲憾其純孝如此

一貞孝婦范氏讀書知大義夫卒時母知氏性烈

祕不以聞閱數月家人泄之氏一慟幾絕即日
易素服請於母願奔喪守貞母不許氏固以請
母不得已告於薛薛翁姑亦辭既而知志不可
奪爰擇以咸豐元年十二月初八日迎氏歸薛
歸之日鄉先生各具衣冠相接見者靡不感歎

一貞孝婦范氏翁議敘縣佐薛鎮星先娶趙氏生
三子早卒繼娶蔣氏氏爲冢婦問安視膳兼子
職焉既而翁命析爨氏供膳比諸娣獨豐潔會
寇亂家日落恒自食饘粥佐以豆屑爲餅而寢

門滫瀡之奉未嘗缺乏姑蔣故後善疾氏竭力扶持親嘗湯藥衣不解帶者輒累月逮既平翁忽病劇氏焚香禱願減己算以益壽及歿喪葬盡禮奉姑愈謹貧病不少懈里黨皆稱其賢孝

一貞孝婦范氏夫歿時前妻孫氏子丙元甫九歲氏愛逾所生而教有義方雖倉皇避亂之時猶令從師受學嗣以疊遭家變氏子讀書幾棄業賴氏督責得不廢娶媳數年生一子而婦殞氏鞠養童孫親自課讀寒暑無間蕭條四壁中紡績聲與伊吾聲常相和今子已食餼孫亦業儒皆氏教養之力所致

一貞孝婦范氏性勤儉敝衣麤食以終身堂上旨甘滕下衣食嘗傭鍼黹鬻荆布以佐之篝燈紡緝率至漏下數十刻稍寢即起又復拮据以是磨耗其身寒冬作苦雖皸瘃十指不自恤氏素有癥疾日食不盈一盂而操作逾常人人咸歎爲不可及

一貞孝婦范氏持身端重足跡不出戶庭祭先孝

御下仁處妯娌和而忍遇親故惠而篤姑蔣氏知其賢壹政一切悉委任之氏獨任其勞始終不倦竟以憔悴困鬱積疾不瘳延成痕證疾亟自知不起與人訣曰吾不克終事姑死有餘憾爲語二娣幸無失老姑歡命子孫勤讀無廢業其仰事俯育之至性蓋終身如一日也

切結

具切結無錫縣青城鄉八都三啚里王永安鄰廩貢生楊治安親附生孫錫勳族試用訓導薛熊光等今於

與切結爲貞孝兼全阨窮堪憫詳請

旌表以闡幽光事實結得貞孝婦薛范氏係已故庠生薛鳴和之聘繼妻生於道光十一年九月二十八日年一十九歲許字薛鳴和爲繼室嗣於道光三十年十一月十七日未婚夫故氏誓志奔喪毋不可舅姑亦辭氏請益堅爰於咸豐元年十二月初八日歸薛時年二十一歲至今同治八年八月十五日卒年三十九歲允與

恩例相符應請
題
旌以維風化中閒不致扶揑合具切結是實
同治十年正月　日具
本學移文
江蘇常州府無錫縣儒學　爲移請轉詳請
題
恩旌以彰潛德事今據舉人華錫光等聯名禀稱治等
採訪得同邑貞孝婦薛范氏貞孝兼全阨窮堪憫

環叩牒詳請
旌以光
國典以勵人心云云等情前來據此敝學看得該氏
堅冰自矢太璞完貞合行取具事實清册鄰族甘
結加具印結備文移送爲此合移
貴縣請煩加看加結轉詳幸勿有稽切切須移
計移送册結八套
右　移
無錫縣正堂褚

同治十年三月二十五日移
本學印結
江蘇常州府無錫縣儒學張雲生今於
與印結爲貞
孝兼全阨窮堪憫詳請
旌表以闡幽光事實結得貞孝婦薛范氏係已故庠生
薛鳴和之聘繼妻生於道光十一年九月二十八
日年十九歲許字薛鳴和爲繼室嗣於道光三十
年十一月十七日未婚夫故氏誓志奔喪毋不可
舅姑亦辭氏請益堅爰於咸豐元年十二月初八
日歸薛時年二十一歲至今同治八年八月十五
日卒年三十九歲允與

恩例相符應請
題
旌以維風化中閒不致扶揑合具印結是實
本縣詳稿
署江蘇常州府無錫縣　爲詳請
旌表事同治十年三月二十五日准卑縣儒學教諭張

雲生移稱舉人華錫光等聯名稟稱採訪得同邑
已故貞孝婦薛范氏係本邑已故庠生薛鳴和之
聘繼妻云云等情取具事實清册鄰族切結由學
加具印結備文移送過縣准此卑職伏查已故貞
孝婦薛范氏生於道光十一年迨十九歲許字後
即於道光三十年未婚夫故該氏誓志奔喪於咸
豐元年過門守貞至同治八年八月十五日身故
時年三十九歲計守貞一十九年委係青年貞孝
之死靡它年例允符宜邀
旌褒合將移到册結加具印結具文詳請仰祈
憲臺電鑒主政會題 電核查考實爲公便除詳
各憲外爲此具由詳申伏乞
照詳施行須至申者
計詳送印册結各一套
右 申
太子太保武英殿大學士兩江總督部堂一等毅
勇侯曾
頭品頂戴兵部侍郎都察院右副都御史江蘇巡

薛氏宗譜 卷一 范孺人貞孝詳稿 八 倫敘堂

撫部院張
吏部右侍郎江蘇督學部院彭
江南蘇州等處承宣布政使司布政使恩
代理江蘇常州府正堂加三級紀錄五次田
同治十年四月二十一日禮房裴謹和承
同治十年五月初二日詳
本縣印結
署江蘇常州府無錫縣蔡敬熙今於
與印結爲詳請
旌表事實結得准卑縣儒學教諭張雲生結稱貞孝婦
薛范氏係已故庠生薛鳴和之聘繼妻生於道光
十一年九月二十八日年十九歲許字薛鳴和爲
繼室嗣於道光三十年十一月十七日未婚夫故
氏誓志奔喪毋不可舅姑亦辭氏請益堅爰於咸
豐元年十二月初八日歸薛時年二十一歲至今
同治八年八月十五日卒年三十九歲計守貞十
九年允與
恩例相符應請

薛氏宗譜 卷一 范孺人貞孝詳稿 九 倫敘堂

題
旌以維風化中閒不致扶捏合具印結等因 卑職 後查
無異理合加具印結是實
督憲曾批　仰候　撫部院會核彙　題仍候
學院批示繳冊結存
同治十年五月十三日批
撫憲張批　仰候察核彙辦仍候　爵閣督部堂
學院批示繳冊結存送
同治十年五月十八日批

學憲彭批　仰候　撫部院會　題仍候　督部
堂批示繳冊結存
同治十年五月初十日批
藩憲恩批　據詳已悉仰常州府飭候　各院憲
會核辦理繳冊結存
同治十年五月二十日批
府憲田批　據送冊結存查仰候　撫憲會核具
題並候　各憲批示繳
同治十年五月十八日批

薛氏祠規

家廟之設所以妥侑　先靈也禁例不可不嚴吾祠創於前明隆慶年間基址甚隘迄我
朝乾隆壬申重建三楹一街前後兩進中設牆門一座鄂韡公友住公協同從姪禹功公贊玉公等董治其事俾得規模式煥氣象巍峩迨至丁酉歲殿鵠公率同合族議捐公項啟建寢室三間更設二牆門一座經年告竣迄今廟貌閎深樹木陰翳　先人顯爽恍乎臨在上而質在旁凡我後人自宜世守勿替所有禁例詳列於

後

一禁神主躐等世有先後分有尊卑自始祖而下挨定世次無許紊亂僭越倘有幼輩神主入祠不得正位只宜旁列恪守彝倫

一禁神主違式送主入祠須俟夫婦偕老另立神位方可入祠不得夫婦各一神主亦不得以靠前木主送入祠內

一禁借寓祠屋祠屋雖祖宗所遺實係族中公所不得暫寓棲身倘有不遵合族攻之不服者送　官究處

一禁祭祠喧嘩祭後飲福倘因酒過喧譁於祠祖宗在
上大爲不敬犯者責誡
一禁借用祭器祠中檯椅什物此係公項置辦以供祭
祀倘有私借損壞者公議賠罰
一禁作踐宗祠祠内務宜潔淨擅敢堆置物件殊屬可
惱甚至作佛會香會雜沓喧譁大爲不敬自後概行
禁止
一禁敗壞風俗士農工商各有本業要歸立身行事况
宗祠肅靜靈爽憑依更宜誠敬倘有不肖子孫句引
外人入祠賭錢聚飲察出公同議處

一禁混遣祠僕管祠之僕止司打掃看守若以爲公家
之人族内皆得驅使未免疲於奔走自後祠僕族議
公捐每年麥壹石米兩石七折錢三兩俾得日給費
用倘懶惰祠事宜當責治此外概不得混行差遣

薛氏祖訓

爲人之道第一以孝爲本孝行有虧竟不知身從何出
如花已無根縱富貴榮華自當立敗而孝親之要又在
善體親心無論窮通必思親之願望何在黽勉行之禮
曰父子一體也必如此方不失一體之誼
子弟賢愚不一父兄之教不可不講姑息之愛貽誤實
大往往人家父兄見子弟强梁譎詐不加戒責反誇喜
之迨習與性成悔之無及教子者讀書爲上耕田次之
工賈又次之然皆宜以修行爲主讀書須將聖賢言語

實體諸身耕田工賈則當非力不食非義不取自然見
重於人
兄弟比之手足不得以田地財物致乖同氣又不得以
妯娌不和聽婦言而生嫌隙當思財産易得女流見短
以此起釁獲戾良多無論同胞即五服兄弟遠族疏宗
俱屬連枝爲他人侮必發憤力救詩云脊令在原兄弟
急難旨哉斯言
夫倡婦隨禮有明訓琴瑟固宜和好内外必須嚴肅囂
陵詬誶啟禍之源狎昵宴安敗家之漸夫夫者乾象也

以健爲貴婦者坤德也以順爲正明此理者家室方可長久道以造端所當深慎

朋友爲五倫之一擇交不可不審交正人則品行自端雖在家庭亦知禮法若交不正之人非特越禮犯上之端由茲而起卽一切姦淫邪慝之事亦漸染而不自知故曰與善人居如入芝蘭之室久而不聞其香與不善人居如入鮑魚之肆久而不聞其臭今見人家子弟習於淫蕩不務正業幾至失足下流父兄爲之含羞妻子爲之被害俱係取友不端故也訓子弟者宜以愼交爲兢兢云

薛氏家訓

一曰讓夫一族之中尊卑長幼分誼昭然貴賤貧富非所論也倘以小加大少陵長於一身爲犯上於家道爲不祥故卽尋常相見亦宜長幼有序尊卑有次庶足以敦親遜之風杜陵競之漸推之至於待人接物尤當永守勿失云

一曰厚夫物之能受者必有其量物之能載者必有其基是故經云厚德諺云忠厚立心持躬莫此爲要誠能出一言惟恐其發人之隱萌一念惟恐其有傷於物尋常之陵犯惟示優容親故之艱危務存矜恤身體力行自然習慣成性苟其刻薄居心澆漓成習君子所不齒世人所共訾焉伏波曰吾甯死不願子孫有此不肖之行也

一曰勤夫人有常業而後精神聚家有專務而後財貨生是故爲士者須殫精於詩書爲農者必竭力於田畝業雖不一要貴有恆諺云苦心之人皇天不負故上之可以身取富貴光顯宗祖次之亦可以丕振家聲貽謀孫子若遊手耽閒曠廢時日青春忽邁白髮

空嗟夫以有用之光陰置之無用則是空生於天地何如無生

一曰儉余常觀奢侈之子非但德業不修亦且家產易蕩是故古人以儉之一字列於三寶之中良有以也夫天地之生財自有其數而一家之用度宜定其經若喜豪華之舉至於用若泥沙勢必取非義之財不惜身爲狙儈由是而寡廉鮮恥隱忍卑汙皆不肯儉之一念致之也余謂與其多取以爲與何如量入以爲出是故欲裕富厚之計莫若用之者舒則遊固陋之譏亦當用之以禮

祠堂記

吾薛氏出於黃帝於夏曰奚仲於商曰仲虺於周爲文王外家封於薛漢及唐宋代有名人宣和閒名勳者爲文猷閣待制由河東徙居汴梁子暐爲翰林承旨隨宋南渡徙居江陰數傳至復當前明洪武時爲廣西僉事子名琚號治亭爲鎮撫將軍由江陰徙居禮社隆慶閒創爲祠宇祀治亭公而子孫以次祔祀於下我

朝乾隆壬申歲重建丁酉歲更增造焉前爲門中三楹爲子孫習禮之地後三楹爲祖宗棲靈之所嘉慶癸亥歲纂修宗譜羣子弟以祠宇之未有記也請於予予曰廟者貌也所以傳祖宗之貌也易於渙曰王假有廟於萃亦曰王假有廟言祖考之精神不能不渙子孫當聚巳之精神以萃之於廟也我薛氏自治亭公始遷以來凡十數世子孫二百餘家服先食舊祖德未湮若能以祖宗之心爲心慎終追遠不愆於禮春秋享右對越無愧則祖考之精神不長聚而不渙也哉祠之建於隆慶閒者創始經營蓋不可紀重建於乾隆壬申年者爲鄂韡公友佳公禹功公贊玉公增造於丁酉歲者爲殿鵠

公吾薛氏自前明以來人人有尊祖敬宗之心後之人
從而修之可以永傳於勿替也是爲記
嘉慶八年歲在癸亥七月既望
十四世裔孫泰謹撰

神龕記

祠宇以妥先靈祀田以供祭享二者居奉先之大端餘則非所重焉然則神龕之作也烏乎書顧吾族宗祠自前明創建以來非特祀無專田而神龕且未整也歲丁亥始勉余力撤其舊而新之閱三月始就而祀田亦由是以成嗚呼吾族之爲此議者屢矣而數百年之闕典卒成於一旦者亦以爲凡爲公事者必力足以有爲而又相忘乎彼我爲始克有濟也不見夫衆子之養其親乎燕寢服御脂膏滫瀡之供其分均也設有力不能給

者不得不以父母責之能養之子而所謂燕寢服御脂膏滫瀡直任之而無可諉焉彼無力者豈不思孝其親哉勢有不能不可強也吾於神龕亦猶行子之道耳祀田亦因是以成者亦即事親之力能自致耳故特書之以示後之人然則凡有志於宗廟者引而近之如家庭爲禮也

道光九年歲在已丑八月
十四世裔孫芬謹識

祠祭儀節

序立 班揖 盥手 就位

參神 詣香案前 跪 一上香 亞上香 三上香

叩首 酹酒 叩首 興 復位 跪 叩首 叩

首 叩首 興

初獻禮 詣香案前 跪 獻酒 叩首 興 復位

跪 止樂 讀祝 叩首 叩首 叩首 興

亞獻禮 詣香案前 跪 獻酒 叩首 興 復位

跪 叩首 叩首 叩首 興

三獻禮 詣香案前 跪 獻酒 叩首 興 復位

跪 叩首 叩首 叩首 興

合族子孫排班行禮

終獻禮 詣香案前 跪 進羹 叩首 進飯 叩

首 進茶 叩首 侑酒 叩首 興 復位

辭神 跪 叩首 叩首 叩首 興 司祝捧祝

司爵捧爵 司帛捧帛 望燎 揖 禮畢 揖

祝文式

維

同治 年歲次 月 朔越 日

裔孫 等敢昭告於

始祖考妣暨

歷世祖考妣神位前曰歲序流易時惟季春仲冬感念

先靈不勝怵惕悽愴謹以清酌庶羞嘉薦普淖川薦歲

事尚

饗

祠墓基糧數

宗祠老基崑字六百九十二號平五分五釐七毫

宗祠新基崑字六百九十三四號平二釐十五世和捐

崑字六百九十三四號平一釐十六世景岳 淵捐

崑字二千三百三十八號平六釐公塋張正坤基

洽亭公墓崑字二千一百六十六號平一畝一分四釐

六毫現辦糧八分六釐六毫餘糧二分八釐因十六世師錫暨子景星葬於塋下之東南本戸完納

允恭公墓崑字二千一百七十六號平八畝九分二釐

二毫現辦糧四畝四分八釐三毫餘糧四畝四分三釐九毫眾戸完納

太茂公墓崑字二千一百七十六號約今糧一分四釐

零今併祖塋墳糧辦納

鳴廷公墓鹹字六百三十八號平八分二釐五毫

宗祠續置新基昆字六百九十一號平七釐一毫

祀田記

祀田之設所以妥先靈嚴祭典體恤宗族使貧富皆得伸其報本追遠之私也三代以後圭田之制既廢有志復古者莫不以建置祀田爲首務歲入有常數祭品有定制無失禮無愆時雖子孫有貧富不齊而春秋之享祀不忒胥於是乎在吾族宗祠創於前明迄今二百餘年祀田未備丁亥之夏履堂弟既整飾神龕因謀於余曰是亦不可以緩圖遂集衆祠中倡議捐置衆咸踴躍樂從計得常稔田三十七畝有奇以供歲時祭享餘則爲塗塈祠宇之費事既具將以所捐田數申縣詳憲并勒石祠壁以垂永久以予之長於族也相率以記請余維木本水源之説夫人知之木之枝不能無枯水之流不能無竭爲子孫者孰不欲伸其報本追遠之私顧或缺於財力以至失禮愆時遺恫宗祖同爲子孫能自安乎今人爭良田積美産將以貽子孫也不知子孫之賢不可必卽賢矣亦不過謹守先業不使失墜身都温飽而漠視其宗祖其賢於不賢者有幾又況轉眼浮雲蕩爲烏有者哉故知子孫之難恃貧富之無常而宗

族之爲一體也必爲之建不拔之基創大公之法培其本而枝自茂濬其源而流自長此履堂諸人之所見爲大異於爭田積産瑣瑣爲子孫計者也余以衰老之年得見先人有志未成之事竊喜族衆之咸知慕義可以卜世澤之未艾也於是乎書

十四世裔孫道泰謹撰

祀田條規

一祀田之置所以維持宗廟也凡我宗人俱宜以祖宗之心爲心公同經理世世相承須如約者

一擇老成殷實者輪年掌管設總帳兩薄一存族長處一存掌管處年内一切錢貨出入用度算明俟交帳時兩帳過訖以便日後查對

一兩季額租例歸掌管者收納除應完税糧外所存米麥幾何見錢幾何核實登薄倘有佃戸拖欠合同追討水旱歉收租照大例

一祠内牆垣棟宇窗槅門戸等遇有損壞禀明族長隨時修理置買器用另帳登録更代時交點

一每年所入除一切用度外所存錢貨隨時生息如有盈餘或增置田畝或供水龍費用務宜公同酌議經管者不得自擅

一管掌者侵漁虧損賠償議罰儻有不肖子孫圖吞盜賣送　官究治

捐田字號今糧租數
道泰捐崑字田租二畝
五十一號平三分八釐八毫
土名黄中田額租四斗
一千一百六十三號平九分
坐落李司岸額租一石
二千四百二十三號低六分
土名張扇田額租六斗
交泰捐崑字田租四畝

七百二十四號平一畝
坐落曹船圩額租一石
九百十四五號平八分二釐四毫
坐落基後額租九斗五升
一千四百三十三號平八分三釐八毫
坐落陳家岸額租八斗
一千六百十六號平四分一毫
土名下五畝額租四斗五升
一千六百三十一號平四分

坐落西岸裏額租四斗
一千七百零一號平三分七釐
坐落張漕埄額租四斗
晉 捐崑字田租五畝四分
七百零八號平一畝二分一釐二毫
坐落南尖頭額租一石二斗
八百零五六號一畝七分四釐九毫
坐落糧章岸額租一石八斗
九百九十號低二畝三分九釐二毫

坐落青石岸額租二石四斗
雲從捐崑字田租四畝
七百六十二號平四分七釐
坐落黄泥岸北七十額租五斗
七百七十二號平二畝二分
坐落黄泥岸額租二石
七百九十八號平一畝二分七釐
坐落黄泥岸額租一石五斗
芬 捐崑字田租三畝

七百四十七號平八分五釐一毫
坐落三十畝岸額租八斗五升
七百五十三號平三分五釐七毫
土名七畝裏額租四斗
一千五百八十五號低六分一釐九毫
土名石家田額租五斗
一千六百二十號平一畝二分五釐
土名留團田額租一石二斗五升
奉占支捐崑字田租五分
七百七十三號平四分三釐八毫
坐落黄泥岸額租五斗
支捐崑字田租一畝三分
泰
七百六十六號平一畝三分八釐八毫
土名强家田額租一石三斗
錦雲支捐崑字田租一畝五分
三十三號平五分三釐
坐落劉家岸額租五斗
三十八號平一畝一釐二毫

坐落劉家岸額租一石
升 支捐崑字田租三畝
七百二十二號平二畝
坐落曹船圩額租二石
七百四十五號平八分五毫
坐落曹船圩額租一石
雲倬支捐崑字田租一畝五分
七百六十五號平一畝三分八釐九毫
坐落黄泥岸額租一石五斗
翊泰支捐崑字田租四畝
四十號平一畝五分六釐九毫
坐落劉家岸額租一石五斗
七百十二號平八分二釐
坐落曹船圩額租一石
七百六十四號平二分二釐
坐落黄泥岸額租二斗五升
七百七十三號平二分二釐
坐落黄泥岸額租二斗五升

一千九百八十一二三號平七分二釐五毫
坐落黃泥岸額租一石
雲鴻支捐崑字田租二畝
七百四十九號平八分一釐五毫
坐落曹船圩土名三十畝岸額租一石
七百五十五號平八分五釐
坐落曹船圩土名東七畝額租一石
雲燦支捐崑字田租一畝五分
七百五十九六十號平五分四釐

坐落黃泥岸額租九斗
七百六十二號平五分
坐落黃泥岸額租五斗
七百七十四號平五分
坐落黃泥岸額租五斗
逢泰支捐崑字田租一畝五釐 內同贖一千一百六十七號平五分五釐額租五斗
九百六十五號平一分四釐
坐落基西河田額租一斗五升
二千一百五十四號平二分六釐

坐落石橋頭高區額租三斗
溥支捐崑字田租三畝
八百零七號平二畝一分六毫
坐落粡章岸額租二石二斗五升
八百十二號平六分六釐九毫
坐落糧章岸額租七斗五升
共捐崑字號田租三十七畝七分五釐 內同贖六分

續捐田字號今糧租數

敬義捐出崗京字田租捌畝 候補府經歷章榮照之妻節婦華氏捐

出字一千三百九十三號低八分三釐九毫

坐落周家圩額租八分五釐

一千四百六號低七分六釐五毫

坐落周家圩額租七分五釐

一千四百九十八號低二畝二分

坐落裡圩團堰額租二畝二分

一千八百六十八號低一畝八分

坐落唐家圩額租一畝七分五釐

一千八百七十七號低三分七釐

坐落唐家圩額租四分

崗字一千三百七十一號低一畝一分五釐

坐落顧家田額租一畝一分五釐

京字一千七百三十五號低八分九釐一毫

坐落官田額租九分

共捐出崗京字號田租捌畝

增置祀田字號今糧租數

崑字二十五號平一畝三分

坐落劉家岸額租一石三斗

六百八十七號平一畝一分八釐二毫

坐落曹湖尖土名張母田額租一石二斗

一千三百八十一二號平一畝三分八釐八毫

坐落陳家岸額租一石五斗

共增置崑字號田租四畝

續置祀田今糧租數

崑字八百十七號平四分八釐七毫

坐落張婆田額租五分

一千二百六號平六分七釐九毫

坐落南大岸下四畝額租八分

一千二百九十二號低八分

坐落中家圩二墐里額租八分

崗字一千二百六十三四號低六分八釐

坐落八畝内額租八分

鹹字八百二十三號平九分

坐落港口額租九分

麗字三百三十二號平一畝三分八釐六毫

坐落小堰内省岸額租一畝五分

共續置崑崗鹹麗字號田租五畝三分

始遷祖鎮撫將軍墓圖

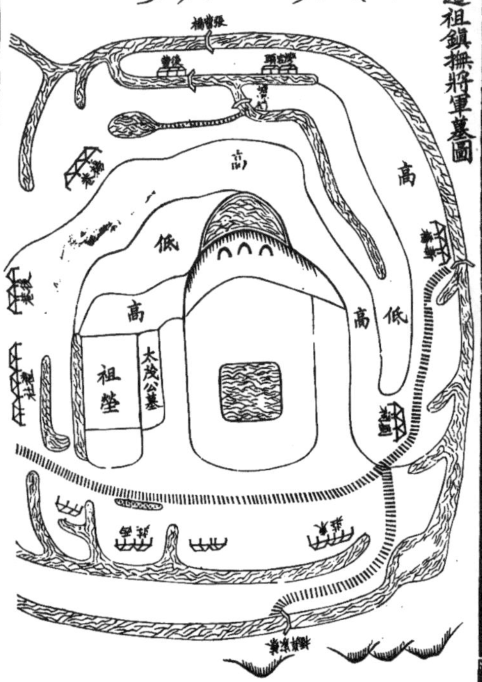

右圖地在東劉莊之北世皆稱爲鎮撫墳其龍自新橋過河而來經塘德港横界卽轉艮龍因劉莊東浜鈎住復轉巽龍過背後三角潭一兜遂結墩氣成壬丙正局餘氣向西而行卽結劉莊祖塋係崑字二千一百六十六號原平一畝一分四釐六毫今宗祠完糧八分六釐六毫師錫戸完糧二分八釐

主穴　始遷祖鎮撫將軍治亭公暨配王宜人

昭穴　第二世天錫公暨配強孺人

穆穴　第三世養氣公暨配徐孺人

此墓東首尚有三冢一係第十五世象賢公暨配唐氏之冢其二闇係其近房之姪所葬俟考

劉莊祖塋圖

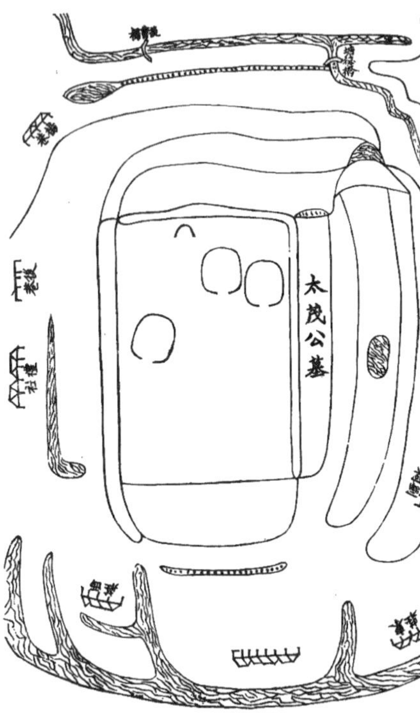

右圖地在西劉莊之北亦合族之祖塋也龍即由鎮撫墳而來故鎮撫塋圖其達山達水均見環繞其近者西南兩面均有水溝遶抱係崑字二千一百七十六號原平八畝九分二釐二毫（今宗祠完糧四畝四分八釐三毫　泉戶共完糧四畝四分二釐九毫）

主穴　第四世允恭公暨配張孺人當在北首高埄前

此墓地勢闊大中閑累土爲墳圍者三中爲第五世東房一匡公支派東爲中房一誠公支派西爲西房一鳴之支派每一墳圍之中僅七八冢想第十世以後均葬於墳圍之外迄今青冢纍纍難於辨識矣

太茂公鳴廷公墓圖

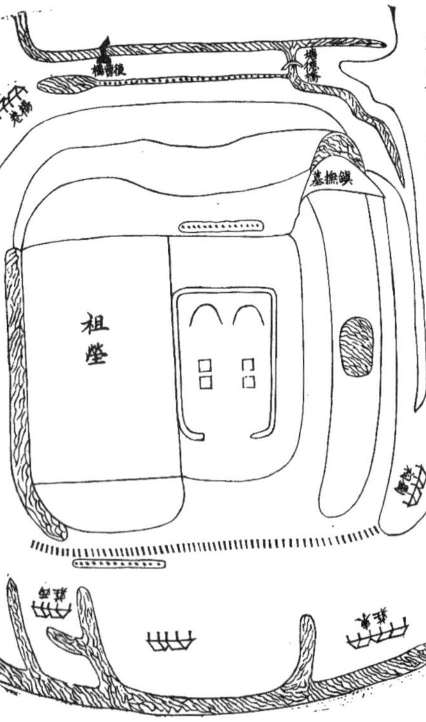

右圖地即在劉莊祖塋東首來龍與祖塋同靠西主穴尙係崑字二千一百七十六號約今糧一分四釐零今已併祖塋墳糧完納靠東昭穴係鹹字六百三十八號平八分二釐五毫

主穴　第十世太茂公暨配居孺人李孺人

昭穴　第十一世鳴廷公暨配劉孺人

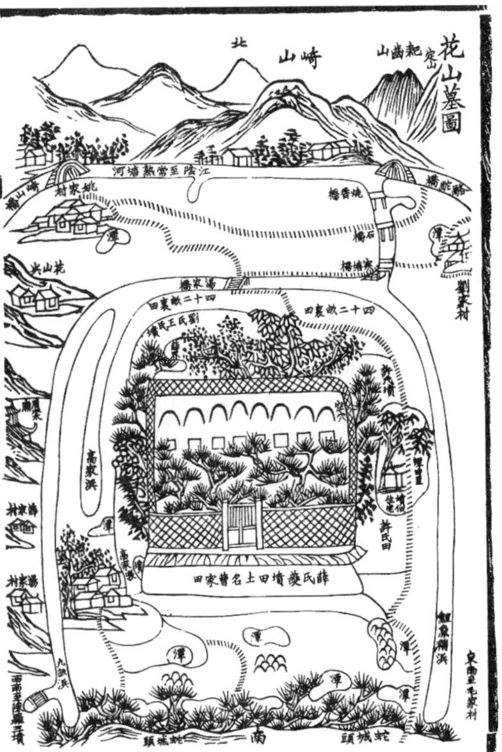

主穴 十二世環應公暨配鄭孺人墓 壬山丙向

昭一 十三世東行公暨繼配李安人副黄孺人墓 壬山丙向兼丁亥丁巳分金

昭二 十三世殿鶴公暨配吳孺人墓 壬山丙向

昭三 十四世研軒公墓 壬山丙向兼子午分金

昭四 十四世稼窗公暨配劉宜人墓 壬山丙向兼亥巳分金

穆一 十四世秋崖公暨配黄安人墓 壬山丙向

穆二 十四世履堂公暨配張孺人墓 子山午向兼壬丙分金 張孺人丁亥丁巳分金

穆三 十四世翰聞公暨配劉孺人墓 壬山丙向兼丁亥丁巳分金

右圖地在江陰花山之東高家墩，其龍從蛇城頭轉巽而來，北首得大河遶抱，因結成迴龍顧祖之穴。而前明堂寬廣，兼有無數溝池淵涵停蓄，羅布有情，坐落花山鎮二保田號，今糧細數開後：

言字一百三十一號平一畝一分 墳西湯家村田

言字九百九十三號平一畝六分八釐 西長田

言字一千六十五號平三畝二分三毫 三畝二分墳

言字一千七十八號平二畝五分二釐八毫 金昌塘厚水

言字一千九十四號平二畝九分五釐六毫

言字一千一百五十三號平八分二釐 墳佃屋基連場

言字一千一百五十四號平四畝六分六釐四毫 墳前川連東隔

言字一千一百六十九號平五分六釐 墳基

言字一千一百七十號平三畝六分一毫 墳基

言字一千一百七十八號平三畝五分六釐九毫 十八畝裏

言字一千七十八號埄一分四釐一毫六絲七忽

薛氏宗譜 卷一 車家蕩墓圖 一 倫敘堂

兆域圖

附 十四世謹成公側室郤孺人
昭七 十四世以成公暨配魏孺人
昭六 十四世可成公暨配梁孺人
昭五 十四世方成公暨配潘安人
昭四 十四世謹三公暨配諸宜人
昭三 十四世謹莽公暨配郭孺人
昭二 十四世謹成公暨配諸孺人
昭一 十三世孟服公暨配馮宜人
主穴 十二世友隹公暨配端孺人
穆一 十三世孔傳公暨配張安人
穆二 十四世襄成公暨配馮孺人
穆三 十四世信成公暨配楊孺人
穆四 十四世謹三公繼配梅宜人
附 十三世孔傳公側室夏孺人

右圖地在車家蕩之南龍由馮巷而來左水彎環遶抱右砂曲折兜收中開明堂潴蓄停聚衆水會歸田號今糧細數開後

劒字六百二十五號平六分九釐一毫 靠河秧山
孟服公支完糧二分八釐六毫
孔傳公支完糧四分零五毫

劒字七百二十二號平一畝二分二釐二毫 靠東新封及離外基
地墳後田
孟服公支完糧三分零五毫
孔傳公支完糧九分一釐七毫

劒字七百二十三四號平三畝六分六釐 主穴連墳後田

薛氏宗譜 卷一 車家蕩墓圖 二 倫敘堂

孟服公支完糧一畝八分三釐
孔傳公支完糧一畝八分三釐

劒字七百二十五號平六分四釐七毫 靠西新封基
孟服公支完糧三分二釐三毫
孔傳公支完糧三分二釐四毫

劒字七百二十六號平二分七釐七毫 墳西田
孟服公支完糧一分三釐八毫
孔傳公支完糧一分三釐八毫

劒字七百二十七號平一畝五分二釐七毫 墳西田
孟服公支完糧七分六釐三毫
孔傳公支完糧七分六釐四毫

共計平糧八畝零二釐四毫

薛氏宗譜　卷一　愚泉公墓圖　一　倫敘堂

右圖在舜柯山土名施家灣上址朱界下址丁界北址素其公繼杜孺人磚牆為止
南址黃湫澗為止係壹字號上節山糧壹畝玖分正
主穴　十四世
清道光乙未　恩科　欽賜乙榜　清授文林郎就職州判愚泉公道光壬寅安葬
辛山乙向兼酉卯三分丁酉丁卯分金
昭穴　十六世
附貢生　清授修職郎候選訓導　勅封文林郎候選按察使司經歷道光己亥
恩科薦卷硯博公諸孺人合兆辛山乙向兼酉卯三分丁酉丁卯分金
昭次　十六世
清授修職郎議敘八品銜　勅封儒林郎候選州同知素其公繼配杜氏　清封孺
人　勅贈安人安葬施家灣祖塋北首牆外另穴辛山乙向兼酉卯分金另有磚牆

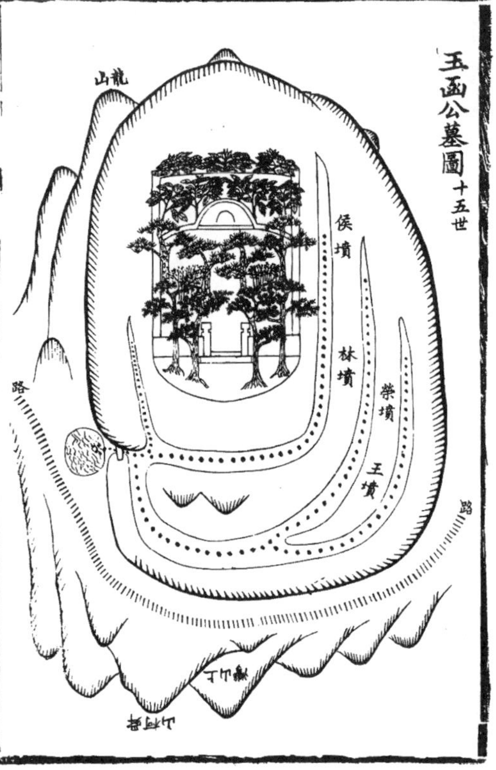

薛氏宗譜　卷一　玉函公墓圖　一　倫敘堂

右圖地在龍山西面之嶂喇灣又名東山灣龍山形勢
至此將折而向南其岡巒轉望北遶抱故又名橫抱山
龍從艮字出脈立庚向左首護砂起墩作案兼有對面
舜柯山起頂作朝明堂水亦停蓄係歸字下節山糧三
畝
主穴　十五世
例授修職郎議敘縣佐
貤贈奉直大夫內部員外郎
賞戴藍翎玉函公甲山庚向兼卯酉三分

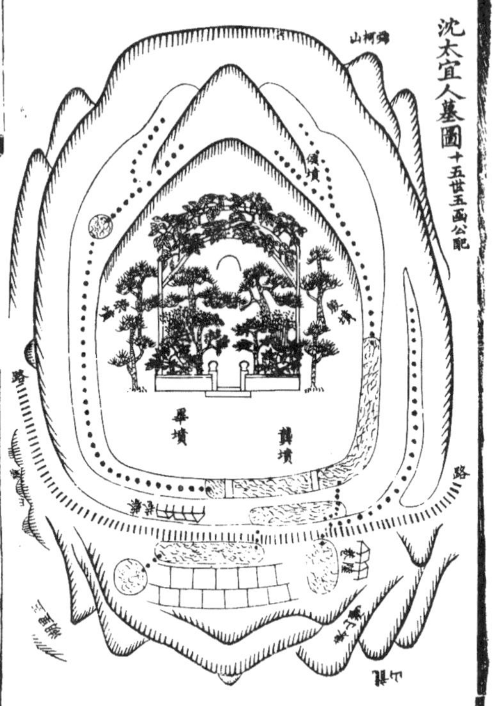

右圖地在舜柯山東面五龍埄之南上山灣土名嚴家墳頭龍自閭江而來蜿蜒數十里至此忽開大帳一脈中抽突起高墩伏而又起一墩漸次平坦就此立穴面前溝池重疊遶抱案山如朝冠起頂不復有一山形如新月係歸字下節山糧五畝三分

主穴　十五世玉函公配

例封孺人

貤贈宜人沈宜人戌山辰向兼辛乙三分

右圖地在舜柯山西興道山土名道士灣上址費界下址吳界計七丈西址唐界祝界東址吳界計闊二丈九尺係章字一百零五號山糧合丈四分正

主穴　十五世

試廷太學生仲韓公張孺人　清咸豐戊午合兆丁山癸向兼午子分金

昭穴　十六世

清授登仕郎議敘縣佐映江公孫氏　清封孺人　誥旌節烈奉　旨給帑專坊入祀節孝祠合兆丁山癸向兼午子分金

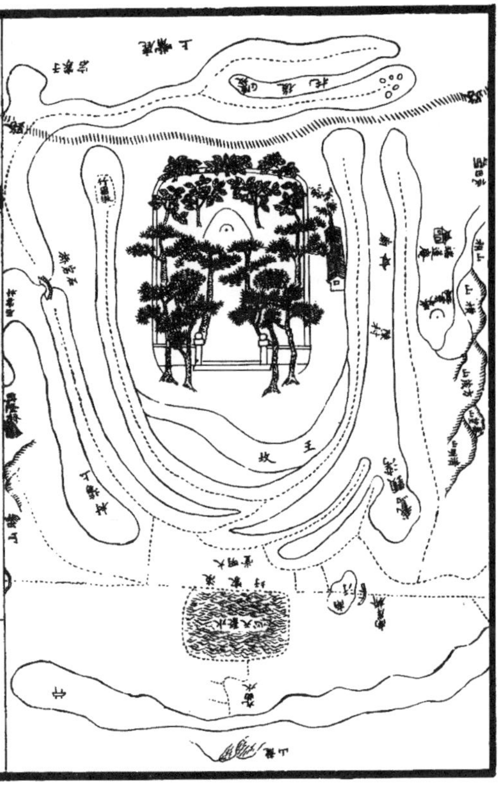

細閱錫山青城市禮社鎮立本堂薛敬記新得武邑政城鄉戚墅堰北陳村吳氏基爲佳城脈自橫山大林寺西側山稍落下一路三白行龍護沙隨帶節節轉換層層包裹蓋過穴心羅城盡美筆難描寫至貼身蟬翼沙左右各有三枝左沙包過右沙插出逆水大有千斤力量且來源畢露去水不見若非天然結搆焉有如此關鎖明堂之大能容萬馬堂內更得水聚天星照穴九曲水朝堂人字案蓋面龍峰作官星形成天馬橫山爲左旗暘山爲右鼓向立乾巽兼亥巳四體無

不合法合之龍運山向中元最旺餘運平順將來若扦昭穆穴須迎準官星不可稍偏一偏即受案之制且地點不能過南愈南則龍氣愈弱今遵薛敬記主人命按形繪圖照局說明日後如開山立向勿以鄙見爲河漢乃幸

民國十三年甲子夏歷仲春中澣

澄江棟雲曹氏繪述

右圖在武邑政城鄉二十四都六圖土名吳蔡基帝字號

共計京粮六畝二分二厘六毫二絲四忽四微二末

以和公墓全圖

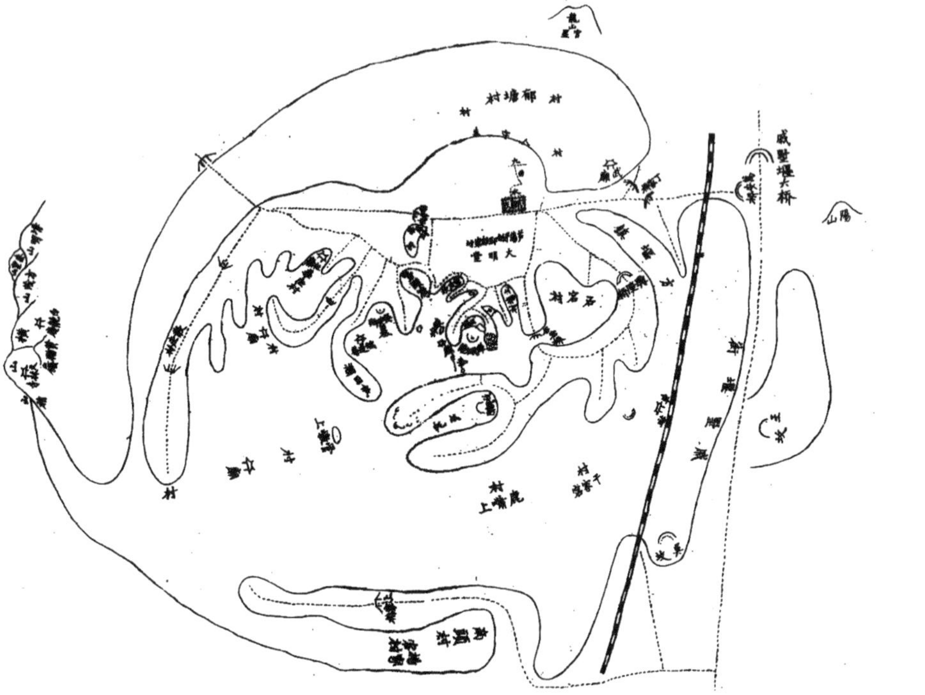

癸亥纂修宗譜名諱

家之有譜所以參同別異溯源本匯支流尊祖敬宗明倫收族俾孝弟之道忠厚之風油然興也吾氏宗譜年久未修不無散失茲各出丁錢增修重刋凡經理諸人俱踴躍樂從共襄譜事茲居告成因將名字編於卷首庶後之從事譜牒者愈宜奮勉奏功益易矣

主修　第十四世　泰　謹成

編纂　第十四世　升　謹萁

道泰　維僑

翊泰　珩瑲

經理　第十四世　雲倬　信成

寶昌　金南

溥　移北

校正　第十五世　鎬　詒亭

應泰　東巖

謄寫　第十四世　行　兆麟

第十五世　錦　康尊

協修　第十四世　怡如　奉占
鳳翼　勝榮
尊祿　奉亭
順方　兆熊
第十五世　馨遠　象賢
漢揆　九逵
大申　康富
華封　寧蓮
第十六世　師錫　介福

己丑續修宗譜名諱
總修　第十四世　道泰　維僑
交泰　象書
晉　謹三
雲從　以成
芬　履堂
總理　第十五世　應泰　東巖
履端　正始
敬修　道芳

宗璜　日瑞
敘稿　第十五世　璜　渭綸
瑢　佩紳
和　品五
第十六世　薰　炳蟾
校對　第十六世　溶　春塘
孚義　素其
敘本房稿　第十六世　師益　玉蓮
均　秉彝

辛未續修宗譜名字

主修 第十五世 應嵩 豫驕

協修 第十六世 熊光 渭占

元熙 芸楣

希范 春泉

校正 第十七世 學培 伯時

彬 伯華

謙培 仲吉

第十八世 丙元 覲方

敘稿 第十七世 絜平 華徵

光祖 覺先

敘世系 第十六世 鍾秀 作梅

第十七世 永平 東籬

經理 第十七世 峻倫 贊韶

同理 第十六世 景華 曉山

道熙 希周

尚賢 蓮馥

鏡堂 玉亭

同理 第十五世 大申 寧興

啟元 承祖

榮成 嵩山

榮文 大謹

勇興 順曾

世欽

第十六世 有恒 壽昌

旭初 佩蘭

豫疇

丁卯續修宗譜名字

總修　十七世　省銓　叔衡

協修　　　　　文洪

評議　十七世　文洪

　　　　　　　省銓　叔衡

　　　　　　　肇榮　伯顯

　　　　　　　克明　勤學

　　　　　　　漢釣

　　　　　　　秀堂

十八世　國華　卓如

　　　　葆沅　望暹

　　　　復光　道敷

　　　　詠秋　和之

　　　　家鳳　伯謙

　　　　琑銓　仲芹

　　　　磻法

　　　　金軒

　　　　紀祥

裛　永玆

彥　翰卿

煥文　子郁

佩蓍　玉水

第十七世　映玉　凝蓮

銑　澤之

銘德

坤　厚卿

紹科　申甫

彬文　雲軒

第十八世　鳳墀　翔雲

以善
紹和
汝桂
瞻淇
旭初
敘興
十九世 蕙泉
和尊
二十世 福根

丞清
編纂 十八世 國華 卓如
十七世 漢鈞
克鈞 幼學
十八世 玠銓 仲芳
甫榮
家駿 季賢
勵艮 敬堂
建寅

光照 星鑅
十九世 景瑄 子瑜
宗堯 企唐
顯臣 傳霖
禎祥 蔭清
二十世 祥和
寶榮 志華
敘稿 十七世 漢燦 莘章
十八世 秉彝 寶榮

二十世 汝珍 紫珊
二十一世 興寶
敘系 十八世 汝濟 作舟
十九世 麟 德耀
校正 十八世 乃鎏 冬文
十九世 淦 范之
顯祖 浚濤
模陶 鴻昌
書記 十八世 新業 汝舟

光曜　星燦
十九世　淳　渭之
二十世　鳳元　逢源
會計　十九世　金泰　雲文
克勤　纂禹
桂生　震吉
庶務　十九世　緇琦　桂泉
廣淵　浚泉
二十世　秋海　潮金

總理　十七世　顯榮　星甫
同理　十八世　壽松　維定
葆鍠　蕙艮
光錡　仲華
總梭　十八世　家鳳　伯謙
十七世　漢燦　萃章
十八世　志遠　汝蓀
光曜　星燦
十九世　淦　范之

顯祖　浚濤
模陶　鴻昌
二十世　鳳元　逢源
汝珍　紫珊
鴻漸　瑞滑

按察司僉事敔堂薛公墓誌銘

皇明應天撫命誕育萬方溪苗峒獠罔不歸順以武戡亂以文懷柔閩澤下流丹誠上達自古叛服不常頑獷爲梗者皆革面洗心以効其忠愛之節此由聖天子一視同仁廉間內外迪簡司牧惠保邊氓凡守土諸臣無不極朝廷之選苟非忠厚爲懷而又有威風知大體者不在茲列故能承流宣化使朝廷無邊鄙之憂而同氣異類者亦得各安其生也循良之效於斯爲盛若廣西僉事敔堂薛公亦其人也公諱復字復善一

字文祐號敔堂直隸江陰人洪武二年與弟兼同以懷才抱德應徵至京入禮館與宋公濂王公禕同訂典禮二公欽其博學爲忘年交尋丁外艱奪情起復授汝寧知事既而辭職家居躬耕教授久之徵拜御史出爲廣西按察司僉事廣西苗夷雜處易動難靖公一以德義化之部內帖服竟公之任無纖芥之釁輸租納稅一如內地及公解組歸苗民感公德者劖金建祠祀焉公自筮仕至解組歷中外無不稱職而於廣西爲最著當其時雖若僅能循分守常無赫赫功效然觀苗民之思

公如此則公之有德於其人可知也本昔通判南雄值生苗倡亂兩臺以勦寇事委本倖克告捷遂陞守茲郡時論謬以本爲知兵不負兩臺委任但職居佐貳不能先事預防銷其跋扈之心以致興甲雖旋即底定而民之受創者多矣然後知公循分守常無赫赫功效者爲不可及也公生於元至正七年卒於宣德四年得年八十有三配姜氏封宜人子五瓖璥琚琛璪琚即本壻從英國公征安南以功授鎮撫職世所稱薛鎮撫者也瓖等以其年葬公於貪山之麓以本知公之深且辱姻好

使來徵銘銘曰

生民秉彝懿德攸好孰居中土孰生邊徼中外雖異天性則同以德懷之莫不率從恂恂薛公粹然儒者偕藩粵西異類心寫肖公之像祀公於祠公身還鄉公德去思貪山之原萬世之藏銘以示之子孫勿忘

誥授中憲大夫廣東南雄府知府姻眷弟王本撰

治亭薛公傳 第一世

公諱琚字艮璧號治亭世居江陰父敬堂公廣西按察司僉事以循績有名於時生五子公其第三子也少讀書不爲章句學閒涉韜略便騎射僉事於諸子中尤愛之初僉事與河閒王張玉有舊王戰沒東昌長子輔襲職領父兵佐成祖定天下封新城侯僉事家居侯以故人子便道過訪適公侍側侯見之奇公貌攜至京師會安南黎季犛反成祖以侯爲征夷副將軍副成國公朱能討之公請於侯願以白衣從軍自効軍至富良江賊

緣江立柵聚舟其中築城於多邦隘公請於侯曰我兵遠來餽餉不給賊守險欲老我師耳請分兵下流以牽賊則我軍可濟矣侯從公言賊果撤兵下流渡江登岸公從驃騎將軍朱榮等奮擊大破之大軍遂進克多邦城三江州縣望風降附安南平侯進封英國公而授公右軍都督府都事是年冬季犛黨陳簡定復叛黔國公沐晟討之不利復命英國爲征虜副將軍率公赴討英國以公知兵凡有所行必引公共議公悉心贊畫知無不言如拒季擴求紹封陳氏之請荷花海之捷皆以公一言定大計然語頗祕密外人莫知也至如從戰鹹子關月常江神投海等處公皆身先士卒不避矢石前後八年卒助英國擒簡定及季擴獻俘京師師還遷廣東龍川所鎮撫公甫受命即有生黎之變公督率所部沿途勦撫先草片檄巾諭攜其黨與然後進兵不決旬元惡就縛餘衆悉降公宣布朝廷德意釋不殺各予安插賊遂平事聞擢肇慶衛衛鎮撫尋調京師虎賁左衛衛鎮撫賜世襲勅命公自以軍功起家致位通顯既見四方安堵無所宜力遂以病乞休後英國自京以書招之

終不復出卒七十有四公長身玉立美鬚髯多智畧善撫士卒與人交接恂恂然有儒將風而忠誠出於至性平居好觀通鑑遇忠賢屈抑僉壬肆志輒嗚咽憤怒拔劍擊撞常以古來忠義之事訓子弟援引廣博剖析詳明雖儒士不如也配王氏廣東南雄府知府敬宗公女公告歸後省婦翁於錫之禮社愛其地遂移居焉子三雯俊芳雯好學能文常有高世之想公卒後不願襲職遂以次弟俊襲父職云

論曰公之尊人以文德著而公以武功顯夫豈父子異

邊哉亦各會其時也夫以英國將畧三定安南如摧枯拉朽固非盡由公力然公能於名將之前區贊碩畫一言契合遂成破竹之勢於虖功名之際其尤貴乎得時哉

賜進士出身

誥授中憲大夫福建福州府知府世姪吳淵拜撰

鳴廷公傳十一世

地之靈者必產人傑吾星橋之西數百步蔚然而深秀者曰禮社其閒說禮敦詩共推薛氏迄今碩大且蕃儼爲巨族實肇余母舅鳴廷公公諱廷珮外祖太茂公之令嗣也跡其生平行高德懋有足傳者焉公幼孤事母至孝性頴敏讀書十行俱下因失恃不克就舉子業丰神韶秀體度幽閒栽花種樹逸興横生若不知戶外事者案頭置書數卷茗一盌酒一壺賓客盈座笑樂暇則北窗高臥灑如也外祖有貽券藏篋者數十年一日公喚集丈夫子三長環應次鄂韡次友佳取篋示之曰汝輩克勤克儉衣食無虞此纍纍盈篋者皆窘迫無償何藉是爲遂焚其券顧而樂之如釋重負然方公年三十餘家染疫癘公最後疾甚劇夢一道士飄然入室相與對弈局竟揖别而言曰吾乃道成敦許眞君也因汝有難特來視汝越三十年當偕汝去醒而霍然家人隅坐執燭者已三日夜矣後至道成墩果有眞君像恍如夢見遂修理而張大之迨易簀時悉符其期異香滿室經宿不散聞者莫不驚爲神異嗟乎世人擾擾塵寰往往

自稱灑脫而事至則桀之利在則靳之今視公逍遥物外一切談笑揮焉卒至蓬萊爲伍璐島同游若公者誠可謂人而僊者也要之其行高則詒謀必大其德懋則食報必隆秉鋕固薛出也知之頗詳謹就所聞見者書之以傳公之大畧正以見舅氏家門鼎盛勢隆隆起者其來有自

康熙己丑進士內閣中書安徽池州府教授

甥劉秉鋕百拜謹譔

鳴廷公傳　十一世

公姓薛氏諱廷珮字鳴廷父太茂薛氏自澄江遷居禮社歷十餘世族日昌至公益起公幼孤事母孝性敏讀書日十行下以失怙故絕意進取而恂恂儒雅座右常列書百卷吟咏歌嘯響徹一室公有遺券數十紙一日欲取焚既而曰吾殊鹵莽吾三子長此事當令知因集諸子謂之曰汝等皆讀書亦知柳州宋清傳乎清市人也然歲終度不能償者悉焚其券吾家自治亭公以闤闠起後嗣繼之可謂望族反清之不若乎三子皆拜曰如大人言卽悉取券代焚之今公子孫皆孳孳好善不懈益虔公教也年六十有四卒卒時異香繚繞戸牖竟夕始散先是公家遘疫癘最後染公且殆妻子隅坐莫措一籌坐斃矣一夕公忽起強健如平人方公之疾篤也昏眊中見一人道裝頎而長目光灼爍射人促公曰起起公恍惚隨之行不知其幾里也道人忽止止而與公奕公愕問客何爲者道人笑不言復促公曰起起固問之道人怒推墮公公仆仆而起則已僵臥牀上耳中猶隱隱聞道人語汝三十年後當來也其後公有事赴

道成墩雨避入古廟方慼階恍如夢境膜拜神像乃知向所遇者許眞君也因購千金新其廟而公卒之日亦適與夢中期相符云配劉孺人有闔德子環應鄂韡友佳俱能世其家歲己丑薛氏將輯家乘余適館於公之曾孫謹三君家有曾贈君者公之元孫也時相過從述公之昆弟輩凡五十餘人今公一人之支裔幾半於族余心竊訝之詢其由乃縷悉前事乎生也晩雖不獲親炙光儀然即此可知其雲礽蕃衍寖熾寖昌者正未有艾云

論曰公幼失怙備罹百凶幾死者屢矣卒獲免其果有陰相之者耶中庸論祿壽之得必推本於天天者鬼神之會也誠之不可揜也而豈釋氏果報之謂哉

道光歲次己丑仲夏　陽湖後學楊夢篆拜撰

環應薛公家傳十二世

歐陽文忠公云養不必豐要於孝利雖不得博於物要其心之厚於仁孝與仁非近世所得言也惟我姻臺環應薛公其庶幾焉公諱樞環應其字鳴廷公長子也幼嗜學有奇氣年甫十七鳴廷公謂之曰汝能讀書固善奈余精力漸衰汝兩弟方幼能助余經理家務者其在汝乎公因父命出以身當之辛苦備嘗無所憚鳴廷公得安然頤養志甚適焉鳴廷公有疾公衣不解帶侍奉湯藥不效暗虔祝封臂肉和藥謹進之疾竟霍然人無

知者見其臂塗藥問以故則以他詞飾之鳴廷公歿公哀毁踰禮水漿不入口者數日人勸慰之始爲進一粥三年中時有戚客平居待人以惠鄉里多公佃其人死喪貧苦至有妻子離散者公爲惻然即捐租予之兼助以貲保全者甚衆奴婢有欲去者即以其券還之曰無以數金累汝也且命於家曰此皆善事汝等能時時奉行勿背余志余願慰矣故公之子皆好善樂施稟公訓也公生於康熙己巳卒於乾隆戊辰得年六十葬之日鄉人爭拜其墓有泣下者配鄭孺人陽邑名諸生毅菴

公姊生長儒家夙嫻閫範歸公後孝事舅姑姑享年八十餘公不獲奉以終孺人以媳兼子職承顔順旨務得其歡心復時以積善成公志庚辰歲孺人古稀榮慶紳士捧觴者接踵余在六安州學舍寄函遥祝聞其强健如昔則知天之俾壽而臧者豈無故哉孺人生於康熙庚午卒於乾隆丙戌得年七十有七子三長彤宸早卒次耀遠次拱宸拱宸余壻也郵書乞傳於余余思公與孺人之行事有合乎歐陽文忠所云者故樂爲之傳時

乾隆丙戌季秋

明通進士六安州學正姻眷弟吴有寬頓首拜撰

環應公贊

賜同進士出身江西吉安府同知杜一鴻

九龍之山何穹窿嵜湖之水何空濛山水鍾毓生我公事親孝兮兄友恭其樂洩洩復融融我瞻遺像拜休風

鄭孺人贊

賜同進士出身江西吉安府同知杜一鴻

古稱梁孟舉案相莊母也能敬謙而益光勞以率下諭本敬姜令妻壽母載詠篇章

鄂韡公傳 十二世

公姓薛氏諱棣字鄂韡常郡錫邑人也父廷珮以孝友世其家子三人公其次也幼慧讀書成誦父母鍾愛之有至性秉承家法善事二人恭兄友弟終身無閒言遇人談笑風生聞者輒爲傾倒而其用心於内者人莫能測嘗與客泛舟中流客方披襟踞座奏管籥謳歌上下而公屏氣直視見者謂公善審音也未幾索紙直書曰吾詩成矣其他或危坐竟日或商畧未允經營動至旬日其難測率此類也饒才幹總理家政童稚無敢混淆

業隆隆起中年齋金創豎典鋪而敦本睦族尤所兢兢者薛本巨族祠宇甚隘公惻然曰吾輩第宅宏廣而宗祠如此子若孫其得安乎且親必有盡五世之後已不能不等於途人而情有由通雖百世而上猶一室也誠張大之使子孫得承祀廟中列食廡下非特尊祖敬宗亦所以聯族屬也乃倡議重建而星家又以時日大利族人有不利於主事者爲言公以宗祏爲重毅然身任之未幾竟以鳩工飭材染病而卒噫嘻是豈星家之言驗耶抑死喪之數之適逢其會耶何公果決而不惑也公閑家以禮寬而能肅與人交重然諾有古豪傑風迄今父老之倘義者觸於時事猶追念疇昔感慨欷歔於公德之不再嗚呼當其時莫之覺也既乃追思歎慕欲求其人而不得則益重之矣公何以得此於人哉歲癸亥譜牒將竣公孫金煦與余襟誼佈行述以聞不辭而爲之傳

長洲縣教諭姻再姪瞿肇基頓首拜撰

友佳公傳十二世

嘉慶八年秋八月余家居無事適有錫邑友佳薛公之孫介魏生持狀來求傳因憶昔年余客梁溪曾於魏氏識公狀貌諄言知爲端人長者今按狀卓卓可傳而余又識公於前因不辭而爲之傳

公諱椿字友佳姓薛氏太學生父鳴廷公有潛德母劉孺人生三子公其少也公少習舉子業自鳴廷公捐館舍與其兩昆先後共持家因棄去公天性孝友年踰五十太孺人尚在堂公時時色養以悅其志德配端孺人以下莫不承公意唯謹公兄弟雖析箸無爾我視子姪如一公閒暇喜觀子史貫穿古今雖老生宿儒莫能難所與遊多知名士如劉公曲江吳公經元俱文行冠冕尤相契公各以女子子許字其子結爲婚姻公性坦直無城府喜施與晚歲尤甚里黨有辨曲直者得公一言而定告急者莫不藉公以濟年登七旬命子姪各蠲租典中以分半取息八秩稱慶減至一分子姪俱欣然從命而旁近富家爭相慕效延及百里非有德者能然乎邑宰邱公舉公鄉飲賓稱公齒德兼尊是誠克當鄉飲

賓矣子二建南景達孫八人曾孫三十八

王亭氏曰歐陽永叔有言爲善無不報而遲速有時觀友佳公素行善矣其支孫雲錦郡庠升附貢參晉雲倬雲鴻雲燦俱列太學雲從縣佐曾孫輩英英秀發則公之食報正未可量也歐陽子之言豈虛也哉

誥授中憲大夫山東萊州府知府眷弟劉逢泰拜撰

友佳公像贊 十二世

矍鑠哉羨此翁神明朗度融融皤然兩鬢顏如童家聲垂竹邑華胄起河東心超利鎖名關外人在光風霽月中身世蘧蘧蝶夢覺揮麈臨風發清嘯呼盧引白興未闌種藥採芝趣復妙八竹林兮與齊賢五商山兮堪並皓憶翁年少時意氣欲高搴頭角相看誰與比風流褎履愧盧前讓御金臺與華省五湖少伯相後先腰纏十萬稱豪舉指囷高義薄雲天襟懷老去渾無繫碩德雅望眾所傳寫生阿誰子形似兼神似其詑三毫頰上添

那識寸地滋福田種德由來天不負錫公純嘏何綿延階前蘭玉方成隊鐘鼎一堂聯四代鳳毛麟角產奇姿繞膝祥雲看靉靆他年騰躍到天衢簇簇冠裳鏘玉佩德門慶祚自靈長保艾爾後熾且昌子孫逢吉身康強駢臻輻輳何可量翁之樂樂無央

乾隆戊子秋七月既望

恩進士眷教弟朱詔拜題

宗輅先生傳 十三世

先生姓薛氏諱一鳳字宗輅邑庠名諸生也嘗受業於陽邑馮泰巖前輩爲文戛戛生新不拾人牙慧泰巖深器重之年弱冠即獲雋科歲兩試必列前茅領鄉薦者五俱以額滿見遺與孝廉劉君鴻謨鄭君縱蕃諸名士刻燭分題共推爲文壇虎將家君慕先生名延而教一飛於家塾先生爲人和易近人毫無畛域及縱談今古源源本本洵如屆注天潢倒連滄海一飛賴先生啟迪之淬勵之三年以來業粗有成後一飛遊京師嘗奉手

論諄諄以立身行已爲訓及一飛出宰黃岡聞先生遽淹忽以歿嗚呼痛哉一飛於先生蓋三十年佩服於茲矣方期迎先生於官署俾爲政治民有所法守孰意遽舍一飛而逝耶嗚呼痛哉先生生於康熙丁丑年卒於乾隆癸未年享壽六十有七配蔡氏無所出以姪商賢爲嗣商賢寄書乞傳於一飛故就所聞見於先生者書之且以見師弟之相得如一飛之於先生者非泛泛然比也

乾隆歲次乙未孟春黃岡縣知縣門人張一飛百拜撰

履乾公傳十三世

從來負卓犖之望者才必大切謹厚之思者品自端才大則功業見於時品端則儀範垂於後是皆有足述者余幼時素聞族伯履乾公之爲人及長得觀其行事而知公固謹厚君子也今綜其大畧而言之公諱體元明徵公仲嗣也明徵公素善經理田宅甲於鄉而公生長富厚以嗜讀聞平生節嗇欲慎取與里黨中履厚席豐者每好爲豪舉鮮衣美食賓客滿座一擲百金公見之輒以生產務本相勸勉與人交則恂恂樂易時人咸敬

禮之嘗讀易曰君子終日乾乾夕惕若厲無咎觀公命名之意可以知公之梗概矣方公壯也本圖宦達應童子試連不得志於有司遂援例就府知事之職而體素羸弱且自嫌無幹濟才由是退掃閒軒博覽諸子百家兼留意岐黃曰上醫醫國下醫醫人豈必居官涖政乃爲濟世乎其學也得力於張仲景薛立齋諸名家而尤邃於女科一時來就醫者踵接焉凌晨門啓屨滿戶外公急也而施治之富者不計所餽貧者兼助以資雖至夜分未嘗言倦故履乾公之名常嘖嘖於人口嗟乎若公者誠以利濟爲懷者耶德配劉孺人生丈夫子一兆麒繼配楊孺人無出俱享年不永最後强孺人前後復舉丈夫子三兆麟兆鵬兆熊公沒孺人以次教育自就傳以逮授室藹然各當撫遺孤如己出人無間言迄今秀者橫經樸者力田門庭整肅諸孫繞膝孺人年近八旬而精力健甚遇子姪必諄諄以善相勖是能體公之意以成其德者今子兆麟在祠採輯譜稿兼司謄錄囑予爲傳因追念公之一生謹於持己而厚以待人求諸古人殆不易覯遂援筆而書其大畧食報當自有在也

嘉慶癸亥元月之吉

族姪升謹識

東行公傳十三世

公諱耀達東行其字爻環應先世居澄江前明洪武間文祐公以理學文章見重當世公其裔孫也第一世祖諱珺始遷錫遂爲錫之禮社人公於伯仲行居次少時潛心經史嗣以伯兄邁疾早卒尊人筋力衰不克支持門戸事遂以一身肩家計左揞右拄綹如也性慈善喜施予家不過中人產而於利濟之事皆勉力爲之未嘗因内顧輟某有孤子無依倚收養之既娶復買產授之歲大祲道旁有棄女攜歸撫育長爲擇所歸迄今里黨

數爲善者輒稱道公不衰嗟乎尺布斗粟之謠雖高門大閥所不免而世之算錙銖逐錐末者復利歲之荒歉乘人迫急而侵削之其視遺孤棄女蔑如也卽或收養之因役爲婢妾者比比而是如公之高誼不可以風歟初艱於子嗣家人皆深念之公絶不介意惟孜孜以行善爲急故其於減田租輕典息修道路造橋梁知無不爲爲之無不盡其力後年過五十卒得岐嶷子二人不可謂無因也卒年六十有二配劉氏事姑以孝聞先公卒出女子二繼室李氏子一女一子溥號樵圃例授布政司經歷副室鞠氏子一女一子芬太學生

黄寶書曰昔趙閲道仕宋平生不治生產歷俸所入嫁兄弟之女十數人他孤女二十餘人史册傳之以爲盛德事以公方之殆其流亞歟顧清獻公身居侍從歷執政而公僅一介韋素遂能使澤及孤子其難易爲何如卒之善日積家亦日昌安知厚德之不可爲哉余與公爲葭莩親令嗣樵圃余姪壻也因得悉公行誼爲之書

嘉慶癸亥秋八月

誥授奉直大夫雲南霑益州知州前覺羅官學教習已

卯科舉人姻眷弟黄寶書拜撰

李太安人傳 十三世東行公繼

太安人李氏惟寅公女余族姊也年十九歸東行公爲繼室太安人明達有才幹白公配劉太安人沒婢悄奴驕內政久替太安人知其然集家人而告之曰汝輩宜洗心各效力從前愆尤當宥不校不然莫謂室無人也家人肅然聽命由是百廢俱作公始無內顧憂太安人於女紅皆敏捷然未嘗留意惟租賦計會則殷殷問不倦暇輒與公論世務并用人當否事歧理惑間出一語助助公皆中肯公以是賢之公之涉世也厚其事親也

孝太安人承顏順志恆得老姑歡隣里戚屬解衣推食悉體公意故當時皆樂公之行又多公內助之得人也先是劉太安人遺二女公及嫁之後太安人生女一子一副室鞠孺人生女一子一長子方十齡次五齡而公疾作太安人籲天求代卒不起公卒一慟幾絕然女未字而孤且幼也遂節哀忍淚排撥喪務禮送公終旣殯延公弟殿鵠公叩請曰撫孤未亡人不敢辭然婦人無外事今且以門戶累公矣公固長者力任之太安人遂以身承巨細一切井井未嘗不先家人而興後家人而寐也二孤皆穎悟擇嚴師教之躬撫之亦不肯爲束濕優游丙夜咿唔常與軋軋機杼聲相應焉二女長以次擇嫁悉如禮及二子旣娶商鞠孺人曰余心力盡矣請各立業可乎遂析之子溥旣成立英敏特達有父風婦亦賢淑安人知其能家也謂之曰余十數年左揞右拄女嫁男婚差不貽人口實然荼苦蓼辛口瘏手据心縈慮亢夙夜寒心臨淵履冰淚盈枕簟而人不知也今以家事委汝汝夫婦其慎之吾將樂此餘年以隨汝父於地下耳噫其志其行亦艮苦矣吾故詮次其事俾存之

家乘云太安人生於雍正十一年卒於道光七年得年九十有五

論曰婦人以德不以才此爲處常者言之未足以語變也吾觀太安人之遇雖丈夫亦當難之卒之守先業撫遺孤斡旋補救箕裘堂構俾弗替而且恢崇焉易曰地道無成而代有終如太安人者洵才足以其德者歟

賜進士出身翰林院庶吉士弟李兆洛拜撰

李太安人七十壽詩

工部主事御史廣東雷州府知府 馮埥 讀梅

閬苑春風到錦堂碩人天錫壽而康萱庭挺節凌松柏
蘭砌揚芬達廟廊禮謹閨門昭典則德施里黨集庥祥
即今海屋籌添日王母筵開快奉觴

山西吉州府同知 陳明善 服旃

栢酒椒盤次第陳欣逢設帨及芳辰敬姜猶績勤還儉
雋母加餐德更仁栢館風和花不老蘐庭日煖樹恆春
試看蘭玉森森立羨煞堂前祝嘏人

己卯舉人雲南霑益州知州 黃寶書 鏡湖

壽母銀屏麗梅花報好春白雲來海鶴綠鬢集江蘋角
亢星三五岡陵句舊新蕃茲稱令德更與兆存仁姻睦
懷高蔭兒童仗析薪傳家嚴有法處世率而眞禮合增
三獻歌宜祝九垓壺中天自煖且又籍文茵

丙午舉人滁州全椒縣教諭 侯雲濤 曉峯

淑德兼肩壽由來福孔皆蘋蘩供職謹琴瑟聽音諧藜
自卅志膳荆常爨作欽敬希鴻案舉勤挽鹿車偕投畚
存高節持家守素懷志欣梁孟合範與郝鍾儕其仰萱
幃肅貞宜蔗境佳柏松堅本幹蘭蕙發根荄膝下瑤林
挺堂前玉樹排高風方五柳厚德擬三槐姜被陳於室
萊衣戲在階漸將垂墨綬早已佩青緺稱賀賓盈座承
歡酒擬淮九如詩並詠世澤正無涯

庚寅舉人池州府貴池縣教諭 莊璣 鑑堂

栢館風輕日正長仙葩旖旎燦芬芳延齡不藉延年酒
種壽還憑種德方儕偓遺鄰思扑棗豈惟餉叔欲分糧
即看芝玉階前茂畢萬家聲未可量

戶部主政河南清吏司 趙學轍 損庵

椒盤呈令節玉女好稱觥樹有恆春號花宜長樂名萱
庭佳日永栢館瑞風迎鬱鬱芝蘭秀階前正發榮 淑
愼芳型著徽柔闔德垂賢明推鄭母風采仰仙姬治己
惟勤德持家尙愛慈深仁培厚福茀祿自天貽

翰林院庶吉士江西南昌府知府 楊煒 星圃

三鳳家聲奕奕新隴西壼範孰堪倫蘋蘩有肅心常悴
筐篚無私惠更頻北海波深添鶴算南山雪霽報陽春
郎君才調千人俊羅紙金華接錦茵
相莊鴻案溯當年縷髮旋斑繡佛前卅載冰心明月共

一行威鳳舞衣鮮早欽截髮供賓饌未及登堂拜母賢
南極一星輝寶婺好憑青鳥進瑤觴

戶部主政員外郎 山東濟南府知府 徐大榕 惕庵

玉莎瑤草占春妍萱室融融望若僊青鳥翼翻雲錦麗
紫霞觴進綵衣鮮梅知壽日爭開圻山繞蓉江更蜿蜒
自昔名宗稱禮社詒謀初不待三遷

廩貢生蘇州府 長州縣教諭 瞿肇基 友棠

律轉條風書景長瑤池桃熟酒初香板輿喜接羣仙會
象服還升佚老堂燈火九熊書卷味筥筐采藻釜錡湘

閫家事事資賢母鶴髮猶勤問瑀璜

仙李曾聞壽大千北堂萱草倍鮮妍每持儉德詒家法
共仰慈儀種福田舞綵庭前供索笑含飴膝下得深憐
祝延幸附葭莩末拜手同賡緗雪篇

翰林院庶吉士河 南湯陰縣知縣 丁履泰 星階

寶婺輝煌映斗奎李星璀燦玉衡低緣知天上金仙籍
應並人間彤史題歐孟義方傳子舍郝鍾禮法著中閨
萊衣舞徧雲璈曲雛鳳聲和閬苑西

甲午舉人四川 温江縣知縣 方寶昌 旭山

堪閫傳淑德節儉著延鄉愛樹推鄰棗慈雲覆北堂棣
華看集萼蘭桂自成行萊綵瑤階舞咸稱益壽觴

燦閣雲璈奏晴軒壽域開座呈千歲果臘透一枝梅福
羡綿綿繼陽欣九九回瑤臺蘭譜集相與賦蓬萊

辛酉進士 內閣中書 凝度 岵亭

金臺南望彩雲屯三載辭家歲又新遥識枌榆多上壽
漫憑魚雁祝長春貞松坤範傳人瑞玉樹蓀枝挺席珍
佇看綵衣輝映處吾宗餘慶溢芳鄰

嘉慶歲次壬戌春正月

鞠太孺人傳 十三世東行公副

太孺人系出靖江鞠氏年二十歸東行公善事夫子與公繼室李氏無閒言生子女各一子即余妹丈履堂也歷十三年而東行公即世太孺人擗踊號泣繼念東行公艱於嗣年踰六旬而僅有兩孩也遂抑情到淚與李太安人兢業相依各撫其孤云太孺人性明爽識大體自東行公沒益自檢提攜子女外家事不與聞一切家庭淺薄之見不以介懷多婢僕輒自勞瘁操井臼勤紡織兒女及一身衣著皆出十指閒有慰之者則曰吾仰

息於人不如求之於己也撫子甚至而防範綦嚴延師督課不少假借怛語人曰此子不立無以慰吾夫且一生幽鬱於何舒也年十六成嘉禮既與兄析箸太孺人呼子婦而告之曰余非以子有婦爲樂也念汝父死有年矣黃蘗青蓮均之辛苦撫今思昔實所愴懷然竊聞古來忠臣義士憂讒畏譏側足待罪其心危其勢孤有不諒於人者余亦循分守命以有待於汝耳汝其勉之果能敬守前業勿致替陵則艮田可不爭吾之內恨捐矣果能律身惟謹克自防閑則侵侮可不讎吾之外忿平矣汝叔殿鵠公於吾母子有覆被恩憶汝幼時得目疾非叔且瞽當謹誌之嗣後一家在汝夫婦耳噫觀孺人之言可哀也哉履堂既成立卒克振其家且明達亢爽練於世事人皆敬憚之太孺人顧而樂之曰吾今而後可以含笑入地下矣余以妹故數往來見太孺人含飴弄孫時猶殷殷計家務閒言及曩日事故知之甚詳因序述之以誌太孺人之守節撫孤也尤不易云

張堉曰世之論太孺人者動曰令子克家孫枝林立以爲太孺人之禮而豔稱之從前之備極荼苦若或忘焉

噫是猶憩松栢之陰者第見其亭亭特立上摩霄漢而不知其飽霜霰歷冰雪已數十稔於茲也然則非忍心堅性中烏足以知太孺人也哉

嘉慶歲次丙子仲秋姻眷姪張堉頓首拜撰

殿鵠薛公家傳 并序 十三世

殿鵠薛公與余從母之夫雅南史公交最久余過從史氏得識公之爲人後余弟景炎娶於公爲姻家相往來更得悉公内行及吳孺人事嘉慶癸亥公子維僑屬余爲傳余不敢辭謹就所聞者書其事云

公諱拱宸殿鵠其字環應公第三子也幼而岐嶷顧盼偉如環應公及公兩叔父咸器異之延名師課讀寒暑無少閒公亦攻苦自勵以能文名顧艱於知遇環應公歿援例入太學圖北上以家計日繁未果平生重然諾喜施予事無大小一首肯終不改他若厚親戚恤孤獨施棺木造橋梁修寺宇捐租讓利種種善事難以枚舉

乾隆己丑大水

上諭貧民借賑於官俟熟免息使償縣佐戴公奉憲挨戶確查分次造册延及公族公曰例雖免息不免吏胥需索且今歲貸於官明年將復貸於民而償官是益之困也因請於官凡公族之在册者悉老之而自出資賑之不索其償乙巳大旱公捐資賑义於里黨中與諸弟姪協力量口給粟十日一畢於族中之貧者并不拘

十日之期獨增資加意賙恤次歲大疫流行公之里族獨無恙府憲巴公以捐賑事申詳彙題奉

旨給賜匾額優獎公以爲因民困而得名非所安也辭不受公祖敬堂公祠在宅之西日久頹敗公倡捐與族人葺而新之增建三楹至今廟貌煥然公之功居多配吳孺人明通進士歷任安徽六安州學正英山縣知縣經元公女謹厚端慤和而有禮生四子延師課讀中饋之事竭忠且敬訓諸女皆有法人謂公之爲善於鄉内助亦有力焉子四道泰翊泰交泰逢泰孫十一人曾孫六人

論曰傳曰藴利生孽姑使無藴乎可以滋長誠哉晏子之言萬世保富之本也顧世之好施予者或因以市惠或因以邀名以視公之務實德而不受獎者相去遠矣嗚呼公今往矣被澤者尙思遺愛聞風者猶仰芳蹤所謂逃名而名我隨者非耶若夫孫曾林立頭角崢嶸固見天之報施不爽而要非公當日所預期者也

賜進士出身

誥授中憲大夫江西南昌府知府姻眷姪楊煒拜撰

殿鵠公贊　乾隆己卯科舉人 安徽鳳陽縣教諭 施文淵

杜陵萬間廈裴子百幅被士苟志不凡不謀一身利卓哉殿鵠公生平好行義迄今閭里聞盛事口碑記杜陵與裴子千載心相契

吳孺人贊　乾隆己卯科舉人 安徽鳳陽縣教諭 施文淵

母儀足式渤海名宗不矜閥閱克勤女紅相夫挽鹿教子丸熊郇鄰贍族有大家風

孟服公傳 十三世

孟服公諱建南友佳公之長子也性孝謹仁厚母端孺人早卒公哀毀盡禮事友佳公必誠必敬配馮孺人甚德慧常語公曰翁雖終日歡笑然老年失偶於心能無鬱鬱乎公泣下故友佳公雖絕愛憐公而公常兢兢焉若不得其歡心者門設典肆例取息錢二分公特減爲分半友佳公八秩稱慶公既蠲租數百畝以介壽而又減典中息爲一分曰幸吾父再壽八十則吾取息之耗此者亦八十年也其後遇喜慶事每行之前後共十餘

年至於今凡典中多以分半爲例者皆慕效公之德也公與人交重然諾行善如不及日囊錢坐肆中視貧不足者輒與之天寒則呼而飲之酒問家常瑣屑事察其言而訓誨勸勉焉鄉人之來告乏者無不如所欲而去遇急難尤貲助無算其貸物多負不償其人或以輕與咎公而公甚樂之弗較也噫夫貧與富之境相去懸絕矣富者天之所厚也然而不善處富則必急封殖較錙銖雖義所當與艱忍萬狀其尤甚者惜奉養之費而不孝于父母爭財產之析而不友于兄弟圖損人以利己

而叢怨於鄉黨於是百事牴牾有較之飢寒之子而心神愈苦者則謂天之以富重困斯人也可欲求如公之富而有德不甚難哉乾隆乙巳歲大旱凡捐貲助賑者例得議敘給區建坊公曰此分內事耳受旌且增吾愧遂固辭不受其識量宏遠蓋如此治家嚴整雞鳴而起星見而息無博弈珍玩之好約束子姪侃侃有法度常曰待人宜寬持身何可縱也延師必擇宿學禮意兼盡性善飲杯壺雜陳堂廡閒每自稱曰咀得箇中味滿懷皆樂趣然陶然不亂終其身未嘗以酒廢事疾革諄諄

誡子孫必孝弟守富之道惟能懼故能樂聞者皆歎公之語自學問中出也年六十有九而歿公三子長謹成太學生次謹彝附貢生三謹三太學生三君皆直諒好善有祖父風諸孫多篤學能文是則公之德食報正未有艾也

歲在癸亥七月既望

嘉慶壬戌進士候選知縣婣再姪吳謹儀拜撰

馮太孺人祭文 十三世 孟服公配

維嘉慶六年歲在辛酉癸巳月十八日宜祭之辰謹以瓣香束帛致祭於

皇清例贈孺人薛太親母馮太孺人之靈曰徽音懋起肇自雎鬮下逮荃閫郝範鍾儀榮或翟茀儉或縞綦潔開蘋藻聰著璇璣坤德之顯內則是資粵惟孺人洞洞屬屬對王高門征西望族性協柔嘉風成雍肅温良比珠純粹侔玉聞詩漢殿習禮齋宮裳衣窈窕珩珮從容在泳上語有林下風言歸君子作配名宗學承汾北冑

炳河東瑟調簫鳳案舉梁鴻進奉尊嫜退依保姆婉娩組紃摒擋筥釜淑範若性勤心則古人無閒言事不踰矩迨乎榆景悼此霜晨鄭緯是恤季績靡股乾餱靡怨鍾釜多恩薛家有鳳王氏咸珍訓惟以義教必由身鮐背曼鑠鶴髮婆娑含飴自樂强飯益多方膺家慶永保太和孫枝蕃庶子姓駢羅百齡未艾千載奈何萱雲絕蔭薤露旋歌嗚呼哀哉雲襄居蹐衡宇耳熟音徽幸依旃廈夙仰陶鎔況蹍瑜珥式賦鴛鴦乍締蘿蔦未饋笲邐何期婺隱遽返星躔碩人云亡道路愴焉懷感銜疾

私心所專。請陳一言，用慰泉壤。驥子龍駒，蕙孫璧朗。繞膝曾稚，瓊柯方長。紫泥苧錫，彤管宏獎。孰際斯盛，哀榮無兩。薄薦椒馨，緘誠俱往。神之聽之，儼來靈爽。尚饗。

姻再姪劉雲襄頓首拜

贈薛君敬八序　十三世

去鎮東水行十里而遙，陸行二十里而近，禮社薛巨族也。有敬八者，慷爽不羈，耳其名久矣。然性疏嬾，未嘗輕有過從，且又饑驅無甯歲，故雖神交有素，終以不及識面爲歉。歲乙未，余館於方伯曾履庵署內，足下不以余爲不敏，延余訓正諸子，始見而油然語相得也。久之而形益忘。凡余心所欲者，足下輒先知之。每當酒闌燈灺，茶熟烟收，或稽古，或稱今，時而整襟危坐，時而促膝談心，幾不知有爾我矣。嘗念履庵先生渾厚樸誠，人稱老佛，而足下氣度直與彷彿，是何所遇之幸也。足下少攻苦，數困有司，遂遊太學。既念先人創業之艱，乃絕意進取，經理而恢大之，遂以貲雄於鄉。然性豪邁，遇人緩急無不立應。爲人任事，或奮不顧身，雖其費不貲不計也。戚族寒士聞有寄食門下者，亦必如其意以去，無少吝。久亦無倦容。若名師益友，時滿座焉。吾慨俗重貨利，士大夫彼此較銖兩，不得則眴眴然怒，已而更謀所以得之，則復渝渝然假相合，尤不尙交友朋，治具招賓客，必有所爲。無泛然者。足下獨無所吝，則於世何如也。天下之財力賴其利用無以逾之且侈而溢彼守錢虜靳爲己有謂可世世利賴而不知盈虧之終有數也否則亦視所用何如耳足下豁達大度所嘉賴者不少矣而肫肫愷惻足以大庇於無窮夫人非居高者不得爲所欲爲而窮居里巷輩自行已接物下至米鹽凌雜亦足以驗吾學所存其學焉而愚者拘守一隅而不知變至偃蹇以老每歎詩書以誤人余嘗謂足下昔賢以學者治生爲急能治生則無求於人乃可自立足下通變以封其家積德以垂於後宜其後嗣蒸蒸而將有食報者足

下乃撝挹而謙不敏遂書以贈之他日出吾文於几硯閒一展玩之如見吾兩人晤對時也

乾隆歲次丙申清和月蘭陵學弟戚大昂拜撰

劉太孺人傳略　十三世

太孺人劉氏薛翁敬八之繼室也劉爲陽邑望族太孺人幼嫻家法事親左右無違年乙亥歸翁夫婦雍雍敬讓如賓翁家居每辨明而起太孺人勤有加焉躅潔性成雖房闥必親自洒掃衣無新豔浣濯以爲常主中饋自奉極菲而祭祀讌客則必豐必潔曰此禮所宜然也延師課子每膳手調而目視之若猶有慊焉者嗚呼是豈屏山先生之遺教相延太孺人固素稔而素習歟然非勤儉有識量政未易此翁原配諸太孺人年二十八

而卒有一子三女子金瑞即余姻家也撫育厚於所生又室項氏四十而歿遺四子亦一體相視以長以教俾至成人雖盛怒　撻末加焉閔翁督責發若雷霆太孺人從容進曰地下人遺此血肉目不瞑若輩無知懲之而烏忍不存憐恤乎其平時之委蛇調護匍匐周詳有不自覺其勞瘁者是豈獨仁心爲質者耶迨至子婿女嫁析爨分居太孺人之心力竭矣奴婢雖多其可以自力者不遺使若有　勿庸訶責曰彼惟愚昧故至此呵之益惶然失措矣董其不率而矜其無能御下之道也

或有急難拯之惟恐後乞假施與無所吝亦未嘗使人知遇人不能者多方開示悃悃忠告期於釋然而後已其後也無內外戚疎長幼皆翕然稱太孺人之德其卒也聞者亦多流涕太息焉太孺人立心制行俱本慈誠故能忍而順肅而寬儉而力克相翁而為薛氏之良助也卒於嘉慶戊午年七月初八日距其生於雍正癸丑年正月初七日壽六十有六生子一 書鑑 業儒女一適郭鵬霄太學生

眷姪馮宇泰頓首拜撰

候選縣佐孔傳薛公傳 十三世

公諱景達字孔傳號仲軒父友佳公生子二公其季也少穎異為詩文下筆立就然不常作作輒棄去有勸之者公曰雕蟲小技壯夫不為也吾肯為子雲笑耶工計然術數挾重貲走大梁涉閩粵經年始歸利入常數倍家故豐至是益起公嘗謂人曰大丈夫不讀書掇科第取顯官佐國家計民生利病亦當累金巨萬為鄉黨周緩急令人稱善人安能齷齪窮老牖下使後世不知有誰何耶乾隆歲乙巳大旱道殣相望公出米平糶歲終按戶計口給米五升丙午春又賑銀三次時里中待公舉火者不下千餘家會舉鄉飲大賓令素欽公行鄉黨又交相推遜舉公公曰其以我為沽名耶辭不受友佳公之八秩稱慶也其時權子母者率二分起息友佳公欲革之而未果公與伯兄謀曰稱貸取息於例不禁然必取盈焉是損人以自利也親有志敢不承乎即於介壽日減息之半友佳公旋歿公與伯兄行之終三年喪追服闋更酌分半息為定例於是遠近聞風皆以次就減至今人追述之猶有歎息泣下者一日讀錢公輔范

家孔傳翁傳 十三世

翁姓薛氏諱景達字孔傳號仲軒候選縣佐先世由澄江遷居無錫之禮社爲無錫人父友佳公生子二翁其季也少讀書習舉業既長因治生業廢著家日起暇則仍手一編尋究無倦居父母憂含斂窀穸皆如禮乾隆乙巳歲大旱米石錢五千翁取歐陽文忠圖給法籌賑又出米減糶民便之明年丙午邑侯某舉鄉飲酒禮筮賓難其人鄉議推翁翁曰我豈沽名者流固辭不就性好施與孝友尤出天性先是租息按畝取石合邑皆然

至友佳公稱七十觴命子姪各減租息每畝十讓其二後遂率以爲常家故有典庫權子母向例以二分取息至稱八十觴翁與伯兄謀減其息之半延公壽公卒復如之終三年喪蓋所行固皆公欲行未果之志也服闋遂以分半爲定例自是遠近聞之皆慕翁高義願皆從減至今父老追述之猶歎息泣下云又嘗讀文正范公義田記慨然置田得數百畝思以贍羣族未幾疾作因誡諸子曰汝曹其善繼之遂卒時乾隆五十八年十月十七日也年六十八今義田由是卒成事具詳記中配

文正義田記曰是先得我心者卽置義田數百畝規條悉遵文正制且戒子孫曰汝曹善繼吾志他日能成千畝數必稟縣令申詳咨部以垂久遠無忘也公長身玉立人不可干以私出語慷爽世無知與不知咸推爲長者享年六十有八歲配張孺人有閫德公之服賈四方也一以家事委孺人孺人上接下逮恩禮備至而公好行其德亦孺人贊襄之力居多先公二十年卒享年四十有六子五長雲錦郡庠生次雲倬雲鴻雲燦俱入太學季雲從候選從九孫二十五人

論曰余讀宋史范文正公傳每撫卷流連不忍釋夫文正置身通顯博濟猶易若公者家無祿賜自食其力而乃見義勇爲孜孜不倦豈不難哉世往往稱古今人不相及嗚呼以公觀之竟何如耶

嘉慶八年歲在癸亥孟秋

賜進士及第翰林院修撰眷世姪顧皋拜撰

張繩人子五雲錦郡庠生雲倬雲鴻雲燦太學生雲從
恩授八品冠服自有傳
論曰雲錦昆季五人予少時皆嘗與交因得拜翁於家後官京師羈江北者數十年歸而老病杜門五君諸賢子時時過余詢狀悉悃愊謹厚其殆翁當日教澤之所留歟觀其圖給籌賑創設義田雖無用世之懷而讀書稽古之助固已深矣
賜進士出身內閣中書文淵閣檢校武英殿纂修內閣典籍安徽廬州府同知甘肅慶陽府知府宗姪玉堂頓首拜撰

夢九公傳 十三世

薛公夢九鄂韡公之次子也諱與齡母劉氏繼母戴氏配馮氏側室繆氏子二孫五人公之生在乾隆元年年與峻相若其生平行事約略可知公三歲失恃十一歲與兄分箸聰明俊爽自幼可人行年十八鄂韡公辭世公應酬世事支當門戶無不井井後繼母歿所遺一妹公爲許字撫養辦裝經營家計廓充父業開闢新基其於典內從議減息又喜讀書因家事冗繁即棄舉業奏名太學於是延名師以訓子克忠克敬舉凡處世待人一一詳審精密公之行列於昆仲中齒最少每遇歧難事雁坐辨論悉左規右矩談言微中非天性過人才智兼優者未易臻此當公之暇也常與峻言爲人子者生不能盡色養之誠葬祭事宜盡子職恆念父母所葬未愜不惜所費卜地改葬祀事不懈其於根木之地爲何如耶韓子云其根深者其葉茂有必然而無疑者今禮社重修家乘不辭卑陋漫爲秉筆而述之
嘉慶歲次癸亥中秋
甥魏峻百拜謹撰

徐孺人序畧 十四世佑春公配

孺人姓徐氏余姑丈岳生公之女幼失怙余姑母守節撫養成人年二十二歸余堂兄佑春公甫六年而公疾作就醫於郡未返而卒孺人徒步迎柩歸葬擗踊長號誓以身殉時姑邵孺人已歿叔汝南未娶翁禹功公泣諭之曰汝志則然予中饋則誰司者孺人揮淚受命問安視膳兼子職焉翁既歿孺人摒擋成禮汝南公配莊孺人生子華封爲孺人後孺人且喜且悲曰吾有姪亦足以慰吾夫矣當翁之未歿也尚號素封翁歿而家漸替繼以兩遭火厄汝南公夫婦復相繼逝世業遂窘孺人志益堅撫姪華封以養以教既長又爲聯姻許氏數十年艱苦備嘗人無閒言今已年近八旬孫枝繞膝尚強健喜操作曰古人云勞則善心生余雖老未敢忘勞也時與人言往事聞者輒淚下嗟乎世之以節著者有矣未有遭罹多難如孺人者而孺人苦心孤詣百刼不渝節之可旌者孰有過於是今因纘修家乘爲畧敘其梗概以俟請於當道得 上聞焉

嘉慶癸亥晚香節 夫弟行謹敘

節孝徐孺人跋 十四世

徐孺人事蹟前纘修家乘府君兆麟公爲之序略亦既詳且悉矣後嘉慶十一年孺人無疾而終享年八十嘉慶十七年嗣子華封呈請題
旌給帑建坊嘉慶二十五年名上節孝坊十一月初七日從祀惠山貞節祠孺人之節行可謂昭如日星矣當禹功公病時孺人之侍奉湯藥籲天拜禱夜不敢臥澣濯衣衾不避汙穢汝南公年十九生子華封越七年而汝南公卒孺人以華封一子兩祧愛護尤摯入塾讀書紡織以供脩脯孺人年八十華封子佩蘭娶婦生子孺人謂華封曰我於汝家備嘗辛苦今將下報九泉矣越日沐浴更衣瞑然若寐此數事皆足以貫徹幽明者今因續修家乘亟書之以完孺人懿行且以補前序之未備云

道光歲次己丑桂月 姪燿玉謹跋

母舅易恆公傳 十四世

公姓薛氏諱奉占字易恆世以力田爲務公爲人忠實鄰里戚族無不款洽未嘗有忿言厲色勤身力作以持門戶怡怡然處素猶豐不知境遇之多勞也自治亭公遷禮社至公已十有四世戶口百餘家而公年最長歲時祠祭薦盥跪拜必中儀式未嘗惰怠見之者皆生敬愛焉鄉里或有不協公反覆曉諭必使自悟而後止故薛氏皆安居樂業未有紛爭嘗謂其子榮成曰吾宗祠宇雖建未有祭田後有議置田者吾家雖貧不可不竭

力也後議捐田其子遵之卒如其志云嘉慶十四年恭遇

國慶是時公年七十有二鄰里咸慫恿以爲可以邀

恩公恬淡自安卒辭不受其誠樸類如此公之從父殿鵠公爲廷俊之外祖廷俊在外家公時時過從言論款接湻篤有餘味公沒已十餘年其音容猶可想見也公生於乾隆戊午卒於嘉慶乙亥年七十有八娶陳氏子二女一俱詳見世表茲不載

贊曰上世禮隆養老降及秦漢三老之制猶存程子所謂古者子弟從父兄漢高下沛以帛書與沛父老相如使蜀亦移書責其父老而子弟莫不聽從也公之齒德亦何忝於三老然公之施於族者如此則所及亦已遠矣

道光歲次己丑仲秋　甥楊廷俊謹識

贈妹丈薛君謹成十四世　　諸巽疇 午溪

吾家有實劍厥號曰青萍苦世無識者自應持贈君河東聞道多門第得來薛燭稱嘉壻慧心俊眼太聰明書詩棘達周人情欲乘宗慤長風破萬里浪欲驅穆王駿馬追千峯雲茫茫天地看誰是興酣嘯傲驚人只尋常結納仲舉流清靜往還惠遠寺蹤跡天涯忽感心迴首秋風歸故里閑共野叟話桑麻善事雙親佐克家世路紛紜隨聚散家庭詩禮絕喧譁金玉滿堂何足道功有裨人人頌早濟築塡修無了期地著玗鄉督辦好半生

碌碌苦勞形感慨隙駒容易老青鞋布襪興優游滿地落花閒自掃知君廣西僉事之子孫葘畬經史守清門古稱三鳳金玉昆藹藹吉人齒德尊葺宗祠修家乘不辭羣議章程定請看昆璧後裔多少人幾個慇懃於此克恭敬將來食報定無涯眼前兒媳偕梁孟愧余骨肉親塵世驪騾天上麟嗟嗟吾妹中途分鳳去簫聲何處聞蔗境空餘日暮雲莫看鴻案慨塵氛會卜蘭芬附鳳日豐城𤎅𤎅龍光新

諸孺人傳十四世謹成公配

自古治家之道陰教與陽教並重故宜家咏於風詩合德歌於小雅禮曰婦順者順於舅姑和於室人而後當於夫以成絲麻布帛之事以審守委積蓋藏詳哉其言之也維余妹庶幾於此而無忝者乎妹幼穎敏女工針黹一見輒曉最爲先君起莘公所鍾愛性純孝壬午先君患癱逾年侍奉湯藥衣不解帶無閒寒暑居喪哀毀過禮年二十二歸薛君謹成薛君素習舉業兼優幹略讀書暇日輒代父經理妹亦善體姑意承顏順旨

務得其歡心一切壼政無不當於姑者妯娌同居十數年雍然無閒舅姑以精力既衰析諸子爨妹省侍尊嫜益溫凊惟謹遇甘旨必盤匜馳奉而自啖麤劣有爲貧乏人所不能堪者雖不喜羅襦金翠之飾衣雖浣敝必補綴而服之不忍棄焉勤紡績率至夜分漏下數十刻熒然一燈不少倦嘗語於家曰一絲一粟當於來處思之古訓不可忘也生一子二女教養均至子詒亭嗜學兼工書法媳鄧氏亦婉淑有儀長女適葑庄楊次女適前洲唐壻各賢而有才孫枝繞膝俱頭角嶄然方謂宜

享遐齡得膺厚福乃年僅五十二竟積勞成疾不起嗚呼天何奪其年之速耶吾見世之身居富厚者往往喜豪華耽佚樂妹生長吾家未遭困乏歸薛後詒號素封婢媵滿前奚難美食鮮衣自暇自逸而克勤克儉乃如此至其事舅姑相夫子和妯娌教子女外内俱極井井如詩禮所稱殆無多讓今薛君謹成督修家乘甥詒亭乞余為傳余愧不文然勿獲辭即平日所見聞者畧述其梗概以俟女史採擇

嘉慶歲次癸亥中秋上澣

胞兄行五鴻疇謹識

仁山君事略 十四世

仁山君諱佩珩族叔文秉公子母唐氏文秉公生三子曰佩珩壽齡順方文秉公家故貧衣食不給君嘗遊於浙冀得贏餘以養父母凡十餘年不得遂其志及君貧筭稍充得以奉甘旨洎君歸而文秉公已前一月亡矣君痛哭失聲乃喟然曰吾父垂老辛勤不獲享吾一日之奉是吾罪也然吾母及兩弟俱無恙吾能奉養吾母撫諸弟俱有成立吾父雖死其志不稍慰耶於是孝養孺人譜人享高年年七十四而終君年踰四十始授室

已髯飄飄過腹矣君自授室後凡所置田廬悉均析以授弟未嘗私焉君之志蓋有所不忍也後君之粵有同里某者偕君行得疾以死檢篋中無遺金君為具棺殮擇地以葬歲時常以酒飯相酹沃見粵東多客死者往往積骸暴露君惻然閔之因罄所有買隙地築義冢於粵以故君之歸也白髮蕭蕭半肩行李而已君美鬚髯偉軀幹岸然自異人鮮有當其可者獨於余有夙好長余五年每有事未嘗不相往復也君生於乾隆丙寅卒於嘉慶丙子享年七十有一子男二人長宗璜次宗琇

君之行事人鮮有知者故述其大畧如此宗璜等能請於當代之大人銘而傳之則往之行誼可以見於世矣

道光九年歲次己丑仲秋之吉

族弟道泰謹敘

襄成公傳 十四世

余友襄成薛公既亡之四年其子朝楹踵門來請曰楹先君之歿久矣惟楹不克上承先志揚名以顯親未敢乞言於名公鉅卿今宗人修輯家乘族黨中凡言行之可紀者悉有文以傳之念知先君者莫如夫子願得一言以爲家乘光余自維譾陋於當世積學宿儒無能爲役顧念余里居去公三十里而遙自少未嘗相謀面比弱冠以飢驅授徒於五牧之錢氏始耳公名知爲少年英俊然余性介未嘗一登公門其明年余與公同遊郡

庠一見握手如平生歡厥後大小試必逌往來相得無閒然猶未知公之深也迨壬子公延余於家課其子花朝月夕燈炧酒闌凡生平底蘊無不吐露嗚呼知公者誠莫予若也其曷敢以不文辭乃爲之傳曰公姓薛氏諱雲錦襄成其字先世以貲雄鄉里然累代仁厚以利人濟物爲務公自少穎悟讀書過目輒成誦大父友佳公父孔傳公絶愛之爲延名師課以舉子業宜榆朱先生紹琦張先生皆一時名宿咸以國士器之其入郡庠也學使者爲長白景公傾倒特甚期以遠到公益自奮

於學簡練揣摩夜以繼日一燈熒熒嘗至達旦顧豐於才而嗇於遇赴棘闈試十餘竟以諸生終性孝友事祖若父皆能得其歡心祖父欲行善事多方慫恿期於必成至事孔傳公膳養備甘旨而隱爲調劑務使適宜與諸弟終身和樂未嘗少忤知仲弟信成才足應變家事一以委之不問出入嘗謂余曰吾諸弟長於幹濟使吾得悠游載籍中天之厚我者至矣寬以御下撫諸孖亦無疾言遽色獨至讀書作文或有不當則端坐訓誨不少假以辭色故諸子樂其寬而畏其嚴克勤於學以底

有成公賦性和易又少處順境未嘗有失意事迨孔傳公下世叔弟方成旋以壯年歿公時鬱鬱不樂庚申歲季弟復以心計患瘵歷久不痊憂之爾甚遂以成疾先季弟一月卒丈夫子五人次即樞好學能文來請傳於余者也

嘉慶癸亥中元後一日

世愚弟毛烈傳頓首拜撰

馮太孺人六十壽序 十四世襄成公配

大雅既醉之篇族屬所以答行葦也說者以爲實備五福自稱嘏飫君子之德願其引考萬年而享有合閒且不惟今日之休又欲其繼今爲始以永錫善類於無窮而所爲永錫爾類者非他繫惟後嗣之賢至後嗣之所以賢則歸於得女之有士行者以成室家而從以子孫云爾然則女德之爲福於家道至矣蓋名德之門世守忠厚襄祥委祉而後遇之幸而遇其人則子孫繩繩世類克昌後此之蘊隆復由以積而其人必壽考康甯履

至當之吉受百順之福於躬而無遺憾焉若是者不數見也今乃於薛母馮太孺人見之太孺人出於望族作配名門自嬪於襄成公婉嫕有婦禮奉翁姑以孝諧相夫子以貞順日事紡績組紃織紝乃至補紉饎爨亦身任其勤勩無或燕惰其尸饋奠料簡精密酒漿醯醢洗腆告充更絲蓄粒聚以蕆婚嫁躬服浣濯屏去纖麗珍華之飾尤善於內外族姻乾餱之患未嘗愆遇大慶恤輒黽勉更其乏絕不之有無爲解襄成公延名師課諸子太孺人備極忠敬飲饌必甘旨器用必潔淨一切瑣

屑之事亦具精詳審愼日以爲常臧獲雖有過未嘗加之訶斥其歸也不惟給以直且厚賜與之至不率教者亦卒善言遣去無少乖忤語殆有才而德又特優者歟甲子之春適周花甲葦族戚並祖耩葳上萬年觴顯祖忝在葭莩末躬與其列衆以祝釐之祠見屬顯祖耄而不學將何以祝太孺人哉惟五福之說起自箕子之洪範曰壽曰富曰康曰考總以攸好德爲之本攸好德之福成錫而五福皆錫故既醉首章亦言飽德一而已矣太君婦道母儀兩俱無忝躬盛德者必享大年由此而

軼邁期頤未知與層城閬風孰爲先後今之初度特其嚆矢耳矧子孫接武美秀而文繼自今花封紫誥疊賁於羽樽綵衣之閒爲壽母焜耀者不一而足詩人所云孫子之從信而有徵已顯祖不辭荒落敢摭詩書微旨而推附之以敬修一朋之獻是爲序

姻侍教生龔顯祖頓首拜撰

謹莽薛公傳 十四世

公諱升字謹莽號蓉溪世居錫邑之禮社父孟服公母馮孺人生子三公其仲子也少時凝重不佻長而好學孟服公恐其勞瘁戒勿夜讀公以布冪窗戶掩燈光若已寢者鈔寫默誦恆至丙夜黎明孟服公起公亦起未嘗稍拂其意孟服公儉而好善公亦身衣布素而時時以錢粟給貧困者其能體親心大概如此孟服公卒哀毀盡禮事馮孺人承顏順志事事得其歡心喪母時年已五旬猶宛然孺慕之誠焉其爲文也一以古大家爲

宗不事藻績而丰神洋溢有往復不盡之致年二十八補邑庠生屢試秋闈不第晚乃援例入成均非公之素志也公貌豐厚而髯顧盼偉然望之若嚴厲不可犯者然爲人持和易而質直與人交從無疾言遽色鄉黨咸偁長者云配郭孺人善理家政不以瑣事累公賓朋過從公歡然酬接身不入內頃之肴核羅列時有珍異之品公未嘗問所由來但舉箸勸客而已長子華黼多才略外事悉以委之公勿問也嗟乎公有內助之賢又得嗣君之佐優游自適絕無勞心瘁慮之虞樂只君子宜

乎眉壽可期矣乃年五十五而華黼君遽遘疾卒公哀
慟之甚歷數年而亦卽世年僅五十有九嗚呼天之報
施善人者其缺陷乃若此耶禮社之族多富厚公顧不
汲汲於財利好賓客以文籍自娛憶嘉慶戊午科予與
公及毘陵毛君韋銘賈君斧仙同應試金陵暇日游讌
流連看月秦淮之樓蕩槳桃葉之渡公言笑甚歡性不
善飲亦連引大白不已曾幾何時而音容已渺不可接
耶然公雖齎恨以没而薛氏之溯盛德者必及於公則
公之生平固昭昭乎其不泯也矣予仲弟弈廷公之壻

也故予知公特詳己丑歲薛氏將修其族譜而公之子
仲季兩君以公傳屬予予愧不文然竊慕公行誼之篤
且感公平日相待之厚乃不辭而敘其梗概如此
道光九年歲次己丑仲秋姻眷姪吳謹儀拜撰

謹弇薛公祭文 十四世

歲維
大清嘉慶十三年歲次戊辰十一月壬戌朔越二十有
七日己丑姻眷弟吳應軫謹以瓣香束帛致祭於
謹翁老親臺先生之靈曰嗚呼公與余少長一歲耳而
竟舍我而去耶傷哉憶自丁未歲公以仲愛女許字與
余次男遂忝爲姻好越一年公遭太親臺之喪余率次
男來唁斯時公在哀戚中不能一晤越三年余兩男倖
入泮公親來稱賀因得瞻公丰采其儀度安嫺言詞温

雅洵藹然春風中人也踰五年公之愛女始歸於余家
勤慎儉約執婦道惟恭常以不及事姑爲憾余私心喜
得賢婦而歎公之家教有素也嗣後往還無間怡然相
對略迹談心雖總角交無以過孰意兩家運蹇公喪其
賢冢君心焉如割越一年余仲媳復抱危疾公聞知來
視而病已屬不起是時公傷愛女吾痛婦賢相對泣然
淚涔涔下從此感慨係之而余與公之會晤亦稍有間
矣今歲孟夏忽發背瘡成虛證旋瘥旋劇余於八月間
率仲男視候公疾扶入出見雖容顔清減而神情爽徹

公自謂病去八九余亦謂可保無恙方相約待來春和煖至名山勝地作伴敖遊嗚呼孰意遂成永訣耶嗟吁乎人於生平契合之人忽焉殂謝欷歔之懷誰能自已况公秉性立行誠有可效可師者跡其生平直躬不諱坦衷信口教子撫孫和親睦族而又黽勉有無凡民匍匐莫不受其帡幪至今停舂罷肆抱殲我良人之痛者徧於遠近而豈余一人之私慟耶獨是余毛血日衰思得與一二三知己時相過從以暢情懷而彼蒼者天遽奪之使去則余寸衷之耿耿而難置者較之恒情爲何如

山嗚呼哀哉尚
饗

婣眷弟吳應彰頓首拜

研翁姑丈八十壽詩 十四世

南極星輝耀德門欣逢北海正開樽座閒眉宇瞻山斗
膝下萊衣舞祖孫豔福已教巨黨羨清名還享一方尊
梅花香裏蟠桃會相見擎杯笑語溫

八百光陰過八旬十分還有九分春問年洛下誰前輩
領袖河東仰此身盞把鯉庭週甲子壽添海屋起庚寅
一堂四代歌眉壽盡是當筵勸酒人

九如共祝德心堂三鳳聲流百代芳學仰河汾師北面
桃從瑤島進東方采芝圍綺先生侶入座機雲弟子行

齒德並尊推一族羣仙高會倍風光

雲芝瑤筍滿堂春最喜藍田產石麟彭祖未交八百歲
曾孫已抱十三人富能好禮家風古老不逃禪見地眞
說到居州稱善士自應壽數比靈椿

已將多祉說頻頻再把閒情細指陳常對子書參地理
每斟卯酒養天眞無求卽是無懷世有壽還須有福人
晚景儘教嘗蔗味含飴鼓腹八千春

安閒歲月付林泉但是高人不紀年白髮多時添鶴算
青山佳處卜牛眠

九虫
恩錫鳳雲外一片情深水石邊試看少微星象畔光明
處士耿中天
古樸依然長者風吟風弄月興還濃詩情婉轉工唐調
器宇深沈露笑容室繞曾孫稱得鳳門多賓客喜登龍
筵前即是長生酒好對南山醉幾鍾
飄生深感受公憐介壽因陳一幅箋語頌吉人須好句
居當福地自長年常垂青眼心如佛不夢黃粱骨已仙
蒲柳倚依松柏茂期頤再擬祝當筵

道光九年歲次己丑嘉平

眷姪趙心芝拜撰

研軒公紀略 十四世

吾族自明初卜居於此至
國朝康熙時我高高祖鳴廷公日以熾昌其後裔幾居族之半而壽之高子孫之多者則以我高祖友佳公爲第一此外享昇平之福者雖多而欲如友佳公之全福頗難其人以是知大福必有大德造物者若愛之惜之而不輕以畀人也乃後五十餘年復於堂伯祖研軒公見之公諱道泰字維僑號研軒亦鳴廷公曾孫也父鳳鶴公生四子公居長性仁厚好學不倦文章寖饋於名大家不落時趨故知希不遇而公之弟稼窗愚泉得公指示遂工於文詩則出入唐宋吟風弄月自少至老不衰書法秀整酷似顏魯公尤善青囊術尋龍捉脈斷吉凶輒奇驗雖堪輿家莫能及然此特公之才而未足盡公之德也公孝友出於天性父母兄弟間無非一片眞忱伯母李安人寡而子幼以家政委公公爲之經紀數十年至筋力衰而始止非篤於親者安能若是治家則外嚴而內寬故子婦以下莫不敬而且和即童僕亦皆効順登公堂者如遊唐虞之世焉其爲族尊也三十餘

年教人以孝弟忠信能使人皆善良不聞有訴訟聲即有相爭者公勸之無不冰釋鮮有涉訟者人以為風俗之美而不知皆公之德有以潛移而默化之也光憶道光庚子祝公九秩誕辰公扶鳩杖長髯似雪精神矍鑠與賓客談笑於香煙花影間望之如神仙中人是時五代一堂諸孫奉觴上壽祥風瑞靄春滿階庭髫髦員嶠方壺非復人間世矣豈非有大德者有大福而為鳴廷公後之一人哉公生於乾隆辛未四月卒於道光壬寅四月年九十有二配趙孺人淑慎溫柔四德兼備年七

十有六子二長瓚太學生次璨女四長適陸景宣次適職監生孫廷標三適職員錢夏尊四適太學生王協恭孫六人曾孫二十一人元孫三人回溯當年追隨杖履常承明訓若公之德真所謂沒而可祭於社者豈待光之文而傳耶茲之紀其梗概亦欲人知福之非可倖致而且以志景仰於無窮爾

同治歲次辛未季春上澣堂姪孫熊光謹識

信成公傳 十四世

昔孔子繫易於訟初曰不可長竊疑訟終凶之義聖人何獨於初爻發之蓋嘗觀虞仲翔消息之說而知聖人之用心為已深也夫訟初消則為履亂獄滋豐惟禮可以已之曰不可長弭訟也抑維禮也故賢人君子在上則以禮範天下而雀角之風息如周南所咏可徵矣在下則以禮化一鄉而譸張之患除若汝南月旦其前事也然在下則尤難其人身無威福之柄欲使斯世無情者不得盡其辭是非立身行己有以感服乎人心其孰能與於斯乃今於伯父信成公見之公諱雲倬信成其字也大父孔傳公次子性豪邁視人無畛域伯父襄成公叔父可成公暨府君先公卒公悲感如失左右手諸姪幼公以覆以翼如自己出書有云惟孝友於兄弟公殆其人哉世居禮社時附近居者不下千餘家其中賢否強弱不齊往往爭起耰鋤公儀型式孚使矜者平戾者和剛者柔間有負冤抱屈萬難解釋則傾囊噢咻之必冰釋瓦解然後已故終公之世鄉無一人涉訟庭者

應泰按漢于定國傳其父于公將敗門閭曰少高大容

駙馬高蓋車吾治獄多陰德後世子孫必有興者夫于公能聽訟耳猶未使無訟也如公者殆有得於聖人繫易之旨而以禮弭訟者矣公軼事尚多不勝誌誌其大者

道光九年歲在己丑南呂望日

姪應泰謹識

文學薛稼窗先生傳 十四世

錫山禮社薛氏多樂善好施之士而以文學發聞於時者首推稼窗先生其文孫雲潞與史翰香爲中表昆季因翰香乞爲先生傳蓋去先生卒已四十九年矣先生少開敏讀書外無他嗜好應童子試屢冠軍既游太學鄉舉戰輒北癸卯同考泰州知州方公得先生卷擊節歎賞既入彀終以額溢遺知先生者爲之扼腕棄噓而先生處之怡然曰是惡足以榮辱我其爲文精心結撰風骨逼近國初名輩每拈一題搆思良苦仰首屋梁劇心鉥腎累日夜不已既脫稿朗誦一過遇得意處輒自詡不讓古人名能文章家僉曰然與吾鄉先達楊觀察星園交莫逆觀察學問醞備相士不輕許可獨心折先生則其爲人可知矣既絕意進取凡朋舊子弟之貧不能學者引而進之經其提命成名如反掌易若黃進士載華其選也著有可傳之作如干首友人慫付剞劂笑謝曰藉以盡吾年耳吾老將爨之令子竊其稿貳之今藏於家先生諱翊泰於昆季爲仲少與伯研軒叔愚泉友愛以文義相切劘叔年八十餘猶矍鑠健飯應道光

乙未鄉試賜副榜舉人伯叔俱壽逾耄耋而先生年僅五十七卒以嘉慶庚午九月廿十八日配劉孺人有閫德事舅姑以敬處妯娌以和後先生三十年卒享壽八十有九子二長斗璇力學早卒次斗璿太學生以子雲潞貴贈奉直大夫雲潞名英議敘布政使司理問加二級斗璇之子曰薰候選縣佐加州吏目銜曰棻太學生與雲潞俱循謹自好克振其家聲

論曰近世以科目取士羅而致者歲無慮千百輩其閒未通一經鼰骳庸瑣者往往都巍科冠進賢而經明行修之士或汨於草萊賦蹐牖下以没世伊誰之咎歟夫先生淡泊寡營以道自重區區者誠無足介意而職膺與文者令明珠暗投何以謝天下士即向也未竟面壁倖入詞垣屈指素心朋舊雖駁放屈抑略如先生而其文章道義實足當弖北面事者不知凡幾爲先生傳叚自愧已

咸豐歲次戊午夏五

賜進士出身

敕授儒林郎翰林院編修國史館協修陽湖趙曾向撰

稼甯公贊十四世

嘉慶庚申科舉人 蘇敏善

嗚呼先生矯然出塵我展斯圖奕奕有神宛乎覩先生正襟危坐承祭與見賓行將閱千秋萬歲而當新雖然先生固自有不朽之眞入其室玉樹英英謁其墓靈芝九莖讀其詩與文如霜叉之初發於硎則所以壽世於無窮者豈徒恃傳神阿堵足令笑語之如親

方成薛公家傳 十四世

公諱雲鴻字方成號立齋孔傳公第三子也少有至性事大父母及父母皆以孝聞讀書甚敏目數行下與長兄襄成公同從朱宣綸張紹琦先生遊先生並器之目以雙丁兩到顧屢試不售又以勤學故得心疾孔傳公憐之即援例入太學然非公志也公能入太學遂絶意進取家故豐司出納者甚煩劇公曰昔孔子嘗爲委吏曰會計當而已矣吾讀書不能掇科第償會計亦不能耶遂獨筦其事不以瑣屑累諸昆季生平喜施予人有

以急難告者傾囊與之不稍吝而自奉甚儉布衣蔬食晏如也性耽泉石嘗於室東南隅構屋三楹屋後隙地數弓鑿小池旁壘石成山植荷其中夏日午香拂拂忘其時之溽暑也庭藝蘭百本公一一名之他人或不識也每花發時公科頭跣足手一壺酌其下素善音酒酣即拍板按歌歌聲繚繞庭前花亦簌簌作聲與歌聲相應蓋非獨其人長者也更有古隱君子風焉得年四十有四壽不酬德識者惜之配潘孺人有懿行公之治家也嚴孺人以寬濟之眞易所謂柔順利貞者子六長應泰次應衡應華應恒應嵩應會女二

論曰昔人謂憂能傷生如公者殆有鑒於此耶觀其優游自得雖古高人又何以過宜可坐享期頤矣乃亦僅得中壽斯何故耶豈孔子所稱命耶然以視世之汩溺塵壒纍纍没世者固何如也

嘉慶八年歲在癸亥蘭月

賜進士出身

誥授朝議大夫貴州大定府知府姻眷弟劉青照拜撰

愚泉先生傳 十四世

寻嘗以地方善舉得交於薛君研博沆瀣相投忝稱莫逆竊見其醕德篤行心存利濟見善必爲無一毫矯飾心雅重之時君尊大𡚽愚泉先生以成均碩望年登大耋應道光乙未

恩科鄉試

恩賜副貢生精神矍鑠意興油然鄉里榮之咸奉觴爲賀因得謁先生和風雅度穆然清眞益知君家學淵源其來有自又七年而先生歿孫曾繞膝五福全歸非甚盛德何以得此庚申之變君已先歸道山故交零落悵悒正深辛未夏初先生曾孫鏡平衡平奉先生行述請作傳末學小生學殖荒落立言何足爲先生重顧以世交之末誼不可辭謹爲詮次其崖略如左

先生諱交泰字象書號愚泉考殿鵠公母吳孺人生四子先生其叔也先生幼聰慧殿鵠公爲延名師訓讀弱冠應郡邑試皆前列院試屢蹶即援例入成均應南闈鄉試者二乾隆乙巳歲大祲殿鵠公以食指浩繁令諸子析爨先生任家政兼理舉業無何殿鵠公與吳孺人

相繼卒先生哀毀盡禮服闋後以家事殷煩不獲再應省試而好學不倦得暇即從事丹鉛足不出戸謂開卷有益何可一日忘也性儉約飲食服用事事從省而待人從寬生平未嘗有疾言遽色而見人急難輒汲汲代謀如不可終日諸佃有宿負及以醜米交者概不較奴僕或孤獨無依雖老病不遣謂此輩苦人如不容必窮餓以死其存心處事類如此先是從弟仙池君倡捐義莊族之孤寒者均有所恃先生又念鄉里中異姓之窮無告者亦不少因倡捐田數十畝命族孫儁芳凝祉諸君敦勸同族集捐田畝酌立規條顏其堂曰永善推恩錫類由親及疎澤及梓桑鄉閭戴德至今賴之晚年研博君讀書有成先生慰甚謂有孫繩武吾又何求故一切公事家事悉委之惟日手一編集古今史傳中忠孝節義之事彙成一册曰讀史會纂手自鈔錄以示子孫曰人生讀書以古爲鑑鑑一照則妍媸立判可法可戒在人之能自得師而已又曰吾生平所服膺弗失者曰厚譬如物之纖巧者其用不久刃之銛利者其鋒易挫汝輩誌之傳家之本不外是也吁即此數端而先生之

以盛德而獲厚報者蓋有由矣晚近人情往往席先世餘庥高貲坐擁聰明自負以華侈相尚以刻薄爲能言及善舉輒不勝蓄縮推諉以爲迂遠先生葆素養真退然如寒素而贍族恤貧扶危救急藹然惻怛動乎至誠固有出於天性之本然初非有爲而爲者宜其享大年膺遐福妥

國恩歸然爲

熙朝人瑞爲藝苑典型固邦家光非僅閭里榮也洵可風矣先生之

恩賜副貢也是時年已八十有一猶健步善飯神明朗然邑中士大夫莫不加敬爲彝人邑乘又七年而先生歿享年八十有八配諸孺人事舅姑以孝相夫以勤年三十有五卒繼配唐孺人淑慎温良先生或有盛怒事孺人陰調劑之往往得解里黨賢之享年九十有五子一煦早卒諸孺人出孫二人曾孫九人

同治十年夏五

欽加五品銜

賞戴藍翎光祿寺署正試用訓導世再姪余治拜撰

可成公行略 十四世

癸亥秋纂輯家乘應泰從諸伯叔後職司校正四叔母梁孺人命之曰汝叔卜吉歸藏也以學詩等尚幼不克爲行述今輯宗譜將成汝其爲叔作傳付梓應泰竊思傳者傳也人以文傳文亦以人傳應泰何人其能傳叔父乎無已姑述行畧以附家乘叔父諱雲燦字可成行四少時從兩伯父及先府君入塾師稱其有軼羣才析箸後與先府君居同宅視姪等如子教誨備至旋構屋西隅而應泰等常不離左右也事親先意承志極得二

人歡心居恆自奉儉約絶去奢靡習顧獨慷慨好施親族有緩急及在危難者拯濟不遺餘力或給負之負而再給終不忍絶也鄉里有不平事率詣理曲直叔父排難解紛釋憾然後已其有强悍頑梗難以理喻者一聞叔父至無不帖然服尤精會計乙巳歲大祲大父倡平糶議而䖏米不繼叔父出外轉輸奔走數百里日無間晷一鄉全活與有力焉待人誠慤雖幼豎賤夫咸推心置腹而人亦卒不忍欺顧以積勞故得瘵疾終年四十有四臨沒時執余兄弟手而言曰爲善最樂治生亦難

予一生奔走風塵攀還有無備嘗艱苦今諸子尚幼不諳治生爾兄弟勉從伯叔父爲我經紀家事無使中落俾他日承先啟後得爲善人吾死亦瞑目矣言訖而逝嗚呼痛哉歿之日親族鄉黨莫不撫膺垂淚有失聲者應泰追念前徽聊遵叔母命粗述梗概以誌不忘至於生年卒葬月日子女姻親俱載世表不復贅

嘉慶歲次癸亥孟秋之吉

姪應泰謹識

先母梁孺人行略 十四世可成公配

學禮懸弧之日歲在甲寅越七年辛酉而先府君敏齋公棄諸孤是時長兄學詩年未弱冠仲兄學道學易年更少女兄弟三人俱未字煢煢在疚抱恨終天而長養教誨俾學禮輩得至成立者則皆先母梁孺人顧復之恩也孺人爲外祖祥隆公長女生而明慧能承親意祥隆公絕愛憐之年及笄于歸府君克襄內治府君樂善好施予孺人贊助之無吝色以故鄰里親戚尤德之事大父孔傳公以孝謹稱時大母張太孺人已下世孺人常以不逮事爲恨妯娌一堂數十年無閒言方謂室家無事其樂和平也顧自辛酉而後變起倉皇大小煩劇孺人以一身當之內而教養遺孤外而措持門戶以女子爲丈夫以慈母兼嚴父迨婚嫁粗畢心力已瘁庶幾汔可小休而長兄學詩三兄學易又於戊辰庚午相繼殂謝骨肉摧殘痛心何極侍庭幃者仲兄學道與學禮二人耳居恆子婦相對淚涔涔不能止兒輩雖勸慰之而鬱鬱不自得也尋遘寒疾卒時嘉慶乙亥十月二十二日距生於乾隆己卯十一月二十九日享年五十有

七嗚呼痛哉鮮民之生昊天罔極自辛酉至乙亥爲孤子者十五年自乙亥至今忽忽復十五年矣每當春秋饗祀偕仲兄學道相對銜恤誦蓼莪之章而悲不自勝也今當宗人纘修家乘爰和淚而叙其梗概俾世世子孫毋忘懿範焉

男學禮百拜謹述

道光己丑日在東井

菊溪公家傳 十四世

公諱逢泰字翰聞號菊溪世居禮社爲錫邑望族曾祖鳴廷公祖環應公父殿鵠公母吳孺人世有厚德家稱素封公爲殿鵠公季子方舞象即以文名及冠入貲爲國子生將肄業成均未行而公父母疾作公侍疾甚謹投藥罔效喟然曰爲人子者可以不知醫乎父母歿疾於疢委之庸醫比於不孝程子之訓也乃讀素靈內經諸書潛心體究日與名醫參酌親疾以愈而公亦遂以醫著性固慷慨好施求者輒應徒步往診靡不悉心治之其貧者或助以藥餌如是者積四十年弗倦生平和易直諒與物無競尤友愛兄弟暇則集一堂講古今徹宵不倦喜蒔花小草幽芳一經栽翦致趣自別工書法長縑尺幅揮灑自如筆意精妙戚友來訪從容游讌盡歡始散又篤於親誼親戚有不給必多方資助歲歉則周郵倍常以故捐館時遠近聞者無不同聲悲悼信乎善之感人不虛也配劉太宜人年十九歸於公其時舅姑俱寢疾太宜人廟見後侍奉湯藥不離左右每焚香禱天祈以身代舅姑疾亦尋瘳人皆以爲孝感性寬和

婢僕雖有過未嘗疾言遽色而躬滌濯勤紡績至老弗衰綜理家政井井有條凡公所行善事太宜人贊成之力居多公没時涓勺不入口者數日舉家勸慰始節哀治喪既而集諸子誡之曰汝父雖無大德忠厚固自有餘汝曹當崇儉戒奢無負先人之志故公郎爵世而諸君皆克自樹立者稟母教也子六長滋博極羣書次淙例授武德騎尉早卒次德才智兼優次滈早卒次滀瀡皆彬彬好學諸孫亦恂恂儒雅女二長適余弟楊廷傑次適江邑陶文光公以子淙授五品銜例贈如其職劉

母例贈宜人長君滋與余自幼相知公之行誼知之最稔謹次其事俾附家乘庶薛氏後人知所則焉

論曰公之姊士昕伯母也士昕嘗至禮社其鄉人嘖嘖稱公與太宜人不置豈非德之足以感人哉吾以爲公之究心岐黃以濟世終以事親始有孝行焉夫孝全德也公能體之太宜人能成之豈徒矜矜然博利濟之美名哉

道光歲次己丑仲秋中澣

已卯舉人覺羅官學教習姻眷姪楊士昕拜撰

謹三公傳 十四世

公姓薛氏諱晉字謹三世居錫邑之禮社考孟服公生子三公其季也幼聰穎讀書日十行下稍長學爲文條理井然每一藝出老師宿儒亟稱許之將弱冠孟服公年已周甲時公長兄謹成公專辦外務仲兄謹莽公專攻舉業而家政殷煩孟服公獨主持之頗倦於勤謂公曰吾老矣汝兩兄各有攸司惟兹庶務汝其綜理焉公遂絕意進取佐父筦算錢穀之出內稽察僮僕之勤惰俱稱孟服公意析產後奉孟服公暨母馮宜人豐腆逾

常居喪哀毀盡禮人咸稱其孝云平居喜讀史每審其治亂升降成敗利鈍之故因識夫金穰木饑旱乾水溢之由乃師端木子貨殖之意爲計然術每一居積利輒倍蓰又命長君麟書綜理衆務歲時質其成於公焉以故家日隆隆起而自奉儉約飲食衣服不尚華靡見有關民生利病事則出貲倡行惟恐後若善舉之近於沽名者輒謝絕不爲人或以吝嗇疑之乃遇嘉慶甲戌旱災傾囊捐賑無少惜至道光癸未大水芙蓉圩隄潰田廬盡沒啼飢號寒者十室而九會邑侯李公奉憲辦賑

舉公董青下鄉事公卽慨捐二千金以備放給而以按戶勸捐計口濟飢事悉委諸長君長君親歷各鄙目擊被災情形思捐戶之宜勸而不宜勒飢民之不容冒而亦不容漏也珠恐飢民多而賑銀少乃更請於公復輸金一千公聞之醲然色喜曰吾兒能善承吾志矣余家距公居僅十四五里聞其父子義舉心竊嚮慕之然實未嘗謀面也己丑春公延余館其家課其子實書鳳書及孫熊光始識公公年近古稀長身玉立聲音如洪鐘目光炯炯射人與人言鬚髯畢張時長君已卒公復親

理家政自朝至暮無少暇每晚必至館詢兒孫讀何文課何題卽呼令至前與爲指示洞中竅要或誦少時所讀文以爲程式悉合法度余己心許之謂老於此事者未能過也及其講論世事則動引史事以爲印證上下古今確有眞解每與余意相脗合又竊怪以彼其才胡不思見用於世顧惟以積而能散者爲桑梓計乎既而思之而知其性之所近自有迥不猶人者方其促膝縱談時精神雖矍鑠終若有不豫之色流露於辭氣閒蓋由長君早逝抱痛莫釋致然然公之心力亦已頹矣每謂余曰吾已老恐壽難永子若孫愚不肖幸得事先生願長以累先生望先生之終不棄也言之泫然乃辛卯九月余甫自金陵歸而公訃至矣余館公家久公沒後子若孫仍從余游以故知公家事最悉實書鳳書熊光慶以家傳請余思知余之品誼者莫如公知公之行誼者當亦莫如余也故不辭而爲之傳至其爵秩生卒配繼副室及子女孫曾元詳載家乘不具書

楊夢篆曰自近世以帖括取士士之希冀科名者皦精役神於制藝之一途尙恐皓首而不能得其有留心史

事者不數數覯矣苟能貫穿諸史則經世之學講求有素自當措之裕如乃一旦置身通顯富貴薰其心利害搖其志坐視斯民之顚連困苦曾不一援手救而尙以動多掣肘自諉者比比也公不樂仕進竟克獨行其意志及鄉閭以視身歷宦途而局促如轅下駒者豈可同日語哉予向者訝之怪之今乃知公生平之立志固在此而不在彼也

咸豐歲次戊午仲冬　世愚姪陽湖楊夢篆拜撰

梅太宜人傳 十四世謹三公繼

無錫禮社薛氏有賢母曰梅太宜人誥贈奉直大夫鹽課司提舉銜候選通判國學生候選縣佐薛君謹三之繼室而鹽課司提舉銜候選通判寶書國學生議敘縣佐鳳書之母廩貢生試用訓導熊光之祖母也贈君初娶於諸生候選縣佐麟書麟紱而卒麟紱天麟書即熊光父也復娶太宜人副室顧生寶書鳳書寶書生太宜人以爲己子教養備至寶書亦事如所生道光辛卯贈君辭世時麟書已先卒太宜人泣謂

寶書曰汝父勤儉好施鄰里親族尤多隱被其澤者人固不及知汝父亦不求人知今汝上無父兄弟姪皆幼繼述當在汝矣寶書謹受命有所行必咨於太宜人歲庚子大水郡東北數十里無陸墟而芙蓉圩尤甚圩形如仰釜愈進愈低隄決水平低窪處居廬全沒先是康熙時水溢隄沖猝不及備溺尸浮數百里外寶書鑒此目擊圩隄決在旦夕即多設小舟沿隄放入隄決時已分途拯濟詢其有親故可依者復具舟給資以送之一時全活無算圩鮮冢地無力者多就田高隅裒土覆棺水淹至棺逐浪翻莫可辨識又棺爲水壞骸骨委地所在皆是寶書於陽邑城灣山下買田數畝裒而坎之爲立碑焉署曰芙蓉圩義冢旣又倡義捐金築隄圩民得復安居樂業太宜人教也太宜人生乾隆戊子四月十一日以道光丙午正月十九日卒年七十有九太宜人爲人恭謹仁愛儉於己而周於人御一食有不得食者在其側不甘也服一衣有不得衣者在其側不煖也卒前數日猶爲人計畫有無蓋其天性固然病革子及孫曾咸侍太宜人呼寶書而語之曰吾居恆以爲善訓汝

是皆汝父之志也子若孫無忘先志吾瞑目無憾矣言訖而逝寶書有學行嘗從余遊持狀來請傳余觀古昔賢母類多慈仁能好施予然如太宜人之同視一體何其發於至誠而施行之不倦也嗚呼可以傳矣

咸豐已未川在東井　世愚姪陽湖楊夢蒙拜撰

家以成傳 十四世

吾宗義田之成吾既爲之記且詳之於孔傳翁傳矣經藝復以其父以成傳請曰吾祖之志父實成之非別立傳不詳敢請寻不得已因復從之以成諱雲從號仙池姓薛氏以成其字也父孔傳翁諱景達生子五最幼郎君世系先德俱在其傳中祖業素豐及翁勞苦營殖益饒稍君幼讀書諸兄長産皆析後翁歷試以事皆辦治因私謂諸子曰雲從如是吾無憂矣遂盡以家政委君君性孝友其治家處事及歲祲籌賑設塘車修石梁慷

慨好施略如翁而生平於承志爲尤力翁卒時顧君昆季五人以義田爲屬未幾諸兄亦相繼卒以父命付君君於父兄臨卒之言蓋終身未嘗忘也故其置田也以諸兄子皆幼慨然獨當其半餘則使諸兄子分任之需之數十年得田千畝始上其事於大吏達之
部於是羣族之貧寡孤獨生養死葬嫁女婚男以及讀書應試而無力者靡不仰給於是而泫然歷歷指以成相告曰此其父某翁及其兄某某等之賜也而君至此亦始忻然用告成矣道光戊子余歸田後之三年承命其子經藝過余諄諄以翁傳及記請且述遺命嗚呼君可謂始終一於承志者矣記有之善則歸親君殆知此志也夫越三年辛卯卒年六十六以助賑故
恩給八品職配魏孺人先君卒子六長經訓次郎經藝皆太學生議敘九品職次經畬次經猷俱早卒次經閣太學生議敘九品職次經謨業儒經藝後君一年卒來繼請者經閣也

論曰異哉孔傳翁後父子兄弟間大義如是之昭然也以成繼其父兄志置田經閣復繼其父兄志請傳豈孝

友天性固然歟何其一門之多賢也因其請而並著之

道光歲次癸巳六月既望

賜進士出身内閣中書文淵閣檢校武英殿纂修内閣典籍安徽廬州府同知甘肅慶陽府知府宗弟玉堂拜撰

魏孺人傳 十四世

薛母魏孺人金佩公之次女孔傳薛公之季子婦也魏與薛氏爲世戚里居相近孔傳公知其賢爲其季子僊池先生納聘焉于歸之時年未及笄而姑張太孺人已即世孔傳公性嚴毅詞色不少假年老齒脫飲食稍不如意即不慊孺人奉甘旨孝養不怠家已析箸諸事殷繁僊池先生治理於外其內事一以肩孺人孺人明達而嚴整量度日用贏縮修膳中饋分任僕賃婦女操作察勤惰以施恩威蓋藏出納筦鍵啟閉之事皆井然有

條雖甚勞勩不少弛是故數十年閒僊池先生家業日隆隆起孺人與有力焉生丈夫子五人延師教課飲饌豐腆諸子或誦讀少懈師督責之孺人聞俟其入即譙讓甚至加以箠楚諸子衣履一以布素曰童子不衣裘帛自古已然違之適以長其驕侈也嗚呼姑息之愛婦人爲甚而富厚之家最易奢靡今諸令嗣幼時皆稟承師訓長而敦樸自重彬彬禮讓無近時紈袴習氣豈非孺人之預教於早者有以致此哉甲戌之歲大旱飢者相望邑中士大夫設局捐賑僊池先生慨捐金數千兩爲一邑倡孺人亦傾其匳資得千金命其嗣君佾仲賀粟米詣富安鄉散給諸貧者至麥熟然後已是鄉地勢最高旱尤甚賴是舉得免爲溝瘠餓莩之人至今稱誦之其在詩序曰鵲巢夫人之德也羔羊鵲巢之功致也夫以大夫之賢而必推原於鵲巢之功所致明乎士君子必賴有內助之美也朱竹垞先生有言曰世祿之家夫不以智率婦不以義從往往爲之婦者輒制其夫即爲善之念油然根於心而管鑰恆司於內雖銖兩之需不謀諸婦不可得由是失其初心者不少也此言內助之

非其人也今觀孺人其度量之相越爲何如哉僊池先生之仲子婦予之從妹也故知孺人之行事特詳僊池先生慷慨好施與言行恂恂有君子之風絕不類世俗封殖自豪者所爲然人皆知僊池先生之好行其德而抑知其佽助於內者孺人之賢固如此乎載之家乘亦可以媲美於古風人之所稱述者矣

道光歲次己丑仲秋

姻眷姪吳譔儀拜撰

皇清例授儒林郎布政司經歷秋崖薛公墓誌銘

夫士抱曠達之識負軼羣拔俗之姿不幸無所試於世而其嶔崎磊落時流露於舉動涉歷之閒世之人莫測其底蘊徒以形迹求之無怪乎知之者少也如秋崖薛公是已公諱溥字震青一號樵圃其先世鎮撫治亭公諱琚由江陰遷於錫遂世居禮社太學生諱耀遠公父也公十歲而孤以母教成立漸以太安人春秋高家庭多故公不忍其母之勞瘁未弱冠遂膺世務以練達聞初公好讀書卓犖有大志以家事廢意中落落無以自

遣援例授六品銜非其志也平居足不踰戶問安視膳外蒔花木以自娛每當春煖秋晴繁花似錦則宴北堂進太安人觴擕家人婦子歡笑以爲樂而或荷風送暑梅影橫窗手執一編悠然自得興之所至輒記以詩其旨趣如此家蓄奇書精賞鑒凡古硯珍器羅致殆徧法書名畫尤所留意云嗚呼世之擁貲厚自封殖者日營營於良田美池園囿桑竹而已圖書典章日不知爲何物春花秋卉領畧幾何問以天倫樂事且茫乎莫辨也公獨超然於世俗之外昔神明逸少孤奉母隱居以琴樽自適王晉卿擁去膏粱屏遠聲色而從事於書畫作寶繪堂以蓄其所有公毋乃類是公美儀容多鬚髯丰標峻整衣冠瞻視灑如也生平處身嚴肅訓子弟有法而意致閒遠與世不苟合惟獎引後進體恤坎坷則孜孜不倦故一時儒雅之士聞其風者多樂與之遊余之受公知也年猶少後公車北上時得公言以自厲歲癸未江南大水渰禾稼及民居殆盡當事以賑恤委公公爲余述遇災狀讀其書深得古人救荒之意蓋公德日懋而行益加也不圖桑梓之鄉遽失良友悲夫公配黃

氏副室陳氏子二長科次和女三公生以乾隆三十有五年九月三日卒以道光六年九月二十三日享年五十有七公卒後三年己丑四月十六日令嗣扶公柩葬公於花山之祖塋郵寄行狀來請於余余不敢辭因誌而係以銘銘曰外挺厥秀內含厥章孝標矯矯嵇紹昂昂不出戶庭既安且逸萱室春暉芝庭秋實醞醪時醉纖纊能溫英風遐想古處允敦有原膴膴有碑奕奕孰與永存蒼松勁柏

賜進士出身工科給事中盛思本拜撰

先妣黃安人行畧 十四世

先妣安人黃氏例授朝議大夫諱維銓公孫女太學生諱省山公女辛未科進士諱載華公之姊也安人性明慧數歲授孝經內則能了大義外大父母鍾愛之年二十一歸府君事府君敬相待如賓人以爲有孟光之風焉爲人舉止端詳不妄言笑大母知其能家也卽任以中饋安人不敢辭晨興盥洗卽往姑所計一日事夕必復之承事之際竭誠盡慎無幾微違更善事庶祖母定晨昏省嗜欲視大母無少異庶祖母卒安人親視含斂

哭盡哀居恒每以分爨不及久侍爲歎故一時之稱婦道者必首及安人於庶祖母一節謂爲識大體也平居閫範嚴肅家中無少長悉以禮待婢僕雖頑劣見安人至則屏息不敢出一語蓋自上及下由巨及細事繁人冗無不彌縫體恤焉由是內庭瑣屑事無煩大母心并無溷及府君也及科有室咸謂可以少安矣安人曰吾婦職未終敢以姑自處耶勤慎如昔日迨邁疾自知不起囑府君曰吾不及終事姑死有餘憾我死但使兒婦等無失老姑歡卽亦瞑目耳又命科夫婦曰勉之必無負吾志且惟父言是聽言訖遂卒嗚呼痛哉初大母暨庶祖母各循分相敬愛卽或執已見不相下安人調停兩閒婉譬曲解務和悅而後止有時遷怒及安人亦謹受無忤容故於其卒也大母哭之痛言及之必流涕云安人卒以嘉慶十有八年距生於乾隆三十有二年得年四十有七科傷安人之行而夫婦之不及事也因以所見聞誌之如此男科百拜謹述

節母陳孺人序略 十四世

已丑秋余自都中歸得晤故人耆梧陳君遂與責著劇談因述其姪女陳孺人居孀苦節並命爲之序其巔末刋列薛氏家乘俾冰霜之操垂諸久遠余聞之肅然以敬皇然以興義不獲以不文辭爰繹其所述如左孺人幼貞靜嫺女紅年十九歸薛君金輅逮事姑以孝聞自奉儉約而養志必豐秉性端嚴而待人以恕是以妯娌長幼無閒言姑歿居喪哀毀動止不踰禮躬操井臼敝衣蔬食而倡隨自得有古梁孟風無何薛君辭世孺人

年僅二十八耳一慟幾絕誓不欲生曰仰無翁姑可恃俯無兒女可守奚生爲戚屬咸勸慰之計以姪嗣意稍解而茹荼飲蘗平居無展眉日也今孺人年將週甲矣迴思三十年閒備嘗艱苦有人情所不能堪者薛故邑之望族聞將爲之顲請題旌達勁節於

大廷荷

恩綸之寵錫固其宜也余得聞所述如此嗚呼若孺人者可以風矣

道光歲次已丑仲秋之吉壬午科舉人秦燮拜撰

贈履堂先生序 十四世

余友賈浩泉每當把袂談心輒道其婦翁薛履堂先生行誼因甚慕之而以未嘗識面爲恨今年春始得見之且日相習焉先生善談論喜詠諸意氣激昂無在不以誠信待人一切世俗詭險之事耳不欲聞恆詆斥之至於濟困扶危無所吝惜不市恩亦不好名其志趣實有大過人者覺浩泉所述猶多未盡也家居無事曾手錄三國志一編積數年而始就問其故則曰余非好自苦而爲之也竊見世之安居樂業者既不必作衣食計遂

游狎邪放形骸否則縱飲呼盧日習於慆淫而不知返欲求一檢束其身心者而不可得余以是編置之案頭當秋月春風明窗淨几或讀一二卷或不至一二卷藉以消遣世慮使身心若有所事不至逐逐於狂放而已况乎大江東流英雄豪氣亦足以志忠義於千秋不朽也余聞是言益知其自治之方而性情之出於尋常也因序其畧如此

道光四年重午後一日

世愚姪朱灝書於嘉會堂之北軒

室張氏紀畧　十四世

吾族續修家乘諸子請母傳於余余曰傳者傳其實也設強爲之辭雖鋪張揚厲而實反不彰則不如其已也況汝母事余二十年中道而殂卽有善亦婦道無成耳烏乎傳雖然汝母生平有可爲汝告者汝母張若英公女年十九來歸時方析箸家事汝大母是任之汝母語余曰創始難守成亦不易姑年雖未邁宜少安弗累以煩劇今而後夫子主其外闔以內試勉爲之余如其言由是力持中饋廢者舉之弊者革之婢僕之頑也去之

動作之勞也均之夙興夜寐心計口授余於此始無內顧憂積數年事益冗食指益繁汝母無難色事至則預籌焉費繁則預計焉一切鉅細余檢點卽不及皆賴汝母以助而業用以阜尤務持大體不瑣瑣以爲儉自尊親長幼以及賓朋戚黨卒無慳吝苛薄名生平無煩言無德色務劇心勞女紅不輟卽默坐而操作之勤惰能周知其精敏嚴毅有如此者撫汝曹不事姑息女教尤嚴動中禮法恒戒之曰今日閨中之女他年堂上之媳也可無謹與初余家故不豐恒以爲憂汝母曰丈夫貴自立耳苟不事遊蕩何憂爲乃十餘年閒卽能佐余中落以底於成設天假之年則所以贊余者豈止此哉惜年僅三十有九也嗚呼安得家有婦如汝母者乎汝曹欲傳母行卽筆余言以誌之也可

道光歲次戊子小春望日

履堂氏述

康尊薛公傳 十五世

公諱錦字康尊一字印山源長公第三子也母余孺人繼母王孺人公幼而好學穎悟過人稟性剛直不爲事物屈撓家有支清公讀書錄朝夕玩味嘗讀昌黎佛骨表慨然曰老氏服食鍊氣以求長生是知有生而不知有死者也釋氏誚有識之死受生循環遂厭苦求免是知有死而不知有生者也吾儒之道以死生爲晝夜蓋有生則必有死有晝則必有夜此乃天地自然之理也二氏不知此理則又烏可遽語道哉由是深斥佛老篤

信力行與人居恂恂儒雅和氣藹然然遇事激發無所回互雖恍以利害亦悍然不顧必求其是而後止蓋公剛直之概得之性生而又積以學力故能確然有守如此公又善書秀潤圓勁肖其爲人居一室鑪香茗盌花竹環列公手執一卷吟哦其中琅琅然聲出戶外若不知在貧素間并不知在人世間者公配陸孺人識大體與公同德生子六因材各授以業皆恪遵庭訓云公生於乾隆戊子十月初三日卒於道光己丑十月十八日享年六十有二

論曰霖普薛君延余訓諸子姪有年公與君好學相尙凡余所稱皆霖普之所述者也余聞公之先人有仕前明洪武朝與宋公濂同入禮館宋公欽其博雅者而公孜孜經史又能嚴斥異說以爲吾道之衛殆所謂繩其祖武者歟

道光歲次己丑葭月

陽湖張翰珍拜撰

節母龔太宜人紀略 十五世康榮公配

吾族詩禮傳家素多賢母故家乘所載節孝代不乏之而守節之最苦者莫如族伯母龔太宜人伯母爲橋西國泰公女

貤贈奉直大夫伯父康榮公之配也性淑慎簡言笑于歸時年十八歲逮事舅源長公繼姑王孺人以孝聞家故貧晨昏甘旨與伯父黽勉同心百計籌畫以博堂上歡雖袒服厠牏必親溲滌而愉色婉容若忘其勞也越四年姑歿七年舅又歿佐伯父兩營喪葬左支右絀拮

据萬狀夫婦二人惟夙興夜寐恃力作以餬口而椎髻荆布相敬如賓薪米或缺貿尺布以濟然眉絕口不言窘迫以故伯父得稍減內顧憂至三十六歲伯父忽病伯母既謀饔飧又謀醫藥困上加困無計可施惟有籲天求代而伯父竟溘然長逝矣是時伯母肝腸寸斷慟絕者屢而夫兄及母家兄咸勸以撫孤爲重遂節哀順變摒擋一切後事時長子景昶甫十一歲次子景煦八歲季子景煜祇四歲二女亦尚幼未嫁以養以教責萃一身推燥就溼幾無片刻安而破竈或不能舉火小兒女繞膝啼飢一聞此聲不禁淚涔涔下又念孤兒質雖愚魯不可一丁不識倘聽其游蕩墮厥家聲何以見亡夫於地下故勤紡織以供先生修脯每柝沈漏盡猶聞軋軋機杼聲蓋無一畝之田可以度活所日夜冀望者惟此三孤耳乃越五年長子殤又三年次子殤家徒四壁風雨蕭然一家衣食及兒就傳費悉出十指胼胝自食則饘粥不給至雜藜莧爲糜其苦如此不但不肯妄干於人人即憐而助之亦謝絕不受其立志有不可及者兒十三歲即命其服賈逐什一之利以紓家難迨婚

嫁已畢子克樹立猶操作逾常人不少懈里中賽會燈劇未嘗出戶一觀也後以子善懋遷業日隆隆起而念及貧時况味猶痛定思痛恆以勤儉教子且命之曰積善之家必有餘慶養不必豐但省費以濟人之急吾心安矣子亦勉承母志凡遇善舉靡不慷慨綜其生平自伯父辭世以迄撫孤成立其間茹荼飲蘗苦不勝言較世之苦節有不啻倍蓰者而乃格於年例不獲請旌豈數十年苦心孤詣祇堪飲泣終末由表見於後世耶然節雖未

旌而已享大年子以貨殖起家且以仲孫彬文議敘布
政使司經歷隨帶加二級得邀
錫命
貤贈太宜人天之報其苦節者不可謂不厚伯母其亦
含笑於九原也耶生以乾隆癸巳十二月十五日卒以
咸豐丁巳正月二十七日壽八十有五葬劉莊祖塋南
首新阡壬穴熙於平日雖未一瞻懿範而伯母之賢德
里黨莫不稱之耳固聞之熟矣今歲文彬文兩姪持行
述來讀之猶覺冰霜之操令人肅然起敬故謹紀其大
畧伯母不待熙之文而傳而熙之文且藉伯母以傳也
同治歲次辛未仲夏中澣之七日族姪元熙謹識

華國公傳 十五世

公姓薛氏諱朝棟字華國緯堂其號郡庠生襄成公之
長子也性孝友襄成公耽書史晚益甚公未冠時委以
家事悉稱意不問出入十餘年時大歉孔傳公年邁食
少襄成公憂之每視膳必羅列時果及山海珍錯爲加
餐計而令公入城主辦每當大暑酷烈及嚴寒風雪交
作公徒步往返數十里無倦無德人以此難之薛氏本
素封其先世議置義田未果公之叔以成首承先志公
力不逮慨然爲諸弟先雖不及見其成然始基之立與
有力焉居家儉樸惟爲子延師禮必虔終身未嘗有倦
色朝楹者公之次弟也好學能文早卒公泫然曰吾少
承嚴命持家計不獲肆力於文吾弟箕裘克紹方冀揚
名顯親少贖余過豈意舍我而去耶自是居恒悒悒年
四十有五卒子四溶汾瀾湧配潘孺人慈祥敦樸甚有
內助生子溶三載卒繼娶馮孺人生子汾瀾湧視前子
如己子登其堂者咸以爲祥禾慈竹皆孝友之報云
道光己丑仲秋戊子科舉人姻眷弟胡榮嶦拜撰

蒙谷公紀略十五世

公諱瓚字星曜號蒙谷堂伯祖研軒公長子也性誠篤手不釋卷而尤得力於儀禮小學故行事謹慎不踰規矩迥異鹵莽者流文章有名貴氣每一藝出率常屈其座人然終以格太高屢試輒蹶遂援例入成均事親孝自幼至老孺慕如一日雖古老萊子不能過也弟曰雲峯有足疾艱於步履公百計護持惟恐有疏失入塾必負之以背寒暑無間一日大雨塗滑甚公忽傾跌流血盈肘見者皆憐公公乃起而問曰得無驚乎弟曰無之

欣然復負之行若忘乎肘之傷者其友愛如此家故裕自公經理迨隆隆起故公大父殿鵠公秉性端嚴不輕許人而獨以守成許公知其爲保家之主也每遇荒政及一切善舉靡不踴躍時公堂叔履堂公董厥事知公有幹濟才必偕公籌辦倚之如左右手間有疑難輒商搉廢寢雖漏殘燈灺猶聞兩人辨論聲迨履堂公次第布之一一妥善益信公謀事之盡心以視夫不達時勢而冒昧從事者其才畧優絀之相去不可以道里計也公生於乾隆壬辰五月卒於道光己亥八月年六十有八配張孺人有閫範克勤克儉人謂公之家政內助之力居多年五十有八子三長謙議敘縣佐次端次諟女一適太學生唐企皋孫十一人熙婜佩秋王公次女即公之甥女也居既密邇又以親戚故時相過問夙知公一言一動無不從眞性中出而行誼之誠篤尤有可爲後人法者故因姪峻倫之請而謹紀之若謂文足傳公則熙豈敢

同治歲次辛未季春中澣堂姪元熙謹識

輔國公傳 十五世

公諱朝楹字輔國父諱雲錦字襄成郡庠生博聞强識湛深經術母馮氏公爲襄成公次子幼即奇穎好讀書襄成公爲致書千卷恣所欲觀是時郡中毛洋溟先生方以古文倡後學洋溟弟雲浦先生與襄成公同遊郡庠襄成延致於家朝夕課誦以故公之文章博雅而有奇氣嘗應試邑令甄公閱其文甚器之公尤勤勤自勵欲追古賢人志士之所爲沿波討源期於有用嘉慶乙丑年得疾以卒年三十有三也雲浦先生聞之慟郡城畢莘農先生者洋溟先生友也哀之以詩有空懷屈宋才一慟成千古之句其文行爲諸前輩所稱惜如此公生平篤於孝友遇人温厚和平恂恂有儒者氣象家故饒於貲然專意詩書不暇爲綺靡習公娶予族伯會亨公女生一子甚穎慧亦早卒何天之重厄公也己丑春會亨之孫鳳栖以公之行狀來予因論次以歸之

論曰余嘗及見公之狀貌嶷嶷然如露鶴澗松今館薛氏讀其遺文欷歔者久之以公之好學假之以年必足以奮見於世壽命不齊天可問乎然公沒已二十餘年知公者猶同聲歎息則雖謂公不死可也

道光歲次己丑仲秋之吉

眷弟趙心芝拜撰

詒亭公傳 十五世

歲辛未族尊豫瞻叔父命續修家乘光與襄事焉從姪映玉香林以其祖詒亭公傳請光惟公耆年碩德當時競稱頌之今沒後二十年罕有知其事者懼其久而湮沒也雖不文不敢辭爰綴數語於家乘公諱鎬字詒亭光曾祖孟服公之冢孫伯祖謹成公之子也幼讀書別具妙解稍長有雅趣不屑屑於制舉業視富貴如浮雲然弱冠卽遭毋諸太孺人喪哀毀骨立奉事謹成公愉色婉容三十年如一日及其沒也公年已五十猶爲孺

子慕故族黨咸稱其孝云性好施而不樂人知聞數里外有失火延燒闔村蕩然者於暮夜風雪中囊錢往賙之受其賙者莫知爲何許人環詢所自公終不告也平居嗜翰墨書法遒勁得歐褚筆意兼嗜酒恆誦孟服公咀得箇中味滿懷皆樂趣之句曰吾祖風也故生平喜讀陶詩暇則吟哦不去口閒有會心處每仿其意爲之然興到則作興盡則輟篇什完好者無多卽有亦不自收拾也六旬時命畫工作東籬采菊圖繪己小影於其中鬚眉逼肖面色醺然見之者覺酒氣花香溢於縑素閒一時名士題咏甚多幾疑爲陶公之後身焉顧嘗考諸宋書列陶公於隱逸之首而綱目之書其卒也則以晉處士冠之其爲人雖和平曠達實隱抱易世之感故甘於窮困而不辭若公生逢全盛之時家又累世富厚乃能脩然物外優游終老與陶公之所謂羲皇上人者不尤相脗合耶光幼孤賴公扶植俾至於成人亦嗜酒性頗與公近顧自亂後杖頭乏錢漫藉金質青囊兩術以應世送酒者幸不乏人然特如陶公所云飢來驅我去不知竟何之者耳曷足步公之後塵哉公自道光乙

巳長於族者六年先是謹成公亦長於族以是族人尤敬信之有以爭競事愬者公隨事勸解從不爲疾言遽色人無不說服以去見宗祠祭品儀節未盡如禮集族姪輩訂正之至今猶師其制嘗與族人議修家乘令先集貲敘稾嗣因學氛日近未及刊刻庚申之難稾燬於火遂散其貲於各房作遷徙費焉今豫瞻叔父踵其志而成之公向有志於斯事者亦足以告慰於九原也夫

同治十年歲次辛未清和月上澣 姪熊光拜撰

馮孺人行略 十五世

道光己丑歲 翻 客授薛公東巖家公余姑夫也與宗人輯宗譜謂 翻 曰汝姑隨我三十餘年無惰容無失德眞易所謂柔順利貞者先我溘逝恐生平行事日就湮沒汝爲我詮次之以附於家乘 翻 侍孺人久知之悉且承公命不敢辭孺人姓馮氏父渭綸公余大父也孺人生有至性大父曲愛憐之比長益嫻禮法年十七歸東巖公是時公方勤舉子業讀書每漏三鼓不輟孺人挑燈勤女紅刀尺聲與讀書聲常相應東巖公或止之曰吾樂此不疲且與夫子均勞也既東巖公父方成公卒事漸冗遂絕意進取與仲弟同筦家政而以內事委孺人孺人屏當一切咸有條理又身親操作爲婢僕先以故事無廢弛家素饒至是益豐事姑甚謹問安視膳必親必潔而太夫人自方成公卒後一念及輒涕泗交頤殊不欲食孺人多方慰解太夫人亦因之破涕加餐先是東巖公弟五人其婚娶半孺人爲經理及析箸諸弟謂東巖公曰父不幸中道棄捐弟等所以有今日者兄與仲兄力居多然非嫂相助爲理亦安能如此耶今兄嫂

任其勞弟享其逸心奚忍顧外析銀千兩爲兄嫂壽固知非兄嫂志然所以盡弟等心也其爲諸叔所欽服如此體素羸以積勞故遂得疾東巖公延醫治之孺人曰死生命也藥奚爲及疾革孺人喚子女至榻前曰處家忍字最好其次莫如勤汝曹誌之言訖而逝時道光丙戌三月十七日也年五十有一卒之日識孺人者無不泣下者

姪 翻 謹識

掌書公傳 十五世

薛君人俊余同學友也道光己丑其宗人將輯宗譜人俊來謂余曰俊幼失怙迄今四十餘年矣俊不肖不克自樹立以闡揚先子遺烈而先子又早卒未獲置身通顯得爲當世大人所稱述以垂不朽顧生平行誼心嘗誌之不敢忘先子性灑落少讀書不求甚解而時有心得同列常以爲不如比長大父諱莽公攻舉子業兼筦家政心常苦之先子卽棄書習會計家中無大小事悉身任其勞大父得優游載籍者先子力居多治家嚴肅

而尤喜施予人有乞貸者輒貲助之知其必負業許之終弗變也俊所知於先子者如此其他軼事語焉而不能詳俊不敢有所誣顧不識可以傳之使垂久遠乎余曰能體親心孝也能周人急仁也仁且孝世所難能而可貴者也君先人如是其可以傳矣且吾聞古孝子色不忘乎目聲不忘乎耳心志嗜欲不忘乎心今君不忘先人而兢兢以傳爲請其於古孝子何如也傳曰明德之後必有達人觀君之行益信君先人之德澤茂矣余不文爰詮次其語以爲掌書公家傳公諱華黼掌書其字也配楊孺人子一卽人俊來請余傳者也女二長適同里楊惠溥次適陽邑丁廷表公生於乾隆丁酉卒於嘉慶甲子享年二十有八賞不酬德識者惜焉

道光歲次己丑日在東井

世愚姪楊夢篆頓首拜撰

節孝楊孺人傳 十五世掌書公配

孺人姓楊氏國學生掌書公之配也幼端重授詩書通大義孝經內則尤所篤好稍長習女紅朝夕不倦年二十歸掌書公循婦職持中饋內外無閒言舉二女子一而掌書公逝世孺人呼天號泣誓不欲生舅姑再三慰諭之孺人泣念二老就衰子甫三歲二女又幼遽從先夫於地下舅姑必不安舅姑不安夫亦不安夫不安妾雖死何以告無罪於九泉乎於是忍淚含悲事二老益謹閱五載而其舅附貢生謹莽公又棄養謹莽公有三

子分爨後姑郭太孺人輪值供膳孺人月奉一旬備甘旨豐滫瀡必擇姑所嗜者進之及姑壽終喪葬盡禮如送其舅蓋自掌書公卒後事翁五年事姑二十一年敬養兼至一時有賢婦聲云性習勤夏甚暑繅車不輟不自知其汗之浹背也冬甚寒機聲達旦不自知其凍之裂膚也當謹莽公在時增置田產錢或不敷孺人輒以布餘佐之迨其子德泰就傅恆以紡織所餘庋脩膳有加禮後又命德泰從西園楊先生遊凡脩脯所給悉出自十指焉尤儉於自奉衣不嫌補綴食不厭粗糲一日之用苟可節省務從其約析產時分授田二百餘畝每至臘底查核租額檢對收數計一歲之所入供一歲之所出不許子婦於常用之外略有浮費以故俯事俯畜愼持家計不稍中落孺人之戒謹惕厲又何如耶孺人以乾隆丁酉生以道光己丑卒享年五十有三卒後十年德泰奉族尊長命據節請

旌奉

旨賜旌節孝給帑建坊入惠山節孝祠設位春秋禮祭時則以道光戊戌始也易曰苦節貞凶夫苦節非凶蓋

謂拙守窮乏生計日蹙家道日益廹祖業日益替以上六居節卦之終象所以云其道窮也若孺人者以辛苦所積上事舅姑下撫子女謹守遺產承先啟後可謂苦節而亨者矣而况節益堅孝益篤宜其死而不朽廟食百世之報哉茲當續修家乘其孫坤奉孺人之苦節問傳於予予有姻誼不獲辭謹沐手而恭誌之

同治歲次辛未孟秋　　姻姪吳師澄拜撰

約筠公贊 十五世　　胡均之

席豐不溢守謙不盈下帷鑄硯抗志古人曹倉萬卷邊腹五經作爲文章浩瀚縱橫老輩共獎吾儕咸欽使年克永於學爾深詎不鵬舉展翼青雲人亦有言善無不報雖屈其才正厚爾德德能及遠才止身耳弈世榮昌敢頌以俟

節孝屠太孺人行畧 十五世約筠公配

余先考丹崖府君生女兄弟九人而最鍾愛者惟次妹妹幼貞靜言笑不苟知書明大義嫻女紅而侍庭幃尤孝順郡城莫不稱之姨丈稼窗薛公聞其賢遂爲長君約筠議婚于歸後事翁及姑劉太宜人晨昏克盡婦道問寢必謹夫婦亦相敬如賓內外無閒言嘉慶庚午翁遘病妹司湯藥日夜不怠既歿哭盡哀明年夫又病妹常焚香求代不應慟絕者屢誓不欲生姑諭之曰吾一年連遭慘禍肝腸寸裂今汝又欲以死殉其如兩孤三女何妹遂飲泣受命爲夫辦理後事子職婦職任之一身老姑甘旨及兩孤膏火費悉出十指閒雖酷暑嚴寒操作未嘗少懈迨婚嫁甫畢而姑又棄養妹乃呼天而泣曰未亡人撫此兩孤賴老姑教誨幸得成立何天奪我老姑之速也故毀瘠骨立幾至滅性喪葬畢課子益嚴以先人創業艱難時時勗以勤儉一切游蕩習不許稍染平居足不踰閾族人罕見其面顏色凛若冰霜而性極温柔雖待婢媪從未有疾言遽色晚年以紡績過勞遂得血證醫藥罔效疾革命兩子曰吾數十年茹荼

鬻槳苦况備嘗惟望汝兄弟兩人承先啟後耳汝兄弟能無忘吾訓吾亦瞑目矣卒於道光二十五年十一月距生於乾隆四十五年六月年六十有六越二年長甥薰遵奉當道採訪錫金兩邑貞孝節烈婦女薰以其母一生苦節呈請蒙

恩詔旌節孝入祀惠山節孝新祠邑中士大夫過其地者靡不瞻拜誠不世之遇也嗟乎古來以節孝著者不乏人矣未有遘罹多難如吾妹者卽置之中壘列女傳中又奚愧焉予忝爲手足故詮次其梗概如左

道光歲次戊申仲春

敕授承德郎 國史館謄錄議敘州同知加一級分發福建借補鹽運使司知事胞兄屠紹曾拜撰

春融薛君墓誌銘十五世

春融薛君以嘉慶十一年卒越二十年其孤本仁守義既長能文章稟其祖愚泉先生及母陳孺人之教從余遊一日持狀拜請曰仁等早孤不能備悉吾父行誼謹就所聞於吾母者詮次一二敢以累夫子余曰子之尊人余不及知母孺人節孝之德則耳之熟矣何敢辭按狀君諱煦春融其字幼有至性八歲遭母諸孺人喪擗踊如成人事愚泉先生及繼母唐孺人謹故無違喜讀書以多疾不務進取兩應童子試不售卽棄科舉學閒吟小詩有妙悟諳然特借以怡神養性不欲自名也君生長膴厚而性仁慈愚泉先生操家政不使與戶外事人有以緩急告君者隨力助之無吝色居常以早失恃自傷每有所感憤則悲悼彌甚以是疾久不瘳後竟以卒年僅二十有六陳孺人哀毀骨立殆不勝喪旣思君上有嚴親下有遺息子職父職萃於一身不敢不終君之志以養以教以至於今二十餘年孤子二人皆能讀書取友身列儒林女一人亦得所歸孺人於是可告慰於君而君亦可無遺憾於地下矣余幼入小學先君子

撫余背曰吾家世有節孝之德隱而未彰子孫當食其報汝輩有能善承者乎蓋余高祖及大父皆早歲不祿高祖母董孺人大母曹孺人皆苦節撫孤克有成立者也先君子自以不能致身通顯故舉以相勖而余年過四十亦不能博取科第邀一命之榮以食二母之報追思曩語亘用自愧今仁等春秋方富無飢寒之憂可以專力於學他日所造正不可限量其所以報陳孺人節孝之德而卽以終君之隱志者當必有在矣銘曰

无成有終時維地道受命孔促厥緒以保既亨其屯亦寒而温誰其銘之節孝之孫

逌家教弟陽湖毛師堅頓首拜撰

陳安人請旌節略序 十五世春融公配

余交禮社薛君研博有年矣素聞其母陳安人之賢安人故郡庠生陳君新之女而薛君煦之室也陳君家故貧數遊學他鄉安人勤紡績佐薪水母劉孺人甚愛憐之年二十一嬪薛時君姑諸孺人已歿事翁及繼姑唐孺人能得其歡心閱六年生子研博及素其而薛煦君疾安人焚香禱籲以身代卒不瘳安人哀慟欲絕既而視含殮畢色若怡翁姑覺其意泣語安人曰余以衰年罹此慘況汝復欲身殉耶其若此呱呱者何蓋安人已

服金屑待斃矣翁姑立和藥强飲之得不死安人既守節視膳問安不懈益虔研博兄弟長延師教誨敬禮備至家踰中人產常身自操作歷寒暑罔閒蓋仰事俯育辛苦經營者迄今幾四十年余嘗讀易見家人之彖曰无攸遂在中饋貞吉其傳曰六二之吉順以巽也婦人之義以順巽爲宜則其所職者止於議酒食褱蘋蘩而其他承先啓後之事非所問焉嗟乎此特論其常耳人之所遇不齊固未可以一槪論也夫婦人事夫與人臣事君同爲臣者幸際無事則將順其美爾縫其闕亦可

以告無罪至於遺大投艱身經變故使亦退然沮避莫尸其事則爲君者將曷賴哉且易嘗言之矣其在坤曰利牝馬之貞蓋言順也順也者臣道也妻道也然而文言傳曰坤至柔而動也剛則其所以爲順者蓋非委靡頹葸所得而與其閒矣斯義也尤著於六三之一爻曰含章可貞或從王事无成有終无成云者其即无攸遂之義與然非有終即不足以盡其職而無愧故含章可貞以時發也夫惟內含者能以時發是故君所不能爲者臣得爲之任焉夫所有志未逮者妻得爲之代焉至

於夷險一節終始一心舉一縷千鈞之責悉以身負荷之而後於爲人臣爲人妻之道可以無憾所謂地道无成而代有終其義固如此也後人不明乎聖人立訓之意而以爲順以巽者退避焉而已以故爲人臣者率以畏難避事爲賢而婦人女子益碌碌自待鮮奇節偉行可稱於後世嗚呼吾於是歎陳安人之賢爲不可及也今安人翁姑皆享期頤兩子亦各成立而研博已補博士弟子員方以力學著名於時薛煦君於是爲不亡而坤道之所爲順以貞者亦至此可無愧矣道光丙申研博以安人節請

旌於

朝而復出其節畧請余爲之序余嘗慨爲人臣者以畏難避事爲賢而託於无成之義以自解也以爲必若安人之克任厥艱而後不愧乎其義遂書之以應研博之請夫妻道與臣道一而已矣則雖謂安人之事足以勵人臣可也

侍教生楊夢篆拜撰

陳太安人輓詩 十五世春融公配　侯玉麟 少欽

河東望族有完人節孝兼余孰與倫破鏡早年悲隻影懸棺當日誓捐身天心不許金環噬（安人曾欲吞金環自盡爲侍婢所覺力救乃止）坤德常培玉樹新此去泉扉初志遂好重聚首話酸辛

五十年來勁節揚萬般辛苦獨親嘗支持中饋心崇儉孝養高堂沒不忘姜績柳丸欽姒美謝蘭燕桂羨聯芳欣看鳳詔承恩寵祀典常流青史光

馮掞藻 雲巢

古來列女中具有丈夫志節烈殉以身節孝任厥事權衡兩者間輕重各殊致吁嗟陳安人庶乎知此義當其志決時斷金金可噬恍如天誘衷匪石石堪礪擔荷一何重初終不少替垂垂五十年功成身乃退我昔依華堂距今隔三歲羨母康且強謂母善自愛母云自暇逸何以訓兒輩斯言符敬姜千古符誰繼況推慈濟恩而無吝嗇意吁嗟陳安人壼德罔勿備勖兒俱成名蓋機邊淚翁沒營喪葬孝思永不匱無何婺宿沈翻嗟噩夢異始爲安人悲繼爲安人慰悲者有餘戀慰者無異議精白格幽冥芬芳播蘭蕙猗歟節孝全允合龍光賁

姪元熙 芸圃

堅鐵石潔冰雪四十六年如一日節母之節不可及伯父喪時母廿七噬金殉之志已決是時呵護有神力調母上有翁姑下有孤全仗一身死不得死不得難更難節母日夜摧心肝兢兢甘旨與熊丸爲子爲父身無安娶婦生孫孫抱子節母勤儉無終始翁死喪葬母經營

衣食淡泊理機杼乞姑延年積仁慈洞轍時救途人苦豈知大限符噩夢七十有三歸洞府（昔伯母夢見伯父問以壽數伯云在望七之年後覺無驗至今秋仲兄素其有子名七者殤亡伯母視之遂得疾不起始恰望七乃亡七也）母歸洞府亦何戀惟戀堂前老姑爾吁嗟乎母節雖苦名則榮及身已受朝廷旌惠龍俎豆潔且馨千秋日月爭光明況復孝子孝孫皆成名紫泥封誥輝門庭皇天報施理亦應（熙）不能爲母作銘聊以此詩妥母靈

玉函公傳 十五世

天下事之所不及爲力之所不能爲者既舉而委之於無可如何而事之所及爲力之所能爲又以爲無與已事而姑置之此仁心所以不繼仁政所以不行也惟仁人君子視天下人之病猶己之病故能出其身爲天下興利救病力瘁於身而不知財費於不貲而不惜此其間雖大小異宜廣狹殊施而視人猶己之心則一而已吾今乃於薛君玉函見之君諱麟書字玉函父謹三公子四君其長也少攻舉子業率嘗屈其座人歲乙丑郡

試邵尊蔣公見君文傾倒特甚拔置第二顧數奇院試仍黜士林惜之而君亦自此絶意進取矣君過人恂恂言若不出諸口然當其赴義之急則激昂奮迅若晨風之鬱林渴驥之奔泉務底於成而止道光癸未大水田廬盡沒流離轉徙呼庚癸者十室而九民病甚君顧憂之而無如何會邑侯李公奉憲勸賑各鄉擇其鄉之醕謹練達者董其事而靑下鄉則君父謹三公長者又優於才咸稱允顧事煩劇且人賢否不一樂施者多慳者亦復不少謹三公因謂君曰世間惟爲善最樂此善政也奈余老不堪其任汝其爲我代理焉因先施金二千爲同里倡而蠲郵事一以委君君計圖按戶激勸並施自朝至夕常無甯晷然猶恐飢民多而賑銀少也散賑日更請於謹三公輸金一千以助賑故君之一鄉熙如恬如若不知有凶歲也者然君力亦幾瘁矣先是嘉慶甲戌旱災其辦賑勤及輸金多者例得提敘君因言於邑侯曰勉力辦賑禮固宜之至輸金乃爲鄉里蘇困亦吾分內事豈爲邀恩計哉且吾父志也而其時邑侯已條其事於大府無可辭故謹三公

恩授八品職銜君亦授九品職銜實前此所未有人盡榮之而要非君志也君生於乾隆辛丑卒於道光戊子享年四十有八配沈孺人直隸霸州分州少盧公長女廩膳生研芸郡庠生仲畏胞姊子一熊光女五已嫁三人錢丙泰范循鑣胡煌四字鄭瑞麐五尚幼

論曰自世人守楊氏爲我之説鄉黨宗族之地涼德多矣如君者何可一二數乃僅得中壽天之報施善人何如哉豈不於其身必於其子孫爲善無不報而遲速固有時耶君可書事尚多余特書其大者以爲當世諷且

以爲後日食報之券云

道光歲次己丑日在鶉火

世愚弟楊夢篆拜撰

先妣沈太宜人行述 十五世玉函公配

嗚呼先妣之棄 不孝熊光 至今三十二年矣方在苦塊之中追維先妣閫德即思詮次之以爲行述顧念先妣雖壽逾花甲繼祖妣尚在堂未克終養其孝非爲子者所敢稱先府君之沒也先妣年已半百且家頗豐非苦節者比自先大父沒後一切外事皆兩叔父爲政如贅述之亦非先妣意也蓋先妣之隱衷有未嘗顯爲 熊光 告而 熊光 亦有難於顯述者遂因循不果作然其懿行令範戚黨競稱道之每舉一二軼事以爲 熊光 勖 熊光 參互考證始知先妣之不爲 熊光 告者蓋有由也今宗人將輯家乘竊恨夙承訓誨而蹉跎歲月至老無成乃欲追述前徽不亦有忝所生乎顧念先妣之行事有不可不垂示子孫者儻再隱忍緘默將至湮沒而勿彰則又何以爲人子爰和淚濡墨而敬述之先妣姓沈氏先世由徽州遷居錫邑之倉浜外王父少廬公諱謙之長女也外王父元配周孺人生先妣及從母一人而卒繼配陳孺人未踰年又卒外王父屢赴北闈姊及妹失恃且無所怙頓有孀居表戚蔡姓者就而撫養乃得成立

越數年又續娶杜孺人夙嫻禮法兼通經史撫先妣姊妹如己出且日以閫範相訓導故先妣生平得力於杜孺人者居多年二十一歸我先府君玉函公時先祖妣諸宜人已沒繼祖妣梅宜人來歸甫四五年先妣先意承志能得堂上歡先大父每稱之以爲大家女也乃結縭七八年連生女兒三人而先府君又以屢試不售仰維先大父屬望甚切乃北上時外王父官直隸霸州州吏目遂就甥館下帷攻苦冀得一當焉詎意嘉慶戊辰八月叔父紫纓公遘疾遽卒而先大父念繼祖妣之不育先妣之僅育女也亟覓副室爲廣嗣計遂娶於常熟

是爲庶祖母顧宜人明年六月叔父竹泉公生繼祖妣遂以爲己子云先府君得紫纓公耗恐二老抱痛莫釋且家事莫與服勞遂絕意進取決計歸家歸家後先大父及繼祖妣即命娶妾先妣亦屢勸焉先府君曰有子與否命也若娶妾吾思前顧後決不敢從蓋又閱四五年又生女兒一人而先府君終不許也甲戌八月熊光始生先妣年已三十六計從前孕女已七次矣於是先大父暨先府君皆喜甚又明年四月而叔父翼亭公生

亦顧宜人出也熊光既生先妣撫育倍至三四歲即抱置膝上課以唐詩就傅後夜仍篝燈令讀且爲講解因與兩叔父年俱幼飲食游戲閒恐有凌競故檢束亦綦嚴先大父善居積家日隆起至是乃開設質庫及花布莊等凡經理典務營造房屋均以委先府君或遇偏災董辦勸捐賑濟等事亦悉以相委焉先妣則隨侍繼祖妣綜理內政恪體姑心待兩叔及兩小姑誠而無欺撫諸姊及熊光慈而有法以故上下內外無閒言熊光自稍有知識以至十四五時祇見家庭之中整齊雍睦初不知此境之不能長有也無何天降鞠凶道光戊子八

月先府君患瘧痢纏綿竟至不起先妣號泣暈絕復甦回顧熊光曰吾夫婦惟此一兒吾儻死兒何依乃自節哀仰事俯育以一身兼任之先大父自先府君沒後親理家政兼督熊光讀轉益煩勞且思子之心抑鬱莫解遂以成疾於辛卯九月復謝世時竹泉公年二十三翼亭公年十七熊光年十八先妣慮少未更事襄理喪務必如禮未幾繼祖妣命先妣曰汝舅新亡且毋析產第兩叔已娶宜先析爨先妣曰謹如命於是輪流當直必

極豐腆爲兩少姊先雖年逾五十體又多病未嘗自言
勞瘁也癸巳爲熊光娶婦乙未熊光長子學培生先妣
於定省之暇含飴弄孫始有喜色丙申熊光入泮丁酉
鄉試薦卷戊戌歲試高等先妣由是期望愈切雖家事
縈懷絕不宜示恐熊光之分心而廢學也乃是夏忽患
陰瘧參藥並進自秋至春甫離牀褥亦冀痊愈當享遐
齡詎意氣喘頓增於道光十九年四月二十六日午時
壽終距生於乾隆四十四年九月初七日申時享年六
十一歲嗚呼痛哉初先府君卜葬於龍山之東山灣壙

右有石大如牛先妣歿日後合兆石難鑿命質之吾師
楊師韓先生先生素精形家言者曰大石盤踞鑿之傷
脈先靈久安動亦有慼考亭大儒故事可循也盍別擇
地而兆乎故卜吉於咸豐甲寅十二月初八日辰時葬
於舜柯山之上山灣兩山對峙相距僅里許松楸隱隱
相望也先妣訓誨子女身教與言教兼之從未有疾聲
遽色而承教者自潛移默化焉嘗謂熊光曰人惟讀書
始能明理世之訓子者每謂讀書可致富貴而薰心利
欲轉貽先人羞余不汝望也果其潛心讀書身體力行

於以推之應務接物俱能體祖宗父母之心以爲心則
處爲完人詎遜於出爲俗吏耶至先大攷沒後又謂熊
光曰汝讀書頗已明理若樗蒲戲狎邪遊兩者一受其
累貽害無窮想汝已習聞而深惡之無俟余爲汝告也
惟近聞鴉片甚行汝年尚少家頗饒外閒交游雜慎毋
濫爲酬應沾此惡習熊光謹識之不敢忘迄今三十餘
年見此數端猶若吾母之提其耳也是非先妣之德曷
至此嗚呼誰無父母誰非人子胡先妣之德若是而爲
之子者僅能身被其德而不能使子孫盡被其德耶惟

然而先妣之德愈足思慕於無窮矣大抵先妣處恆人
難處之境而能忍恆人難忍之情今熊光苟虛辭溢美
轉掩先妣卓有可傳之行儻據事直書尤傷先妣隱而
不自之心古人云石闕生口中銜悲不得語熊光之所
不敢告人者即先妣之不爲熊光告者也故第述先妣
一生之境遇及所以誨熊光者如是後世子孫苟深維
其故而詳釋之於修身齊家之道當必有隱被其澤者
儻棠
大人先生綜其始末而賜之一言則世世子孫感且不

朽先妣生子一人卽不孝熊光廪貢生試用儒學訓導
女五人長適太學生錢丙泰次適太學生范循鑣
詔旌節孝三適胡煌四適太學生議敘縣佐鄭浩五適
太學生嚴杓孫二學培國學生候選內部雙月員外郎
賞戴藍翎故先妣例得
貤贈宜人謙培邑庠生孫女二長適國學生翰林院待
詔張汝爲次適邑庠生華晉蕃曾孫三人亮孫 董孫 雋
孫 俱幼讀曾孫女三人俱未字
同治十年歲次辛未仲春 不孝男熊光百叩謹述

記外姑沈太宜人遺事 十五世玉函公配

辛未季春余攖疾瀕危婦兄薛渭占爲余診治過余家
者十餘次矣至季夏乃持所爲外姑沈太宜人行述來
示余曰吾母生吾及女兄弟五人今女兄弟均逝爲之
壻者惟君存耳君知吾母事頗悉向以君病未敢請今
幸漸瘥盍以一言傳吾母乎余受其行述讀之則抑揚
呑吐若有不欲顯白諸人者因轉詰渭占曰子胡然覶
有美而弗彰非孝也渭占乃泣謂余曰吾母處難處之
境歷四十年始終隱忍不自白今於數十年後而爲子
者悉言之得毋傷吾母心耶吾亦惟體吾母之孝思以
爲孝而已矣余乃知渭占所隱而不達者自有深意存
其閒也因就亡婦生平傳述之語及昔日睹記於婦家
之事而爲行述所未述者備記之如左余初娶於胡雲
輝其兄也生一女而卒聞雲輝室薛氏賢有幼妹未字
因浼雲輝執柯遂委禽焉卽太宜人季女也時外舅玉
函公已歿太宜人鍾愛之家叉頗饒渭占承母意爲治
奩飾頗奢麗于歸時外人竊議曰此富家女恐驕慣不
習勤苦難得舅姑歡乃自爲吾家婦奉侍庭闈躬操井

曰無少愈余詰之曰吾母今五十餘歲矣所以吾事繼祖母者常如是也性又儉約喜著布衣裙又詰之曰吾母教吾姊妹女工鍼黹外澣濯縫紉恆自爲之嘗謂衣一解不便操作今雖多病尙如是也撫余前室女飲食教誨逾所生余更訝之則曰吾母幼時繼外祖母待之如是吾在家習聞之而敢忘之耶余讀書外室每至夜半入內猶見挑燈爲兒女作襪履余尤惜之則曰吾兄讀書亦常至深宵吾母雖倦必俟吾兄問安始就枕母之於子尙如是婦之於夫不當分其勞耶余乃知室人

之賢皆由於太宜人之教也余常以歲時趨侍太宜人見其豐頤廣額顏色溫和聆其言則光明正大迥無世俗顧惜弱女厭薄壻家之習而視渭占如嬰兒飢飽寒煖常料理之暇則含飴弄孫顧謂渭占曰汝生子早不知珍愛亦思吾年三十六始生汝豈易有今日耶然是時奉繼外王姑命先析爨嘗直供膳必豐腆爲兩少娣先雖年老多病而晨昏定省未嘗稍懈實則繇繼外王姑命與兩叔尙未析產也嘗詢其故於太宜人太宜人輒隱約其辭後卽亂以他語焉戊戌夏忽患陰瘧勢甚

劇渭占廣延名醫斟酌施治兼取岐黃書讀之究其受病之因由明其用藥之當否然後敢進蓋渭占之知醫自此始太宜人病時僕婦服役無當意者必渭占及其次女事之始適姊弟二人朝夕侍奉參藥無閒至己亥孟夏諸病悉瘳飲食多進漸能於牀下行坐惟胸腹尙脹耳太宜人乃命次女暫歸渭占入內室寢留僕婦伴宿焉一日太宜人忽謂渭占曰汝能從我十日不餌人參否渭占請其故則曰昨僕婦聞外閒議論云久病向愈而胸腹尙脹者皆過餌人參之咎也故欲試之耳渭

占思氣體漸旺停十日諒無妨遂不敢强乃未及十日而太宜人氣喘頓增竟以不救及易簀後僕婦始告渭占曰主母自停參後卽令吾叩求仙方其方乃用藥煎湯熏洗胸腹者主母命吾於夜閒煎湯熏洗勿令小主知向謂熏洗非服餌比故不以告今則不敢不告矣及閱其方皆耗氣藥始知補氣之藥已停再不能堪此耗氣也渭占以調護未周引爲終天之恨每與余道及此事猶欷歔泣下云余病劇時渭占用參者尤地等較之尋常逾四五倍始獲更生今渭占云脈象未調尙難停

藥余深信其言非渭占之方不服者蓋有鑒於此事也

太宜人姓沈氏考少盧公諱謙官直隸霸州州吏目妣周孺人生太宜人及女弟一人而卒繼陳孺人無出亦早卒又繼杜孺人撫太宜人姊妹教養兼至故太宜人一生得力於杜孺人者居多杜孺人生子二爲太宜人異母弟長研芸公諱昌錫邑廪生母沒哀毁竟以身殉

詔旌孝行配張孺人食貧守志二十餘年

詔旌節孝次仲畏公諱保錫郡庠生以逆氛將至憤懣而卒繼配陳孺人從姒婦罵賊同日被害並得請

旌孝義節烈之行萃於一門非杜孺人之教曷至此然自難後子姓亦漸式微矣而太宜人同母妹適廣東新安縣典史華芸閣公以子衡壽貴

誥贈恭人杜孺人所生妹適太學生孫作霖公以子官

誥贈宜人與太宜人姊妹三人均邀翟茀之榮爲近時所希有何其富貴福澤不貽諸後人而獨鍾於女子耶更可異者太宜人生女五人長適太學生錢丙泰三適胡煌卽余前室之嫂四適太學生議敘縣佐鄭浩五卽余亡室均有閫德爲族黨所稱惜年俱不永而次女適金邑太學生范循鏞生二女而寡守節數十年其次女許字邑庠生薛鳴和爲繼室未婚而鳴和卒女歸薛撫孤姪克成立其子卽郡廪生丙元也女之沒也一時名士競爲詩文以表彰之且以女孝貞節之行與其母節孝同時請

旌人咸謂女之貞節由於其母之教而不知其母之教由於其外祖母之教并不知其外祖母之教由於其外祖母之繼母之教也蓋母教相承綿延四世處其常則享安貞之福處其變則顯卓絶之操若太宜人所處之

境似常而實變乃遇其變而獨能處之如常其隱衷雖不自明而其局量不迥越乎恆人哉因思庚申之亂渭占嘗欲毁家以紓難乃家既毁而難卒不紓尙遣其子馳赴軍營以圖報効迄今貲囊告匱而終不自悔豈其忠義之氣亦由太宜人訓誨之所致耶余分居半子迴溯音容宛然在目謹擇行述所未述者述之於以見渭源之有自亦以卜遺澤之孔長也其行述所已述者不具書

同治十年歲次辛未季夏門下季壻嚴杓百拜述

薛節母馮太孺人傳略 十五世祥國公配

節母馮孺人郡庠生禮社薛雲錦之季媳文學朝楣之配議敘縣佐衛芳之母也年十九歸薛歸八年而寡以
道光十六年得
旨詔旌至六十餘以天年終入祀惠麓節孝祠嗚呼亦榮矣余自丁酉授經禮社得交衛芳衛芳沒其哲嗣寶千與余遊始悉孺人梗概今春持狀來請曰願記其實余不文然嘉孺人潛德不可以或湮又重違寶千之請迺爲詮次其顛末以歸之謹按孺人姓馮氏陽湖余巷

里人父周翰鄉賢祠生母錢氏孺人幼稟貞靜不妄言笑爲父母所鍾愛及歸薛釵荆裙布躬操作得翁姑歡翁歿益孝事其姑姑賴以安朝楣之疾也孺人百計醫藥籲天祈減己算卒不愈病且及期朝楣指其子謂孺人曰自卿來吾家積勞甚矣余病不起此弱息累卿也孺人飲泣不能仰視久之乃曰妾所以不死祈愈君也脫不諱有相隨地下耳君既有命敢不敬從及卒孺人哭之慟絕而復蘇繼念夫言未可死遂一以撫孤持家爲己任時衛芳僅七歲弟淇四歲家不踰中產孺人節縮衣食事事紡織延良師課其兩子脩脯一切悉出自紡績資累年業漸裕衛芳等亦成立而孺人督教愈嚴讀書營家外不得稍事宴游尤以世俗履絲曳縞爲深戒而衛芳及弟亦奉命惟謹不敢偶踰尺寸歲戊子夫叔郁轉君雲從倡置贍族田孺人謂衛芳曰葛藟猶能庇其本根況吾儕乎因割膏腴田三十畝爲助孺人貌端嚴性儉約年踰五旬猶躬操作人以爲言孺人曰要使兒輩習知儉勤不忘祖業耳其平居訓誨諸婦每以勸夫友愛妯娌和順爲兢兢孺人生以乾隆壬寅卒以

道光乙巳享年六十有四計守節三十八年子二長淩卽衛芳次淇孫七孫女三曾孫二曾孫女一

孫希朱曰程嬰杵臼有言死易立孤難方薛君朝楣之歿也孺人不難以一死著烈乃隱忍徘徊曲從夫命前後數十年閒卒能使幼者成立廢者振起孫曾濟濟雍穆一堂雖天有以陰相孺人亦由孺人堅貞之性能力爲其所難終始不渝以至是也余前識衛芳見其安和儒雅無纖毫紈袴習今寶千昆季尤能孜孜向學以古人自期薛氏之興蓋未有艾也益信孺人之教澤長矣

咸豐元年四月　　世姪孫希朱拜撰

牧村薛君傳 十五世

君諱經訓字樹滋一號牧村世居錫邑禮社里禮社著姓爲薛氏家多素封其間雄才大度之士指不勝屈而君常爲首稱君之尊公爲僊池先生有六子而君居最長幼時常受經於先府君府君與之講解經義輒明悟而察其意不甚篤爲語古來興廢成敗之蹟與當世因革利弊之源必窮問數四日夜娓娓不倦府君曰是子殆不肯以帖括終者時爲其尊公言之尊公聞蘇郡有諱棣園先生當世之宏通偉略士也遣從之遊一切刑法錢穀盤錯之務一見通曉試之剖決如流棣園先生知其能以愛息許焉居甥館者年餘時僊池公家計日擴設質庫於外里其地之無藉選事輩往往聚徒黨以相傾撓司事者不能應以爲請不得已召之歸使主其業君至待以誠信勸以操行附和者悔悟其尤桀驁不馴者訟而繩以法漸漸斂迹既而又大敬服之歲甲戌被旱奉父命齎金赴局捐數千兩有司申其事於朝得恩賚焉又以餘貲即其所植業處發粟米錢布以賑其

飢寒立醫學儲木材以濟其疾病而死者并爲之請於邑侯設義倉於其地爲久遠計邑侯韓公素知君賢如其請并捐俸百金助成其事後爲斯地主計者稍稍侵蝕遂中廢君不勝惋惜焉所居里西有白沙河爲往來要道嚮設木梁風雨之夕老弱婦女過此者多掉慄蒲伏偓池公議易以石費逾千金君督工鳩治暨蕆事無少懈其急公奉義如此君生於乾隆四十八年四月初七日卒於嘉慶二十五年八月初一日年三十八歲太學生以賑貸義舉

恩加九品銜娶譚氏子名泰平殤以弟子鎮星爲嗣女一適邑庠生譚正揚卽棣園先生孫也

毛恆理曰余與牧村幼同硯席長相往還者數十年其性情行誼無不具知君天資英爽磊落人也居恆無所矜飾不屑屑爲小就常欲經理當世之務以攄其素抱假令得行其志乘時遭際如漢卜式鄭當時輩見功業未知何如卽不然出其緒餘爲宰百里亦足以沾溉於遐方而迺悲止鄉隅功施少見而遽奪之算抱其奇賫志以終豈不惜哉

道光歲次己丑桂月上澣

世愚弟毛恆理拜撰

書紳薛氏家傳 十五世

予交薛君凝祉有年矣往歲嘗以其薛氏義田記請序於予予高其先世德行不辭謭陋而爲之序今春復奉其本生考行述郵寄示予曰予先子行誼非先生莫可以傳者敢以爲請予悲其意信其辭因爲詮次如左按公諱經藝字書紳紉莽其號太學生議敘從九銜先世自澄江遷禮社代有隱德祖孔傳公諱景達候選從九父仙池公諱雲從鹽運司知事即創建義田者也母魏孺人舉子五公爲仲子少時偕其兄牧村弟硯塍俱就

學塾巖唱和有三鳳之譽既仙池公有隱疾命公伯仲出理家政當是時外里設質庫牧村公任其事公獨持家計懋遷有無家故饒至是益以貲雄於鄉人盡豔之而公處之澹如也事親孝定省無失禮朔望必冠帶叩謁公於仙池公爲愛子而督責無少貸嘗盛怒欲投之以机公婉容愉色進曰兒知罪矣願大人毋舉手恐傷筋力也奉机而泣仙池公色霽机不果投昔者曾參芸瓜受杖夫子責之謂小箠則受大箠則走乃公不必走卒亦不致受大箠是殆善全其孝者歟嗣丁內艱事老父益篤仙池公晚年疾尤甚飲食恆不嗛志公多方進甘旨以悅之及歿喪葬盡禮素車白馬弔者數百人所謂不以天下儉其親公其有焉性尤篤於友愛兄自外歸里必煮茗談心終日忘倦時或手談一局更闌共榻嘗謂吾兩人主督家務庶吾弟等得專於學亡何兄卒弟硯塍亦卒均無子以己子爲之子而命子善事其嗣母公既悲手足之彫殘又痛怙恃俱失居常悒鬱後仙池公一年卒嗚呼公之以孝友終其身亦可見矣其他軼事爲人排患釋難慷慨好施不可枚舉予弗誌誌

其大者蓋孝弟則仁自生也初公之祖遺命建義田公之父成之公又承父志竭力經營克蕆其事故薛氏義田之成公之力居多余嘗讀李申耆義田記而知之是又予序所未及而實足以傳公不朽者因附記於此至生年月日卒葬原續妻配子女俟凝祉載諸家乘中茲不贅

賜進士出身

誥授朝議大夫河南候補知府署開封府知府開歸陳許兵備道姻愚弟鄒鳴鶴頓首拜撰

吳孺人傳 十五世

孺人姓吳氏予從伯父序賢公之長女也幼時婉嫕而明達勤於女紅足跡不出戶庭予先母李太孺人特愛憐之曰此女他日必以賢慧稱諸姪女不能及也年十九歸錫邑書紳薛君爲僊池先生之仲子婦薛氏故富厚飲食者常以數十人計一切賓客往來親戚餽遺以及米鹽薪菜酒醴饘饔鍼紉浣濯筦籥啟閉之事淩雜多端孺人承姑魏太孺人之訓事事皆身親之無或失墜黎明即起坐庖廚中呼諸婢媼各司其所事暇則躬

執機杼率諸婢女操作不輟於婚嫁諸大事又極綜理周密魏太孺人卒伯氏及長姒別居六區橋貨庫中孺人獨理家政者十有餘年前後如一日生四子一女年四十二而歿僊池先生嘗語予從姪裕源曰汝姑母在時常聞紡績之聲今無有矣賓朋飲讌味品必有留存今則席散後盤碟皆虛矣家中瑣事今多有失忘之處未嘗不念及汝姑母之詳慎也婢媼等皆曰吾輩勤惰孺人皆知之受恩者感之即被譙責者亦無怨也嗚呼亦可知其賢矣予伯父家業微薄孺人歲時歸省未嘗有驕矜之色弟兄姊妹間謙婉逾於平日猶時治織紝組紃之事其勤儉若性成者然惜乎不永其年未獲安享其福也雖然諸甥等皆明敏有識度異日庶有能光顯其母氏者斯則予之所厚有望焉者矣

道光歲次己丑桂月

愚兄謹儀撰

先王父晉贍公行略 十五世

王父諱應恆字晉贍治亭公第十五世孫曾祖方成公第四子也王父昆弟有六方成公卒惟大伯祖晉贍公暨二伯祖楚贍公成室王父尙幼性剛毅不以辭色假人而事曾祖母潘太安人愉色婉容訓誨必曲意承順昆弟閒友愛無閒言迨曾祖母卒旋議析產大伯祖晉贍公家道中落王父以家產三分之一田數十畝分贍諸姪既而二伯祖楚贍公家況亦窘王父贈之錢幾及千緡後六叔祖越贍公經商不返家產蕩然王父借諸

伯叔祖竭力維持又以市廛門面兩閒基地四閒俾寡弟媳孤姪得以棲身王父之篤於孝友雖古人行誼不是過也好施與凡遇疾病困厄或施以藥餌或給之錢米收租時見佃家之疾苦者每蠲其租一日偶至佃家不移時敗絮中失火燒燬牀薦衣服等物王父返其應收之租且以衣服錢米給之其存心利濟類如此尤喜放生凡魚鼈禽鳥之屬常買而放之晚年不食生禽不食生魚此耆老所傳也復於里中集資剏舉惜字會并建爐於文昌宮之前收拾字紙揀淨焚化俟爐中灰滿將灰澆水裝入甕中買舟親送大江歷久不懈至今猶遵行之王父生於乾隆五十年正月初二日卒於道光十七年四月十五日年五十有三配陸太孺人年四十有四子二長鳳翽議敘縣佐次鳳翔早卒女三長適强清潤次適孫家燮三適胡士楨孫二長養修議敘八品銜次自修庠名翰磚嗚呼王父辭世時養修自修俱幼不能記憶其生平今就見聞所及謹述數大端列於家乘庶幾久而不忘也

孫男 養修 自修 謹述

在岡公行略 十五世

堂伯在岡公諱鳳翥字爾鈞伯祖信成公長子也信成公敦禮讓敦化里黨遠近有紛爭者得其言卽解以排難故理家政無餘畧遂委之公公自少穎敏習詩書意圖進取至是不得不棄舉業治內外務俱井井然非稟命不敢行不十年父歿踰年母楊孺人又歿公哭之哀前後喪葬盡禮方信成公之將卒也命公曰汝兄弟四人及吾在宜分析公承命均分不論嫡庶兄弟怡怡誼同手足孝友自是性成平生好施予而治家勤且儉自奉輒疏食布衣晏如也與吾祖仙池公最契仙池公承先志倡捐義田諭諸姪量力集捐玉成其事時公僅中人產田不及百五十畝祇以好義之心發於不可遏遂慨捐五十餘畝人或以好名議之公曰鄉里有義舉猶當勉力況誼關一本獨不分餘潤以贍貧族乎吾行吾志何名之有衆皆韙其言居恆閒靜少言億則屢中貨殖十餘年家業日隆隆起而素守之勤且儉如故也其教子也以孝弟相勉勵其待姪也視之如子其交友也必信其爲人謀也必忠蓋生性之誠樸有如此者嗚呼

如公之立心行事天宜假之年矣乃得年四十有三而卒天之報施善人其何如哉德配馮孺人有閫範性寬和待婢僕無惡聲而躬澣濯勤紡織凡公創業內助之力居多公歿時水漿不入口者數日親族聞之咸來勸慰遂節哀治喪既葬集諸子戒之曰汝父雖無大德忠厚誠有餘地汝等勉之無負先人志厥後諸子皆克自立識者謂非公之承先啟後不克致此子五蕭薿蓁蓻藴皆得議敘女一適孟里議敘縣佐孫懷德孫十七人多恂恂好學豈非爲善無不報而遲速有時不於其身必於其子孫耶公於嘉慶十九年與道光三年水旱兩災捐賑應得議敘辭不受至咸豐七年以孫履潔議敘布政使司經歷公

貤贈儒林郎如其職馮孺人

貤贈太安人

同治歲次辛未孟夏既望姪 希范 謹識

硯塍薛君傳 十五世

君姓薛氏諱經畬字耕莘僊池公第三子也少時與其伯仲二兄俱就學而君最穎悟受經差後所誦習常軼出其前十歲學爲舉業甫成句即有條理比舞勺而燦然成章矣僊池君冀望日切延先府君課者再既又歷事同邑高笠人楊緗甫毘陵段竹畝蘇郡盛治堂諸先生皆一時名宿執經門下者一經指授往往取科第以去君既以徧遊宗工之門因得盡交兩郡諸名俊日相切磋刮垢磨光而學業亦大進當是時諸兄以才幹勤

斂主督家務刻欲成就弟學一切外累不以相干而君亦得以覃精藝苑咀味經史以壯其波瀾爲文彩色絢爛而一歸於雅馴不入甜熟一派五言詩雅近王儲試帖則取法吳穀人法時帆諸先輩七言古體不常作間以餘閒學習小楷兼好趙董二文敏公筆意內景靈飛諸帖時置案頭臨摹數行幾至亂眞性沈默寡言笑終日靜坐非身心有用之書不以寓目嘗持一硯以示余曰吾磨此硯幾三十年殆將與之相終始因自號硯塍余時方教授其弟課徒之暇時與君相對夜闌秉燭其

命一題各成一藝以相質君文隨時變化駸駸日上蓋隱然一畏友矣君雖資性明達而務窮根柢沈潛默識苦心結搆掐擢胃腎因是積勞得咯血證時或一發而猶不以措意攻苦如故迨一發不可制止而竟以是隕其生矣君生於乾隆丙午卒於嘉慶癸酉得年二十八歲德配俞孺人性溫淑守節自誓無子以仲兄子華星爲嗣受之如己出孺人後君九年卒

論曰士之豐於才而嗇於遇者往往思愁其心腸憔悴其身體以致輾轉困頓志氣日頹而學業因以不振硯

塍生長膏腴專心進取圖書文史之具足以供其揣摩日用取給有求立致不可謂不遇矣而屢蹶小試未獲一售難矣猶曰功名遲速會有其時且年未逾壯安知大器之不克晚成哉迺竟以勞致疾因隕其生文彩韜光譽星孤照豐於才而嗇於遇吾於硯塍亦云

道光歲次己丑桂月上澣

世愚弟毛恂理拜撰

家贈君懇棠傳 十五世

君姓薛氏諱斗瑤字懇棠明世有武略將軍琚由江陰徙無錫之禮社爲禮社人曾祖樞貤贈儒林郎祖拱宸父翊泰俱國學生母劉氏同產二人君居次生有至性束髮就塾通四子大義既長與兄約鈞晨夕攻苦父稼窗翁婉諭之曰汝能讀書匹善顧余精力就衰若兄弟共習舉子業如家事何遂謹遵父命出兊家政稼窗翁病卒君兄弟毀瘠逾年兄約鈞卒又數年元配陳卒既先後卜佳城定窀穸營葬如禮而

迭遭多故怛焉內傷又以綜理內外籌經運緯無一日弛歷十有八年積勞中風繼室孫氏侍湯藥左右扶持越八年乃卒君温良純慤不喜矜飾名譽與人怡怡然不爲疾言遽色歲歉率先倡施以緩急告無弗應自痛失怙奉母益孝身殘廢遇悅辰必命子姪盡禮稱觴終君世弗懈兄終之日嫂屠以姑老子幼誓不欲生君委曲勸解許以身任謹事之撫孤成立即以家秉委之始終無閒言綜君生平孝於親禮於兄嫂慈於孤姪和宜於其家而加厚於里黨宗族蓋倫紀中完人也嗚呼如君者可以傳矣雅工詩善飲酒酣揚眉趺坐手和淵明歸田諸作親故來問舉以相質反復詠唱志其疾之在體也生以乾隆五十一年丙午卒以道光十五年乙未享年五十以子爵

誥贈奉直大夫配陳氏

誥贈太宜人繼孫氏

誥封太宜人子一英孫出

誥授奉直大夫布政使司理問加二級孫四彬檪錦昉

曾孫正寰

光煒曰倫紀之於人重矣尙書洪範一篇首明彝倫攸敘彝之言常朱子所云秉執之常性也今世士大夫動以文章氣節相矜詡核其內行每多疚心君行事雖若平常無奇然惟從眞性流出則平常中自有一段芬芳悱惻不可磨滅之概蓋盡倫斯盡性於心可以無愧故芟取君狀畧撮其重者書之余又聞稼窗翁疾篤時君適羈江北急足至兼程返棹抵岸詢知父沒數日君失聲慟哭暈絕墮河幾不救此與吾常洪編修事頗相類而世友史翰香君姨子也嘗爲余言嫂屠性嚴厲稍不

如意輒不憚君事之惟謹則較之馬伏波又有加焉合
兩事觀之非眞至性過人烏能若是哉
咸豐十年歲次庚申孟陬既望宗愚弟光煒撰

薛母孫太宜人墓表 十五世憩棠公繼

歲己未冬余讀禮里居族弟翰香介錫山薛雲潞英來
謁以其母孫太宜人狀泣涕再拜乞文其埏道之石余
不工爲諛墓文聞有所作皆親故灼見其卓卓可傳始
表而彰之余未與雲潞習而遽狥其請設實悖於稱毋
乃奮言乎而太宜人固翰香從母也徵之翰香而信邑
之賢士大夫又嘖嘖稱雲潞也賢而賢雲潞者必推本
於母氏之教然則表其母以垂之永久宜也狀曰太宜
人姓孫係孟里望族

贈福建光澤縣知縣立亭公孫女太學生峻峯公女母
則諸孺人也爲我王父太學生稼畬公之子婦先大夫
太學生
贈布政使理問憩棠公繼室也又行實曰太宜人幼端
謹讀書通大義幼失恃孝事外王父歷數十年不弛事
王母劉太孺人亦然先伯父以力學早卒撫孤成立乃
築室異居將遷太宜人奉大母偕郎大母亦樂就太宜
人養也先大夫疾危調護周至未嘗貽大母憂既捐館
太宜人大慟大母持之哭曰若善事我我無子而有子

也吾老且暮且死若死吾誰依遂輟哭强歡笑如常然
枕簟閒常淚斑斑溼也性寬厚馭下無呵譙聲惟畜不
孝英不爲姑息愛延名師課讀惰則警以大杖不稍貸
雅好花木左右蓺蘭數十本灌漑不假手於臧獲花時
位置几案閒皆滿攜孫男女歌詠其閒以爲樂歲丁巳
擬爲太宜人稱六秩觴太宜人不可曰吾家數日錡席
可療數百人飢不如施貲哺四方餓者所全活甚多其
他事類此又曰太宜人之卒也患腹疾惟飲食稍減談
笑如平時料檢周身物畢具含笑而逝時咸豐九年十

月二十一日享壽六十有二子一英議敘布政使司理
問加二級階五品故母得受
恩封太宜人女六長適孫家燮次適佾生孫樹標次適
太學生許文燦前母陳太宜人出而太宜人拊育教誨
同於已生也餘適候選縣佐吳仰慈賈躋堂候補縣丞
周維翰孫男四彬業儒榛錦殤昉幼讀孫女四葬惠山
蘇慶灣之岡原與先大夫合其兆止此嗚呼孑少失怙
惟母也是依得遂反哺之思此心差足自慰祗以圖報
君恩羈身江右軍務倥傯乖違色養者有年卒至慈雲
淹沒魂夢無知哭望天涯此恨何極視雲灊之生克致
其養死克盡其哀幸不幸何可勝道惟相與循母氏之
教服官則行仁於國居家則行仁於鄉爲其所當爲期
有裨於民物庶幾不負所學無忝所生吾與雲灊交勉
之矣表太宜人墓將以損雲灊之悲不禁重自悲也

咸豐十年歲次庚申孟春姻愚姪史致謨撰

堂兄名標傳 十五世

君諱雁題字名標先伯父信成公之叔子也信成公存時鄉黨有爭競事必愬公得公一言立解以故終公之世無一人涉訟庭者君少時膂力過人好拳勇思以任俠聞每遇不平事以鋤強扶弱爲己任及年四十餘忽幡然改曰吾往時使氣任性過事恐有過當處曷若吾先子能以德服人乎乃每日早起立市肆前手持淡巴菰管頻吸之各村之老幼婦豎入市者遥見之無不呼爲三先生君必與立談片刻語忽莊忽諧聞者莫能解

及村人有訴諍事愬諸君君與爲剖析宛如目擊遂無不悅服而去蓋里巷委瑣之事先已洞悉於胸中也即事生倉猝或致鬬毆而各執一說以愬君者君聞之初不預置可否必俟訪問確實乃邀集兩造綜其前後而定其曲直焉其事得君調劑無不解釋故吾鄉之無訟一如信成公時一日集公所東垣弟謂君曰兄終日排難解紛兄何爲不憚煩君曰事一涉訟所費必多吾所以不憚煩者爲鄉人惜財耳東垣曰方今賭博一事禁令綦嚴一被官刑終身不齒兄爲鄉人惜財獨不爲鄉人惜身耶君曰然然則奈何東垣曰吾將邀衆立議呈憲存案儻或不遵必致送官余心憫焉苟察其窩聚之所而密緝之併開其改悔之門而婉諭之俾犯者不致送官則吾心始安耳惜無一人能任其事者君曰然是誠在我於是向各村人詢訪益頻聞有蹤跡即黑夜潛行至其處敲扃入博者未及知君自其後斜睨之一一識其人人回顧一見君皆僵立不敢遁君乃踞其坐持其具曰吾好葉子戲人悉知今因此禁尙立誓不再爲且我輩原非多事實爲汝等身家計耳今旣爲我獲當

送官否衆皆惶恐謝罪君曰汝等能改過吾又何求再犯不輕恕也蓋如是者不過數次而賭風於以絕云余與君同庚生而君稍長爲人寡言笑重然諾東垣每有所爲必商之君得君共事事必就惜於咸豐丁巳年遘疾卒年六十有九嗚呼如君其人者今亦安可少哉

同治十年歲次辛未孟秋　堂弟應嵩謹撰

岳父越贍公暨岳母季安人合傳 十五世

公諱應會字越贍太學生

敕贈儒林郎候選州同方成薛公第六子也生八歲而失怙讀書聰慧過人然淡於進取比長遂棄舉業事母潘太安人晨昏能色養事諸兄惟謹有才幹族中大小事靡不肩任有未妥善者輒爲之調停平居以花木自娛一杖一幹經公布置便覺改觀暇則戲作山水雖著墨無多而咫尺有萬里勢其餘音律相術俱極精妙元配諸安人早卒繼季安人勤而儉中饋及一切家政理

之務如以故公得無內顧憂聞陽羨山多蘭公往求之至張渚見其街衢洞達商旅輻湊郎儀屋而懋遷焉數年耗折數千金遂束裝而還道光癸巳公年四十有四矣欲權子母作恢復計復籌貲渡江適七月二十五日颶風大作檣傾舟覆後聞有篙工歸云公被淹時同舟者皆不知存亡越數年族人於金山寺見一僧貌似公欲叩之倏不見若避匿者蓋公素坦直同人溺死而已獨生何以自明且貲已盡沒何顏再見江東故遇救而從削髮被緇者遊未可知也然當是時安人年祇三十餘耳一子甫六歲二女亦未及笄聞公凶耗慟絕者屢妯娌勸之曰汝以身殉小兒女無母何恃非特心有不忍且何以延嗣續耶安人遂矢志撫孤於是公四兄晉贍公贈之屋與基地五兄豫贍公贈之錢以構屋而貨殖而安人茹荼齧蘗不辭勞瘁爲子延師課讀訓女習女紅皆循循有法已亦夙興夜寐攻苦力作雖男婚女嫁年踰周甲猶不少懈以同治甲子二月卒年六十有二子一志勳字惺齋有膽略咸豐庚申禮社團練以禦粵匪惺齋於鄧莊前洲蔡家岸橋等處領勇出仗屢獲

勝得六品軍功女二長即適惠吉次適族姪芸生惠吉往來甥館二十餘年雖未及見岳父而安人平日常述公往事與己昔年況言猶在耳也今惺齋已即世安人諸孫尚幼未知公與安人之生平行誼使莫爲之傳不幾湮沒無聞末由表見於後世耶故稟命伯岳父豫贍公略紀梗概以附家乘云

同治歲次辛未季夏中澣子壻孫惠吉百拜謹撰

瀛洲薛公傳 十五世

龍山之陰有隱君子焉襟懷曠達度越尋常少時好爲狹邪游揮霍無吝色稍壯折節絕交恬靜不談門外務晚遯跡於閒溪小沼間芒鞵箬笠甚自得也先生嘗自言曰奔走形勢伺候公卿一官匏繫俯仰不能自如是猶網也吾其遠之慭還有無殫心經畫散籌算計戚戚焉曾無時或適是猶餌也吾其避之坐茂樹以終日臨清流以自娛起居無時惟予所欲興之所至一竿垂釣魚之樂耶我之樂耶直相忘於濠梁之間而欲與此終

古也然則先生之於釣也猶醉翁之意不在酒也伎頭好友堤上濃陰秋冬雪月千里一色先生於斯攜竿持綸投釣其閒遇溪翁野叟便置竿相與談而鷗眠鷺伏環繞左右若相伴然釣有得欣然歸蓄以水觀其圉圉焉洋洋焉意且與魚俱愜焉蓄數日放之池曾不吝情去留於以見先生澹泊寡營與物無爭也以之較鈞於水鮮可食者則先生更進矣古人所謂隱君子者非歟

先生諱科瀛洲其字也贊曰

粹乎其衷藹如其容黃冠野服扶杖攜笻淡泊明志襟抱疏慵一簑煙雨隱士高風

世愚姪侯映奎拜撰

陶太孺人述略 十五世瀛洲公纔

孺人陶氏世居江陰東鄉之蘇墅橋蓋望族也父太學生憲章公孺人其第三女幼卽凝重端肅不妄言笑鍼黹織紝不習而嫻授以女訓小學列女傳諸書脫口而曉其義旣笄嫻壼範知翰墨習九九法彬彬然一女士也孝事堂上不忍離左右年三十始歸余外叔瀛洲公公好釣遊不以家事攖心前娶孫孺人遺孤男女六人孺人撫之如己出延師教習擇配婚嫁量其材授以業任之各得其當親族咸敬其恩勤鞠育之無偏瀛洲公

自孫孺人卒後日接賓朋或爲物情所引逋負甚多孺人入門聞公不無俗好初以幾諫相規繼以利害相勸公旋悔昨非孺人於是傾囊倒篋邀諸索逋者收其券而悉償之蓋不欲以逋負累諸子也其處事之明決類如此者重負旣釋遺產無多食指且繁孺人非特無怨色屏鉛華減奴婢身親操作黽勉有無綜理內外井井有法子女得以成立家計日漸豐裕其機悉由此以轉噫此丈夫之賢者才者之所爲而不意竟出於婦人女子也宜乎里黨親族至今猶嘖嘖稱頌也平居勤儉持家馭下嚴而有恩一切勞苦事身先率作不以委子婦器物之奇巧衣飾之纖麗飲食之精腆屏去惟恐不速至母氏之奉雖相距百里而參餌甘旨無虛月賓祭婚嫁諸大事則詳審周密費雖鉅勿之惜訓子綦嚴有偶作街市鄙倍語必正容呵斥每自塾歸必令覆背覆講以課其勤惰而諄諄以弟子職爲誨嘗謂埴曰子弟中材者多每上達難而下達易果家教與師教相輔而行縱難必爲佳子弟亦可免爲輕薄子矣所以諸子稍不馴謹雖已及壯督責不稍貸而聞有品學兼優者不惜

鉅費必令負笈從遊焉子長愼於擇配有以富厚家請聯姻者孺人知其女之不善持家婉言謝之有疑之者孺人曰我之不肯苟就非擇其匳貲也非擇其美秀也娶媳爲嗣續計尤爲門戶計倘不擇賢否但貪門第則內助之謂何乎疑者唯唯去其識慮之高遠類如此者孺人於僧尼齋醮之說絕不惑溺而性好施舍親族鄰里告匱者不虛所請其素知爲極貧者則不待踵門也嘗有業漁婦患肺病窘甚賣船陸居兩子乞食患者待斃孺人聞之每日與以陳倉米一升如是者七閱月疾

竟愈更助以錢令其買舟理舊業漁婦叩血泣謝至今其子猶時來泣道再生云先是與諸子之析爨也田房器皿開載明晰邀請親族股派無少偏瀛洲公之生養卒葬費屬孫孺人所出四子孺人則屬本生三子乃瀛洲公疾時醫藥卒後殯葬孺人恐諸子之不盡力不如禮也獨任其費計費甚鉅而孺人坦然絶口不言其慷爽明大義又類如此者嗚呼孺人之懿行卓卓可風況復貽謀式穀大有造於後人古所謂女丈夫者孺人何慊耶宜其享遐齡食厚報發祥肇慶於無窮矣乃咸豐

十年七月初六之變一子以殺賊死一子以護母死距數日孫又以驚悸死越三月孺人厭代天之所以待孺人者不綦酷歟雖然不得其福者必得其名今者一字以忠傳一子以孝著

絲綸褒獎俎豆苹苹究本探源孺人亦共垂不朽矣孺人卒於咸豐十年庚申十一月二十九日距生於嘉慶四年己未十月初八日享年六十二歲堉謹就見聞所及述其大略非敢謂爲孺人傳久遠也亦以光前烈而振家聲悲孺人之處其難幸繼承者之處其易爾

同治十年歲次辛未仲夏下澣

子壻沙堉百拜謹述

先大父敬儀公行略 十五世

先大父諱敬儀世居錫邑禮社曾祖兆熊公生子二大父其長也家故貧經營籌畫備歷艱辛教諸子各習生業俾克成立謂人須自食其力不可無恆業也諸子有過卽命跪香一炷大聲講六諭集解一二條再犯加必楚撻兒鄰家子弟有小善必稱羨之謂兒輩當以爲法性好施每遇酷暑必省日用錢修合痧藥以濟時疾遇年老乞丐者必資助之其壯者亦必温言相待而略給之治家嚴肅自奉極約夏不葛冬不裘雖盛暑未見裸

體終其身無少異謂君子守身如圭璧何可自輕耶乎居與人言必以孝悌忠信禮義廉恥相勸勉侃侃不阿人皆憚之嗚呼卽此數端生平行誼槪可想見矣生於乾隆甲寅十二月初一日以咸豐壬子十月十二日卒享壽五十有九配先大母沈太孺人繼先大母周太孺人均賢淑克修內政景清自慚淺陋不克表揚先人於萬一謹就見聞所及述其梗槪如此

同治十年春仲 孫男景清百拜謹述

節母劉孺人傳 十五世澳文公配

天道有變而奇氣生天道有常而正氣出是氣也丈夫得之立德立功女子得之爲節爲烈功與烈其變也德與節其常也處常而不變斯遇變而如常其氣時時流露於人之行習閒而
國家旌善之典起焉歲辛未余客廣陵何氏宅薛君覺先偕其弟佩書郵示其祖妣劉孺人節孝事附書囑傳於余余曰此所謂天之正氣也可以風世矣遂傳之孺人姓劉氏緯文公女性敏慧數歲授孝經內則輒了大

義舉止端莊不妄言笑父母鍾愛如掌上珠及笄歸議敘縣佐薛澳文公諱琇相敬如賓有梁孟風姑已歿任中饋事事得翁歡躬節儉處妯娌無閒言姻族往來相接彌厚待下寬而嚴臧獲雖頑孺人至則屏息生二子而澳文公卒時壬午歲也孺人年二十九斯時也天冥不靈呼籲何及堂上一翁皤然仰空書咄咄怪事字膝下卒衣呱呱作聲靈幃颯然風來以悽孺人擗踊悵悦瀕死者屢矣翁諭之曰吾衰矣家不造視此藐諸孤其若之何子職婦代父道母兼惟汝乎是望孺人泣受命

䘏是上奉親下撫孤事無巨細一力措撑內外肅然家道日益不少替居恒女伴周旋無不悦其意以去經營會計外復事女紅勤紡績嚴課子讀每當天寒雨夕一燈熒然書聲與紡聲相應也後翁棄養越三年長子鑑塘公又卒孺人心益痛志益苦益專意於一子心雖憐之而顏色不少假借嘗語人曰此子不立無以慰死者而生者又何藉也閱守節二十一年爲道光二十二年孺人年四十有九援例請
旌給帑建坊入祀惠山節孝祠時孺人尚康健含飴弄孫以自娱至咸豐乙卯卒年六十二爲孺人請
旌者其仲子仲宣公也嗚呼孺人可謂有子矣

贊曰生存華屋零落山邱富貴者流不能垂聞譽於千秋勇如任鄙智如樗里鬚眉男子不能飶馨香於累祀惟名不朽惟節可貞每罹缺陷以見天道之惡盈嗚呼孺人松筠其操而冰雪其心崇祠峩峩龍山之巔惠泉一勺此心鑒焉

歲次辛未季春揀發知縣金山縣儒學訓導己未
恩科並補乙卯科舉人婣再姪沙駿聲拜撰

東垣先生傳 十五世

先生諱經閣字東垣仙池公第五子也性警敏甫八齡奉父命從中書岵亭師詣京都奔走三千餘里不畏崎嶇如遊故鄉都居五年習舉子業雖未成而洞悉經義智略英偉識者咸器之道光庚子夏大水芙蓉圩堤決民廬水及半扉先生偕族中善士備舟濟救俾各依親戚留家者給以食災民感若再生孟冬水落諸父老相聚言曰潰口長十丈深六七丈若蛟窟無底且圩地極低無土可取若買泥塡塞費踰千金况鳩工非易莫任其勞朝夕憂甚求策於先生先生慨然諾之薛族故素封不難於集貲而難於督率自先生倡之新堤固若金甌矣然而是圩也周圍六十一里隸錫邑者三之一其在宋元時乃通漕巨浸至明周文襄公巡撫南畿大興水利築湖成田後又有海忠介公曾刺史郭邑侯歐陽公德政相繼後先濟美洎乎我
朝康熙間水衝堤決者屢矣有司拯救災黎題請
恩賑而尤能悉心擘畫俾圩民安堵如故者康熙九年則有督憲吳公十九年則有巡撫慕公三十三年則有

巡撫宋公之數公者皆痛民災捐俸銀以工代賑且賑
且築故圩民歌功誦德不衰迄今百數十年矣雖修築
歷有定章而日漸坍塌卑狹已甚以視當年之岸式十
不留四五焉舊式高八尺面闊一丈八尺腳闊三丈二
尺議者謂災祲後民力拮据勢難遽復權擬高仍八尺
面闊九尺腳闊二丈四尺嗣後循照定章五年一小修
十年一大修漸復其舊先生深以爲然然需費鉅事又
煩劇衆皆畏其難先生不忍諉也辛丑春興大工勞瘁
不辭嫌怨不避閱十旬告竣由是補子岸修閘洞塞傳

溝立號石又於西龍潭五龍涇諸險口木石交築禦浪
衝激其籌費也公共設謀也達其處事也慎其督工也
勤十載之閒備嘗艱苦圩民安矣先生之心亦可慰矣
乃復慨然曰盛衰興廢理固如是然前此所以失修者
大都無經久費耳爰取圍堤永保之意立保圍堂經紀
之出錢千緡不少吝庚戌春先君鑑平謁邑宰雨亭宗
公達其意邑宰義之以千緡之半相助併置田百四十
餘畝作歲修貲以是知先生之惓惓圩民誠有加無已
也嗟乎世之沽名市惠假公濟私者誠不足道至若念

切仁慈情憐飢渴乃或艱鉅莫任勤於始者怠於終鄙
吝旋萌諾於前者悔於後求其勞力勞心歷久不倦解
囊相付慷慨性成者卒鮮聞先生之風亦可以少愧矣
余嘗館先生家聞其解紛排難仗義疎財不勝悉數惟
修堤之舉先君始終助理與有力焉且余世居其地故
皆得之目見暨陽薛文博修堤記云今有是舉繼其後
將使數公之澤益永於無窮歷湖堤而考遺蹟則東垣
之功亦異時採湖治湖者所不得略也其信然歟先生
封贈品級生年卒葬俱詳世表兹不贅德配許孺人容

止端莊力持節儉以禮法治其家有鍾郝風後先生十
年卒享年七十有一

師澄曰先生少以從學遊京師其才宏其識遠多由練
達而成脫令擢高科登顯仕其勤於民事立德立功以
視吳公慕公宋公諸先進又當何如乃伏處里閭當天
災流行輒於一鄉中爲災黎籌萬全之策雖平生智略
未得廣爲措施而容湖居民到于今受其賜窮通出處
之閒人方爲先生慨余乃爲容湖幸也

同治歲次辛未季夏上浣媚世姪吳師澄拜撰

藹亭公傳 十五世

薛翁藹亭余妹夫維屏之叔父也諱和字品五一字禮耕號曰藹亭父諱溥號秋崖候選布政司經歷生二子長曰瀛洲次即翁生十歲而嫡母黃安人卒哭踊若成人秋崖公與生母陳孺人俱愛憐之及作文每見賞於師應童子試名籍甚旋以父老出膺世務然其志未嘗一日廢學也家素封秋崖公尤精賞鑒吟咏之暇盡取所藏古帖名畫恣翁觀覽又得秦補堂先生親授筆法故臨池直追古人銀鉤鐵畫勁健多姿既而求書者日

益衆雖紙積高數尺樂此不疲也興偶有觸輒戲作花鳥淡淡著筆而饒有機趣兼曉音律每當秋月春風花辰雪夜翁吹竹彈絲歌一曲爲老父進觴秋崖公頗而樂之若忘其年之衰也翁丰標玉立議論風生而與物無忤卽與卑幼接鮮有疾言遽色人故以柳下季擬之翁生於嘉慶甲子正月卒於同治甲子三月年六十有一配陳孺人有淑德與翁同月卒年六十歲子三長彥次徵俱議敘縣佐次均女二長適邑庠生孫丙吉次適國學生胡樹基孫五人余憶妹歸省親談翁生平甚悉翁之雅人深致爲之神往者久矣適嗣君彥以狀請傳於余余欣然傳之未知後之讀翁傳者以爲能傳翁否也

同治辛未仲夏下浣

甲子科舉人姻愚姪周殿奎拜撰

薛君竹泉家傳 十五世

同治七年薛生焕文以其族人將蒐家乘郵書來汴丐爲其尊人竹泉薛君立傳時余方攝汴藩公事叢積少暇晷獨念曩者與君同學於劉著園先生後又重以婚姻情甚暱常悲君之不遇今雖無須臾之閒曷敢以不文辭君姓薛氏諱寶書字竹泉無錫人世居城西北五十里曰禮社居人環聚盡爲薛氏人稱禮社薛氏者也曾祖諱棒祖諱建南父諱晉

誥贈奉直大夫母諸氏繼母梅氏生母顧氏俱

誥贈宜人自君曾祖以下皆樂善好施富而有禮至贈君其家益隆隆起子三人君其次也生而美秀梅宜人獨鍾愛之㓜攻舉業而累於境贈君卒時君伯兄先沒君以年少持家不廢學業延致邑中名士具銅盤重肉之饌偕弟姪共受業焉嗜蓄書籍遇有異書雖重價必購之吾邑藏書家向稱城南許氏君所藏幾與之埒暇則潛心玩索獨能力窺古人門徑故其議論古今輒中條理方從劉先生遊同時學者李君福培王君恩紱絲君浩然皆積學有文之士君處之無傲容亦無不自得之色人以是重之其後數君聯翩發科而君蹭蹬無所遇性好施與周旋委至靡有倦容道光二十年邑中大水芙蓉圩尤甚圩形愈進愈低堤決水平田廬漂沒君奉梅宜人命倡勸數千金助修築貲圩民遂得安居如故圩內低窪木難營冢然無力者多就田高隅裒土作冢纍纍相望水突至棺逐浪翻莫可辨識見者無不惻然君固多善舉嘗就近置田五六畝作貧族葬埋公地至是復於陽邑城灣山下買地數畝叢而葬之爲碑焉曰芙蓉圩義冢嗚呼使君得遇於世其所見詎止此耶

君生以嘉慶十四年六月十六日卒以同治三年正月二十日距其生年五十有六

誥授奉直大夫鹽提舉銜候選通判紀錄一次配孫氏例封宜人子二長焕文國子生次燦文卽余壻女一適邑諸生蔣在鎔孫三長壽祺次惠祺錫祺孫女四人

論曰私傳非古然士有負絶俗之稟才不克見於世既沒而鄉里莫能舉其姓氏可慨也昔人有言不知其人可視其友余特著其師友往來之際而君之爲人可見矣

誥授資政大夫
欽命二品頂戴
賞戴花翎道光己酉科拔貢河南糧儲鹽法道署理河
南布政使司布政使按察使司按察使歷任河南衞輝
開封府知府姻愚弟秦堯曦拜撰

翼廷薛公傳 十五世

同治辛未夏五月余蒙蘇州府元和縣學薛生佩蒼以其宗人修輯家乘持尊人翼廷公行述來乞余傳余因思昔日曾館公家丞之季子佩璜從余遊三載公生平行事余所深知今雖自維譾陋曷敢以不文辭爰紀其大略如左公諱鳳書翼廷其字鹽提舉銜通州謹三公之季子也少英敏潛心經史目數行下攻舉子業言論驚其長者謹三公以遠大期之年十七謹三公棄養病篤時委以家政嗣是遂淡於進取然好奇書古硯法書名畫不惜出重貲購之居恆謙於持己寬以待人常曰甯人負我無我負人而於家庭閒尤怡怡無閒言析箸時推多取寡處之以忍性喜施予聞有貧者靡不解囊予之然亦不求人知道光庚子邑中大水芙蓉圩堤決公家倡捐金數千兩雇工修築備舟濟救圩鮮家地又爲買田於陽邑城灣山下俾生者死者咸獲安居水稍定辦米平糶按戸計口給米給錢邑令勸捐又慨捐金數千兩爲同里倡公族素有永善堂公竊恐貲費不足不能徧及又與兄姪增捐田百畝以廣所施當時主家

政者公之兄竹泉然人第知其兄之樂善好施而不知樂從而贊成之者公之力居多也歲己酉又水咸豐丙辰大旱時公家已分析公倡捐不少吝庚申逆匪四竄破丹陽常郡而下公族募勇團防其時稍有餘貲盡在貲車業已被擄殆盡而忠義之氣直不可遏凡遇團防捐仍慷慨而樂爲人先噫大丈夫出則爲天下立功名處則在鄉里救窮困雖窮達不侔要不失爲第一流人君未仕其生平經濟未及設施然能不計私橐動出數千金爲

國家救災恤患較諸擁貲自厚而不顧他人肥瘠者已加一等而以視暴富貴而恣睢鄉里日以谿刻貧民爲子孫計者其人之賢不肖又何如也嗚呼如公者其可傳也已至爵秩封贈生卒原續妻配子女孫已詳載家乘不具書

同治辛未夏五月

欽加五品銜

賞戴花翎候選直隸州州判蘇州府元和縣訓導世愚弟秦炳斗拜撰

先妣馬恭人事略 十五世翼廷公配

恭人姓馬氏外王父仲豫公次女先考翼廷府君之原配也性明敏數歲授孝經内則大義曉然長工女紅足跡不出戶庭外大父母鍾愛之曰他日必有以賢慧稱者年十八歸府君是年大父卒繼大母梅太恭人生大母顧太恭人在堂視恭人能家也命與兩姒分任中饋恭人謹如命事無大小悉身親之自奉儉約而性喜施予府君好行其德恭人贊襄之力居多道光丙午梅太恭人卒是年遵遺命析箸府君以年少肩家計身弱多

病恭人承乏其閒悉中條理内庭瑣府事一切不瀾及府君平居雅不喜羅襦金翠之飾浣濯以爲常勤紡績雖勞瘁不少弛奴婢雖多可以自力者不遣使至若延師課讀飲饌必豐膳器用必精潔著等或誦讀少懈恭人俟其出必偕府君督責之而教女尤嚴噫使吾母而得享遐齡永壽考俾著等得侍左右略報劬勞之德豈不幸甚而何以積勞成疾竟一病不起耶方恭人之沒也顧謂府君曰姑與我同時病我死不可使知知必悲我而增劇也又呼弟妹五人而命之曰慎之惟大母及

父命是聽他日事繼母當如事余又曰兄弟手足宜知愛敬誌之毋忘言訖遂逝嗚呼痛哉至今忽焉已二十有五年矣每憶遺訓言猶在耳也今宗人纘修家乘爰和淚濡墨以識之恭人卒於道光丁未十月初五日距生於嘉慶甲戌九月初五日享年三十有四

同治辛未仲夏既望　男　佩 著　百叩謹述

子欽薛公殉難紀略 十五世

公姓薛氏諱璪字宴庭號子欽議敘八品銜父履堂公配張孺人生子三副陸孺人生子一即公也公生而岐嶷讀書多穎悟旋以分爨務冗棄舉業公於昆季行最幼父母俱鍾愛之道光甲午乙未父母相繼歿公甫弱冠哀慟感行人性伉爽有大度不屑屑較錙銖而處事精明幹練族中有慶弔諸舉必倩公經理焉體偉岸強飯善飲酒酣耳熱談不平事輒欲效虞仲擊碎唾壺有睥睨一世之概恆産瑣務不攖其心故家雖稍落而酒資必備縱有拮据之時亦不輕以語人也咸豐庚申粵匪自京口破常郡而下名鄉俱遭蹂躪族人募勇防堵東南西北各設一營而公家在中獨設中營以相救應自四月至七月屢獲勝仗初五日賊竄蔡家岸橋練勇擊退之交相慶賀而公獨以爲憂蓋逆知勇之難久恃也豫遣家人早避初六日黎明礮聲不絕賊從東路分道入練勇亦分道拒之俄而勇北賊進楊巷公持短刃押中營分救之見羣賊如蟻聚有持大旗者立河側指麾其衆練勇及族人死者傷者未能悉數公徑欲砍其

大旗躍去尺有咫賊以長矛刺公中臂失短及即奮空拳相鬬賊揮大刀來公欲奔奪之以手握刀指盡落賊衆爭剚之墮河死死猶僵立作奮擊狀云距生於嘉慶丁丑五月年四十四歲嗣蒙

朝廷賜卹襲職入祀昭忠祠公之身雖死而公之名不朽矣配張孺人太學生綸培公女隱德相莊後公一年卒合葬陽邑恵露地右穴子三長景鏞早卒次景鐘三景澧皆後公卒無嗣議以曉山公幼子維城爲嗣今夏薛氏纂修家乘維城乞余誌其事迄今閱十餘年談及之猶令人拔劍起舞也

同治歲次辛未六月中澣姻再姪楊治安謹識

高高祖應泰公傳 十五世

立傳　考查先人的行爲，否有宣傳和鼓勵價值，拿來模範後世？可是不容假設的，裴璜的，也不好埋沒的；那麽是子孫應盡的義務了。

事實　我高高祖應泰公，是方成公的長子，就是五子二十五孫之一。自小讀書聰明，眼光遠到。不肯做場屋生涯，喜歡研究古學。所以他的文章，和學習帖括的不同。到了二十歲，一意經營商業。當時禮社市面之振興，完全是我應泰公能力

的發展。非但經營本地一處，就是宜興張渚也開著一爿薛協和醬園槽坊。有一年年底：應泰公去查賬。晚上在浴室裏洗澡。突然有一個體面女子，悄悄地推進門來說：『先生！要添湯嗎？』應泰公回轉頭去，知道是一個不相識的女子。纔正言厲色的回答說：『男女授受不親！你這女子，難道不曉得「瓜田李下」要自避嫌疑嗎？快請出去！』那女子紅了面腔，背轉身軀走了。後來：洗澡完了，走到自己房中。女子又呆呆地站在那兒。應

泰公很詫異道：『我看你不是淫蕩一流，爲何幹此不端行爲？你有什麼患難，不妨告訴我。』女子聽了，現出很感激底相貌，含著眼淚說：『我就是你房東之女，去年家父死後，直到現在，虧欠你家店賬，爲數不少。此刻沒法償還，面子上過不去。所以我的母親，出此下策唉！』說罷，頻頻咽氣。應泰公既然明白了這段情節，立刻對那女子道：『今天的事情，我當然替你守秘密。虧欠賬款，明朝替你銷去。你快快出去罷。』後

來：應泰公臨死一年，纔向我高高祖母發洩這樁事實。鳳元在祖父的茶餘酒後，聽得熟了。這回我祖父，又談起這樁事情來。并且說：『辛未年續修宗譜，因爲家道中落，弄得埋沒先人眞跡。實在慚媿底很！』

評議　看到應泰公的做人「好貨殖」像子貢，「見色不亂」如柳下惠。叫我感想著社會的現狀，商業蕭條的局面，雖求牡匹的空氣。眞要拿應泰公來做模範哩！鳳元既不能「克紹箕裘」做生意，又不能「以文傳人」精筆墨。實在地不配傳。例因爲應泰公的事實，不可埋沒。反而得以叨些餘光，和我高高祖一同傳下去呢。

二十世裔孫鳳元　十四，八，十二

王蓮公傳 十六世

薛公諱郁翁號玉蓮其昌公第三子也幼穎悟讀書通大義顧其昌公不欲以科第顯謂男兒一生事業但得承先啟後無忝前人可矣身外之名何加毫末聖門貨殖首推子貢終得聞道奚斤斤科第爲遂不事舉業習計然術權什一之利以信義著於時勤苦頻年家以小康洵乎小富由勤以義爲利者未嘗不利也性寬厚坦懷接物凡事喫虧讓人有非意相干者終不與較而爲兒孫課讀如嚴師然不率教者則加以夏楚謂玉不琢

不成器嘗以養正一生成敗都係乎此胡可姑息耶子孫之力田者課讀之暇兼以課耕謂服先疇安本業卬事俯育均有賴於此設一旦輟耒而嬉習爲游惰其有不玷辱先人耶居身質樸布衣蔬食終身不改其度而遇善事慨解囊無吝丙辰年歲荒捐資助賑議敘得縣佐銜公終不欲以此自炫也生平無他嗜好惟篤信大乘每日晨起必焚香莊誦無間寒暑年八十餘猶健步善飯如少時知其所得有深焉者矣庚申六月病卒享壽八十有四配唐孺人生子五孫曾各八人四代同堂

歡洽閭里羨斯衍慶俾壽而康吁如公者非所謂五福全歸者歟庚申之變郡邑大遭荼毒凡宦家富室瑰人傑士死而不得其屍者比比皆是公卒之日賊鋒初過尚獲安靖故得喪葬如禮弔送盈門葬甫畢而賊又至里黨大遭蹂躪益見公以鄉閭碩德遇變不驚於烽煙紛擾中考終正寢備極哀榮非大有隱德者曷由得此洵乎天心福善報施固不爽也宜可傳矣

同治十年夏五

誥授奉直大夫五品銜

賞戴藍翎光祿寺署正儘先試用訓導愚弟余治拜撰

先考睿庵府君行略 十六世

嗚呼惟我先考睿庵府君辭世十有六年矣生平行誼人所共知峻倫不孝既不克樹立以顯揚先人而又有美弗傳聽其久而湮没則不孝之罪滋大矣今値纂輯家乘謹就見聞所及述其梗概以付梓府君諱謙字葆源號睿庵研軒公長孫蒙谷公長子也性剛方有湅達才豐頤美髯讀書穎悟過人然不肯習舉子業出膺世務以豪爽重於時而至事父母及祖父母極敬順待兩弟亦友愛平居喜讀史見古今政治有利於民者必手錄彙爲一編時時展閱閱至快意處輒浮一大白酒酣即擊節高歌謂丈夫不身列仕版澤被百姓亦當救人患難爲一方所倚賴始不負所學故每遇善舉率以身先道光庚子大水蓉湖堤決圩田悉變澤國府君與堂叔東垣公協族人僱工築堤冒大風雨奔走督工勞苦備嘗無何水愈橫不可救府君遂同族人捐貲僱舟渡災民以數十萬計圩中老幼男女始得出陸沈而免其魚是時哀鴻徧野嗷嗷待哺有朝不及夕之勢府君乃復同堂弟蘐林公勸捐賑濟一日在城齋賑銀歸舟至

皋橋風雨大作舟人欲止府君厲聲曰此舟中所封裹者數十萬災民性命所關若遲時日必有餓死者是我一人誤之也於心何忍促之行未及半里舟果覆幾不救至家爲凝祉公言其事凝祉公爲之歎息不止而府君殊坦然也曰但願災民苟延殘喘吾心安矣何暇顧此身耶其急公赴義類如此好直言人有過面斥無少隱越日即善之如初故人亦諒其無他而不之怨族中有相爭不決者府君一言剖曲直靡不帖服先曾祖研軒公每嘉許之謂其能排難解紛也嗚呼府君雖未操政柄一抒抱負而救人患難一語可謂能言能行者矣豈以窮達而異耶其餘軼事尚多峻倫述此數端特舉其大者耳府君以乾隆癸丑三月生咸豐乙卯七月卒年六十有三配鄧孺人溫厚仁慈年七十有二子五長峻侯次即不孝峻倫俱議敘縣佐三峻儀四峻儒五峻修議敘縣佐女一適郡城黃禮安孫五鳳臺鳳婣鳳堦鳳球鳳圻曾孫三恩銘義銘敬銘

同治歲次辛未季春下浣男峻倫百拜謹述

蕙濱君事略 十六世

堂兄蕙濱君諱譜一字協園堂伯父蒙谷公生三子長曰謙季曰諟君其仲也幼讀書曉大義比長不屑爲章句學遂棄舉業佐家政家雖裕勤儉若貧者而奉父母及祖父母旨甘滫瀡必極豐且能得其歡心待兄弟若手足析箸後友愛彌篤家庭之地怡怡如也性醰樸其言吶吶然如不出諸口而談及古今忠臣義士輒激昂慷慨辨論不倦謂人生天地間必臨大節而不可奪始不愧爲丈夫其平居教子常用此數語迨咸豐庚申七月初六日粤匪竄禮社君之子竟不屈殉難以是益知君之能教其子雖身死已十餘年而子於平日熟聞忠義兩字故呼吸死生之際猶不忘先人之訓觸鋒刃而不避也君生於嘉慶丙辰十一月卒於道光壬寅十二月年四十有八配馬孺人有壺德先君十年卒年三十有六子二長永珍即庚申殉難奉

旨入祀昭忠祠者也次永昇女三長適鄧梅軒次適張維揚三適舜鄉華余常與君相聚頗稔其生平今君孫旭椿持狀來猶覺忠義之氣懔懔如生若君者可謂子

以父傳矣故援筆而敘之以爲世之教子者法

同治歲次辛未季春下浣堂弟元熙謹敘

薛君際和畫像記 十六世

歲辛未孫君靜甫館予家與之談論古今人物及前代法書名畫眞蹟多所合偶見案頭有畫一幀展視之誠有道之容也孫君爲予言此親家尊長行薛君際和像小女瑤仙追摹焉者也小女適薛士彬於際翁爲冢孫婦因述士彬庚申死難事與際翁篤撫孫婦意甚悉謂予曰薛氏修宗譜願乞一言以爲傳且述際翁生平惇篤愛敬於父子兄弟閒無驚時眩俗之舉量人爲出於施舍取與閒無沽名釣譽之心坦易懇摯於待人接物

閒無同流合汚之行噫嘻洵如是也薛君誠有道君子也固宜其爲有道之容也夫予非能立言者亦奚取於予言也況乎有是行者有是容卽此畫中之容已足傳其人之行矣奚必予言之爲重也哉且吾觀畫者之欲貌人之容也必久居而熟視焉聆其聲音察其笑言洞然有得於其人之心然後求之於其人之形焉故不善畫者畫形善畫者畫心畫心而心克肖其人之心夫然後形克肖其人之形也今之是像其爲肖其人之心與肖其人之形也雖余未謀面者而可知也蓋洵乎爲有道之容也故吾不與之言傳也而與之言畫與之言畫也而先有以見畫中人之心且不第見畫中人之心而有以見畫畫中人之心見畫畫中人之心之誠且摯也

同治十年夏五

欽差大臣隨員布政使司銜記名簡放光潘曾瑋撰

忠義清照君殉難事略 十六世

堂兄清照君諱洽議敘縣佐
例封承德郎太醫院院判堂伯父治國公次子輔國公
之嗣子也自幼讀書重義氣甫授室兄弟即析爨家貧
事生父治國公母查太安人旨甘或缺嫂趙安人每紡
織助之既而事嗣母趙太安人亦以孝聞然命頗蹇服
賈輒虧折後以子价藩習岐黄家漸裕而勤儉尚如前
也咸豐癸丑正月嫂卒君悼甚余曾代爲屬對以輓之
庚申四月粤賊陷常州日有警報族人即於義莊設團

練局招勇防堵君捐貲頗慷慨朝夕在局辦事甚力一
日余適在局君謂之曰古人云士窮見節義世亂識忠
臣此二語吾心常識之今其時矣然君雖有是言余亦
未遽信也至七月初五日賊竄蔡家岸橋君同練勇出
禦賊歸即謂子婦曰吾觀賊勢鋭不可當必有一場大
戰汝等可速避吾年六十有一死不爲天矣吾當在家
待之耳子婦强之行不應再强之叱之去初六日黎明
賊衆如雲礮聲不絶勇不能禦辰刻賊進楊巷里人皆
逃而君竟屹然不動時余在後巷水栅外以不忍舍老
母故被賊亂砍傷重不能行未知君之存亡也忽堂弟
雲潞來告余曰清照殉難矣余急問其狀則曰方賊之
至也大隊在街中擄掠放火南面祇數賊見清照欲犯
之清照持刀與之鬬賊疑有伏遂奔清照逐之至前巷
唐家浜賊見無伏即反而鬬清照清照失足墮水欲躍
上而浜多菱芡纏其足不得上賊以長槍刺之清照以
刀揮之賊怒其不死前後左右亂刺之遂身受重傷而
死至歛屍時猶僵立水中若奮臂擊賊狀余聞之而喟
然歎曰君嚮者嘗與余言於團練局今果殉難可謂不

食言矣然余觀古來士大夫往往以忠義自許一旦臨
大難惑於妻子戀於富貴覥顏從賊者不可勝數而君
以六旬以外之人乃竟與賊輾轉格鬬何其壯哉然君
雖死而
朝廷賜邺祭葬銀兩襲職建坊入祀昭忠祠炳千秋而
爭光日月則君固未嘗死也迄今事閱十餘年矣余毋
過其地聞活活水聲猶髣髴英靈喑噁也
同治歲次辛未孟夏下澣之六日堂弟元熙謹敘

先妣趙安人事略 十六世清照公配

先妣趙安人邑庠生澤山公第三女也于歸時吾父具慶家已中落事吾祖治國公祖妣查太安人甘旨或不給安人勤紡織以助之凡親舊往來叔與姑婚娶必極力營辦既而吾父嗣輔國公安人事嗣祖妣趙太安人又十餘年是時既少蓄積而吾父服賈又屢虧折家計益艱每當吾父懋遷出外安人兼理內外晝夜操作艱苦備嘗大困時饔飧或不能繼而安人惟節衣食刻苦自持不肯輕以告人每論 不孝 曰人家貧富如寒暑晝

夜之循環斗兒苟能自立厥志不貪口腹不畏勤勞無愧心無逆理則一時貧困非所患也所生惟 不孝 與一妹雖愛憐之然教之必事事循蹈規矩 不孝 年踰弱冠學未就父以爲憂安人謂吾父曰盍使習醫既可謀生又可濟世若能有成詩書之業俟之後人可也父然之遂令從郡城楊耆卿先生遊二年業成歸而試之頗效自是家困稍甦安人復時戒 不孝 夫婦曰異日雖有贏餘勿忘昔日之苦勿墮奢華之習尤須分內外別尊卑庶幾長久弗替也 不孝 竊自幸曰今而後吾母罔極之

恩或可圖報於萬一矣孰意吾妹分娩慘致殞命安人傷痛鬱結遂成痰疾醫藥罔效七載沈痾竟致不起嗚呼痛哉安人疾革謂 不孝 曰汝妹早亡汝父惟汝一兒能善事之吾目瞑矣嗚呼痛哉安人生以嘉慶戊午九月初三日卯時卒以咸豐癸丑正月二十二日戌時年五十有六子一即 不孝 鈖 國學生

例授承德郎太醫院院判娶蔡氏女一適西漳龍興溝張汲泉斗南公三子孫男四長峻明八歲而殤次澧原名紹祺 次沅原名紹祥 次濂原名紹祉 孫女二長適陽

邑孫家蕩孫琦維屏公子次適楊家圩俞順泰茲培公仲子嗚呼兒之不見吾母也已四年於茲矣今月初三日爲吾母六秩生辰吾父慨然太息謂 不孝 曰吾一生時命迍邅比得稍康而汝母已早世何與吾同患難之日長而同安樂之日短耶吾念汝之成立家道之中興雖自祖宗之餘澤實祐庇之然汝母一生勤勞其內助之力不可忘也子其誌之以示後人因承吾父之命謹述其生平大略如此

咸豐歲次丁巳季秋上澣之三日 不孝男鈖 百叩謹述

忠義人俊薛先生傳　十六世

歲辛未余卜居錫義之曹橋薛生厚卿來謁余既以其祖母楊孺人傳請復請爲其尊人人俊先生傳余與先生雅故且以其事之不可不傳也爰不辭而爲之傳先生諱德泰字人俊曾以捐輸議敍九品職世爲錫邑之禮社人附貢生謹莽公諱升之冢孫太學生掌書公諱華黼之冢子也三歲失怙越五年而大父又棄養賴母楊孺人撫育成立幼就外傳課不後時長奉母命從西圃楊先生遊學已就而母獨肩家務兼事衰姑力漸憊

遂棄舉業從母事大母先意承志務得歡心疊遭祖母及母喪哀毀盡禮嗣復瀝呈母節詳請

詔旌先生之於親可謂盡誠者矣性勁直見有以權欺人以勢陵人者輒白眼待之然奉師儒禮加敬遇老成情加厚即有一技可取者亦怡然與偕以故有言必踐雖舊約歷久不忘與交者咸謂其一諾千金云薛氏素好施每遇荒歉助錢給米先生俱贊成之道光庚子夏洪水氾濫芙蓉圩大隄衝決薛氏協力救築築無效先生慨然曰吾向置一米舟約容一百七十餘石用以沈土阻塞潰口如何僉曰善遂駕大舟并集小艘百餘載泥往詎知決口大衝益深舟無能爲而潰不果塞先生每以爲一生恨事爲其勇於救難類如此然吾謂此猶不足多先生而多先生之決於赴義也先生素不信星占卜筮之說而料事多奇中咸豐庚申粵賊下竄禮社以一小鎮募勇集團拒守九十餘日先生雖力贊其朋心知其不能持久也後果因衆寡不敵而敗其時髮逆禁薙髮先生曰吾世受

國恩二百餘年矣苟貪生留髮心何忍且髮逆之橫行

民生之刼運也不出三四年定當再見天日吾將薙髮以俟之然是時蓄髮者衆見先生獨薙髮每藉賊勢欺先生先生乃獨處一室中晝習壬遁夜觀乾象以冀其所料之不虛至同治癸亥夏賊勢愈蹙蹂躪愈甚居民逃避愈衆先生乃集家人而告之曰吾聞在國曰市井之臣在野曰草莽之臣古今之通義也吾世居此土誓以死守況吾料大軍當從東北來不出數月將至矣吾族在師中者必先隨同大軍收復吾里儻概行遷徙大軍到時可無一人迎導之哉如賊至汝等當赴鄉僻暫

匿吾仍伏處此室以俟大軍耳家人素信其言之驗也遂亦無勸其遷徙者顧自庚申以來賊鋒所至望風瓦解禮社獨拒守最久賊素疑其中尚有暗行團練之人五月二十六日先生忽被賊搜獲見其薙髮視爲諜者束縛之先生罵曰汝輩犬彘耳大軍一到殄滅無遺矣吾豈受汝輩辱耶既爲汝獲速殺我賊割其口罵不止斫其背罵益厲斷其脰血流滿地不絶者絲喉而已賊以爲死也乃退其子趨視之飲以水漿不下喉頸側滴滴如泉漏閱五日竟卒卒之前命其子曰吾盡臣道死

無憾但汝當奉母遠徙以盡子道則吾更無憾矣詎知是時大軍已復常熟八月杪克江陰而先生從姪伯時即叩請劉軍門與爲嚮導於九月初二日由青暘進兵禮社遂得肅清一如先生所料而先生竟不獲親見其事惜哉恢復後忠義局核實請

旌同治七年十二月初二初五等日疊奉

諭旨

賜給雲騎尉世職襲次完時恩騎尉世襲罔替並

賜祭葬銀兩入祀昭忠祠春秋禮祭嗚呼榮矣先生生於嘉慶壬戌卒於同治癸亥年六十有二德配丁宜人矢志殉夫後四十一日卒子一坤承襲雲騎尉世職即厚卿來請余傳者也

論曰自粵匪竄擾以來死於王事者固多而邂逅作忠臣者亦復不少如先生效死勿去殆子輿氏所云其氣浩然至大至剛者歟乃或者謂君之料事神矣何明於國運之盛衰而昧於一身之趨避耶夫事勢至艱難之會全賴忠義激發之氣撐拄於其閒彼古來殺身成仁者曷嘗爲一身之成敗利鈍計也且吾觀先生雖未身

躋通顯而其所爲隱若以世臣自居今

天章賜郵賞延於世亦即以世臣待之此則

褒忠之

盛典與效忠之苦心尤相符合矣厚卿勉乎哉

同治十年歲次辛未孟秋中澣　姻弟吳師澄拜撰

先妣丁太宜人行述 十六世人俊公配

嗚呼痛哉吾母竟棄不孝坤而從吾父於地下耶昊天不弔疊降鞠凶吾父既死守故鄉遇賊被難坤奉吾母閒關遠徙方冀寇靖旋家得稍伸一日之養詎意鋒鏑甫離舍館初定吾母遽暫以身殉耶方在流離顛沛之中生固無以爲養死尤無以爲葬搶地呼天尚復何顏視息人世顧念奄奄未卜嗣續倘虛儻不苟延殘喘爲承先啟後計則不孝之罪戾滋大今吾父殉難已蒙

賜卹而吾母從殉之苦衷恐歷久而不彰爰敢和淚濡墨而敬述之先妣姓丁氏陽邑厚圻頭國學生沂流公諱青來之長女先府君人俊公諱德泰之配也性淑慎嫻閫範入塾習經史輒慕忠孝節義事尤喜讀唐宋詩閒有吟咏一歸雅正稍長習鍼黹不以工巧誇年十七歸我先府君隨先祖妣楊太孺人事先曾祖妣郭太孺人中饋諸務悉任其勞先祖妣或憐惜之先妣念王姑撫孤守節備嘗艱苦爲子婦者雖助理家計終不足仰酬於萬一也於是先意承志凡婦職所當盡者不使先祖妣稍有遺憾焉初先妣妊娠屢育女及生坤年已二十八以故恩勤鞠育愛惜倍常先府君爲坤延師先妣供膳必豐腆至晚令坤背誦所讀書且爲講解音義見能領悟則喜否則嚴飭之未嘗少有姑息也教坤諸姊於紡織刺繡外輒舉古來列女事以爲訓爲坤娶婦於馬待之以慈而時以家範指示之且謂坤曰吾所以每至歲底必總核租賦量入爲出者汝祖母之命也汝敬承之則先業永無廢墜矣咸豐己未秋坤婦攖疾遽卒所遺兒女先妣保抱提攜轉增勞瘁坤方冀再圖膠續以奉晨昏詎料世變猝乘庚申粵匪肆擾府君伏處一

室雍髮待援每聞賊至命不孝奉先妣暨姊及兒女等於村僻暫匿同治癸亥五月二十六日先府君爲賊搜獲身無完膚頭亦垂斷延至三十日竟爾長逝先妣聞難無從奔救慟哭仆地死而復蘇六月初一日不孝購棺斂先府君事甫畢將乘夜探視先妣道遇賊遂被擄夜嘗閉置樓上而穴樓板以髮辮繫其下至十九日守者稍懈乃自斷髮辮始得逸急歸家視先府君柩尚無恙而於舊所避處覓先妣不得見詢訪數日乃得見先妣於下塘之荷翻灘蓋二十餘日中聞風從避者又四

五矣加以痛夫思子日夜焦心而先妣之病深矣先妣謂不孝曰汝得逸汝父之靈實陰庇之今當速將汝父安厝並遵遺命攜合家遠徙毋再緩乃於廿五日奉先府君柩安厝於西秧田是夜即附便舟赴常熟於路迭遇賊警至七月初一日始抵木城蓋是時常熟早經大兵收復可恃無恐遂僦草屋一椽以居焉事甫定方討延醫爲先妣調理先妣忽謂不孝曰吾忍恥偷生三十餘日矣所以不即死者以汝被擄汝父柩未葬且欲令汝遠徙吾若死必爲吾故累汝不得從今至此獲死所

矣惜死已晚耳不孝聞言乃大駭遂偕姊長跪哀求莫能挽且曰汝父翹望大兵猝罹鋒刃可以無死而竟死盡臣道也蓋以媿天下之爲人臣者吾今得離故土已脫網羅可以無死而必死盡婦道也將以媿天下之爲人婦者我志已决汝等毋阻我遂絕粒不食即跪進米粲勉飲一勺而已於七月十一日竟卒嗚呼痛哉閱三日吾姊因母骸暴露竟以身殉後月餘吾子及女又相繼殤坤以煢煢一身明發有懷涕零如雨回思吾母立志之堅赴義之决當時寄跡異鄉有非他人所能盡喻者是用縷述顛末儻蒙大人先生哀而賜之一言則不孝坤感且不朽

同治十年歲次辛未孟秋　不孝男坤百川謹述

皇清例授修職郎附貢生候選儒學訓導

敕封文林郎按察使司經歷薛君研博墓誌銘 十六世

禮社在金邑𦂳江門外距邑城五十里而近中有醇德篤行君子曰薛君研博鄉之人多稱其賢以今年四月十有三日卒於家其季子成平余縣試首取士也既筮宅後奉其叔父州同知素其君命以伯兄華平所自爲先府君行畧匍匐稽顙肅余誌其墓不可辭乃節採其一二卓卓可傳者稍詮次之而繫以銘按君姓薛氏諱本仁字研博一字硯北先世自江陰徙無錫之禮社爲

禮社人曾祖拱宸太學生

例授修職郎祖變泰國子生道光乙未

恩賜乙榜

例授修職郎父煦

敕贈儒林郎母氏陳

詔旌節孝

敕封安人同産二人君齒長生有異稟五歲喪父哭踊如成人爲祖愚泉君所鍾愛比長攻制舉業日究討經史務求精深廣大之旨而擷取其英華以發於文年逾三十補金邑庠累躓省闈不售遂絕意進取余五試成平詩文皆儒雅拔俗叩其所學知淵源有自也君於倫紀篤事祖父母與母並得其歡心愚泉君病綿君晝夜侍疾衣不弛帶及卒喪葬盡禮居陳太安人憂君年巳五十餘哀號慘痛幾至滅性時繼祖母唐太孺人耄齒在堂見君毀瘠逾常爲之減膳與弟素其析箸推多取寡怡怡其處未嘗閒言君之孝友性成蓋如此而觀於其以才濟德也首建塾以勸學次贍賑以卹災倡率其同宗之人終始向義以相勉於爲善而又不欲自居

成功而歸美於祖父今所傳永善堂義塾規條及一切救荒諸法稟經酌雅隨事精當至其臨機審斷辨是非邪正灼然無所撓惑其識力尤卓夫學者不患無才患有才而不以正用之則挾其剛愎自信之志往往逞一時之血氣至於決裂破壞爲舉世所詬病荆公熙甯之政是巳而君獨本之於德蘊之以深醇持之以謹厚出之以和平正大開誠布公澤潤鄉井昔昌黎傳太學生何蕃惜其積者多施者不遐君雖居下與蕃等然以君今之設施推之一邑一州一國并達之天下亦若是焉

而已矣君儉於自奉豐於祭養加厚於里黨宗族律已
甚嚴而待物甚恕與人交無貴賤長幼皆温然相接性
强記多覽古書祕簡撮其有關風教之大者與子弟諄
諄講說暇則藝蘭種菊招二三知已賞花賭酒分韻賦
詩竟日娛樂視世閒聲色貨利泊如也嗚呼如君者其
眞無愧於醇德篤行之君子歟是可以銘矣君之生以
嘉慶七年壬戌二月十一日享年五十有八附貢生候
選儒學訓導以子華平衙
敕封文林郎配諸氏

敕贈孺人先君十七年卒子五長即華平國學生候選
按察使司經歷次鏡平候選縣佐次鈞平先君九年卒
次衡平候選縣佐次成平即余所取士今以行略來請
余文者也女四孫男七孫女四余承乏茲土兩年矣深
悉治絲而棼不敢不飲冰自厲禮社隸錫界非本治又
平日與君素未奉手特以成平堅請再四而君之立心
制行實有足以不朽余文者故爲誌其大畧俾鐫諸石
以存幽宮亦藉以抒成平之悲其葬所與葬之月日則
成平兄弟臨事自註不備存銘曰

結緣韞櫝有升其光純鈞韜匣有作其鋩鼓鐘於宮聲
則揚惟君子之種德乃闇然而日章不於其身於其子
孫彼竇氏之五桂王氏之三槐越百世而流芳吾因以
卜君後嗣之必昌

咸豐九年歲在已未仲秋之月

誥授奉政大夫壬子科副元江蘇試用同知現任金匱
縣知縣通家愚弟許謌宣拜撰

先考衛芳府君壙記十六世

先府君諱浚字衛芳姓薛氏以道光癸未年
恩例議叙縣佐世居無錫縣青城鄉之禮社曾祖諱景
達字孔傳候選縣佐妣張氏祖諱雲錦字襄成郡庠生
妣馮氏考諱朝楣字祥國妣馮氏道光丙申年
詔旌節孝祥國公二子府君其長也祥國公之卒也府
君年僅七歲叔父衛芬四歲俱賴節母馮太孺人成立
太孺人性嚴善教家僅中產鞠育延師之費悉出紡紝
府君生而孝友太孺人命以一切勤苦事未嘗少違稍

長偕叔父以勤儉持家友愛甚篤同事太孺人克稱其
志府君對家人不輕言笑恆不怒而人畏服惟於太孺
人前則柔聲怡色無嚴毅容以太孺人性喜儉約雖家
道日起而服食費用不敢少侈不孝等幼時或需索甘
美府君必舉太孺人勤苦時事戒之曰今日一絲一粟
皆汝祖母曉夜機杼攻苦食淡中來汝等豈宜遂欲每
閒居早起躬率不孝等洒掃畢卽舉聽事所懸朱子治
家格言講說一過且曰讀書志在聖賢爲官心存君國
識此二語則治國治天下亦不外是矣見師儒雖甚親

狎必以禮貌族中有爭辯事尊長委府君和解府君必
反覆勸諭待其自悟而後已否則徹晝夜不辭瘁人或
求襄事苟諾之雖細故必籍記急應未嘗少忽姻黨有
貧苦者必量力補給自孔傳公創立義莊曾叔祖以成
公從叔祖書紳公續治田畝大吏以聞於
朝得
旨俞允而莊舍雜款則府君偕諸父及羣從贊成者也
歲己亥族有永善堂之設蓋事以賙鄉之無告者府君
復捐田十餘畝更偕諸昆從捐集以歲事府君貌和順

而性慷慨大頤廣顙氣體偉然人與之接如飲醇醪里
有善舉輒踴躍爭先恐後故遠近識與不識無不推府
君爲長者也生以嘉慶壬戌八月二十七日卒以道光
庚子三月十日享年三十有九卽以是年三月權厝歟
宕里祖墓之西以咸豐二年十一月葬於祖墓之右巽
山乾向配張孺人同邑處士寅元公長女男四長鐩
例授登仕佐郎次鍙業儒次鉅十八歲而殤次銉業儒
女一適同邑郡庠生强時熙孫男一衡孫女三皆幼不
孝等不能顯揚先考謹識其生平大畧如此昊天罔極

嗚呼痛哉

不孝男鏊百拜謹識

先妣強孺人事略 十六世衡芳公配

先妣姓強氏曾祖諱芳谷祖諱世賢考諱寅元俱耕讀不仕母馮氏世居錫邑五牧之田圖里孺人性沈靜八歲授孝經論語女誡等書能通大義外曾祖父母外祖父母皆深愛之年十七歸我先考衡芳府君先嫁之夕外祖妣謂孺人曰汝姑早年矢節成立遺孤備極艱苦汝事姑尤當曲盡孝敬孺人敬諾于歸後旦夕操作先意承顔惟以悅姑爲事先祖妣勤習紡織恆未明而起孺人燃燈盥櫛俟於寢門先祖妣顧而喜曰是誠吾婦

也先祖妣嘗患目疾幾失明孺人舐之得愈歲庚子遭府君之痛時祖妣年已屆六旬孺人恐祖妣之過傷也強爲食飲相背涕泣越五稔而祖妣寢疾孺人亦疾孺人力疾祈禱強起視湯藥及卒哭踊幾絕平居每言及先祖妣勤勞事或至流涕忌日哀慕沒身不衰府君好賓客孺人備置食飲雖勞不厭每收租時必勸府君少寬即有負者勿輕加怒有善舉必力贊成之撫不孝等慈嚴備至不孝與長兄幼時私取人文魚數尾畜之孺人廉知之即稟知府君予杖令還之乃已偶與人競不

問曲直必責曰汝若端好何至相犯耶府君之沒也長兄年十六不孝年十二幼弟甫五歲孺人教督綦力稍或宴遊則涕泣責曰汝無父之人不思自立尚敢怠荒耶教幼孫必謹其習惡言詖語不許出口訓誨諸婦勉之以和曰妯娌能忍兄弟自親卽不[illegible]而過不情之人我宜先包容下氣與之趨事與之話言則彼亦自和平矣此實宜家要法當切誌之議昏時聞婦家具厚匳囑媒氏峻却之曰吾家世尚儉素華靡非所喜也見世之嫁娶論財甚至以資裝厚薄而愛憎其婦者則深以爲

非婢僕有過必反覆教導不可則善遣之不輕詈罵孺人自奉甚約而樂於濟人閭里有餓者食便不廿有告急乞假者無不應庚戌夏澇饑者相望命出積儲百餘石賣糜爲賑鄉里感之壬子秋長兄奉諸尊長命偕宗人續置義田延師課讀里黨無力子弟孺人曰此汝父之志也可急成之命出五十畝爲助素信釋家言晚年疑其無實不孝兄弟因舉程子治喪不用浮屠事及朱子陰陽死生之說爲孺人述之孺人曰善但俗人信奉已久一旦改之必且目爲不孝今吾有命我死後汝等

不爲可也并召舅氏及女兄等告知此意嗚呼自府君見背迄今十有五年孺人恩勤教育命長兄治生事而使不孝及弟專心儒業卽授室猶不畀家計亦冀學業漸充稍有樹立以成先志豈意因循廢弛年復一年日月如馳業不加進又以不肖之軀時遭疾病爲吾母憂不孝之罪擢髮難數方思恪遵慈訓力改前愆以慰吾母之望嗚呼孰意遽棄不孝而長逝哉孺人之疾也始則生創於頰不孝等卽延醫診治咸謂可痊詎意日漸轉劇竟致不起嗚呼痛哉皆是不孝等不善調獲之罪

也彌留時顧謂不孝等曰人有生必有死吾得終養吾姑以沒夫復何憾惟願汝等常念我言保身力學雍睦宜家不致貽忝先人吾目瞑矣嗚呼痛哉孺人生以嘉慶壬戌二月十八日卒以咸豐甲寅正月二日享年五十有三卽以是年二月合葬於先府君之兆巽山乾向子四長鍈戊申捐賑
恩授九品銜次不孝鑑次錕十八歲而殤次鏵女一適同邑郡庠生强時熙孫男二秉均秉仁孫女三皆幼未字

咸豐四年歲次甲寅八月　不孝男鎧泣血謹述

薛母呂孺人傳 十六世方貴公配

予於丙寅春奉文委派滬城廣方言館監院時同鄉薛君渭泉同其弟等均以生理寓洋涇浜時得晤叙薛君蓋因家鄉離亂避地來此者予每過其寓見其兄弟閒怡怡共事婉容和氣無少忤心甚重之既而奉其節母呂孺人事畧懇爲作傳泫然訓曰吾母一生苦節格於例不獲邀
朝廷旌典敬求大著他日可爲家乘光不孝等區區孺慕之忱藉堪少慰予聞而益重之知其稟承於節母之訓有自來也爰不敢以不文辭爲次其大略如左

孺人姓呂氏十七歲歸薛方貴公逮事姑嫜以孝聞家庭和睦無閒言既而方貴公卽世孺人年三十有三痛絕復甦經營喪葬矢志撫孤時遺孤三長洪開卽渭泉十一歲次泰開七歲三旭開方五歲家素貧孺人茹荼自勵藉紡織爲活遇歲荒米珠薪桂幾不自存而孺人益自勤苦與諸孤相對煢煢糟糠不厭永無他志既而諸孤漸長各令習業並時訓以勤儉守分爲先人爭氣毋少游惰爲族黨羞渭泉等亦恪守母訓各知奮勉不

敢爲非分事孺人性最慈見有急而求者雖自顧拮据
恒以其十指所餘分潤之以應其急故里中男婦敬憚
之有紛爭者必相質於孺人孺人立爲排解秉公剖斷
無不悅服以去癸亥夏粤匪竄擾孺人謂諸子曰吾老
矣死亦無憾汝等兄弟皆年少恐爲賊擄速避去毋以
我故累汝等相隨同盡無謂也渭泉兄弟以孺人故皆
不忍捨去皆曰吾母既不去兒等豈有捨母而逃命者
皆誓同死既而賊至亦不敢加害人咸以爲節母至誠
神亦呵護云以同治癸亥三月八日疾終內寢距生於

嘉慶辛酉享年六十三歲葬於扒溝阡子三洪開泰開
旭開女一適洛社杭姓孫三人長房孫九松次房孫錦
德三房孫錦軒

余治曰婦人無獨立傳之例朱竹垞惲子居嘗論之雖
有徽音懿德或因子而詳其母或因夫而及其妻亦無
慮乎泯沒惟貞孝節烈不在其例今觀於薛母呂孺人
行狀操持卓卓可傳雖年例不符不獲上邀
旌典而奇節苦行有足爲鄉閭矜式者況有子克家天
倫無閔尤足徵賢母義方之教有非若尋常女子之無
足錄者特筆之以風勵末俗云

賞戴藍翎五品銜光祿寺署正候選訓導余治謹撰

釆三公傳 十六世

君諱黼廷，字釆三，醉石其號，考詒亭公生子三，君居次。㓜即嗜讀，不屑與羣兒戲，比長習舉業，斐然成章，詒亭公鍾愛之。聞有李伯蕃先生名宿也，延之家課君讀，敬禮倍至，君乃益自奮，竟夕研摩，一燈熒然，常徹旦，雖得咯血疾不少懈。其讀書處樓三楹，高出廳事上，同巷比鄰每至將曙時猶聞琅琅作金石聲也。其爲文小題酷似天崇名家，大題則力追

國初諸老。年二十七游於庠，乃受業於吾宗又洲先生，

先生奇其才，君適喪偶，以外孫女妻焉。嗣復游毘陵李申耆先生之門，時先生主暨陽講席，其門下士於天文輿地箋疏說文之學無所不賅，工於詩古文辭者尤指不勝屈。君於是見日廣，學日充，思融會經義，貫穿史籍，仿方望溪法以古文爲時文，而文愈不合於時，以故省試者九，歲科試者十餘次，皆不得志於有司。丁未歲試前列，頗作食餼計，乃竟觖望，遂抑鬱成疾。己酉猶力疾赴鄉試，及旋里則沉痾莫起矣。性至孝，遭母鄧孺人喪，號泣擗踊，哀動路人。及其沒也，詒亭公尚在堂，疾革時泣謂余曰：吾父一生培植吾者甚至，吾不自樹立，死何足惜，但恐吾死益傷吾父心，望吾弟之哀而善視之也。言訖遂卒，年四十有八。嗚呼！如君之志切顯揚，竟以屢困場屋齎恨而沒，足可悲已。元配符孺人，繼配朱孺人，俱早卒，繼配管孺人，即又洲先生之外孫女也，㓜承外祖訓，工於詩，音節清脆，有王孟韋柳風，君與倡和頗多，向聞有夢花樓聯吟稟藏於家，今遭兵燹不可復得矣。君與研博兄年相若，自總角時即契合靡閒，余與芸楣年亦相若，而少於兩君十餘年，每閒數日必相遇，遇輒

置酒飲，及聆兩君言論，研博兄辭氣渾淪，君則侃侃而談，常有悲壯激烈之氣流露於眉睫閒。研博兄飲雖多不遽醉，君則酒到即飲，常先醉。余本嗜飲，且傾倒於兩君，竊奉以爲弦韋之佩，特芸楣不能飲，余不知其於衆人皆醉時視之爲何如也。今兩君俱逝，杯酒之歡邈焉難再，芸楣又館於外，不常晤，得毋同有今昔之感耶。

同治歲次辛未清和月中澣　從弟熊光拜撰

先考晴峯府君行畧 十六世

嗚呼痛哉府君於流離顛沛之中不孝等侍奉無狀醫藥未週竟棄不孝等而長逝耶府君潛心力學未獲顯於當時而樂善不倦府君又不求人知儻有美弗傳聽其湮没則不孝等益滋罪戾故質述大畧俾後世子孫知所嚮往焉府君諱鳳翽字儀吉號晴峯先王父晉贈公之長子也少讀書即潛心務本之學與先叔父德輝公同事先王父母咸以孝友稱凡王父友兄弟睦鄉黨施貧窮諸舉靡不竭力贊成之無何德輝公卒王母暨

王父相繼逝世家務叢集又鮮兄弟即棄舉子業仰承先志惟以積德爲第一事會道光二十年芙蓉圩圍決圩中房屋幾成巨浸人心惶惶宵小俟便府君偕從叔祖東垣公從叔懷西公等集貲雇舟數百書明船票送圩八至親友處賴之以安俟水勢稍定又具蒲蓁蘆荻之屬修築決處越旬餘始成足無完膚不知也道光二十九年淫雨傾盆平地水深數尺居民飢甚府君偕局董龔君孟暘族兄數九澤之莫君豫昭等倡捐籌款親檢飢册給發五千餘緡迨三十年秋成始罷凡毘連陽邑江邑諸圩人均給錢給粟給粥報銷後例當議敘府君恐讓之并不予不孝等曰汝患讀書之不精不患功名之不成無以是爲爾累後咸豐六年亢旱飛蝗蔽天復將歷年所積粟仍照前法施給平生不喜佞佛不交僧道不衣文繡不饜膏粱惟以惜字惜穀利物濟人爲心其餘重師儒敬節恤嫠建橋梁施棉衣捨材具不可枚舉尤盡心於惜字承先王父之志集貲重建惜字爐於文昌宮之側置擔數副凡片紙隻字以及糊牆覆甕婦女花樣簿靡不設法搜羅揀淨焚化非躬親即使不

孝等檢點雖寒暑無閒也嗟乎府君無中家之產而平日諸善舉幾及萬緡豈非平居省節所積刻己以待人耶而猶惟恐人知不以善名自居其樂善之誠爲何如耶性沈靜居家恆默坐終日遇好山水輒徜徉終日猶憶元旦同從叔懷西公靜坐文昌宮側府君語從叔曰人生得靜坐片刻塵勞頓息矣居常手不釋卷凡經史子集以及星命算數靡不殫心研究嘗語不孝曰以聖賢之言驗諸當世事莫不如響斯應其心得之言類如此府君慎言語節飲食治家嚴侍府君之側雖婢僕不

敢疾言遽色嘗曰凡古名公鉅卿家法嚴者昌家法弛者落汝等誌之故不孝等凡遇嬉遊勝會了不關心非性然也習使然也府君生平行誼如此倘見用於世其利濟之懷當不止此府君生於嘉慶九年七月初四日卒於咸豐十年四月二十三日年五十有七配朱太孺人貞靜仁慈年五十有九子二不孝養修自修女一孫六孫女二

不孝男養修自修百叩謹述

素其公傳 十六世

同治丁卯夏余從李少荃宮保在營省籌勦粵匪軍務妹丈薛君華徵郵示其尊人素其翁狀屬余作傳余與翁同受業於胡竹溪先生文字性情頗極相契旣託世誼又重姻好余雖不文義不容辭乃爲詮次之以俟刊之家史按翁諱孚義字振安號素其生三歲而父春融公卒母陳太安人守節撫孤教養兼至兄曰研博長二歲翁與同學每課一藝各立見地卓然競爽一時有雙丁之譽家素封田畝質庫事頗繁翁以祖愚泉公春秋高兄又多病遂肩家政鉅細出納靡不精明雖練達者弗如也持家以勤儉爲法而奉母及祖父母必豐腆問安視膳率先意承志道光乙未愚泉公以耆年入棘闈恩賜乙榜翁心羨之復理帖括益自刻苦然兄尋補弟子員而翁竟屈於有司太安人曾生瘍於脰翁奉湯藥衣不解帶目不交睫無何疽日潰且屢瞑眩危甚矣醫皆束手翁默禱於庭願以身代閱數日太安人遂瘥人謂非翁之孝感不及此性溫厚無論長幼尊卑悉待以和顏悅色有犯之者笑而置之不校也故遠近皆知翁

爲善人居恒寡言語而與論古今輒原原本本聞者咸
歎其學有根柢晚年好學每漏殘燈灺猶把書一卷伊
吾不輟家人或勸之曰吾藉此以涵養身心耳豈爲功
名計哉後以子議叙州同銜翁
敕封儒林郎人盡榮之然非其志也余軍書旁午不獲
縷述翁生平行誼而梗概略具於此矣至生卒年月及
妻妾子女俱詳載世表兹不贅云

誥授中憲大夫
賞戴花翎

欽加道銜浙江遇缺補用知府前內閣中書本銜門撰
文
誥敕房行走協辦侍讀
國史館分校兼管稽察房事務隨帶加三級乙卯順天
舉人世姻姪錢　勛拜撰

凝祉薛公傳　十六世

予之得交於同鄉薛公凝祉也時在道光二十九年吾
鄉芙蓉楊家圩大水爲災公奉邑侯延請董理賑務
予亦隨諸君子之後與參末議嘗公知契引爲同心竊
見公辦理平糶賑粥築堤諸事宜於傾囊倡捐外殫心
竭力隨地拯援全活無算心竊慕之目爲眞善人晚年
益服膺儒先延同邑孝子孫仰晦先生課其子弟先生
教品績學力宗程朱爲定講學規約公每届講期必肅
衣冠與會整理塾規侍坐謹聽於疑義則出己意論辨

往往與古賢合蓋善人也而進於道矣咸豐十年粵匪
陷常郡所至蹂躪公倡義團練與族中諸君招集義勇
悉心保衛相持三月賊由閒道來襲遂潰不得已避地
渡江予猶時與公晤流離辛苦怡然無怨色江蘇克復
後挈眷回里謂數年淪陷得重見天日即死無憾旋以
微疾歸道山老成彫謝模範云遥爲悵然者久之庚午
春文孫丙元持公行略見示請爲作傳予愧學殖荒落
立言何足爲公重顧生平知己之感有不能已於言者
爰爲次其行略如左

公諱鎮星字樂基號凝祉候選縣佐系出明鎮撫將軍治亭公諱琚由江陰遷居無錫之禮社十二世至高祖友佳公諱椿太學生舉鄉飲賓曾祖孔傳公諱景達例贈文林郎祖以成公諱雲從鹽運司知事銜父牧村公諱經訓本生父書紳公諱經義俱太學生議敘從九銜書紳公生四子公居長出嗣牧村公牧村公之卒也公方事舉子業以成公委以家政遂輟業出理世務以練達重於時幼有至性能得祖父母歡母譚太孺人性嚴毅年邁多病稍不如意即不懌公先意承志孝養終

其身設家廟四時祭享悉仿朱子家禮朔望必冠帶率子孫叩謁時物非薦不先嘗謂人生大本在祖先此而不用吾敬烏乎用吾敬故嚴恪將事歷終身如一日見尊長必以禮其言吶吶然如不出諸其口待諸季友愛尤篤財產推多取寡中懷坦然族有爭競事必委曲和解其篤於倫常之地有如此性好施自孔傳公倡建義田以成公書紳公等踵成之莊屋一切則公襄贊之力爲多道光己亥族人議立永善堂以贍四窮公慨捐田五十畝合族翕然感動鄰邑江陰設公善堂公復助田

數十畝庚子己酉本鄉均患水災公屢董賑務出資出力不辭況瘁咸豐丙辰歲旱亦如之濬河捕蝗諸費尤慨然樂施一鄉利賴是夏髮賊南竄向忠武公退守丹陽石塘灣孫姓倡議捐米餉師公欣然往助有積券不下千緡一旦悉焚之曰時勢艱難此輩苦無生計吾何忍再追諸負者聞之歡呼戴德至今猶稱道勿衰其他恤火災修橋路施衣施棺諸善舉知無不爲未嘗有吝色吾邑地保一役例由本圖士民公舉報充嘉慶初年立有現年總甲包總名目計產輪充凡小戶條漕均押

令掃數墊完遇公事亦責以包賠中人之家當之立破道光丙午適鄒鍾泉中丞奉諱家居公偕兩邑紳士力請主持稟奉上憲給示勒碑其弊遂革家本素封自奉極儉雖粒米必惜而熱腸好義凡有急而求者無弗應尤勇於有爲爽直敢言遇有艱劇事衆或畏避公獨毅然身任卒賴以濟爲人排難解紛不惜出己費以調停之而人不知也晚年酷嗜先正格言濂洛關閩諸書嘗取嘉言懿行手錄一編諄諄爲子孫勖聞人善稱慕如不可及獨惡異端嘗於病中垂誡曰我老毋以僧道俗

例說我尤可以見公之大槪矣跡其生平性量恢宏如黃叔度汪汪如千頃波澄之不清淆之不濁而以禮自持尺寸不敢自越其得於立誠主敬之學者深矣古所稱有道君子者公其庶乎公生於嘉慶甲子十二月二十八日卒於同治甲子九月二十七日享年六十有一配趙氏繼配蔣氏均賢淑有大家風相夫教子克修內政生三子長鳴和邑庠生次鳴琴議敘縣佐三鳴玉太學生議敘縣佐出嗣弟介祉公女一適太學生候選鹽大使孫懷業俱趙氏出孫二丙元郡廩生鳳鈞業儒曾孫一祖詒

同治十年仲春

欽加五品銜

賞戴藍翎光祿寺署正候選訓導愚弟余治頓首拜撰

堂兄翰周事略 十六世

堂兄翰周諱藩字世儀議敘縣佐堂伯父在岡公長子也性英敏有練達才幼讀書即通大義比長習舉業每見賞於薛卓齋先生年二十三伯父疾革呼兄與弟蔭北至榻前命以家政且曰汝弟三人尚幼宜善視之兄涕泣受命喪葬畢事無鉅細必稟母馬太安人而後行絕不敢自專至遵父遺命攜提諸弟不知則教之有過則戒之且爲之延師課讀俾皆成立家故有遺金兄爲運籌匪易乃設質庫以生息內而稽察諸夥外而周旋

世故日夜焦勞幾無片刻安然料物貴賤靡不奇中故十餘年閒業隆隆起家貲增倍之半田畝三倍之而購房屋及弟三人婚費家內歷年用款不與焉人以兄善經理多以陶朱公擬之迨奉母命析爨一切所有悉均而爲五兄弟無一言其友愛如此平居無他好暇則與蔭北圍棊一局清簟疎簾子聲丁丁然幾不知有戶外事而一時名士如汪蓬峯輩皆與之遊故兄弟皆以善奕名太安人時或黙坐兄恐其中懷不適即歌一曲與蔭北唱和以博堂上歡病則衣不弛帶目不交睫既沒

拼湍長號幾至滅性非篤於孝者安能若是道光己酉水爲災質庫付欵多不能支明年遂停止至咸豐癸丑粤賊陷金陵警報疊聞兄以時值寇亂恐諸夥作弊卽以累年簿書出納與同事算明而變端忽起幾不可解遂心常鬱鬱釀成氣病乙卯歲自夏徂秋逆氣上衝旋幻下泄醫藥罔效竟以十月初七日卒年五十有一配張孺人克勤克儉先二年卒年五十歲子四長樹棠邑庠生次樹霖早卒又次樹桐又次樹槐俱議敘縣佐先是族人議設永善堂以濟啚內之窮無告者而屋尙未

構樹棠樹桐等遵父遺命捐錢一千二百千爲買屋之欵善堂乃成亦可謂樂善者矣而樹棠年三十有八樹桐年三十有一樹槐年祇二十有七天之報施果何如耶余年未六十而見其兩世之殂謝焉能無感慨係之耶然回想兄之孝友與一種英敏之槪猶在心目閒也故因姪孫士基之請而敘其大畧如此

同治歲次辛未季夏中澣之二日堂弟元熙謹敘

衛芳薛君傳畧 十六世

歲辛未薛氏纂修家乘族中有善行者悉倩人作傳序列之簡首薛君子明謂余曰吾父之歿於今八年矣隱居鄉里無所表見顧其行事有不能忘者未能乞言於當代名公吾子係戚誼祈爲余誌之余不文未敢爲丕立傳旣不獲固辭乃詢其顚末曰府君諱洪字衛芳王父祥國公王母馮太安人生二子府君其仲也祥國公歿時府君方四歲伯父衛芳公方七歲提擕捧負俱恃馮太安人教養成立太安人慈而嚴府君輒先意承志

稍長事兄如父事事奉命而行弱冠卽出塾不爲章句學而於古今治亂興亡之事人才善惡之分侃侃而談確有見地道光辛丑議敘九品銜家雖漸裕自奉仍儉約遇族中善舉必贊成之堂伯祖愚泉公等擬於義莊外續捐田畝以濟啚中無力者顏其堂曰永善府君聞之卽力勸衛芳公共割膏腴田十餘畝以助之迨伯父辭世府君慟哭如失左右手不數年馮太安人棄養府君哀毀骨立以苦節請詳奉
旨旌表入祀惠攤後因食指漸繁建造新宅與姪分爨

府君親督之估工計料悉如其言族中知府君誠慤出納不苟公議以善堂託府君董理凡十餘年無纖毫隱漏之弊焉咸豐庚申粵匪肆害族人捐貲募勇團練府君亦慨然相助無吝色至七月初六日賊蜂擁至猝不及避府君與余兄佩山姪肇勳同匿小閣賊將闖室窮搜府君欲出鬬佩山力止之即挺身而出誘賊遠去而以身殉肇勳亦隨歿死府君痛子若孫之爲己亡也悒悒不自適比同治癸亥避難江北憂鬱更甚旋於十一月二十六日卒於逆旅年五十有九配吾毋鄧孺人勤儉持家始終如一子三長名鎮即庚申殉難者也次即余名鏡三名鍌女二長適孟里孫次適葑莊楊此府君之實行其餘瑣事尚多不勝殫述未識可示後人否也余曰能事毋孝也能事兄悌也能贍族義也孝悌義人之大本立矣又烏可以不傳爰爲之詮次存之若謂文足以傳公則余滋愧矣

同治歲次辛未六月　姻姪楊治安拜撰

友山公傳　十六世

友山薛公吾鄉隱德君子也公居禮社傳家詩禮而公以少孤奉毋命棄儒習賈因以立業顧性好施急人之急而又雅不欲令人知嘗戒諸子等勿以語人予嘗以善事相過從凡有勸捐無弗應然必囑勿外揚予亦重違公意竟絕口不言故世亦無知之者然而被其澤者久之亦稍稍知其所由來至今猶稱道弗衰蓋篤實好善君子人也公歿後嗣君敬文彬文均能恪承先志怡怡一室時以善事相勖知公義方之教遺澤方長爲之快慰辛未首夏嗣君等以族修家乘持公行述來請作傳予忝素交誼不可辭謹詮次其略如左

公諱景煜字友山太學生

誥贈奉直大夫布政使司經歷隨帶加二級系出前明鎮撫將軍治亭公後曾祖宗榦公諱一鳳邑庠生本生曾祖宗玉公諱雲鳳祖源長公諱商賢考康榮公諱鈞貤贈奉直大夫毋龔太宜人生三子公其季也四歲失怙毋太宜人守節自誓家故貧至是益窘太宜人矢志撫諸孤勤紡績竭力謀修脯命公等就學未幾長次兩

兄乂卒公甫成童奉母命習計會其始猶稍博升斗以佐菽水越數年後以老成練達見重於人所獲俸金益饒始得以洗腆致酒博堂上歡而乂善懋遷家業日隆隆起克自樹立人咸謂太宜人有子矣然公雖日事貿易而事母益謹左右色養昕夕靡閒是以太宜人雖備歷冰霜心力交瘁卒享大年歲丙午癸丑太宜人疊患病劇公親嘗湯藥不辭勞瘁嘗積勞致病仍勉力侍奉疾賴以瘳享壽八十有五喪葬盡禮夫以一經紀人而事乆病之母竟能恪供子職動合古禮盡心盡力晨夕

不懈非天性過人其孰能之生平無他嗜好飲食衣服不敢一文浪費而於地方善舉恒竭力以應己酉丙辰邑遭水旱兩災公竭力出貲助賑謂飢民嗸嗸待哺死生呼吸非吾輩括囊安枕時也當是時獨有成數者例得議叙公辭不就以爲此區區者聊盡吾心何以名爲耶避亂江北過流離無告者所至輒給之於親故尤篤返里後四境蕭條道殣相望近里設粥局得公密助全活無算性誠篤謙約自處遇人吶然如不出之口而課子恨諄諄以敦品力善無忝前人爲勖疾革時嘗命二子曰予一生刻苦成家纖屑皆從銖積寸累中來物力艱難良非易易然遇善未嘗不勉力卒亦不致耗吾業予經營貿易未嘗以心計佔人先卒之所至順遂輒倍獲於此見人貴存心仁厚天不負也汝曹能繼吾志吾目瞑矣嗚呼近世士大夫平居坐論往往矜言胞與一旦操尺寸柄持籌握算如市道然積久滿載歸祇知高門第燿服御營別業供遊觀而於親朋疾苦鄉曲瘡痍往往漠然坐視不肯一援手救以視公一賈人刻苦成家積而能散不沽名不求報心有不忍即傾囊不惜其

爲人賢不肖何如耶公生於嘉慶乙丑十二月初十日卒於同治乙丑十月初七日壽六十一歲配許宜人同邑富榮公次女事姑能以甘旨得其歡佐公理內政勤儉成家寇亂時賊衆麕至宜人仗義罵賊賊怒篫楚備至宜人猶不屈賊燃烈焰焚其身遂遭賊害嗚呼慘矣往年當事者飭立忠義局凡殉難貞孝節烈婦女均得彙案請

旌宜人殉烈事尤卓卓昭人耳目已遵

例入報得

旨獎勵宜人雖死可無憾矣宜人生於嘉慶癸亥二月二十四日殉烈於同治癸亥九月二十三日享壽六十有一合葬劉莊祖塋之穆子二敬文太學生彬文布政使司經歷隨帶加二級女三長適陽邑周雲階次未字卒三適前洲唐清華孫八培銓國學生寶銓順銓燿銓學銓永銓桂銓玠銓

同治十年夏五

欽加五品銜

賞戴藍翎光祿寺署正試用訓導愚弟余治拜撰

薛翁蔭北傳 十六世

翁姓薛氏諱蘐字世儼號蔭北議敘縣佐

敕封儒林郎布政使司經歷父在岡公生五子翁其仲也性沈靜屬對賦詩頗有妙悟然不喜帖括年二十父病篤呼長子翰周與翁至榻前曰余一生勤儉上承先業不敢怠荒汝二人已有室可任家政惟汝弟三人尚幼宜善視之翁與兄涕泣受命既歿喪葬盡禮事母焉太安人能先意承志待諸弟遵父遺命提攜備至俾皆成立婚畢奉母命析爨兄弟無閒言翁善貨殖雖千里

外億則屢中故業日隆然風致瀟灑不爲阿堵物累平居好手談對敵爭先動輒勝遠近聞翁名造謁者不絕客至延入別室几淨窗明圖畫四壁相與煑茗清談客請一局往往敗去所與游者如章芝眉汪蓮峯輩皆一時名士而翁之善弈噪於大江南北矣尤工度曲每花朝月夕太安人與家人聚於一堂絲竹管絃衆音迭奏翁按宫商歌霓裳數闋爲太安人歡笑或手舞足蹈作嬰兒狀髣髴老萊子綵衣嬉戲也太安人病翁侍湯藥未嘗廢離及其歿也哀毀若喪父然嗚呼可謂孝矣爲

人温厚和平自少至老未嘗與人爭族有告貸者無弗應雖逋負不計也凡遇善舉常踴躍先人歲歉輒平糶除夕見窮無告者每以錢米私置其門外不令人知也咸豐庚申粵匪四竄族人團練苦無餉翁慨然曰與其爲賊資孰若爲保衞費乎故捐助獨多至七月六日禮社失守五弟酉書姪振聲遇賊殉難姪婦楊氏抱子士潤不屈赴水死翁以骨肉故痛哭過傷遂成疾此後旋瘥旋劇竟不起卒於同治戊辰四月距生於嘉慶戊辰十月年六十有一配孫安人子四長履坦議敘縣佐次

履潔布政使司經歷次乃飛曾受業於余次履墀議敘縣佐女二人孫八人余昔館於禮社深悉翁生平今乃飛持狀請傳於余余喜其試輒前列果見賞於宗工補弟子員將來前程未可限量遂不辭而爲之傳以見翁之孝友樂善食報未有艾也

欽加五品銜
賞戴花翎候選直隸州州判蘇州府元和縣訓導世愚弟秦炳斗撰

紀族兄雲坡君軼事 十六世

君諱游字雲坡幼讀書甚穎悟而不喜習舉業獨好爲詩尤銳志於學書其書脱胎於李更樹骨於誠懸後乃師顏平原每得一碑輒臨摹二三年一日盡數十紙必得其神似始再易一碑以故君之楷書一時無出其右求書者踵相接每如其意以應之不以爲苦也後乃旁涉行草上追篆隸幾入羲獻之室而升斯邈之堂矣乃猝遇世變奔馳南北遂不永年時論惜之嘗館於白雲橋之南以白雲深處榜其齋齋中盆池素蒔荷適聞近

處有開並頭蓮者君乃朝夕向盆池祝之冀得亦開並頭蓮爲置酒徵詩計人謂並頭蓮當一莖兩苞君不信也禱如故厥後苞漸大逾於常及花開蕊中復吐一花則重臺蓮也乃大喜廣招賓客置酒高會與斯會者館師侯少欽馮翼之吴子舟黄仲孫諸先生吾族則研博采三渭占芸楣諸兄也余年最少亦陪末座焉君先賦七律四章爲之倡諸人依韻和之幾成帙其風雅類如此迄今紀之猶想見臨池染翰對客揮毫之趣云

同治辛未季夏

族弟希范謹識

烈婦趙孺人殉難事略 子省和附第十六世

烈婦姓趙氏江邑璜塘太學生方鐘公女余長子榮熙之妻也于歸時道光戊子冬年二十一歲晨昏克盡婦職生女四人至甲辰五月始生一子曰省和婦以中年得子頗愛憐之咸豐庚申女已嫁畢子十七歲矣四月初粵匪自金陵而下紛紛四竄所至虜掠奸淫燒殺不堪荼毒於是母子二人同避亂於璜塘以其各鄉團練可以禦賊故也不料十八日賊突至練勇與戰不利璜塘失守母子倉皇無措卽從舅氏壽生公暫避趙氏祖

墓賊欲執省和母與賊力爭不得免哭曰吾年五十三止此一子吾母子二人更相爲命子既虜去吾何生爲遂赴水死救無及矣時省和被賊脅心雖痛之無可如何也揮淚而去是夜逃出至塘頭橋團練局有薛姓者董其事疑爲賊欲殺之省和告以堂兄省泉曾從學於薛晴巖先生乃釋之且止之宿省和曰吾母爲吾而死吾臥能安席乎星夜馳歸問舅氏以母柩所在舅氏引至墓旁屋內省和見柩搶地呼天且哭且拜屢絕而甦至十九日黎明賊又至省和尚昏仆柩前也仍執之去越日舅氏報至榮熙一慟幾絕聞者莫不酸鼻閱數日以其柩歸而葬之小下莊嗚呼趙氏平日於舅姑妯娌閒性頗柔順而臨難乃奮不顧身若此豈有所激而然耶至省和之虜而逸逸而復虜何皇天之不佑耶是豈有數存乎其閒而莫可挽者耶然母能盡節子能盡孝未始非吾家之光彩也

同治歲次辛未孟夏下浣之二日豫瞻氏敘

岳父仲韓公事略　十六世

公姓薛氏諱棻字仲韓其先世鎮撫公自江陰遷錫之禮社爲禮社人曾祖殿鵠公諱拱宸太學生祖稼窗公諱翊泰太學生貤贈奉直大夫父約筠公諱斗璇佾生例贈徵仕郎母屠孺人生子二公其仲也公生之歲稼窗公以力學旋卒屠孺人守節撫孤教養成立既長延師訓讀公性敏於兄而體素羸屠孺人鑒於前轍戒勿夜讀公懼違母意弱冠即出塾而終不敢廢學也屠孺人疾親嘗湯藥易簣時擗踊哀號行人皆感後逢忌日未嘗不欷歔流涕焉書法道勁端方肖其爲人醴泉皇甫諸帖時置案頭閒臨數行直造率更堂室兵燹後居室被焚片紙隻字俱被祝融收去性嗜飲居恒不與戶外事斗室中左圖右書酒一壺蔬一盤時招二三知己把盞臨風縱談古今成敗瞭如指掌有瀟灑出塵之概中年善病兼務岐黃術常合藥以濟人家素豐自奉甚儉而與人無吝色後以子映江公練達世務公益閒靜自怡悉以家政委之有故夥某誘以貿易貸千三百緡

以去數年虧折子母無償人有勸公控追者公曰我已貸之雖虧折於我無損必追其償彼將賣田宅鬻子女以來歸是以我有餘之物而破人之家絶人之嗣也吾何忍乎卒不與校其大度如是公素有咯血證時發時止咸豐癸丑粤逆陷金陵勢如瓦解公慮室家之難保憂思憔悴病是以增綿延牀蓐日進參苓卒以不起時八月二十三日也距生於嘉慶辛未五月二十九日年四十有三配岳母張孺人子一揚鑣字映江女二長爲家　頁婦次適議敘縣佐鄧銓家　頁結褵時公已歿未獲親聆訓誨一拜公顏顧岳母張孺人時述公之行事如此并命家　頁誌之以俟大雅採擇焉

同治歲次辛未六月

子壻周家　頁百拜謹敘

岳母張孺人敘略 十六世仲韓公配

岳母張孺人係陡門塋族議敘縣佐瑞山公長女性貞靜寡言笑年二十一歸先岳父仲韓薛公時公父約筠公逝世已久公母屠太孺人守節撫孤至於成立太孺人慈而嚴衣服箕帚有不順者必面斥之毋敢惰孺人先意承志奉事十餘年能得其歡心侍疾居喪姑婦而勝於母女焉先是仲韓公體羸善病內外事俱孺人贊理井井有條生一子二女子名揚鑣字映江幼端慧延師課讀供膳必豐腆方幸豈偉無恙蘭室增榮詎屠太

孺人歿後公得咯血證歲時屢發發必經旬著椀藥爐孺人必親自檢點映江既長爲娶婦於孟里孫孫故名門于歸後幸子婦賢孝庶務可以分勞誕二孫男俱早卒至咸豐癸丑而公病益劇孺人籲天求代卒不瘳歿後擬以身殉仔婦等力勸乃止猶冀子婦俱少年含飴有日孰意育一孫女呱呱在抱仲韓公服未闋而映江又卒矣孺人肝腸寸裂方昏憒中映江婦孫氏叩棺一慟而亡當時幸得救醒而居喪過哀日以羸瘠越半載餘而孫氏又卒矣三四年閒疊遭大故生既不忍死又不得茹荼飲蘗顧影自傷是時長女已適人惟次女與幼孫女相對作楚囚狀庚申七月粵匪竄掠各鄉質庫居室俱被焚燬片瓦無存孺人挈次女與孫女狼狽渡江苦難筆罄甲子春旋歸故里又與次女畢嫁事而孺人之心力已枯矣既爲姑屠太孺人與媳孫孺人籲請當道俱得

旌表建坊以妥其靈又念年過周甲得氣喘疾危如風燭繼嗣未定何以見先人於地下爰擇從堂姪禮卿子汝濟爲愛嗣孫以奉映江之祀今雖五六齡或更數年

教養成人非徒爲娛老計亦爲宗祧計也孺人於承先啟後之事庶無憾歟長女適議敘縣佐周家良次女即適銓今夏銓挈婦歸省孺人謂銓曰余歸薛氏四十餘年矣仰事俯育一身任之家多變故老而彌艱余之苦衷惟汝可以代白銓雖自維譾陋不敢固辭重違慈命因略敘顛末以附家乘詞之工拙固有所不計云

同治歲次辛未季夏

子壻鄧銓百拜謹敘

楊孺人傳略 十六世省三公配

孺人姓楊氏余再從叔祖浩謙公長女母唐孺人性端嚴動有法度孺人生而警慧於女訓内則諸書無不備覽尤喜閒嘉言懿行父母俱鍾愛之年二十歸禮社薛君省三省三少孤有足疾不良於行于歸時馮太安人在堂上事老姑婦兼子職下誨諸子母兼父道他如蘋蘩酒醴之大米薪井臼之微莫不措置咸宜不以肩媿娌馮太安人喜之常謂吾家有賢婦矣未幾奉命析爨一切推多取少無爭競心太安人歿喪葬事事盡禮里黨稱其賢孺人以夫染惡疾凡夫之寢興食息孺人俱身任之暇則擇古今忠義事與兒輩講解曰蒙養之時必以先入之言爲主苟以姑息爲愛愛之適以害之也少忤則嚴呵不假辭色歲己酉夫病篤孺人百方醫禱不能瘳卽陰蓄毒物將以身殉夫知之泣謂曰吾不幸以惡疾累汝汝在猶吾在汝或偕死其如煢煢者何儻能訓子成立不墜家聲勝於從死多矣吾死之後事悉賴汝奈何以一死塞責耶孺人飲泣聽命既喪葬後屏去鉛華斷除葷酒次第爲兒畢姻迨咸豐庚申七月初

六日粤匪竄禮社長子隨叔父酉書出敵忽見酉書被害奮勇死鬬賊不敢犯俄呼賊衆麕至爭砍之失足墮水而死長媳楊氏卽孺人姪也時抱幼子士潤在旁賊將脅之行氏厲聲曰殺夫之仇不共戴天吾清白子豈肯從狗彘耶遂抱子投水死吁人不幸遭家國之變而蒙恥苟免者比比皆是而孺人之門一時子死義婦死節

朝廷旌表爲後人式皆孺人於平日講論忠義之教也至同治癸亥賊氛更甚孺人令諸子避亂江北以延宗祧已獨在家持守八月十六賊衆突至於家孺人知不能免卽自盡距生於嘉慶辛未年五十三歲子四長振聲卽與婦殉難奉

旨建坊立祠者也次振逵三振藻四振瀚早卒今夏薛氏纂修家乘振藻以狀示余余故喜傳之爲教子者法焉世之爲人父不能督率其子而反多溺愛者聞孺人之風亦少愧矣

同治歲次辛未夏五中浣 姪治安謹識

節母王孺人敘略 十六世

同治辛未夏薛氏纂修宗譜外祖豫瞻公主厥事呼敬安而命之曰汝贅於此十有八年矣汝岳母居孀苦節汝所深悉可爲敘之以列家乘敬安惶恐奉命雖自知譾陋不敢固辭重違長者意謹敘厓略如左孺人姓王氏太學生佩秋公長女也性貞靜不苟嘗笑知書嫻女紅年十九歸先岳父濟寬公逮事姑錢太孺人視服之溲厠牏之滌必躬必親夫婦倡隨有古梁孟風詩娌子姪和而且慈故里中盡稱其賢無何生一子五歲而

殤止有二女道光甲辰濟寬公病就醫於郡孺人奉湯藥目不交睫者累月歸未數日危甚孺人日夜籲天求代至屬纊時孺人已絕粒兩日矣人勸之食不應太孺人泣諭之曰汝欲從夫於地下獨不念老姑耶奈何以二女累我也乃強進糜粥擗踊長號傀絕復甦擗後事靡不井井時年僅二十九耳由是仰事俯畜任之一身獨坐往往沾巾而太孺人前輒忍淚事之如初及其歿也喪葬盡禮可謂克盡婦職而代夫有終者矣其訓二女也針黹之暇即與講列女傳諸書且戒之曰汝曹宜以此爲法吾幼時父母口授之至今不忘也里之東半里許有橋橋東北數步舅姑與夫之墓在焉每歲春秋孺人必親詣祭掃酹杯酒奠盂飯拜跪盡敬如事生禮人問之則曰此一抔土先靈宅也吾繼嗣未立吾不與祭如不祭先靈能無恫乎故久而不懈家祭亦然今年近周甲以堂姪鎔幼子濠爲嗣孫猶勤儉如昔回想三十年來冰霜之操誠有茹荼飲蘗難以喻其苦者宜豫瞻公之念其苦節而欲列諸家乘也至於

朝廷之

旌表去年已請於當道他日或俎豆名山或流芳彤史敬安將拭目俟之矣

同治歲次辛未孟夏中澣子壻楊敬安百拜謹敘

馮穆兩孺人合傳 十六世連皋公配 明皋公配

薛節母馮氏穆氏兩孺人妯娌也均以苦節著馮孺人爲連皋公配穆孺人爲明皋公配距予居六七里予耳熟焉蓋皆從千磨百鍊中錚錚自立者馮孺人孤子景清嘗從予游手持兩孺人苦節行略乞作傳誼不獲辭遂撮其大概合而傳之

馮孺人同邑蘭春公長女二十二歲歸連皋公事翁姑以孝謹聞舉二男一女連皋公疾篤孺人衣不解帶者累月晰夕焚香籲天乞代卒不起彌留之際舉家正哀

號閧顧不見孺人方共驚疑尋覓不得詰旦有人自西港河來見衣浮水面疑爲溺者告於衆往拯之出始知爲孺人也蓋孺人知連皋公必不起預作書述志謂我死夫愈翁姑有靠子女皆幼祈諸親憐憫書儲匧匣潛奔西港河至是過救良久乃甦知連皋公已故日夜號泣水漿不入口時龔太孺人諭之曰兒奈何守小節而昧大義獨不念高堂白髮膝前黃口乎且予昔之所遭與兒今日何異乎所以不即死者正以立孤爲難耳上事下撫責皆歸於兒之一身何不審重輕若是言次淚涔涔下孺人乃瞿然起勉營喪葬諸孤長者甫五齡幼者尚襁褓孺人仰事俯育茹蘗含冰艱苦萬狀比長孤子景清成立翁姑亦先後逝世喪葬如禮而孺人之力瘁矣咸豐十年蘇常失陷家中刼掠一空無力出遷者均遭賊難而孺人年老聾病視死如歸見賊不屈身被七創後亦漸愈越三年爲同治癸亥十月二十日卒於南馮母家臨終時景清爲奉養計謀生遠出未歸孺人囑娣氏穆孺人傳遺命謂門衰祚薄祖父屬望不淺吾兒能爲先人爭氣吾目瞑矣等語吁孺人之志蓋可見

矣享年五十有二計守節二十二年穆孺人同邑福田公幼女二十一歲歸明皋公甫四年而明皋公故食貧矢志撫姪景節爲嗣即馮孺人次子也恩勤教育視如己出未幾殤孺人傷之甚顧不敢形於顏色恐重傷堂上心也自是遂持常齋歸心淨土治家以儉紡織鍼黹以佐米鹽庚申之變孺人結草廬於明皋公之墓旁課佛益虔賊至不避竟亦無恙旋於同治七年二月二十五日壽終內寢未卒之先日惟飲水謂吾將滌我腸胃以見我佛臭皮囊無所戀也計飲水旬餘臨終如蛻享

年五十有二計守節二十七年均葬於尖岸里祖塋
論曰易稱坤之德專故婦人以從一而終爲正義粤逆
之擾綱淪法斁鬚眉男子猶難言之世風靡靡誠有不
可問者兩孺人遭遇相同處心則一以死自誓處變不
更洵可傳也且吾聞馮孺人母夫人龔穆孺人母夫人
謝均以節孝聞均邀
朝廷
旌典大節炳然後先輝映知其稟承爲有自也吁可以
風矣

同治十年夏五
欽加五品銜
賞戴藍翎光祿寺署正試用訓導侍生余治拜撰

薛鑑塘割股記 十六世

割股非中道也人子不得已而爲之者也禮父母有疾
冠者不櫛行不翔言不惰湯藥必親嘗如是而已無所
謂割股也故韓子嘗極論其非謂設或不幸自抵於死
其罪且莫挽余竊以爲不然夫人子之於親亦視其力
之所能何如耳苟可以救吾親者雖赴湯蹈火猶且不
顧何惜於股之割也雖曰身體髮膚受之父母不敢毀
傷然以父母之肉療父母之疾其視尋常之毀傷者宜
有間矣若必以割股爲非坐視其親之不愈而不救孝

子之心應亦不如是也蓋吾知有親而已遑知禮之許
與不許乎吾知愈親之疾而已遑問道之中與不中乎
且古之人有祈以身代者矣身且可代何論於割股以
是知情苟出於不得已則雖非中道在聖人亦未必不
許也然禮經何以不載曰禮經所載者萬世之常道也
余之所言者一時之衷情也其用之果有效乎曰效不
效聽於天誠不誠盡於我幸而效也天地之賜也吾親
之福也吾之深願也即或不幸而不效非親之失也吾
之未誠也吾正自愧也此割股之情也若其不如此而

欲求知於世而爲之者其非余之所敢知矣薛君鑑塘篤學好友早歲失怙曾以母病弗愈割股療之既而果痊鄉里以爲孝感所致不幸於今歲十一月遘腹疾逾月而卒年止弱冠卒前一日余往視之其叔氏實爲予言余既重鑑塘之能孝其親又悲其未壯而早世也因灑淚而爲之記君諱景員配孫氏余族女弟也

道光丁酉季冬下澣

姻愚弟孫希朱拜撰

節母孫孺人序略 十六世鑑塘公配

同治庚午十月錫邑教諭張公采訪堂弟鑑塘之妻孫孺人居孀苦節移縣詳憲請

旌越明年孺人嗣子光祖奉其守節事實乞余敘之余與光祖居密邇知之頗悉遂不辭而爲之敘孺人爲太學生卽用詹事府主簿候選布政使司經歷汝平公三女幼婉淑讀書識大體母薛早卒哀毁踰常持家賴之父繼娶龔又繼娶秦事之均如所生道光十六年十月年二十歲歸余堂弟鑑塘逮事孀姑劉太孺人先意承

志養湯能諳食性中饋事一身任之絕不費堂上心言動舉止皆準禮法敬夫亦如賓人以是盡稱其賢明年十二月夫自城中歸暴病醫藥罔效孺人每夕焚香默禱求代未數日夫卒孺人誓不欲生絕而復甦者再大殮後乘間自縊幸老婢驚覺救之姑知之泣而諭之曰予早歲守寡所以忍死至今者欲使汝夫兄弟兩人成立耳今汝夫不幸而夭汝復繼之以死予亦何樂有生乎盍少緩須臾奉我餘年不愈於殉夫乎孺人不得已飲泣從命矢志守節時年二十一歲於是問安視膳事

姑益敬姑病每進湯藥輒謂老婢曰吾夫嘗刲股療親吾侍奉惟謹猶恐不能曲體夫志既沒毀瘠骨立喪葬如禮可謂克盡婦職矣先是夫沒無子女奉姑命以夫弟長子光祖爲嗣襁褓中卽鞠育之稍長延師課讀心雖愛之而督責綦嚴不少寬寇亂後家中落衣食及子膏火悉出紡織每深夜篝燈讀書聲與機杼聲相和不辭勞瘁教養嗣子克底成立其立志之堅如此方亂離中父及繼母先後沒兩弟又沒孺人爲之經營喪葬所遺一妹與姪子女六人婚嫁悉孺人辦理恒語人曰吾

非好勞亦以盡吾心稍報親恩於萬一且其篤於親親殆天性也平居好勤儉甘淡泊非歲時祭饗之餘脂膏物未嘗適口寒冬紡績恒至十指皸瘃或勸之曰何自苦乃爾孺人曰吾家不滿中人産苟不自力恐一遇歲歉餬口不給且以警子婦之游惰也聞者莫不歎服今年踰半百子已生孫猶操作如壯者里中賽會未嘗出戸一寓目似此苦節

旌門奚愧他日有繼中壘而修列女之傳者余濡筆俟之矣

同治歲次辛未仲夏下澣之九日堂夫兄元熙謹敘

忠義堂弟酉書殉難事略 十六世 長子文錦姪振聲姪妻楊氏姪孫士潤附

堂弟酉書諱蘊字世傳堂伯父在岡公第五子也幼孤性穎悟讀書目數行詩文下筆立就旋以析爨務冗遂棄舉業事母馮太安人左右能色養侍疾司湯藥尤謹既没哀毁踰常祭祀未嘗不涕泣好施予見窮而無告者必周恤之道光己酉大水以捐賑故議敘從九品銜咸豐庚申四月粤賊自丹陽而下各鄉俱遭蹂躪族人乃募勇團練分守東西南北西營在白雲橋畔酉書朝夕在營籌辦一切聞蘇杭相繼失守不勝憤懣乃謂姪

振聲曰官兵望風而遁使生靈肝腦塗地眞堪痛恨吾身雖未從戎頗懷忠義儻此地失守誓以死殉汝意何如振聲曰叔父有命姪敢不勉至七月初五日叔姪二人從練勇拒賊於蔡家岸橋是夜訛言常州賊起兵十萬三路並進酉書謂振聲曰賊從常州來西面最喫緊吾與汝當助勇防堵妻子等令其遠避可耳初六日黎明賊仍從東面入礟聲不絶練勇敗北辰刻賊進楊巷衝過白雲橋燒燬西營練勇殺傷大半酉書與振聲等在下薛蕩木橋之東欲斷賊向西去路不意賊忽從村後繞出將酉書亂砍死於牆下振聲見叔父被害即在橋邊與賊死鬭衆賊蜂擁而前振聲失足墮水賊即躍入水中砍死之振聲妻楊氏見夫死恐受辱即抱子士潤投河死時余在後巷水栅外亦受重傷不能行不知酉書等下落里人爲余言始悉其事越日酉書妻季氏歸家知夫已殉難長子文錦又被擄搶地呼天即欲死殉姒娌勸以諸子尚幼撫孤爲重遂以養以教俾皆成立人故以是賢季氏然余又有感焉方賊之破蘇杭官兵不下數百萬而讓其長驅直入可謂無人矣酉書一

書生耳乃能使振聲激於大義捐軀從死不亦偉歟至楊氏爲夫死節且使子爲父死孝又何其烈也誠各城池盡得如酉書等并力死守賊果能横行否耶迄今小醜久已殲滅殉難諸人得邀

朝廷䘏典立傳襲職入祀昭忠祠非特酉書等之榮實宗族之光也故因姪文標等之請而敘其大略以勸世之忠義者至各人生年葬所具詳世表不復贅

同治歲次辛未仲夏下澣之五日堂兄元熙敘

薛仲宣公傳 十六世

公諱景岳原名照字仲宣號學農先世尙仁公諱嗥仕宋爲翰林承旨始遷江陰之叢桂坊八世治亭公諱琚自江陰卜居禮社遂籍無錫曾祖諱耀遠國學生例贈儒林郎祖諱芬國學生父諱琇議敘縣佐姚劉孺人

詔旌節孝少尹公二子長鑑塘公諱淵公居次自幼端重有成人風五歲失怙祖上舍公尙在能爲老人歡伯仲出入推梨讓棗劉孺人飲食教誨仲郢熊丸不是過

也從師受書目數行下作文一軌先正不入時屢赴童子試不售而志益篤功益專心益苦如是久之嗣上舍公辭世尋鑑塘公又卒公憂從中來一身孑立平居姻友往來酬酢暨家庭會計米鹽升斗瑣瑣屑屑一以委公公歎有志不成而又恐家道之零落也慨然曰學以行副言而已何用沾沾舉子業博功名登仕籍爲遂決然舍去性至孝事劉孺人左右色養數十年如一日好栽植凡一草一木一花一果手自灌溉生意勃勃每至風日晴和庭中爛然如入衆香國奉劉孺人游息其閒言語色笑怡然藹然五光十色與萊衣相映也嫂孫氏孀居公待以誠敬無閒言時有所需無少缺歲時祭祀不豐不約凡先世生辰忌日悉誌之無少忘外內大小秋如事無纖巨俱身親之道光二十九年大水淹禾稼居民蕩析顚苦萬狀當事務賑恤料上戶勸捐維時素封家尙多觀望公中人產耳慷慨樂輸惟恐後時鄉里聞風不日蕆事邑令詳憲請獎公得議敘九品銜是年孺人寢疾公侍湯藥衣不解帶數月咸豐五年九月劉孺人歿公哀毁骨立曰吾母苦節三十餘年撫孤成立

而吾兄又不永世致吾母無一日歡安用子爲竭力營喪葬過哀致咯血證越五年庚申粵匪猖獗金陵大營潰蘇常兩郡相繼陷時各城鄉堡烽火相望警報日數至道路盱目弱肉强食公族中仗義團練按戶出丁以資領率計家貲多寡出費募壯勇公慷慨助之不少吝嗣賊大至以衆寡不敵軍遂潰公憤甚挈家轉徙於大江南北艱苦備至初公通岐黃術未之用也至是流民死者相藉天行時氣寖成大疫公乃行醫濟世就診者踵至即以爲餬口計焉辛酉歲仲子亡公痛抱西河又

值時事艱難心力交瘁遂一病不起卽於是歲辛酉十一月十二日也年僅四十有三公爲人慷爽有熱腸操守廉介不苟取好爲善舉自奉儉約斂衣菲食泊如也居恆黎明卽起屏當一切日旰不自逸配沈孺人子三長光祖嗣鑑塘公後次廷瞻先公卒三錫紳

論曰余不及見公而其季嗣佩書余妹倩也述公行狀甚悉迹其生平不愧讀書人昔范文正有言不爲良相卽爲良醫余竊怪公通醫濟世意必能攝衛其身者而獨不永其年何哉蓋以文園之善病而兼平子之工愁卒至伊鬱抑塞不克自遂亦可悲矣

同治歲次辛未孟夏揀發知縣署金山縣訓導己未

恩科並補乙卯科舉人姻愚姪沙駿聲拜撰

烈婦楊孺人殉難事略 十六世長子省泉幼子省鈁 長婦傅氏女四人附

咸豐庚申春粵賊破丹陽乘勢長驅所過燒殺自常州以下男女被難者不可勝數而最烈者莫如余三弟希周之妻子婦女三弟娶楊文若公女時年四十一矣有三子長省泉年二十婦傅氏年二十二次省釗次省鈁女四人年十六七三四歲不一每聞警報必同避也四月族人捐貲團練南北東西勇各分守軍器火攻一一整備有警則同出禦賊聲勢頗壯三弟爲隊長守東面朝夕操演不少懈七月初五日賊竄蔡家岸橋勇與戰

不分勝負是夜三弟謂妻楊氏曰賊今日雖退明日必有大隊來吾同次子出外防堵汝等宜早避無自誤也楊氏不信初六日黎明賊大隊果至礮聲不絕三弟等領勇死戰然終以衆寡不敵力屈而潰辰刻賊進楊巷蠟列如林里中人紛紛逃避楊氏知失守率兩子一婦四女東走至後巷水柵內舟已畢登欲行矣而舟人匿其包裹去而不返省泉兩手持篙盡力撐之舟不少動賊至欲執之省泉厲聲曰吾自幼讀書豈不知順逆吾視汝等逆賊狗彘不若也汝不速速歸順而顧欲我從

汝耶即以篙與賊鬬賊以火槍擊之肩背受傷而死楊氏見長子被害指賊駡曰汝殺吾子何無天理吾夫爲隊長必收合餘勇來報此讎汝等將爲虀粉矣傅氏亦駡不絕口諸女子皆怒目視賊賊大怒以槍刺楊氏楊氏抱幼子投河傅氏及四女亦相從而下時余侍老母在岸上雖身受重傷相去祇六七丈許耳聞目見甚了了也薄暮余舟避徐家舍三弟同亥子至後巷遇人問之則曰汝妻子婦女八人皆死矣又問之則曰汝姪女三人亦死矣父子向河而哭皆失聲然無可奈何矣明

日殮之楊氏與長子長婦幼子葬小下莊長女字江邑溥瀦奚氏旋領柩去其餘三女俱葬車灣嗟乎余舟中十一人死者三人弟舟中八人竟無一人生者視古忠臣之闔門殉難何多讓耶至楊氏與一子一婦不但遇賊不屈且能駡賊而死尤近今罕覯矣彼畏死者能若是耶嗚呼惟其不畏死所以死而不死也

同治歲次辛未孟夏下澣之三日愚伯元熙敘

雲潞公傳　十六世

予於禮社薛氏多世交其人類皆讀書敦品好善篤行而雲潞薛公尤以樸誠仁厚著遠近佃農言及公家徵租事均嘖嘖稱公寬厚逾恆予因是雖重公每以地方善舉相往還益得公生平梗概蘇常克復後方擬偕公辦理地方善後而公竟於同治八年以疾辭世鄉人咸公德者莫不嗟歎失聲辛未首夏嗣君彬奉公行述請作傳予於公有相知之雅不敢以不文辭謹摘其梗概而詮次之如左

按公姓薛氏諱英號雲潞世居禮社爲禮社人祖翊泰父斗璠俱太學生

贈奉直大夫布政使司理問加二級母氏陳

贈太宜人繼母氏孫

封太宜人幼穎敏習制藝以能文名屢應小試輒前列會贈公棄養孫太宜人苦節善病公筦理家政遂絕意仕進然暇則手一編研摩不置謂多識前言往行以畜其德本非爲科名地也生有至性贈公卒時公方十五齡哀毁如成人孫太宜人病常在牀蓐公侍奉湯藥必

親必躬初不假手婢媼平日則晨昏問視備極甘旨委曲承順以博其歡心家中鉅細事必稟命而行無敢擅天性然也公既以家事棄舉業然觀書過目成誦逢人輒談古今源源本本娓娓不倦好學書書似虞世南尤精算學簡要不煩爲時輩所不及有菊癖手植百十本花時必邀諸名宿觴詠其閒作雅集圖以爲樂謂淩霜傲骨晚節流芳是花中眞品吾人能無愧此花庶不負此番賞玩耳人皆謂其言近迂庚申之變本鄉籌議團練設局招集鄉兵爲防堵計公朝夕在局襄理甚力及

自散財發粟激勵義勇旋以四面皆賊蹤力屈而潰不得已挈眷渡江以避每一念及輒切齒恨恨始知公錚錚氣節於賞菊時已略見之知其所蓄者有素也道光咸豐中水旱洊至公急公好義倡施賑濟大府以義行議敘五品銜以布政使司理問加二級

榮封二代目是地方公事必勉力倡捐家以中落惟勖子弟以刦運方來不罹慘毒即爲大幸汝輩不作富家郞但努力攻書克振家聲不墜世德於願足矣性和厚課子甚嚴謂子甚一生事業端在蒙養何可稍寬耶自奉極儉而好爲人排解紛難事往往賠墊至罄已產以償子弟以爲言弗顧也寇亂時生計艱難有逋負不能償者即焚其劵又收埋屍骨計四百餘具迨克復南回目擊瘡痍力不能兼顧恆鬱鬱不自得適朱宜人逝世伉儷素篤中懷嗒然久之諸子以續娶請不許諸子亦善承公意兄弟同被値宿者四載長嗣彬於丙寅入泮公謂雲梯初級百尺竿頭正在初步宜努力加勉督之愈切居恆以禮律身作事不苟善治家整理內外秩然肅然綜公生平孝以事親義以處事嚴於守己寬以待

人而熱腸俠骨大節凜操有卓卓在人耳目者近時學者矜情飾貌標榜名譽而於地方利弊漠然無所動於中者聞公之風亦可以少愧矣公生於道光元年十月二十七日卒於同治八年四月二十六日年四十有九

誥授奉直大夫候選布政使司理問加二級配朱宜人克勤克儉處宮若貧邑增生以衡公女先公五年卒合葬烏金橋新阡子四長彬次榛錦早卒又次昉女四已嫁三人孫大鐘周浩金顧雲燦幼字龔孫二正寰光宇

同治十年夏五　愚弟余治拜撰

維屏薛公傳 十六世

公姓薛氏諱志仰字維屏無錫禮社人也其先世自江陰遷居禮社至公十六傳矣父瀛洲公母孫孺人陶孺人瀛洲公生七子公次居五爲陶孺人所出幼而岐嶷初讀即敏悟比長專心於制舉業乃屢試不售兼以屢賦安仁之悼遂棄帖括業而毛義之志則未嘗一日忘也咸豐六年歲大旱邑紳士設立總局於城籌貲賑恤公族兄渭占先生稔知公能舉以代理公勸輸殷勤調劑妥善是歲也饑而不害公之才略見一班矣籌賑事竣繼以籌餉軍書旁午不憚辛勤喟然曰夙昔沾沾於帖括亦希一躍爲顯揚地乃運蹇未獲科名而况值此時事多艱既不能磨枲公之硯即當著祖生之鞭而顧雌伏終身乎遂援例候補分縣加布政司理問銜指發河南公之意蓋誹摶風奮翮於此始矣詎意瀛洲公舊病時發侍奉湯藥未忍暫離堂上屢促裝公執不肯十年三月瀛洲公病甚醫藥罔效公呼天號祝割股者再及卒哀毁幾不欲生哭泣之哀途人墮淚而公之鋭氣於是乎一挫是歲賊竄蘇常公與同族籌貲練勇爲防

剿計七月初赴常熟領火器比其反也則公里已遭蹂躪同族死節者男女百餘人公兩弟與焉房室燬焉財產盡焉痛哭流涕又恐過哀傷老母心於是補葺殘燼強顔事奉而母氏既痛死者之不得其死又恐生者之無以爲生積哀成疾支離牀褥當是時風瀟雨晦四壁蕭然公飲泣吞聲量柴料米而醫藥未嘗一日間也越三月母氏棄養哀毁骨立百計羅掘殯葬仍如禮而功名之念於是頓弛矣公平日交人以肝膽見有傾軋事輒爲排解而尤慷慨好施有以緩急請者傾貲應之困乏所不計償不償亦勿計也嗟乎以公之才倘得乘時利見經綸事業必有大過人者乃折磨頓躓齎志終身不亦大可惜哉卒年四十有一無子初娶范安人繼娶顧安人周安人生四女范安人出者二顧安人出者二長次三俱幼殤四未字宫桂與公爲中表行知公最深故撮其崖略而爲之傳

同知銜揀選知縣試用教諭暨陽愚表弟郭宫桂拜撰

忠孝合傳 十六世

人惟忠孝之名不易副耳勳名著竹帛俎豆垂千秋當其時則感天地而泣鬼神百世下奉爲神明而頌德歌功猶足以發人心而正風俗繼起有人不且後塵難步乎然而論其事則大小難易有殊途論其心則賢否智愚歸一轍也庚申之亂訓彝俊卿兩公一死於忠一死於孝兄若弟分任其途兩全其誼絲綸褒奬錫以嘉名古人有知我知九原之下必且引爲同調也兩公行誼固已彰彰耳目矣然恐其積久湮沒故不揣譾陋而敘

其崖略訓彝公諱志倫訓彝其字也天姿純粹悃愊孝謹雖幼無佻巧習比長習舉業視功名淡如也平居喜觀古史亦癖嗜翰墨爲人眞實不欺言笑不苟生平不以機巧待人人有以機巧試者亦未嘗受其欺也老成中寓練達所以余外父母之愛之也與公季弟等咸豐十年閏三月賊破丹陽將下竄禮社紳士舉行團練同心敵愾公昆季與襄事焉四月初常州無錫蘇州相繼失陷勢同瓦解沿運河一帶無敢爲螳臂當者禮社距運河僅五里許股匪連日來犯自四月初守禦至七月遇賊輒獲勝復於洛社橫林等處夜擣其巢以故運河以北無賊蹤者二旬餘賊因屢挫故遂於初六日四路分進公兄稚屏公適赴常熟領火器公與季弟出探賊巳深入勢蜂擁練勇將不支公乃持矛大呼躍出練勇前賊攢矛其刺之身被數十創回呼季弟曰老母尚在家汝速歸奉母避余恥爲賊辱死於此矣遂跳河死公平日發一語訥然若不能言者臨一事葸然若不能爲者乃當其臨大義而勇決無顧慮若此所謂人有不爲而後可以有爲者公誠無愧於斯言公季弟諱志偉字

俊卿初六日卯刻賊大至鄰里皆望風遁公隨兄出探知事不可爲又見兄死急歸家扶母出後門距家數十武即遇賊將以刃加母公泣涕哀告曰吾母老幸釋之否則願以身代賊不解何語刃交下公兩手抱其母而以背受刃身無完膚至死不少懈賊始悟其以身殉母也乃釋母賊稔知禮社練勇勝他處且是日練勇雖潰死傷略相當恐久留之中我計也午後即大肆焚掠以去公家屋宇亦燬其大半焉賊退火熄後母始匍匐歸命人蹤跡之於亂尸中得其尸兩手抱持猶若作護母

狀噫非純孝性成者烏能若此余外毋每向余述遇賊情狀未嘗不潸然泣下憐其孝而憫其死而嘗欲於別墅像公哀告之情背護之狀以表揚而寓教孝之意是有待於後起者矣公幼時端重樸訥無紈袴習亦無寒酸容讀書能通大義稍長習舉業從江陰

恩進士王先生歲進士蘇先生遊皆名宿也而蘇先生則亦以庚申賊破江城罵賊不屈闔門死節奉

旨優卹錫知公學有淵源矣至其爲文沈著懇摯孝友之性溢於言表識者方目爲遠大器而詎知公已覩死

如歸耶兩公均經大吏

題請奉

旨旌表其生平兄弟之友愛交往之誠篤待人之温恭處事之精詳瑣屑不足爲兩公重故不縷述至生葬配嗣則俱有譜牒在不復贅

論曰方髮逆之未至也里族之中婦孺之口羣以有子爲余外父母慶而指爲樂善好施之報乃兩公未得榮其身以及其親且一則無嗣一則未娶而死更慘烈如此何天之不相善人耶抑將傳其名而顧靳其福耶不然若兩公之死人將無說以解之矣然而不難得其解也夫兩公未死之前既死之後其問林林總總與草木同腐者固不足數即生前赫赫死即沒沒已者亦胡可勝道以兩公年未及壯矜未及青而馨香俎豆兩字聲名問人世之榮其身以及其親者有如此遠大者乎余乃知天之報施善人不薄也

賞戴藍翎五品銜儘先補用儒學訓導眷弟沙埥拜撰

先叔母强孺人殉難紀略 十六世蘭皐公配

先叔母强孺人幼孤奉母孝二十二歲歸季父蘭皐公事先大父母得其歡習女紅勤中饋茹苦自勵數十年如一日庚申之變孺人勸公避地謀生公曰爾奈何孺人曰惟天所命設有不測死以繼之癸亥秋公由上海回途中遇賊不屈被戕孺人聞公凶耗一慟欲絕誓以身殉賊又猝至家適有僦居一老媪賊見之逼索銀洋媪曰我避難來此身無一物銀洋當問屋主人賊向孺人勒索孺人厲聲曰屋是祖傳家徒四壁銀洋何來即

戟手哭駡賊怒揮數十刃而歿體無完膚女鳳楣甫七齡日夜哀號跪哭母前途人問之泣曰母親死矣買棺無錢耳每日哭拜數十次涕盡繼以血夜間仍投母懷而臥鄰人見之無不酸心墮淚者後哭告於舅氏殮其母事畢不食而卒嗚呼痛哉母死烈女死孝景清恐日久湮沒去年請於當道業蒙大吏上其事於

朝均邀

賜䘏建坊崇祀并纂入忠義錄云

同治十年夏六月 姪景清謹識

先王母馮太恭人行略 十六世際舒公配

先王母馮太恭人青城市塘村太學生孟康公之三女也性情溫柔年十八歲來歸先王父際舒公時家境清貧蔬食菜羹聊以充飢敝服布裙聊以禦寒先王母處之晏如未嘗出怨言日夜紡織以濟緩急先王父命途多舛不得志於時先王母嘗慰之曰人之窮通皆由前定吾惟有守分安命順時聽天而已故家業雖不甚裕亦無大窘此可見先王母相夫之有道焉生三子二女以養以教至於成人嫁娶之後向願已了以爲稍可息

肩矣不意洪楊之難起於倉卒大有一夕數驚之慨先王父與次子青元次媳三媳及次房孫男二孫女一同避難江北先王父及青元不幸卒於江北之六圍港長子培元於庚申歲七月六日殉難在家入大敦忠節祠以次房階吉爲嗣先王母在家聞之淚如雨下痛不欲生祗有三子德元在家即余之先考爲藥材業一切飲片如法精製故生意發達而俯仰有餘先王母因此稍慰然精神已日形憔悴矣厥後得癱瘓之疾不省人事次房先伯母陳太孺人及堂姊桂枝與先妣祝太孺人

及先姊宜寶輪日侍奉每飯必躬自下口溲溺必躬自
更換如是者三年餘口無怨言皆先王母性情温柔之
德有以致之也今雖事往情遷而回憶當年猶如昨日
謹就覲光所知所見而次第述之

孫男覲光謹述

外祖薛渭占封翁傳 十六世

外祖姓薛氏諱熊光字渭占系出黄帝二十五子一爲
任姓裔孫奚仲居薛至仲虺爲湯左相代爲侯伯歷三
代凡六十四葉周末爲楚所滅公子登仕楚懷王賜沛
邑爲薛大夫遂以國爲氏公世居無錫之禮社邑庠生
以子學培受員外職誥封資政大夫祖諱謙三父諱麟
書博覽羣書禀性誠篤待人接物出以和平弱冠已有
文名而公澹如也畢生篤志力行在忠厚二字上兢兢
不失其事蹟可實徵也咸豐庚申洪秀全發難由廣西

桂平順流而下江浙兩省亦成潢池其時公家道殷實
自顧毀家紓難首倡民團召長子學培次子謙培而告
之曰國家養士深仁厚澤二百餘年一旦有變蔓延十
二行省不可收拾吾輩食毛踐土不爲國家分憂焉用
民爲夫民爲邦本若皆作壁上觀而不稍稍効力於心
何忍兒輩英年可召募民勇迅出禦賊吾大舅雖係儒
生而精力强壯胆識過人遂遵父命仿曾文正公編練
民團法立功於蘇州平望楓涇江陰西塘等處旋後隨
案論功行賞公亦籌資於其間此効忠於國可徵也乃

職是之故家道中落亂後無力經商與叔分析家產又以禮讓爲主僅存西隅新蓋住屋數楹堆棧一所薄田二三百畝而食指浩繁男婚女嫁入不敷出公泊然若不爲意此讓產於叔可徵也離亂時有族人東離者私鑄逆錢賊知之而嫁禍於公擄公去禁賊穴兩月餘索巨貲始放歸公則甘心吃虧遇肇禍者絕無怨言此厚待族人可徵也他如救災邺鄰遇荒施賑修橋葺道凡各善舉皆貲助之余幼時所親見當時有善士之名周時有薛居州爲善士公其苗裔乃能後先輝映若是已

足異矣最異者薛氏系出黃帝公術精歧黃一若獨得祖宗心傳公游庠後累科房薦不第亦不以功名介介於懷閉戶讀書於研究疇人術風鑑學外專心內外醫理公嘗曰功名既不克壽世必求吾術之足以壽人遂搜羅古今醫書推闡內經素問而得其奧窔於仲景傷寒尤爲注意故其應診也如神與世俗庸醫有天淵之別立方則洞悉臟腑參酌病人氣體各得其宜流俗以爲夾雜此嫉妬之言非眞知門徑者也於外科尤有獨得之秘方不施刀針輒見應效此精通煉藥之道乃克

臻此今其徒鄭衡州先生略得心傳已爲邑人所重於此可見一斑噫所貴乎爲人者必求名之得傳千萬世不朽耳卽開國之帝王立功之名臣亦不過以一二驚奇立異之言行求其名之一傳也夫醫雖小道苟能如公之方書至今轉輾抄傳長留人間爲療病青囊卽古之扁鵲秦之和緩漢之華陀迄今名垂史册與日月山河同壽亦不過如斯公亦以此立名得以傳諸後世尙復何憾也歟至公之事親孝馭下寬不辭勞瘁躬親耕種爲人所應爲之事蹟不足爲公重者余不記其詳自

有其曾孫之行述可攷公生於嘉慶十九年八月十三日終於光緒二年九月十二日享壽六十有三歲乙卯卜葬於舜柯山石子礅與外祖母孫太淑人合兆焉子三人長學培國學生藍翎候補員外郎次謙培恩貢生就職州判三善培早卒女二人長適翰林院待詔張汝爲次卽適先考清封資政大夫附貢生季萱公孫三人堯孫太學生董孫邑庠生雋孫學名卽鳳鈞郡庠生曾生四人淦淳雋孫出紹宗允宗亮生出玄孫六人弘訓弘誼弘誠淦出弘謨弘謗弘諍淳出也

民國十四年秋七月
癸巳科舉人三品銜在任候補府經濟特科廣東遂溪
縣知縣外甥華承謨謹傳

外祖母孫太淑人小傳 十六世渭占公配

我中華版圖縱橫十萬八千里民籍戶口共有四百兆女子當占半數若詳細調查內容有如文王后妃之幽閑貞靜孟母之循循教子古今來有幾人哉物以罕而見珍人以超羣而見貴此理所必然也余幼時隨吾母往禮社外祖家見外祖母之爲人稟性幽閑教子有方從無暴厲聲色當時少小無知不識賢愚爲何如迨此四十年中足跡徧半天下身任治民之職及全省自治警察機關閱人已多風俗咸知適此退隱之時我外祖之曾孫葆倩余爲外祖母立傳始回憶當年所見聞於我外祖母者方知此母之性情品格爲當今時代所不可多得之人姑爲搜索我外祖母生平之嘉言懿行詳述之按我外祖母出自石塘灣孫氏系本世家大族自歸我外祖後生子三人長爲余大舅諱學培國學生藍翎候補員外郎次爲余二舅諱謙培恩貢生受職州判三早殤生女二人長適翰林院待詔張汝爲次即歸我先考誥封資政大夫邑庠生候補訓導季萱公其枝派上皆顯達者皆吾外祖母家庭教育完善所由也吾以

爲不惟家庭教育完善實在古人所謂胎教者謹按我外祖母語言色笑一生全以和平出之卽馭下亦從未盛氣相向故其子女成立者四人亦自幼及長處世和順而吾母尤爲慈祥此明徵也此外相夫處理家政有條不紊遇有外來相侮等事則以甘心吃虧爲主義故我外祖家數十年中不聞與人雀鼠事此尤爲得力於外祖母者多數也一生好慈善遇貧苦則不分親疏悉解囊資助之一已則誦經以修來世日無間斷此雖迷信余所不甚以爲然然其來生固難見知至若今世之

果報則在外祖母枝葉上發生之後人皆綿綿延延頭角崢嶸或以丁或以貴或以小康大約均是此老母修來也其然乎其不然乎一笑而爲之傳

民國十四年秋七月

癸巳舉人三品銜在任候補府經濟特科廣東遂溪縣知縣外甥華承謨謹撰

渭占公暨孫太宜人六旬壽詩 十六世

逍遥杖履樂天如屈指籌添海屋初半世肯虛良相願十年曾讀異人書留心民物皆經濟放眼雲山任卷舒自有傳家經笥在不須題柱羡高車

歷刼難磨自在身稱觥爭獻杖鄉人萊堦初舞宮衣綵染案同斟玉斝春鶴紀齊添新甲子鸞封合煥舊絲綸鳳鳴競叶笙璈韻濟美河東邁等倫

世小弟侯　煒頓首拜稿

杖履追陪不論年君今白髮我華顛梧岡棲共凰儔老

蓬海籌因鶴算綿術擅疑龍能識地功侔扁鵲可回天稱觥盡誦升恒句我謂仁人壽自延

生平獨荷眼垂青剪燭深談見性靈架上牙籤排二酉階前玉樹羨雙丁事能脫俗癡原福話到投機酒亦醒惟願年年常下榻頻斟美酒共延齡

世教弟竇意誠頓首拜

少微星耶照南天江左知名四十年華國文章天下士杖鄉歲月地行仙大儒祭酒家聲遠列宿郎官後起賢莫謂余生相見晩步趨猶共樂林泉

多材多藝孰如公經籍搜羅自博通思邈奇方傳水府
景純秘術授河東獨窺山澤鍾靈氣小奏陰陽爽理功
壽世壽人還自壽滿城桃李笑春風
愚小弟張宗沂頓首拜
讀破藏書十萬楹詞壇慧業即長生眼能入地知無障
手欲量天況待擎舉世誰通醫國意如公合受活人名
雕龍繡虎皆餘技不露文章世已驚
卅載經師鹿洞規分明巖壑隱龍夔章平家學河東望
軾轍聲名日下推萊彩承歡同繞膝華堂介壽恰齊眉

薛氏宗譜 卷三 渭占公暨薛太宜人六旬壽詩 二 倫敘堂

定知周甲筵開夜處士星明寶婺隨
世愚王元錫頓首拜
大賢杖履本難親文藝由來最慕君氣望山川能造福
靈涵草木盡爲春西河設席羅名士北海開樽列上賓
幸與躋堂擎玉斝馨椒晉頌祝生甲
如君眞是地行仙小謫塵凡不計年梁案虀齊添矍鑠
謝庭鳳起舞蹁躚延齡豈藉丹砂訣益算休論絳縣繇
雅奏重翻新樂部雲璈錯雜佾華筵
世愚姪李星琪頓首拜

自古詩人享大年飄然杖履健如仙學宗廿石神機測
理溯中西妙緒全金匱一書窺秘奧玉函八字護風煙
知君更有長生術桑柘優游郭外田
齊眉鴻案共長春樂敘天倫笑語眞曾鞏文章能壽世
蘇洵父子盡才人案頭勤讀書千卷堂上頻斟酒數巡
他日鸞封來闕下 又看雨露一番新
世愚姪王忠膺頓首拜
河東才子有仙姿鄉里喧傳試杖時蘭桂聯芳欣繞膝
椿萱並茂慶齊眉怡情養性書千卷絕地通天筆一枝

薛氏宗譜 卷三 渭占公暨薛太宜人六旬壽詩 三 倫敘堂

笑看酡顏未華髮何須采藥覓靈芝
幾經鶚薦姓名揚鏖戰秋風興未忘龍穴靜參停脈處
鵷經秘製駐顏方簪纓借老神常健衣鉢傳家書更香
定卜期頤杯遞獻試歌巴曲侑椒觴
甥 楊治安頓首拜
健筆平分造化靈縱橫詩酒自髫齡傳家望重河東族
偕老輝騰寶婺星薇省郎官春舞綵蘭陔才子夜傳經
紫泥采殿絲綸寵奇福天教萃一庭
鴻文寶氣燭天閶餘緒旁搜總擅場放眼古今浮大白

救時勳業託岐黃山川洞悉扶輿祕河洛頻探宛委藏
清望高才兼上壽杖朝重見晉霞觴
愚小姪寶士鏞頓首拜

河東家世久留芳壽宇同開六秩觴經繹青烏窺奧義
文成白鳳吐奇芒陰陽消長參三部理數盈虛辨九章
如此才華兼盛德願持春酒祝康强

全憑元氣養精神花甲初周歲月新豈獨文章能壽世
還偕民物共熙春輿圖健歷羅胸熟椿算長縣屈指頻
更喜 濃恩沾 北闕芝蘭繞膝樂天倫
世愚姪汪本雲頓首拜

杖履逍遥不記年飄然共識地行僊目窮圖籍三千卷
手著琳瑯十萬篇白髮齊眉同進酒綵衣繞膝喜登筵
牙籤整整常充棟留與兒孫結靜緣

早歲河東姓氏揚養生有訣駐客光縱橫隻箸通靈算
佐使神鍼壽世方龍虎風雲隨變幻蟲魚草木費平章
山中甲子知多少古鶴喬松日月長
姻愚姪楊 模頓首拜

曉來瑞靄滿華堂六十詩翁正舉觴玉案久欽承 誥
命瓊枝更喜紹書香齊名元白才無敵壽世歧黃福愈
長試看椒花羣獻頌鸞箋四壁盡琳瑯

金丹郤老術彌精不但文章冠衆英軾轍承歡欣有子
孟梁偕老慶同庚雨沾桃李材都茂日永椿萱蔭倍榮
壽比河山剛百二南弧西母兩明星
姪彬 頓首拜

花甲初周鶴算延德星雙耀華堂前錫沾 帝澤輝鵾
服飪食家風佐燕筵庭繞桐枝多挺秀春深桃李亦增
研捧觴合獻椒花頌共祝期頤壽百年

碩德由來碩彥推豈惟鴻案慶齊眉文壇屢薦秋風鶚
賦手曾探淵海驪白傳詩篇陶令酒子房地理伯宗醫
杖鄉更喜形神健偕老定占百福宜

同治十三年甲戌春王月
受業門人姪孫丙元頓首拜

芸楣公傳 十六世

公諱元熙字芸楣薛氏前清名師也所著詩集聯語散見於禪林梵宇者美不勝收瀏覽所及徘徊不忍去每有不獲親炙之歎其後（同）忝掌教於羣智學校因得與公之哲嗣叔衡老伯及公之文孫星燦先生交而備聞公之嘉言懿行有可爲後人取法者又不僅在翰墨之間已也敬舉所知而爲之傳案芸楣公天資聰穎器宇不凡象勺之年出言已驚其長老自遊庠而食餼自重遊泮宮而領袖賓筵皆人生極可欣可羡之事而公不

以爲榮嘗謂士生於世當爲國家謀幸福爲社會增樂利若競競一己之榮譽不足道也况余之榮譽又微乎其微者溯其自洪楊發難時流寇四出刼掠由鎮常而遞及吾鄉禮社爲首富之區故首當其鋒公於事前組織團防局晝夜梭巡迨寇至率衆盡力抵禦身入險地至再至三卒以衆寡不敵紛紛相率遠颺公亦扶老母避難未及登舟而髮賊隨後追至公以身護老母背受鉅創血流至足終不少却賊感其孝義舍之而去遂得脫險輾轉至江北僦屋而居往來接濟艱苦備嘗寇退來歸目覩里人之殉難殉節者爲之太息流涕捐資建築忠節祠於大墩徧列殉難殉節諸神位春秋享祀匪懈不忒如此而生得其養死得其安其苦心孤詣非尋常諸人所能及至若尊爲族長井井治事有條不紊而尤以敬宗收族爲大綱故無論親疏遠近皆得探本追源不致數典忘祖於兵燹之後綜公一生之精神消磨於文字者半消磨於刼難者半惟其爲學有恒心故能取功名如操劵臨變有急智故能爲里人捍大患善後有成見故能慰死亡之幽魂敦倫有素志故能全宗支

於亂後此皆古聖賢持躬涉世修己安人之大道也雖欲弗傳烏得而弗傳

民國十四年孟冬之吉 世再侄殷曰同頓首拜撰

玉亭公暨德配孫孺人傳 十六世

公諱鏡堂綸颺公之長子也性豪爽有義俠氣而自奉儉約里中父老咸樂與交幼時伯父貽訓公鍾愛之晚年無子卽以爲嗣家素充裕而公未嘗揮霍嘗設增仁典於富安之丁村營典業益謹敬日以整理爲務曰村人不幸而典衣質物吾當愼爲保貯豈可令其汚損朽蠹哉以是典業日就興盛迨咸豐庚申粵寇內犯蘇常蹂躪至於吾鄉焚燬殺掠慘不忍聞典旣不支歸方木鎭諸人謀所以禦寇之法組織團練局募得壯士千人

公乃爲之倡頭纏白布與寇賊相搏數十次賊不敢犯闔鎭賴以保衞後因賊勢梟猛卒爲所破公受傷凡三十六處其忠勇之槪至今猶稱道不替而公之得以不死者間不容髮矣配孟里孫孺人季堂公長女素性温淑族中有貧苦者輒周給之雖節衣縮食不顧也適有公益事項尤能勉力捐助以成公之美意生子二鳳飛鳳岡女一適莪紫岸趙綜公夫婦平時宅心仁慈臨難不避艱險皆可爲後世子孫法此其大較焉耳

中華民國十四年孟秋之吉 世再侄秦同培拜撰

學詩薛公暨配陳恭人傳 十六世

自來一鄉之善士禦災捍患積德累仁一鄉之人尸而祝之馨香俎豆詡聲弗衰用能保世滋大以啟佑後人若吾姻丈學詩薛先生者非其人歟先生諱佩蒼字學詩世居禮社鎭邑之青城市人讀書過目成誦會以髮寇之亂避難江北遂廢學亂平後棄儒就商益務力于爲善念自高祖友佳公迄孟服公謹三公翼庭公累世行仁踵租桑圩置城灣山義塚建永善堂有口皆碑善聲載道乃繼承先志捐米倡賑賫粥平糶掩骼埋胔孜孜焉黽黽焉地方有

善舉知無不爲爲無不力光前裕後丕振家聲邑宰霍邸裴公聞其名造廬親訪委公以市董公於是益奮其才力樂取于人以爲善務求實惠及民不屑屑于沽名釣譽時當寇亂之後鄉民逋欠國課者多縣吏督催甚急公商之市區紳耆勸民按期完納青城十八圖議允立據國課以完而民不擾至今咸利賴之公又以其間周諮地方疾苦集資倡捐重建柳堰橋以資利涉置購塘德橋義塚以澤枯骨青城于十七市鄉地最窪下歲比不登公言于邑宰抽收境內三典月捐詳省立案留置積穀分儲鄉倉以備

旱潦並以其餘撥作保嬰濟貧等費歲終給除夕米發禦寒衣皆取給焉既而以市民子弟失學者多乃謀之於胞弟以和族孫覲芳等創建義塾請明師立規條弦歌之聲洋洋盈耳公顧而樂之日詔二子於庭勉以力學以是一門之中菁莪棫樸斐然成材河東雙鳳譽滿于時而長君允以庠序俊髦自奮於文學筮仕淮上署山陽教諭公亦以籌餉功獎給四品封典賞戴藍翎布政使司經歷邑中有司復以公年高德劭爲鄉人矜式舉充鄉飲大賓一門鼎盛閭里榮之會以苦旱驅蝗親率董保耆老周行阡陌

觸暑不起是時光緒壬寅歲也距生於道光乙未享年六十有八德配陳恭人治家有則黽勉同心相夫爲善士不媿賢妻之目距生於道光甲午卒於宣統辛亥享年七十有八子二長福榮優附貢前山陽教諭次顯榮浙江試用布理問孫六人曾孫六人五孫五曾俱長出餘次出茲當續修家乘文孫乃成以書來請傳於余謹畧述其梗概以待國史之采擇焉

江蘇國學專修館監督郵傳部侍郎前清翰林院編修唐文治撰

薛君以和家傳十六世

君諱佩琮字以和號子瑜姓薛氏世居無錫之禮社祖晉善治生父鳳書益恢大其業子六君行四而有一姊人皆稱之曰五先生云三歲失恃甫成童而孤避粵匪難於江北劇艱苦北歸而家業蕩然乃佐諸兄營生計亦不廢學受業泰臨川吳澗東暨族兄春泉諸先生以文行重於鄉年三十四補博士弟子員累薦鄉試不售入貲爲訓導分發揚州未及任用而卒年甫六十光緒二十八年也君沈厚疎豁綜練物務尤篤於內行兩弟早夭仲兄佩銘叔兄

佩紉皆無子相繼即世家產悉由伯兄佩蒼主之凡所欲爲或有不協必委宛從命未嘗有毫髮間或勸以析產歎曰骨肉逝過半矣僅伯兄在相聚幾何時各自爲謀是使情意不相浹也終君之身不異財一堂怡怡如髫齡然君既殁佩蒼如失左右手泫然曰吾無意於人世矣不及兩月亦卒其於君友愛若此則君之待兄從可知矣方佩蒼董青城鄉時君爲之佐爭曲直者必就質焉得片言立解里有修橋建寺諸舉無不與遇歲祲首倡賑貸常曰人雖無救人之權不可無救人之心但視吾力以盡吾分耳自

君之歿鄉人有訟興或公益事無法集辦父老輒太息相謂曰如五先生在不致是也其澤施人人深人且不忘若是配同邑孫氏與君同德子三長肇榮婦鄭次國榮婦衛繼室顧三殿榮婦丁出爲仲兄後女五長適同邑秦秉甸次三適武進劉懋椿徐懋鈞四適同邑顧廣熙五未字而殤孫嘉壽孫女四人

寶鎮曰余於同治丙寅丁卯兩年館禮社薛渭占家與君訂文字交甚相善也比官江浦蹤跡遂疎辛亥後晤君之子肇榮始悉君已前卒而余亦老矣既循肇榮之請詮次君傳追念疇昔殆不勝朋友寥落之感云

民國十六年歲次丁卯仲春　世愚弟寶鎮拜撰

孫太恭人事畧 十六世以和公配

民國十六年夏曆丙寅十二月二日　外姑薛孫太恭人終於里第家失慈庇世喪母儀凡屬宗親罔不悼歎長君肇榮不勝風木之悲屬熙撰次事畧以垂諸家乘義不敢以不文辭謹按太恭人無錫石塘灣孫氏爲處士汝平公五女性聰穎讀書明大義早失怙恃上有二兄四姊丁粵匪難僅存已嫁之姊二與諸姪姪女而已年二十于歸同里禮社鎮先外舅薛以和廣文府君不逮事舅姑睦敬伯姒而婉順以事

廣文君育三子五女劬勞苦除幼女早殤外皆畢婚嫁廣文君卒於壬寅秋初未幾仲子國榮季子殿榮皆不祿仲無子季出爲伯父仲夔公後遺孤纔二齡而長子肇榮體羸多病且未有子當是時門戶之能支持以否辟如放舟乎驚濤駭浪中檣傾舵欹茫無涯涘人方爲太恭人危之太恭人乃挈子婦卜居城中循分自安怨尤胥泯不二十年女孫遣嫁過半有蜚聲教育界者殿榮之子高塏已授室肇榮之子嘉壽亦既肄業中學校矣論者謂非太恭人履危若夷

畜德累仁不及此太恭人平生尙勤儉待人以寬而於其乳母尤有恩養之終身歲時祭祀不絕昔曾文正輓乳母云一飯尙酬恩况抱負提攜只少懷胎十月千金難報德論人情物理也該泣血三年太恭人殆知此義歟可以愧世之忘本者矣太恭人氣體素强雖疾必起垂老猶鎮日虔誦經典以待祭祀之需不以爲勞宜若可以享遐紀獲豐報不意四月間蹶然傷足不良於行秋冬之交猝患脫骨火炎疽萎頓床褥竟衡不起年八十既殁十有三日肇榮扶柩移

厝於武邑戚墅堰陳村丙舍葬期尙未卜也

民國十五年歲次丙寅季冬

子壻顧廣熙謹撰

姻伯母孫太恭人祭文 十六世以和公配

維

中華民國十五年夏歷丙寅十二月十四日辛亥姻愚姪劉轂蓀謹以清酌庶羞致祭於

清封恭人薛姻伯母孫太恭人之靈曰嗚呼霜欺金萱雪虐慈竹屬在葭莩同聲一哭維

太恭人派出興公早失怙恃叠遘兵凶及笄之歲作配君子不逮事姑睦敬伯姒履豐爾約處樂無淫舍力是懼在勤有箴五女三男恩勤鞠育男婚淑姬女

嫁名族婚嫁甫畢猝喪所天仲子季子不永其年逆境橫來披枝斬幹羸病長君獨擔家難常人處此貌改心悲惟

太恭人履危若夷卜居城廂累仁蓄德不及廿年貽謀燕翼孫枝挺秀學校蜚聲轉危爲安由困而亨蔗境方甘宜享遐紀胡天不吊遽爾不起靈衣從風素幕生塵噭噭子姓戚戚宗親黼翣周張輤車設飾驂騑悲鳴士女太息薄奠致敬愴我心神在天之靈鑒此情眞尙

嚮

民國十五年夏曆丙寅十二月中澣

武邑姻愚姪劉縠蓀謹撰

先大父伯憩公行略　十七世

先大父伯憩公諱履泰先曾祖玉蓮公之長子也少英敏讀書過目成誦習舉子業每見賞於諸名宿攻苦十餘年屢試不售遂援例入太學然文名籍甚列門牆者數十人旋以族叔翰周公延司筦鑰兼理田畝質庫精於會計簿書出納井井有條翰周公信任之不啻如左右手俸金益厚先大父以為養親費晨昏備極甘旨先曾祖克享大年精神矍鑠人謂非先大父之孝養不及此歷年贏餘悉以置恆產教子弟耕而且讀荷耒橫經各安其分不使稍習游蕩已亦身不衣華服口不食美味日用外不浪費一錢而至先生之脩脯賓客之往來必豐且潔故非儉不中禮者比平居無他好最留意者貨殖傳乃親自懋遷逐什一之利料物貴賤動輒奇中四旬以外業隆隆起常戒子弟以義為利不可放利而行故無論租債俱極公平不同桑宏羊一輩人也迨咸豐庚申七月初六日粵匪竄禮社先大父與先考保和公同練勇禦賊均被重傷幾至殞命同治癸亥賊四面蜂集臥雖安枕不得已挈家渡江暫避江北米珠薪桂

居大不易囊中資斧無多食指又繁幾至不能餬口而回望鄉閭烽火未熄每漏殘燈炧與家人談及逆賊輒怒髮欲豎中夜彷徨坐立不定加以生計艱難憂從中來遂鬱憤成疾至克復還南又染疫癘竟以不起卒於甲子四月十三日年六十有六嗚呼痛哉先大父勤勞一世未獲享一日之安閒而白手成家亦足以表見於後世庇賴其子孫矣回溯當年先大父與先大母陳孺人勤儉持家先考保和公先叔父清和公秉性皆溫厚和平恪遵庭訓門內不聞有詬誶聲亦不與戶外務過

此劫運私幸家貲雖失骨肉猶全或可長聚一堂耳孰知避亂歸來驚魂甫定而皇天降災疊遭大故先考保和公先先大父三月卒年四十有四先叔父清和公哭父哭兄卒於苦次相去祇月餘耳年三十有九先大母亦於是日一慟而絕年六十有八嗚呼痛哉宗瑞等兄弟四人幸賴先人遺澤得以成立而音容雖杳思慕無窮故就見聞所及謹述數大端附於家乘庶使世世子孫久而不忘也

同治歲次辛未仲夏中澣之九日孫男宗瑞謹述

雲卿薛公傳 十七世

洪楊之禍荼毒徧東南各省而吾錫北鄉禮社一隅受禍尤烈其以書生從戎捍衛桑梓慷慨一瞑如薛公死事之慘爲可悲也咸豐十年蘇常淪陷四鄉騷擾禮社居常州無錫江陰三路要衝風聲鶴唳一日數驚時公曾祖母年逾九旬令兩弟奉避他鄉而已則募集鄉團力任防務常曰吾力不能廓清賊焰吾父母之鄉決不能令再陷賊中聯合常郡趙君振紀會辦陽湖無錫江陰三縣團練公自領千餘人駐紮本地以薛氏義莊爲

大本營遥與常州趙君之師相犄角軍容壯甚而公又推誠獎勵與士卒同甘苦人人爭爲公用北規青暘南破洛社賊膽寒裂鄉民恃公保障扶老攜幼來歸者環數十里嗚呼公之名自此振而公之禍自此肇矣當公之練勇防堵也無錫四鄉賊勢瀰漫惟禮社一鎮未遭蹂躪且隱足以掣賊肘賊恨甚密遣心腹投入公營預將營砲毀損賊率大隊四面環攻而公營大砲猝不能燃發賊衆蜂至公督勇巷戰縱横擊刺氣不少餒卒以衆寡不敵被賊所害公弟虞卿聞耗自戕咸豐十年七

月初六日也公諱華平字雲卿世居江蘇無錫之禮社生有至性孝友出於天然幼習舉子業以貼括之事無當於實用往往弃而不屑爲而於經史子集則博覽鈎稽或忘寢饋後又從博返約專力於身心性命之學嘗從我族祖仰晦先生遊一言一行必以先生爲法於先生所著身範省身格諸書身體力行雖造次顛沛而無所踰越時復秉其師資以教其族黨鄉里迄今世風屢變而公之鄉風氣醇古人皆兢兢自好不敢僭越禮法以自放其亡等之欲論者以爲淵源一本於公歲己未

公年四十因父病劇割股和藥以進公弟虞卿先生適亦割股煎湯盛盃進父血漬殷然兄弟相視愕愕復相戒勿聲恐爲病者聞也世衰俗薄每以激烈之行嘗爲沽名釣譽非君子中庸之道不知忠臣孝子勢窮計拙至性猝發義不返顧其效天也不效於吾心無憾也公兄弟兩人同日同時不謀而合爲人之所不能爲孝友之篤於此可見父殁水漿不入口者三日時粤賊已據金陵蘇常戒嚴公因急急謀喪葬喪葬畢而蘇常陷矣此公之内行之彰彰者也至於公之濟人利物之功亦有不可沒者鎮北數里有芙蓉圩形極低窪道光己酉大水圩成澤國屋宇盡没公急買舟往拯出圩民數百人於水中復辦平糶局設施粥廠以善其後丙辰旱亦如之居民全活無算雖飢而不爲災皆公力也公殁以雲騎尉世職入祠惠山昭忠祠春秋四十有一配胡氏繼吳氏合葬於後曹子四人女一人汝棻胡夫人出國選國璋國鈞及女均吳夫人出國選字隆吉余姑丈也公殁後五十餘年姑丈亦殁公之孫錦明表弟以姑丈手述公行狀示余因爲之傳俟後之人有所考焉

論曰爲善必獲報儒者常言之以公之才之德足以濟世而壽身而乃名不曝於當時身又猝死於非命豈天之報施善人有時或爽耶然而公殁至今子孫蕃衍已數十人又皆卓卓有以自立蜚聲於商學各界將報施之事非此其身在其子孫歟

民國六年丁巳仲春之月　姻再姪孫蓉鏡拜撰

表兄雲卿薛君殉難紀略 十七世

表兄諱華平字雲卿余舅氏研博公長子也少讀書多穎悟長攻帖括文名譟於時然小試多艱屢躓場屋咸豐丙辰援例入成均議敘按察使司經歷人以爲榮非君志也性孝友事父母以上及王母曾王父母俱能得其歡心下及諸弟婢僕等敬愛兼施未嘗疾言遽色遇事謹慎而節義所關輒奮勇當之不少懦庚申春粵匪破常郡而下州縣相繼失守所過地方多遭焚掠君乃慨然曰丈夫處世不能廓清四海亦當捍衛一方與其

積貲以餌敵不如竭產以招兵濟不濟數也何慮焉爰邀族人倡議捐貲募勇設立團練局各統帶以禦敵君在局籌辦諸務不辭勞瘁嘗謂余曰吾等讀聖賢書自當行義不幸遇賊甘以身殉必不爲賊屈也自四月至六月守禦甚嚴賊不敢犯至七月六日大股賊至君弟虞卿率衆巷戰忽報局曰虞卿被圍矣君聞信急持械追至河干欲與格鬬君甫至而賊已蝟集未及救而身受重傷失足墮河大呼殺賊而死吁亦壯哉嗣蒙賜卹祭葬銀兩襲職建祠君魂可慰而君節不泯已距生於嘉慶庚辰五月年四十有一配胡孺人懷方公女有壺德先君卒繼配江邑峒岐吳孺人曉江公女子四長汝鍾胡出汝棟汝銑汝鋼俱吳出汝鋼嗣弟鈞平後女一亦吳出君長於余七年丱角即追隨其行事不勝殫述述其大略如此

同治歲次辛未日在東井

愚表弟楊治安謹識

价藩薛君傳十七世

薛君价藩諱鎔字席珍太學生太醫院院判議敘縣佐

例封承德郎太醫院院判

詔旌忠義清照公子鳴鶴公之嗣子也少貧嘗耕山手足胼胝不堪其苦棄之歸而讀書伊吾不輟至弱冠學不成又棄之聞有楊蓉卿先生者幼痘兩科爲郡城第一即從之遊二年盡得其傳歸而試之頗效得酬金即購書自仲景以下諸名家醫案無一不覽得其用藥立方之妙遂旁及大小男婦諸科數年業精名日譟極險證一經診視靡不立愈以故門如市自朝至於日中昃不遑暇食人或延至其家無論遠近必步往絶不高其聲價且極盡心酬之有無不計也貧者且助之藥餌其救世熱腸殆天性也既而家益裕時進珍異爲父母加餐而自奉儉約如故人問之則曰吾父母半生困苦曾不能代其憂今宜奉養稍盡烏鳥之情吾食貧慣得免飢寒足矣敢忘耕山時而浪費乎君有妹以難產隕命母痛傷鬱結旋成腹疾君百計調治得延至七年病雖久君侍湯藥未嘗少懈既沒哀毀踰常咸豐庚申七月

初五日粤賊竄蔡家岸橋父遣君速避君牽衣不捨欲與同行父不許至以泣請初六日父殉難於前巷唐家浜君擗踊長號幾不欲生後每見賊輒念殺父讎痛恨切齒髯鬚臥薪嘗膽也同治癸亥君避亂江北十一月官兵復無錫君束裝南歸值疫癘大作卧病者十有八九君急欲活人東西奔走片刻不安遂積勞成疾竟以不起卒於同治甲子正月二十九日丑時距生於嘉慶庚辰十二月十四日卯時年四十有五配陽邑橫林議敘八品銜範清蔡公長女

例封安人勤儉治家有德曜風先君二年卒年亦四十有五繼趙安人子五俱蔡出長峻明殤次澧次沅次濠濠嗣堂弟仁照次壽元亦殤女二亦蔡出長適陽邑孫家蕩孫琦維屏公子次適楊家圩俞順泰茲培公仲子今年沅從余學因族人續修宗譜持狀乞傳於余余曾延君治病又兼戚誼知之頗悉故爲敘其大略若君者有古孝子風不當求之於醫士中也

同治歲次辛未孟夏下澣之八日

姻愚弟楊治安拜撰

蔡安人傳略 十七世价藩公配

從來創天下之君必有一代名臣以輔之創家室之主必有一時賢婦以助之業之小大不同而其理則一薛君价藩能創其家室余既爲之立傳而其內子亦賢婦也故又述其行事以傳之按安人姓蔡氏陽邑横林議敘八品銜範淸公長女太醫院院判价藩薛君匹也生而絕慧書翰吟咏之事見輒效之不假師授自臻工妙稍長知其無益遂擯棄而專心紡紅焉年及笄歸薛薛故禮社巨族而氏夫家獨貧井臼操作之外勤紡織以

供堂上甘旨价藩君齒漸長未能謀脩脯爲讀書計安人慮家之終落也稟明舅姑願獨肩家務令君出就傅時君父淸照公母趙太安人已令君耕山與農夫雜處因安人請促之歸聞郡城楊蓉卿先生精脈理欲往學而無資安人乃典貿釵珥并衣物等得若干金以與之自耕山之日家中米鹽豆豉及一切需用俱安人十指所出自食麤糲而舅姑所喜必百計供之若忘其爲貧者君是以無內顧憂積二年盡得楊先生指授歸而試之輒效遠近請者日數十計而安人節縮衣食勤儉如常故業日隆隆起焉君有妹適西漳張氏太安人素鍾愛之以產厄死太安人哭之慟遂成腹疾在牀蓐者七載安人侍奉湯藥及澣滌厠牏之事必躬必親寒暑無閒太安人歿哀毀逾常每逢祭祠未嘗不涔涔淚下也咸豐庚申粤逆竄禮社淸照公殉難价藩君鬱結過傷安人多方調治之始愈同治壬戌四月賊欲延君視病君以父仇切齒銜之欲不赴而懼被其害安人即令君早避俄而賊至其家勢甚凶惡窮搜不獲乃已安人卒以此受驚得疾在牀數月病益深因集兒女至牀前諭

之曰汝等俱幼不知創業之艱吾與汝父困苦中來未嘗浪費一文汝等俱吾自乳推乾就溼無一歲安今雖小康亦宜從儉吾死之後善事汝父吾目瞑矣言訖而卒時九月初二日也距生於嘉慶戊寅十一月十一日存年四十有五子五女二具載价藩君傳中若安人者庶幾創家室之賢婦不殊於創天下之名臣歟

同治歲次辛未季夏之九日

姻侍生楊治安拜撰

望之君傳 十七世

予旣爲故友薛公凝祉作家傳竊疑以公之盛德而長
君望之竟先公卒西河之痛人所難堪冥漠中殆有不
可知者旣而支孫丙元又奉其尊人望之君行述見示
并請作傳予一再讀之不覺怦然動而肅然起久之乃
釋然於中也先儒有云吾人立身天地閒止須完得一
個人餘事更沒要緊顏淵伯魚不及中壽而一縷心光
照耀萬古可知能爲倫紀中完人卽可與天地無極修
短何計焉吾黨中有如此人洵足以勵士風而敦實學

又何能已於言耶爰更爲詮次以歸之
君諱鳴和字望之卽凝祉公長嗣也幼卽岐嶷氣宇端
重迥異凡兒有至性事親能得其歡心母趙太孺人疾
篤嘗籲北辰願以身代籲蹙然起不知也趙太孺人卒
君哀毁骨立附身附棺必誠必信悉遵朱子家禮事繼
母蔣太孺人一如所生與弟永之炳之兩君友愛無閒
永之亦好學時或討論古今夜分忘寢娓娓不倦炳之
少君十六歲君奉凝祉公命親爲教導委曲裁成以求
當親意教之切正其愛之至也君天姿穎異習制藝精
深閎博卓然名家詩賦不事雕飾天然秀發鄉先輩咸
器之謂非池中物而君顧恂恂如不及早歲游庠省試
屢薦不售遂棄去廣求濂洛關閩諸書熟讀精思深求
其故一日讀先文清公讀書錄毅然以古人爲必可師
遂專務於躬行實踐一舉一動要於誠敬冀以自淑淑
人爲世道人心計惜天靳其年未獲大顯於時而其學
又不輕以語人故世亦竟無知者平居端靜不苟言笑
而待人接物藹如也處親友閒一生樸誠不參以世故
奉師敬禮尤篤聞有講道宿儒不憚遠途負笈閒出游

過山水勝地輒流連眷顧約同學肄業將效鄉先達高
忠憲公可樓故事曰地偏者心自遠鳶飛魚躍水流花
放差可人意也從弟寶千以少年篤學詢法程朱與君
尤莫逆切磋琢磨相期遠大凝祉公傳家節儉君幼卽
知刻苦飲食起居無分毫靡費凡諸善舉必竭力贊成
不少吝謝體親志宏利濟將以求此心之所安也其教
子弟以小學一書爲首務反覆講貫無閒寒暑易簀時
猶喃喃不絕口吁君之所得力者於此益可見矣君生
於道光辛巳五月十八日卒以庚戌十一月十七日得

年三十配孫孺人孟里郡庠生竹溪公長女先君六年
卒續配沈孺人西門倉浜里
詔旌孝子廩膳生硯芸公長女歸君八十日而卒繼聘
范孺人金邑興塘太學生步階公次女未婚而君卒孺
人奔喪守貞計十有九年逝世子丙元郡廩生娶孫氏
繼娶汪氏女一未字卒俱孫孺人出孫男祖詒孫氏出
論曰吾邑自高顧諸先生倡道東林學者景從爲海內
宗仰自是以降士習日浮競以詩賦文詞爲博取科名
具名流宿學兀兀窮年垂老不克與於斯道君以一世

家子乃能卓然自立一意儒先篤修內行粹然爲名教
完人固君之天姿醕篤使然抑亦凝祉公飭躬砥行詔
法終身有以啟之也且又聞君再聘范孺人奔喪守志
訓子成立足不越戶限者十九年冰心玉潔松柏完貞
爲君身後光君雖不克永其年而孤子丙元少年績學
能讀父書早已騰茂蜚英矯然自異異日所造必有進
擴淵源爲君完未竟之志者君亦可以無憾矣乎
同治十年夏六月　晦齋學人余治拜撰

先考望之府君行述 十七世

嗚呼痛哉不孝丙元甫生二齡先慈見背府君提攜保
護父而兼母丙元自稍識之無以至讀詞經傳皆府君
所親授歲庚戌府君以疾卒忽忽至今已二十年矣近
年寇亂既平族人有事於宗譜丙元懼府君之懿行弗
彰則罪戾滋大用敢詮次所聞爲先府君行述以備
大人先生採擇焉府君諱鳴和一諱肇瀛字望之先大
父凝祉公長子祖妣趙太孺人所出也幼盡孝事親能
得其歡心甲辰歲趙太孺人病篤稽顙北禱願以身代

顙塵然起不知也及歿哀毀骨立喪葬盡禮事繼祖妣
蔣太孺人一如所生凡庭闈遶侍之儀悉準禮經而又
非務爲矯飾事事出以至性先大父鍾愛之家故豐先
大父躬行節儉府君克體親志無纖毫奢靡及有善舉
府君又竭力贊成不少吝與仲父永之公友愛無閒言
時以道義相砥礪季父炳之公少府君十六歲躬自教
導不辭瘁其於倫常之篤蓋如此府君早歲游庠省試
兩薦不售一日誦家文清公讀書錄毅然以古人爲必
可師遂廣求先正格言小學近思錄濂洛關閩諸書熟

讀精思躬行實踐冀以自淑淑人爲世道人心計者深
也惜乎天靳其年未獲積學以大顯於時而其學又不
輕以語人故世亦竟無知者獨從堂叔實千公慕府君
學晨夕過從切磋琢磨兩人若忘年交府君逝世 丙元
門受業於實千公公課讀之餘每述府君品學深爲責
望嗚呼公何知府君之深也厥後公得孫仰晦先生爲
之師學益進一時聞風興起者若仲父永之公從堂叔
惠屏鑑湖諸公皆潛心實行不屑爲記誦詞章之學而
揆厥由來則實自府君倡之也制藝精深閎博有名大

家風詩賦不事雕飾天然秀發博及羣書凡經解兵法
天文地理諸子百家多所考證輯有成稾痛遭兵燹顧
府君所重者在彼不在此平居端靜不苟言笑而待人
接物藹然也處親友間一主於誠不參以世故奉師儒
敬禮尤篤不憚負笈遠從之至府君自設教恆以小學
一書爲要務反覆講貫無間寒暑易簀時猶喚 丙元 至
榻前喃喃不絕口府君體素羸弱中年疊遭變故家事
繁劇佐先大父治家政暇則攻苦力學兼課子弟雖漏
下數十刻披吟罔倦而日用飲食復自甘澹泊不加意

調攝遂以是促其年嗚呼痛哉其他軼事 丙元 少孤鈌
於見聞不敢粉飾以誣其先也府君生以道光辛巳五
月十八日卒以庚戌十一月十七日得年三十配孫孺
人石塘灣郡庠生竹溪公長女有閫德先府君六年卒
續配沈孺人西門倉浜里
詔旌孝子稟膳生硯芸公長女歸我府君八十日而卒
合葬陽邑祖塋昭次辛山乙向繼聘范孺人金邑興塘
太學生步階公次女未婚而府君卒孺人奔喪守貞仰
事俯青艱苦備嘗越十有九年而卒業蒙大吏採訪請

旌貞孝嗚呼人謂孺人之節皆由府君之德所致云子
一 不孝丙元 郡稟生娶孫氏繼娶汪氏女一未字而卒
俱孫孺人出孫男一 祖詒 孫出嗚呼 丙元 不能上承先
志揚名以顯親謹識其生平大略如此伏惟
當代立言之君子幸垂聽而錫之傳言以光泉壤 丙元
死生銜結感且不朽
同治歲次辛未清和上澣 男 丙元 百叩謹述
欽加道銜
賞戴花翎候選內部郎中世愚姪鄒 觀卑 頓首拜塡諱

先妣孫孺人行略 十七世望之公配

歲在辛未續修宗譜凡族中言行可傳者悉纂入焉元幼失恃不獲見先孺人行誼先孺人復早世遺範云遙幾就湮滅往歲乞言於外王父嘗謂余生子女三汝母居長余尤鍾愛之汝母爲汝家婦余弗克詳其事顧在室事余二人孝有可爲汝家法者當手錄以示汝元且感且喜亡何外王父遘風疾口瘖手痺莫遂所願元痛先孺人懿行終不傳而又不敢以虛辭粉飾爰就平素所聞者詮次之略存梗概焉先孺人姓孫氏外王父竹

溪公長女先府君望之公原配也方先孺人來歸時曾祖妣猶在堂先孺人佐姑事祖姑能得其歡心祖妣趙太孺人有肝疾作則耳目眩履治罔效以故中饋事常任之先孺人先孺人屏當一切克慰親志所居樓一室室下即趙太孺人臥室先孺人知姑疾惡聞囂聲跬步不敢忽閱數年生元元生而善啼非保抱行走不輟中夜亦然先孺人哺我腹我恆膝行牀閒不使聲喧恐謦姑覺也嗚呼元以冥頑之體負累高堂罔極深恩畢生莫報而先孺人顧曲體親心若是是平日婦職所修必更有可述者惜乎其詳不可得聞矣性坦直不爲緣飾而又婉娩聽從諸尊長皆愛之會歸家省親疫癘大作二母舅病尤甚先孺人篤於友愛親視湯藥竟染其疫抱恙歸不數日卒卒之日道光癸卯五月初六日也距其生辛巳六月二十五日年僅二十三歲合葬先君府兆子女各一子丙元女一殤孫一祖詒

同治歲次重光協洽季春上澣

男丙元百叩謹述

皇清誥旌貞孝薛母范孺人墓誌銘 十七世望之公繼

同治庚午薛生丙元以其所自爲先繼妣范孺人行述匍匐稽顙請於余曰先繼妣歸藏有日矣乞先生銘其墓余老而荒何能銘然與丙元有通家誼不忍重違其意乃稍詮次之而繫之以銘

孺人姓范氏金匱興塘人太學生步階公次女三歲失怙母薛矢志守節孺人幼端靜稍長穎慧過人博覽羣書尤好忠義節烈事書法似柳誠懸善女紅刺繡奇妙母鍾愛之而孺人事之極孝敬年十九許字邑庠生薛

君望之爲繼室越一年納徵請期娶有日矣是冬十一月望之君卒訃至母知其性烈祕不以聞一夕偕季姑後庭玩月見其履隱動以易素意孺人悟一慟幾絕欲赴庭前溪水死而阻於季姑即屏斥鉛華向母泣曰兒不幸失所天願奔喪成服且遺孤兒女無母何恃母不可請益堅瀕死者屢母即赴告其舅凝祉公始辭之卽而知志不可奪遂以禮迎歸族師侯君少欽等衣冠接之觀者盈庭莫不歎息時咸豐辛未十二月八日也年二十有一事舅及繼姑蔣太孺人問視必敬析爨後月

值一旬奉舅姑能諳食性每有珍異必先獻焉繼姑知其賢委以家政歲己未舅遘疾孺人司湯藥惟謹庚申七月初六日粵賊竄禮社房屋燒燬夫兩弟旋皆卽世偕寡娣事舅姑旨甘無缺已乃率衆人食饘粥雜以豆屑猶不給以鍼黹佐之江北米珠薪桂苦已百倍而繼姑善病季娣及孤兒又相繼病籌畫醫藥拮据萬狀迨各人病愈而孺人由此病矣寇平返里室如縣罄舅忽病劇孺人籲天求代既沒含斂盡禮適長婦先一月卒竭蹶治兩喪復爲夫季弟遷柩窀穸安而家益困矣歲

屢祲田租用不足而孺人絕不言窘急仰事俯畜百計經營無力畜婢媼雖己病時作而爲繼姑治羹理藥未嘗假手他人其孝有如此者至於教子則甚嚴幼時卽令就傳雖亂離中不使少廢或偶習樗蒲戲孺人輒泣不食曰汝無父之子不思自立吾將何望或出理世務歸必詳叩所爲而訓飭之心雖愛之而有過必呵責不少貸娶婦孫又娶汪婚費悉歷年節縮所積孫曰祖詒甫四歲卽親課讀昕夕無閒四壁蕭然機杼聲與伊吾聲相和每漏下數十刻不絕或勸少寬曰吾不以姑息

誤子孫且以代吾子之教子俾吾子得專心於學也而其子尋補郡學弟子且食餼人謂孺人之力居多生平勤儉而好淡泊非祭饗之餘脂膏物未嘗適口自得疾後日食不盈一盂而操作踰常人酷暑嚴冬恆至十指皸瘃而一家衣食及子膏火費皆取給焉自奉儉約而先生修膳賓客往來必豐腆奴婢爲親所愛者加意撫恤之丙元有姊以痔而殤哭之慟遂得癥疾嗣丁喪亂備歷艱辛復以母卒於亂離不得面訣時哭泣思慕腹病如鼓然猶力苦攻作里中賽會燈劇從未出戸一觀

疾革與兩娣訣曰吾上有老姑未獲終養死有遺憾幸爲吾善事之命子以附身殮服勿許觸男子手且曰汝父子不廢讀汝夫妻不反目吾亦瞑目矣及其沒也無內外戚疏下及厮役無不泣下嗚呼古來以貞孝著者多矣未有茹荼蘗備嘗其味如孺人者其真可謂巾幗之完人歟是可以銘矣孺人生於道光辛卯九月二十八日卒於同治己巳八月十五日年三十有九守貞十有九年以今年十二月五日安葬於陽邑祖塋北首去塋之君墓數武而近衷於古之不祔而相望焉禮也

銘曰

女宜守貞婦宜盡孝匪孝匪貞孰扶名教夫死奔喪大義堂堂比身殉者更有擔當翁姑哭子孤兒哭父爲子爲父一身支拄兵荒播遷疾病顛連葬翁葬婦苦狀萬千有姑牀褥有兒夜讀藥餌熊丸皆在杼柚兒甫成名母不與齡彌留宛轉涕爲姑零其德靡悔身沒名在勒玆貞珉聿光千載

歲在上章敦牂孟秋之吉

恩進士鄉飲大賓教侍生龔恩培頓首拜撰

節母范孺人傳 十七世望之公繼

孺人姓范氏薛君望之奔喪之繼配也系出名門國學生循鏞公次女幼失怙事母盡歡性貞靜讀書穎悟過人博通經史凡韻學星學算學音學靡不研究及笄習纂組暇則摹柳帖筆畫鉞刺悉臻工妙其母甚矜愛之道光己酉薛君喪耦求孺人爲繼未及婚而薛君捐館遺孤甫九歲訃至其母祕不予聞旬有閒季姑隱動以易素孺人頓悟誓以身殉欲赴池阻而不得欲自經阻而不得慟絕者屢其母力止之孺人泣曰兒無祿失所天然願從一以終死生無二母不允孺人斷水漿以死訣其母又力慰之志不奪遂赴告其翁凝祉其翁踵謝之志仍不奪於是以禮迎歸歸之日薛氏耆者艾者俊而秀者咸具衣冠往接道旁觀者無不歎息泣下嗚呼可悲也已可敬也已既成服事翁及繼姑必誠必敬以婦道兼子道焉薛君昆弟三析箸後孺人直供膳月一旬豐腆致潔非舅姑所嗜不敢進雖退直問安視膳禮無或缺及遭庚申之變孺人扶老攜幼渡江北避會叔仲季相繼謝世復合爨孺人偕二娣孝養益篤以甘脆

奉親以饘粥自給粥不繼雜以豆屑用不敷鬻以鉞黹時僑居江北顚蹶不堪而繼姑常病季娣又病遺孤亦病孺人於旅次跼蹐中勉措醫藥衣不解帶者輒累數十晝夜迨病俱瘳而孺人亦寖成痼疾矣寇既平旋里房屋邱墟殘井破竈舉目淒涼而翁忽病劇孺人延醫不治叩禱不應哭盡哀葬盡禮時媳孫氏先一月卒復爲季叔還柩三襄並舉家道益窘然奉孀姑愈謹姑輒臥病孺人病亦時作而姑之羹孺人必親治之姑之藥孺人必親嘗之姑有所命雖異品必猝辦姑有所縫雖百次必立就時值嚴冬徹夜侍疾體無絮袴不自知其寒也饔飧不給枵腹自安不自知其飢也迨孺人病篤訣二娣猶以上有老姑不獲終事爲憾焉孤子丙元孫孺人出也孺人撫之如己出珍若掌珠及就學必擇師晨昏督責不少貸寇亂亦不廢丙元先娶孫氏舉一子三歲而孫氏歿孺人扶持襁褓中夜十起四歲即親自課讀昕夕無閒迨丙元游郡庠尋補廩膳孺人又爲娶汪氏差幸丙元有成得慰先夫於地下然期望之意時或諄諄孺人之福蔭於子孫者又何如耶孺人以道光

節婦范孺人家傳 十七世望之公繼

孺人范氏金匱庠生望之薛君已聘未婚之繼妻也未婚則貞女也何以稱節婦以孺人矢志來夫家爲之事舅姑爲之撫孤子至於游庠食餼爲之娶婦婦殁又爲之撫幼孫爲之續娶於韡難百折中事事盡瘁盡禮俾宗祀得延而家聲不墜其所芘蔭於薛氏者至大且久故不稱貞女而稱節婦也按狀孺人係金匱興塘里太學生步階范君次女甫三齡遽失怙母薛氏即望之君之族姑素契望之謂其文品兼植一宗之英道光己酉

孺人年十九望之適斷弦遂許以孺人膠續既踰年迎娶有日矣届冬月望之忽遘疾謝世訃至母夫人知女性激烈飭家衆祕勿使聞閱數旬偕季姑玩月於庭季姑見其躡赤屨惻然憫之從容勸其更易孺人駭悟一慟幾絶破窗思赴水阻於季姑不得遂即夕屏鉛華製素屨易之母夫人始而責繼而慰終乃大泣孺人亦泣而告曰兒既許薛氏即薛氏婦也今失所天兒之命也願奔喪成服以全婦道且上有舅姑下有兒女仰事俯育責任重大兒不去將誰恃母諭以汝父早世無子膝

辛卯生以同治己巳卒年三十有九祔葬於薛君墓側蓋自二十一歲奔喪守節十有九年事翁姑長孤幼和妯娌撫諸姪畜婢僕以至謹祭祀愼忌諱勤紡績卄澹泊自劫不渝未嘗稍留遺憾嗚呼可悲也已可敬也已今年春薛氏續修家乘丙元捧孺人狀囑傳於予予與薛君爲同案友且嘗館其家薛君品學兼優代有隱德又得孺人贊成其後而知後嗣之食報正未可量也故按其狀而謹敘其大略云

論曰世之以節著者多矣求其全行無虧者不少概見

若孺人者聞訃慟絶節而烈也未嫁奔喪節而貞也以生爲死代乾有終節而義也仰事舅姑顛沛不懈節而孝也俯育孤幼教養兼至節而慈也爲天地扶不衰之氣爲
朝廷維不敝之風爲閭里垂不朽之型爲閨闈樹不磨之範嗚呼以此論之豈特爲女中丈夫已哉至於詠誄銘贊俟
旌表建坊後搢紳先生能述之余不支且不敢及

同治歲次辛未仲春之吉　芝洲吳師澄拜撰

前唯汝與姊二人汝何忍離我孺人自念有姊可以奉母請益堅毋夫人無可奈何則赴告於壑之之父凝祉翁翁辭焉既而知女意不可回乃具禮迎歸北薛之宗族戚鄰有齒德者咸肅衣冠相接鄰里男婦聚觀至數十人咸嘆息泣下時咸豐辛未十二月八日孺人年二十有一也孺人既歸循冢婦職率二介婦問安視膳雍睦無閒舅凝祉翁繼姑蔣夫人夫弟仲季二君稔其賢雖析箸事有紛賾難理悉質之孺人孺人悉力治辦不以諉娣姒歲已未凝祉翁遘疾幾殆孺人醫禱萬方始

就痊明年庚申粵匪至貲產一炬而空舉家僑居江北仲季二君相繼卒復合爨用不給恤食粥糜雜以豆屑兼傭十指以備乏至於舅姑甘脆之奉終未嘗或缺人始服其誠敬之生於天性也繼姑蔣素多疾作則臥兼旬孺人親扶侍進湯藥夜不解衣亦兼旬不止已而季姒病已而子丙元又病孺人左揩右拄調養俱瘳孺人之心盡孺人之力殫矣寇既平由獲旋里室廬燬燼田畝荒蕪凝祉翁振觸感傷遘疾捐館孺人黽勉從事含斂如禮適新婦孫氏先一月卒復舁季叔厝柩遷葬祖

塋之側三喪並舉費愈竭蹶然悉繼姑軫念口未嘗言貧雖再析箸養繼姑尤豐潔所須一意專奉之時兵荒洊臻租入微甚上侍孀姑下撫幼孫力不足以畜婢媼寒燈破竈拮据經營見者酸鼻逮所患日深自知不起猶呼二姒囑其善事衰姑而痛己之不得終養嗚呼可哀也已此孺人仰事之孝也孺人性穎悟幼善讀經史均能悉其大概傳文韻語聞發忠孝節烈之事者尤慨慕之握管作字師法柳誠懸以心正筆正為主於側媚諸體不屑視也前室遺女香和夙抱痒喘之證孺人護

持微至疾漸除復遘他證以歿孺人哭之慟謂無以對亡者至于丙元孺人愛養尤篤寒煖之宜飢飽之節時時加察執玉捧盈蓋無以過惟於讀書偶有怠荒必訶譴不少貸待人偶有疏忽必訓飭不姑容方寇亂時丙元被賊虜孺人駭愕日夜涕泣每晨跪禱於神願終身貧困不可令無後已而丙元得歸家竟中落卒如所禱第家雖貧未嘗以此廢禮歲時伏臘儀節如前族姻有以急難告者賙卹之弗少吝經師脩脯必豐腆嘗曰吾薛氏以讀書世其家不可至吾兒而中墜及丙元游庠

食餼駸駸有科第望或歸功於孺人孺人則曰此祖宗
之芘蔭師友之陶鎔也予何力之有其歉仄又如是孺
人組紃織紝精妙絕倫諸姪女有就學者拈鍼指示並
舉古昔貞淫善惡報應昭灼之由娓娓講授新婦歿幼
孫祖詒甫三歲孺人覆翼維勤有小恙中夜十起越一
載孺人察其聰悟則課以誦讀蕭條四壁風入烏烏機
杼之聲與咿唔相和或勸其稍寬孺人曰吾絕不願以
姑息誤子孫且以代吾子之教子俾吾子得專心於學
也嗚呼可法也已此孺人俯育之慈也孺人氣體不豐

憂慮遍歷中年感癥疾日食不盈一盂珍惜物力喜摘
薪上遺穗懼其入火焦毀也滿器因舂食焉食有饐餲
者輒自啜之勿忍棄衣裳浣濯必整以潔席爲鼠齧補
之以布魚鳥蟲蟻亦憐其生命勿輕傷殘嗚呼其孝慈
貞睦如彼其愷惻慈祥又如此宜乎享大年膺厚福被
褕翟之麗受綽楔之榮以垂光于彤史乃遭亂窘迫子
纔成立
旌典未行而齎恨以歿并齒亦未盈四旬也此則天道
之難知者矣孺人生於道光辛未九月二十八日巳時

卒於同治八年八月十五日卯時紀年三十有九子一
人丙元廩膳生卽以狀來乞言者也
論曰昔春秋時宋伯姬以待姆未至不肯下堂遂殞於
火人皆謂其女而不婦若范孺人則不願以女自逸而
甘爲婦職之難者其有關於薛氏甚鉅顧議者猶疑其
母族亦無嗣不能畢生以奉母似乎婦而不女卽孺人
臨歿惓惓亦以母氏之饗食勿修爲憾嗚呼事不兩全
既爲薛計卽不得兼顧范氏況乎擇嗣以延宗報德而
致享薛之後裔倘可彌縫其闕以承孺人之志非如伯

姬之一喪其軀而已不可救藥者也復何疑哉復何疑
哉

吳興錢振常笣仙氏謹撰

范孺人祭文 十七世莘之公繼

維同治八年歲次己巳八月庚子朔越二十九日戊辰
甥孫 錫勳 謹以清酌庶羞之奠致祭於
例封孺人舅母大人范太孺人之靈曰伏維女宗亦里閭共仰母道尤族黨交稱鳳諧卜吉方圖迎南國之車鵠別興悲忽旋返西池之駕綜一生之行略仰事借脩育兼貧衍百世之家傳後啟與先承並賴是固遺澤所由延而昔徽所莫逮也太孺人姓范氏係太學生步階公次女幼而失怙長即多能奉鳥養於萱堂歡承菽水

習蟬編於蘭室學博詩書史漢固晨稽夕考忠節尤意注神傾迨及笄鳳機善理鴛繡工描彌鍾愛於母懷因交誇夫女德其來歸 先母舅也蓮杯祥合鸞鏡先分後庭傷玩月之情終夕決投波之志第以溫言曲慰聊延命而苟生因之遺緒謹承遂奔喪而成禮爰乃上侍翁姑下撫兒女問安視膳婦職實兼子職之勞睦族敦倫門外無閑門中之譽縱眉齊有缺琴瑟難卜雍諧而肩任弗辭非曰備嘗經理迄庚申寇災迫逼家業空虛事老仍充甘旨率眾僅食粥饘謀生虞匱乏籌衣食從不停鍼侍疾善扶持累晝夜未曾解帶信乎苦嘗百倍力竭半生矣自渡江返里後迭遭兩喪兼舉三襄雖復寒燈破竈如鮒困兮難堪猶且夕饍晨饈體烏慈而不倦至於撫幼勉勞擇師教誨烽煙雖四野交侵燈火獨一廬勤課迨弱冠爲謀娶婦憑聯鴻椽之和諸越數年又代哺雛藉廣鯉庭之似續是以芹香謝砌佩食魯宮即可寬愛養之心益自切功名之望而其他祀先竭誠撫姪從厚概可知已惜平歷久傷神積勞成疾米鹽煩碎仍切經營鍼線匆忙愈形憔悴及卒苦心縷縷遺命

諄諄儉勤明素志允堪爲閨閫儀型慈孝見眞忱應足動道途歌泣 錫勳 才慚宅相久蒙慈竹之恩情繫渭陽益例貞筠之操方謂霜淒廿載蔗境應添奈何月朗中秋蓮池倏赴留正氣於兩閒佇看
鸞章之
寵錫悵幽魂兮千古用伸蟻酒以來馨嗚呼哀哉尚
饗

甥孫 錫勳 頓百拜

貞孝范孺人像贊 十七世望之公纖

許渭熊 亥雲

詩稱淑女易著家人三從有則四德咸遵曹姑孟母儀範宜循惟世伯母范太孺人幼嫻閨訓爛漫天眞經史研鍊頁異懷珍于歸有日夫忽亡身奔喪守義矢志貞純心堅鐵石節厲松筠茹荼飲蘗廿載艱辛仰事舅姑定省昏晨俯育孤子異毋如親綱常名教訓誨諄諄持身淑愼不苟笑嚬終溫且惠母範慈仁苦心孤詣克邁彝倫歸眞返璞亘古常新幽光潛德上達

楓宸聊綴數言用代貞珉

翰磚 鐙湖

婦兼子職人情所難矧在閨媛難之又難范氏孺人養育名門甫字從兄早赴修文惟氏則曰予惟歸薛三軍可撼寸衷莫奪堂前奉親膝下撫孤孝慈無間始終不渝貞惟其固節惟其苦孑然身任終完厥志吁嗟事實罄筆難書聊敷數語景仰披圖

讀薛君范孺人行述敬賦古詩六章 十七世望之公纖

粲粲蘭蕙姿皎皎松柏英巾幗昂藏氣惜縮笄與纓涼月墮鏡臺五夜明書檠讀古烈女傳太息傾平生薛君委禽時已訂金石盟誓願佐夫子鍾郝隨家聲

在天比翼鳥在地連理枝妾身閉深閨夫死不可知團圞對月明屋瓦光參差姑也强僻事背母語其私仰天泣嗚咽殉身恨已遲夫魂在幽壙妾命懸淸池挽衣不能墮靈爽來扶持大聲汝誤我妾生將何之

痛定思夫家孰奉翁與姑兒女期覆翼未可輕微軀潛

易紫絲履急卸紅羅襦泣語高堂親死必與之俱僮僕魚軒迎觀者溢門閭盈庭肅衣冠老稚增欷歔抱木主飲泣兩眶淚盡枯子職婦能代親心聊以攄下帷課諸雛刺繡兼讀書篝火自紡績軋軋鷩庭烏

天狗一聲雷烽煙忽滿目賃廡江之滸營謀歎煢獨傭鍼佐家餐艱難得蔬菽堂上哀龍鍾食必饌酒肉解衣讓兒女執炊先僮僕還家盡已墟非復舊喬木草創屋數椽殘書拾盈麓儘使毋長飢不肯兒廢讀

傳家有令子藝苑早知名未許笑眉開厥衷含苦辛竭

蹶振門戶遂成衰病身熊丸授兒食聽母言歎陳庭蜩
厥祖訓傳繼先人酷督責誦文史雜和機杼鳴更殘仰
河漢清影横庚庚
淒淒命如絲落落心似鐵慟摧杞婦城笑入郗生穴金
閨訓母儀咸傷栢舟節豐碑三尺墳鬱鬱埋貞骨草生
蝴蝶魂花啼杜鵑血他日書形管鉅製誰秉筆

張乃勳拜題

孝貞節行爲姪婦范女甥作 十七世望之公

女生於范婦於薛女則爲貞婦則節苟非兩家尊長賢
不令全孝幾成烈父余姊壻翁余兄爲余女甥字余姪
一生苦行余悉知知之詳故言之切余兄疑祉子望之
釁序聲華鸞影離耆娘漸老子女小誰奉雙親撫兩兒
聞余孀姊有賢女遂令媒妁通言語余姊亦知望之賢
即時許訂鴛鴦譜月將圓處浮雲遮花欲開時驟雨加
望之勤讀苦多病嘉禮蹉跎閱歲華明年請期期甚邇
私計兒夫病良已合家忙作嫁衣裳詎料訃書來一紙

一紙書來不使聞合家言笑故歡欣獨怪閨中諸女伴
今何嬾惰昔何勤宅後臨河有水檻河水潺潺石巉巉
每至繡餘妝卸時諸姑伯姊同憑覽是夜月明霜滿天
獨與季姑尚未眠倚檻縱談列女傳阿母所授毋忘愆
季姑問言情慘楚心雖欲說口難吐回頭瞥見紅繡鞋
長歎一聲淚如雨女時掩泣聲不高徐整衣裙緊束腰
翻身倏向季姑拜聳身直望清流跳季姑斯時早意會
急抱其腰挽其帶不敢驚呼召外援恐因泄漏招人怪
跳者力微挽者疲殘喘雙嘶淚四垂音低鄰比聽不悉

事猝家人睡未知久之阿毋提燈入兩人坐地相持泣
諭以夫婦有常經三月廟見婦始成汝初許字猶未嫁
先王制禮無過情泣言昔日求婚意原謂兒能知大義
非圖兒續伉儷緣實娶兒爲事育計夫在兒顧任其勞
夫死兒甘受其累特恐阿毋愛憐兒禁兒不使兒心遂
况思此事亦大難故拚一死爲其易毋如惜兒欲兒生
還望遣兒成兒志意眞語摯情可憐阿毋聞之亦謂然
第念此非兒戲事漫爲應允實遷延遷延踰歲復經月
毋心遲迴女鬱勃朝夕向毋長跪求毋不許諾泣不休

否當一死謝吾壻吾心已許身難留毋知志堅不可奪
始浼前媒爲道達翁聞是語喜且悲喜其爽直悲其拙
翌日偕媒赴女家口稱辭謝心吝嗟時翁銳意闡道學
節孝貞烈均采錄忽見汪鈍翁遺文孝貞碑銘事尤確
孝貞宋女字計門夫死歸計有成言計翁曰許性猶豫
遂令心凝軀竟捐翁閱斯文深自咎吾幾誤死吾子婦
即時諏吉告前媒臘月八日當迎取皂蓋青帷新婦輿
布衣素縧嫁娘襦堂前紅燭流雙淚屋外陰風叫四隅
登堂謁兒舅姑畢旋向靈幃展拜夫尊長叔娣均接見

關心尤在兩孤雛兒稚女幼喜有毋拜跪未畢牽衣裾
是時觀者人千百忍淚吞聲暗歎吁從茲仰事兼俯育
朝朝暮暮心勞碌不知誦佛不歸甯不挂遺容不夜哭
千辛萬苦閱多年兒已能文翁病痊斯時兩叔雖分爨
家務殷繁令獨肩祇因嬌女殤偏早日夕含悲病暗添
無何寇亂烽煙起室焚貲竭全家徙更兼兩叔相繼殂
族費難供二百指深思熟計無奈何兩娣新寡兒女多
不如合爨勤紡織一家飢飽無偏頗翁姑焦急正無策
遂將此意上前白全家餔啜獨支持晨炊夜績無閒隙

身先諸娣習女工紡紗織布易粟舂不令翁姑乏甘旨
不教子姪缺飧饔量入爲出併日食一饘一粥舉家同
明知饘粥將不繼私吞糠秕把腹充腹果充盈厭糠秕
大如碌碡堅如砥自云辟穀或長生詎料膏肓由是始
寇靖全家返故廬數椽破屋暫時居兒媳先亡翁繼逝
孫纔三歲哭呱呱經營窀穸貲囊匱提攜襁褓精神瘁
拮据還將毀室修衰姑臥室尤加意如此操持復二年
田園漸可收租稅乃與諸娣重細論昔時遺產幸尚存
我家費多汝用省昔宜合爨今宜分爨分供膳雖輪直

湯藥烹調性獨識非與諸娣較短長惟盡婦心補子職
嘗至女甥之所居一桌兩凳一紡車紡車之傍近竈觚
竈觚之上安藥鑪扶孫坐凳手搖車日注矮桌口授書
車聲宛轉乍斷續書聲明朗無模糊鑪邊時審火文武
竈下頻添薪溼枯藥熟擎甌進姑服炊成舉箸飼孫哺
哺孫必飽已忘食呼孫課讀仍如初晚篝一鐙達深夕
刀尺聲與書聲俱命子從師習舉藝昨歲游庠今食餼
好將科第博親歡一生苦志差堪慰豈料沈痾漸不支
脹徧心胸及四肢羸綿牀蓐數閱月世無盧扁誰醫治

臨終惟把衰姑念不能終事眞遺憾更將兒媳重叮嚀
毋許男人視含殮吁嗟疾革尚如斯孝與貞節均無忝
余長女甥十八年舊事歷歷如目前儻辭謭陋不譏逃
殊恐芳徽日就湮長歌一闋情曷已誰操彤管修青史
敢把俚詞備採風立言還望諸君子

同治己巳孟冬　夫叔舅氏　熊光未定草

貞孝姪婦范氏輓詩　十七世望之公繼

吾宗節母多令範家乘班班可考覽千辛萬苦靡不嘗
莫若望之繼室范范未于歸望之死當時殉夫易易耳
其如舅姑與孤兒仰事俯畜更誰恃幸范知書明大義
肯來奔喪爲經理一身爲子又爲女甘旨熊丸資十指
兵燹播遷迄旋里凶荒疾病僃甚矣舅與冢婦相繼亡
拮据喪葬窘無比四壁蕭然機杼聲一家衣食愁腸裏
老姑卧病孤兒讀日夜那能安刻晷可憐孤兒名甫成
范抱沈痾竟不起上有老姑未忍拋彌留戀戀猶流涕

吁嗟乎范氏苦志十九年貞節孝慈皆完全八悲范氏
厄於天我爲望之慰九泉支持門戶婦實賢死如不死
何憾焉我無史筆有詩篇此婦此詩當並傳

堂夫叔元熙題

貞孝范孺人輓詩 十七世孫望之公繼

十九年來勁節彰堅如金石潔冰霜雁鳴納幣期初請

鵠別傳歌心早傷吉期初請望之先生歿孫女拌軀投巨浸孺人聞訃

即欲赴水死阻於季姑得全共姜守義稟高堂孺人固請於母願奔喪守貞浩然

正氣留巾幗生是完人死有光

憶昔于歸守節時親朋族黨共稱奇堂前姑舅晨昏事

膝下嬰兒左右隨內則循規兼子婦義方設教用嚴慈

事翁姑至孝待子則寬嚴交濟至誠感動神明佑一室安全險盡夷翁姑

有疾竭力奉侍嘗禱以身代疾愈者數次庚申歲近方世兄爲賊所虜孺人禱於神願終身貧困不可令無後

後果脫

性情陶淑本書詩孺人幼穎慧史漢家諸書無不備覽八母訓無違習壺

儀在家事母至孝母甚愛之豐儉合宜陶母配孺人持家以儉至延師待親友則飲食必

豐逸勞垂誠敬姜遺又甚勤不憚勞瘁量能容物良由忍嘗謂其子

日吾自歸薛門未嘗與人詬誶者由能忍也其待婢媼也以寬人有急難乞假不吝才自超羣益

顯奇孺人於星學音律算術俱曉大吉尤嗜書得柳公權筆意至纂組文繡尤爲精妙爲按生

平俱足敬豈惟貞節有堪師

忽驚寶婺隕長天候值中秋月正懸孺人卒於八月望日病臥在

牀懷白首病重謂其子曰吾不及終身事姑死有餘憾又以母死亂離未及薦饗爲恨功成

逝世慰黃泉先娶媳孫氏早卒遺子三歲孺人撫養倍至四歲即教之以學又娶媳汪氏寶

家桂樹誰爭秀謝氏蘭芬孰比妍近方世兄已補廩膳生孫甚聰穎德門必

昌行見青雲直上未可量也如此光前兼裕後合承

鳳詔

帝廷宣

世愚姪吳用賓未定草

題范孺人行略後 調倚一叢花

全貞孝節古無倫巾幗有完人臥薪嘗膽持家計經遷播受盡艱辛閨閣名媛家庭賢婦殿陛比純臣　身先妯娌事雙親課讀伴兒孫機聲每共書聲續栽培得威鳳祥麟遙酹英魂仰瞻勁節千載配湘君

眷侍生楊治安拜題

先繼妣范孺人行述 十七世望之公繼

嗚呼不孝二歲喪母九歲喪父零丁孤苦幸賴先繼妣范孺人以長以教俾底於成人顧不孝未伸一日之養繼妣竟棄不孝而長逝耶嗚呼痛哉伏念繼妣一生行事不可殫述謹撮其崖略濡血以書敬竢輶軒採擇焉繼妣姓范氏金匱興塘人外王父太學生步階公諱循鏞父先祖考議敘縣佐凝祉公諱鎮星冢婦而先考邑庠生望之府君諱鳴和之聘繼室也三歲失怙外王母矢志守節繼妣左右色養備得歡心幼端靜介姑姊

側無哆口語稍長穎慧過人通四書韻語史漢八家旁及羣書下至樂律算術星學俱了其大旨而獨於古今忠孝節烈事披覽一過輒心慕其爲人歷終身不忘尤嗜書法類柳公權暇則佐外王母理家務會計出入無弗如意及笄習女紅纂組文繡奇妙絕倫外王母絕愛憐之外王母故不孝族祖姑母也兩家姻戚相通素稔繼妣賢適先考喪配求委禽焉道光己酉繼妣年十九遂許字先考爲繼越一年納徵請期禮畢行娶有日矣而是冬十一月十七日先考忽捐館訃至外家外王

母知繼妣性烈嚴飭家衆祕不以聞閱數旬繼妣猶未知一夕偕季姑後庭玩月季姑暫見所著履心憫之隱動以易素意繼妣乃悟一慟幾絕庭前臨河遽欲赴水死阻於季姑不得行即夕屏斥鉛華製易素履請奔喪成服外王母始而責繼而慰終乃大泣繼妣亦泣曰兒不幸失所天儻別無顧慮願爲北宮嬰兒子耳但遺孤兒女在無母將何恃外王母不可繼妣請益堅瀕死者屢矣外王母憐而許之家人親串又以爲緩其期事可中止也而繼妣請如故外王母無如何赴告先祖考先

祖考以事之不忍也造門辭之既而知志不可奪爰以禮迎歸歸之日族館師侯少欽馮翼之先生等各具衣冠相接里黨聚觀者盈庭莫能容靡不歎息至有泣下者時咸豐辛亥十二月八日繼妣年二十有一也先是祖妣趙太孺人已歿繼妣事翁及繼姑蔣太孺人問視恭謹以一身兼子職歷數年門內無閒言既先祖考以精力就衰命析爨繼妣養舅姑月直一旬率先意察飲食所嗜而進之雖退直一味之甘一果之鮮必先饋寢門繼祖母深以爲賢凡閫內碩夥纖屑一挈以付繼妣

繼妣任之不以諉介婦歲己未先祖考遘疾繼妣佐姑暨叔娣治羹理藥必誠必敬疾亟已明年庚申値寇變資產一炬而空倉皇逃避閒會仲季二叔先後即世復並居合爨繼妣偕二寡嬸事二老益篤甘脆之奉未嘗缺乏己乃率衆人恆食饘粥雜以豆屑爲餠而用尙不給常傭鍼黹鬻吉貝以佐之繼祖母復善疾作則臥兼旬繼妣竭力扶持湯藥非口嘗不進衣不弛帶者輒累二三十晝夜當是時僑居江北薪桂米珠苦已百倍而繼祖母病季叔母亦病不孝又相繼病繼妣左揹右拄

黽勉醫藥病俱瘳而繼妣繇此寢病矣寇既平得返故里室如懸磬而先祖考忽病劇繼妣籲天叩禱願減己算以益壽不應哭盡哀含斂盡禮値新婦先一月亦卒繼妣竭蹶治兩喪復爲季叔遷匶三襄並舉而家益困矣家故有租田疊經歲祲收入不足用而繼妣奉孀姑愈謹凡家事窘急不敢聞然或有所命應聲輒具以進亡何家中復議析箸繼妣百計營甘旨供膳獨豐潔繼祖母恆加餐焉時繼妣上奉衰老下撫孤幼力又無以畜媪婢寒燈破竈拮据經營見者莫不酸鼻繼妣雖處

之怡然而病竟時作顧堂上羹湯藥餌必一一躬親不
以病而假手他人也嘗遇嚴冬徹夜侍疾體無絮袴不
知冷不孝適自院試歸見繼妣憊甚始詢悉其事云不
孝幼時遣就外傅傅必擇通經有文采者而豐其束脩
雖流寇盤踞之日猶令從師受學嗣以家門大變公私
交困不孝救死不贍幾至廢業繼妣時時泣告勖以努
力讀書即或出理世務歸必詳叩所爲隨事訓飭之偶
習嬉游繼妣恆廢食泣下曰汝無父之子不思自立而
玩時愒日吾將何望居恆受養不孝一衣也必時而察

焉一食也必俟而餐焉自少至壯如捧盈而常恐其顚
覆獨至有過呵責無少貸嗟乎人第見鞠育之恩疑若
太過抑知義方之教固隱爲防閑也寇亂時不孝被虜
繼妣默禱於神願終身貧困不可令無後已而不孝得
歸家亦落卒如所禱嗚呼不孝纍繼妣如此尚可爲人
耶尚可爲子耶不孝年未弱冠繼妣爲娶於孫氏婚費
皆歷年節縮所積後不孝舉一子曰祖詒甫三歲而失
恃繼妣翼厥幼雛推燥就溼中夜十起然雖苦愛之四
歲即親自課讀昕夕無閒蕭條四壁中風入烏烏軒車

聲與伊吾聲相和率漏下數十刻不絕親鄰聞之莫不
嗟歎或勸少寬曰吾終不以姑息誤子孫且以代吾子
之教子俾吾子得專心於學也初先考娶孫繼娶沈皆
早世先妣孫孺人生不孝及一姊姊幼患痒賴繼妣畜
養得愈教以紡織刺繡亦已精曉未幾病殤繼妣哭之
慟謂無以報先人於地下遂得癥疾嗣丁喪亂備歷艱
辛復以外王母卒於亂離不得面訣時涕泣哀思腹病
如鼓然猶攻苦力作内而米鹽瑣屑外而租賦出納無
不悉心經理焉以故不孝有事出游得無内顧憂兵燹

後室俱毀繼妣督不孝以炙修葺數椽得容膝焉居常
足不踰閾里中賽會燈劇諸舉未嘗一寓目嘗勵不孝
曰俟汝行成名立然後出此戶庭耳近年不孝補郡學
弟子員尋食餼繼妣又爲娶於汪氏於是泫然指不孝
而言曰予十數年顚頓困鬱受飢寒閔侮懋存人間者
以有待於汝耳今幸汝有成差得以慰泉下然回思閔
勤萬狀實所愴懷寒風暑雨常淚漬枕席閒豈以汝一
衿畢吾願耶汝其勉之不孝泣而識之不敢忘或以不
孝成立爲繼妣幸必曰此祖考之靈也予何力之有焉

平居歲時祭饗竭誠盡禮遇列考妣忌日無遺誤蘋蘩而外恆手製奠帛焚之又推一本之誼撫諸姪以恩諸姪女常留伴孤幃拈鍼教習閑畢善惡感應事講授不勸生平甘淡泊脂膏之物奉翁姑哺兒孫不輕下箸而食有饘餰輒自啜之自得疾後日食不盈一盂而操作逾常人酷暑嚴寒雖兩手蹉曲貌日瘠若不知也自奉又極約衣無新藍補綴以爲常所臥一席破而補以布終不易然非若儉嗇者比延師供饌必豐腆或有急難乞假無所恡而於親故尤篤奴婢爲親所愛者必加意

撫恤之故繼妣之卒也無內外戚疏長幼下暨厮役之賤皆失聲悼歎焉疾亟時自知不起與人訣曰吾上有老姑未獲終事死有餘辜然有二姊在諒不失老人歡也命 不孝 以附身殮服毋假他手且曰汝父子不廢讀汝夫妻不反目卽亦瞑目耳惟吾母苦節而終祇以頻年多故未修薦饗是吾遺恨嗚呼世之以女節著者不乏矣卽貞孝亦所在多有未有任重遺難如繼妣者而繼妣茹荼集蓼百折不回遂令形銷神黯積疾不瘳以二十載之冰霜未獲享一日安閒之奉而竟爾棄養此 不孝 所以仰天椎心而泣血者也嗚呼天降罰於 不孝 竟貽使之無父無母也耶而於繼妣何其酷也繼妣生於道光辛卯九月二十八日巳時卒於同治己巳八月十五日卯時得年三十九距先考卒時計守貞十有九年蒙華孝廉芬蓉等摭拾事實請於當道儀題

旌表 不孝 謹卜於同治九年十二月初五日扶柩安葬於陽邑厚圻頭祖塋北首去先考之墓數武而近衷於古者之不祔而相望焉 不孝 苫凷餘生荒迷無次惟歷敘行誼不敢稍有粉飾伏乞

當代碩儒錫以傳誌誄銘俾光泉壤 不孝 世世子孫感且不朽

同治歲次庚午孟秋朔日 不孝男丙元 泣血謹述

欽加道銜

賞戴花翎候選內部郎中世愚姪鄒 觀卑 頓首拜塡諱

堂兄杏先公傳 十七世

君諱樹棠字埼峯一字伯翹杏先其號先伯父翰周公長子先大父在岡公冢孫也幼時貌瘠而神清令就塾則喜暇輒默坐不與羣兒嬉在岡公嘗抱置膝上謂翰周公曰此兒異常兒好培植之當昌大吾門也故自在岡公歿後翰周公聞有名師即延致於家咸目君爲大器訓迪不倦君亦克自奮勵每一藝出老師宿儒輒歎賞不置甫弱冠即受業於胡竹溪先生之門先生因材設教君坐春風中樂而忘返非遇歲時不歸省如是者

有年嗣後結二三同志擇寺院闃寂處僑寓其中閉關勤讀幾不知人世間一切塵雜事性復不耐跋涉必閉數月一歸歸則除謁見父母外仍兀坐一室雖羣從昆弟亦罕見其面如是者又有年蓋其爲學務身體力行不生標榜心其爲文必研精覃思不作弋獲計以故童試屢躓年二十九始補學宮弟子員自遊庠後即留侍庭闈兼課弟姪讀雖日夜研摩不輟而晨昏定省有加焉先是翰周公豁達大度不矜細行每當賓朋雜遝時訢諧閒作而君侍立其旁繩趨尺步言笑不苟人有疑君於家庭之間未能得親之歡心者至是乃知前此之遠遊力學爲顯揚計今黙窺二老漸次就衰則愛日之誠不能自已也越三年先伯母張孺人卒君號泣擗踴惟以遠離膝下未報春暉深自引咎然因翰周公在堂未敢過毀侍膳問安益委曲周至焉乃未及二年翰周公復遘疾纏綿數月君朝夕泣禱而竟以不起居喪哀毀骨立幾至滅性顧翰周公存時筦家政久預世務多外間一切往來紛且雜嘗欲躬自料理之緣疾作不果及其歿也君年雖三十有五而其事不悉知弟秀高年

甫二十有五亦三年僅十有五君自念平素多病恐不永年倘再遷延將貽兩弟累乃詳詢於先府君蔭北公而身任其事一切積欵始得淸釐又嘗聞翰周公云吾族議立永善堂捐集田畝已多年矣而收租給錢無公所吾當有以贊成之君以是語與兩弟商并告之先府君捐錢一千二百緡助購市房一所以爲堂成先志也時先伯父伯母尙淺葬君爲窀穸計嚴寒盛暑從地師登高陟險不少憩凡閱數年乃購得吉壤於陽湖之城灣山而君之力疲矣君之病益劇矣遂於咸豐己未七

月二十八日卒得年三十有八卽於是年十月從父母之柩祔葬於新阡君初娶蔡孺人早卒續娶朱孺人俱無出以秀高之子士基立嗣焉余羣從昆弟十七人君爲最長以君孝友性成學業日富假令天假之年當克副先大父之望諸弟輩得所矜式應亦有受其裁成者乃竟以家庭多故積勞而歿嗚呼公今已矣爲之弟者其思慕烏能以已耶茲族人將輯家乘爰述其梗概俾後之人庶幾知先型之未墜焉

同治辛未季夏　　堂弟履潔拜撰

族姪榮生傳　十七世

族姪榮生者以牙儈爲業估直務持平與人交易頗信義然其業賤故人亦不甚重之咸豐十年三月賊氛愈逼族人議行團練懦怯者均有難色卽素以勇敢強有力稱者亦緘默無一語榮生獨奮臂大呼曰吾族聚居於此荷我
朝休養生息二百餘年矣余雖貧無所顧戀然嘗聞君父之仇不共戴天忍坐視
國家多難而不思報効於萬一乎自是晝夜巡防常爲

衆人先四月初六日賊陷常郡股賊竄至陽湖各鄉榮生率數十人於陽邑之余巷順莊等處遇賊十餘次轉戰兩晝夜俱獲勝身未被一創遂謂人曰吾無勇賊殆甚焉諸君幸從我毋令我獨爲好男子也初九日晚有云賊自蔡家岸橋來者榮生聞之不問後繼之多寡卽持矛直前無何後繼者至遙聞榮生喊殺聲俱疾馳及漸近聲忽絕於月光黯淡中望見榮生仆衆遂莫敢前而賊亦忽卻乃思奪其尸及至尸所距丈許復見一尸頭裹紅巾則髮逆也始知賊爲榮生所殺榮生雖被槍

死賊終不敢進耳遂負其尸并割賊首以歸明日以棺斂榮生尸於團練局之門外題其主曰清故義民榮生之位而以賊首供其前族人無論長幼皆泣拜是日也芙蓉圩各鄉聞䏶晚耗恐禮社有失均來援集者數千人見其事無不羅拜以去於是人人感奮八九十日中屢挫賊鋒搗賊巢誓以死守者皆由其忠義之氣所激發而成云後復有薛芸臺者陽邑之金家巷人原名炳與余族素未通譜族中人亦不甚相識也曾在軍營効力有五品功牌適歸家聞余里團練事遂來就貌恂恂

如有儒將風詢以營務甚諳練遂以白雲橋篷勇屬其管帶賊之自西來犯者頗足恃以無恐焉七月初六日早賊由東南進撥各篷練勇七成往禦殺傷頗相當而賊忽從間道入巾櫳虛無人老弱婦女遂相率走白雲橋向西逃芸臺旣敗仍回篷顧部勇散盡遂一人持刀立橋西呼逃者速過橋冀逃者過畢己得撤橋護其後然逃者扶老攜幼過橋遲後且絡繹至而賊已陸續躍過橋乃奮勇格鬬連斃賊數人賊至益衆力不支遂自戕於橋下與前所立處未嘗退一步也芸臺來就時榮生已死顧以五品軍功熟習營務之弁甘爲吾里守彈丸地思得藉此以就功名至事急竟以身殉其視榮生之生長市井惟恃血氣之勇以致捐軀者似未可同日語而其忠肝義膽視死如歸則後先如一轍也芸臺非余同族其族有譜牒與否不可知第與余族團練始末頗有關係例得附書以俟後之修志乘者或有所採擇焉

同治辛未季春　　族叔熊光撰

從兄永之君述略 十七世

君諱鳴琴初名登瀛字永之從堂叔凝祉公仲子幼聰慧習舉子業工詩賦屢試童子軍不售後乃援例就九品職非其志也君既不得志於有司益務爲根柢之學與鎰同受業於孫仰晦先生君請業請益條問動至數千言所言皆切於身心期其實獲先生深器之會粵匪亂君蒿目時艱又以二老在堂恐其受驚致病日夜焦灼遂遘心疾時愈時作卒以是促其生嗚呼君雖涵養之功未至而憂國爱親之心亦可見矣跡其平生順乎

親翕乎兄弟撫子姪有恩意接友朋以信事貞嫂敬禮尤篤雖疾作不敢慢非服膺於仰晦先生之學而身體力行烏能若是抑鎰尤有異焉君得疾時凝祉公方聚諸逋券焚之偶忘一篋君檢得之稟於父悉句其券似非瞑眩無知者而或竟以佯狂者流目之豈篤論哉君生以道光丙戌九月二十一日卒以咸豐庚申八月二十一日葬陽邑南河頭父塋昭次第二冢配華孺人子二鳳鈞義鈞女五

同治壬戌仲春上澣　從弟鎰謹識

堂叔培元公殉難紀略 十七世

咸豐十年七月初六日粵賊陷禮社吾族殉義者百餘人堂叔培元公同遇害初粵賊自金陵竄丹陽連陷蘇杭所至望風瓦解吾族倡義團練設局防剿當是時公素設藥肆爲謀生養親計一切籌辦軍務公固無所表見初六日賊以大股分道來犯我軍力屈而潰公奉父母出奔亂軍中忽回顧不見母急返覓而賊已蝟集遂被戕公之死狀不可知有見者云公猝遇賊厲聲罵賊賊怒槍刺其右脇公徒手格鬬賊益怒環刺之公至死罵

不絶口嗚呼公之死亦忠烈矣哉或謂公死於孝非死於忠顧吾謂死孝死忠一也况當罵賊時非有平素忠義之氣安能臨難不苟免如是耶迄今已蒙大吏奏請獎卹入祀昭忠祠公之死於是爲不朽矣玆因續修家乘公母馮孺人囑鈞紀其事且述公生平孝行甚悉而尤惓惓於公之以懋遷而擴家計不致貽堂上憂然則若公者其殆爲忠孝兩全之人歟至家世名諱生卒期葬所備詳世表中不具書

同治歲次辛未孟秋　堂姪鳳鈞謹識

逸琴公傳 十七世

君諱鑑字逸琴 學培 同高祖兄也高祖孟服公曾祖謹成公祖詒亭公世爲長房考釆三公則詒亭公仲子也君又爲釆三公仲子母符孺人生君甫踰月而卒繼朱孺人暨孺人君幼聰慧祖父絶愛憐之君長 學培 八歲幼時以年齒相懸不甚親暱也至 學培 年十二三從家大人讀君已弱冠矣家大人於羣從昆弟中與釆三公往還最密每以道義相規勖君時隨侍傾聽不倦由是學培 與君情誼亦益密道光庚戌釆三公遘疾卒時伯

兄賓甫已早世大父詒亭公年望八尚在堂君竭力營奄穸誅甘旨外攻舉業益堅苦每以徑途所從入風會所趨尙質之家大人冀得一矜以博大父歡乃明年大父又卒家大人念業儒者之貴於觀摩也集族中子弟月舉文會者再時君年頗長學最優而年最少者則主一弟敬虞卿弟成平與 學培 齒相若皆推重君君亦常爲文會冠家大人又慮世亂方殷未可僅恃文藝也更令年少者於晩閒習武君季弟子美兄嘗與 學培 校技竟夕而君以體羸不與焉嘗謂 學培 曰余先人累試不第所屬望於余者甚至儻不自刻厲以圖進取何以慰先人於地下但精力弱薄恐不永年未知能遂此志否言之輒嗚咽不止咸豐丙辰縣試第二府試第一院試與主一同補博士弟子員人咸謂釆三公有子矣乃是秋由館歸家則形神憔悴迥異往時蓋鏤肝刻腎損怯根萌已非一日至是而本實之撥害於枝葉矣遂以丁巳九月卒距游庠時未及一年也是年 學培 與虞卿偕應縣試 學培 第二虞卿亦前列府試 學培 第四虞卿第七而院試案發僅同取佾生戊午春 學培 奉嚴命援例

入都己未春虞卿縣試第一届府試忽丁外艱至明年而大難作矣庚申粤氛愈廹族父老議行團練時 學培自都門歸與諸昆季踴躍襄事乃戰守百數十日賊衆四路攻擊勢遂不支主一虞卿禦賊被戕及同治癸亥大軍克復常熟 學培 與子美遂由江北馳赴軍營卽奉檄委辦文報爲大軍嚮導焉今主一虞卿均邀
賜郵 學培 與子美並蒙
賞戴藍翎而回憶從前以羣從聯文字交者盡爲異物每一念及畫然神傷况以子美之於君尤抱鴒原之痛

者耶君配孫孺人遺孤二人庚申秋孫孺人抱病避難卒越三年而兩遺孤俱殤子美念子姓之凋零而又以身居軍旅娶室則不免內顧憂也因養沈姓子爲義子取名繼武已入武庠補授荆溪縣湖洑外委子美就養官署出生平之醖釀訓以義方其造就正未可限量而學培益增索居之感矣今春族人將輯家乘子美由湖洑歸囑學培曰吾兄行誼惟弟知之最悉交亦最深盍以一言傳吾兄乎學培何人曷足傳君特義不敢辭爰不揣固陋而爲之傳

同治十年歲次辛未清和月上澣

從弟學培拜撰

長兄子銓君事略 十七世

君諱階平字雲鶴又字端生號子銓議敘州同知素其公長子也性慈和好施與待人以誠不存畛域讀書通大義恥爲章句學年十六卽失恃哀毁如禮三應童試未售後因素其公久患怔忡遂棄舉業筦家政地方有善舉君必贊成之道光己酉澇爲災稟明素其公及伯父研博公等各捐千金以濟災黎全活無算遂邀議敘庚戌春貧民苦無耕作資君貸千金不責償圩民德之咸豐丙辰旱蝗徧野時值軍需告急官吏未能賑貸君

復設法勸捐爲之浚河道施棉衣給穀種賣粥糜建橋梁悉心代籌不辭賠墊其急公好義如此庚申四月粤匪四竄蘇常相繼失守掌署府憲周照會籌辦團練爰邀族人共議設局募勇親至常熟福山等處請撥軍需捐資慨助雖毁家紓難不吝也七月六日賊匪糾合大股水陸進攻練勇力竭而潰焚殺尤慘吾族殉難者甚多君奉父素其公及家口暫避芙蓉圩幸未遇害而房屋輜重半被賊焚賊退後又奉方伯吳公札飭欲收合餘燼暗行團練奈機事不密被逼賊者送信賊遂遣衆

蘩君去指爲團首備受慘毒不得已將田產變賣贖歸而家貲大半盡矣同治癸亥賊氛愈熾遂奉素其公避難江北十一月官兵復無錫歲杪君即奉父南旋是時賊尚未靖斗米千錢死者枕藉君慨然欲賑濟之而無力乃勸族人煮粥賤賣之民生少安而君力已疲君禍亦起矣蓋素其公家素裕自君主家政而家稍落又經兵刦南北播遷遂積勞成疾醫藥罔效於甲子六月逝世君痛父死之速未能久侍湯藥居喪踰哀日以羸瘠旋於十一月二十五日卒距生於道光己丑五月六日年三十有六配華氏繼諸氏無子以余長子汝槃爲嗣君生平好懋遷善計會自守誠愨亦不忍以詐僞料人尤喜善舉雖負累甚多人有以緩急告者悉應之不少吝其素性然歟今當纂修家乘故追憶其大略紀之以示後人焉

同治歲次辛未六月上澣 胞弟 丞平 謹述

堂弟佩山殉難事略 十七世子肇勳附

余叔父薵芬公生三子長曰鎮字佩山性純孝總角時即定省無愆儀叔父暨叔母鄧孺人俱愛憐之稍長讀書明大義然不甚喜舉子業見田畝貨庫諸務繁劇輒代叔父勞鉅細出納規畫井井靡不當意以故叔父稍得片刻安待兩弟如手足推梨讓棗友愛異常怡怡然同侍庭幃極天倫之樂自幼至壯如一日也咸豐庚申佩山年三十二有一子曰肇勳年十歲矣四月粵賊破常州所過焚掠不堪慘酷族人即於義莊設局捐貲團練佩山亦在局中襄辦一切每有警報必先告父母以備之至七月初五日賊竄蔡家岸橋是夜十分緊急佩山請父母早避父母以爲訛言未之信也初六日黎明賊衆席捲而來勇敗殺傷頗多佩山在局聞變馳歸賊已四面重圍無可避舉家倉皇無策不得已暫匿宅後小閣賊見閣其無人持刀洶洶逐處搜索佩山聞賊聲漸近恐驚父母即挺身而出賊見之以刃加其頸勒獻財物佩山曰此間寇盜充斥家中久無此物即有之多藏在前溪中汝能從我往否賊聞之喜甚即從之而南

緣溪行將盡矣賊問安在佩山曰不遠矣轉而東至龍舌尖賊又問佩山曰在此矣取之無所得賊怒其誑已遂殺而投諸溪中蓋佩山欲保全父母故詭言有藏以紿賊出門也肇勳因父不返欲出探之祖父母再四止之令其少緩須臾俟賊稍遠肇勳急不及待尋至其處見父死即躍入溪中抱屍而哭賊知其為父子也又殺之未幾佩山妻顧氏及父母知之一慟幾絕舉家莫不泣下越日乃殮而葬之嗚呼佩山孝友出於天性其平日家庭間一種眞摯之誼猶人所能至於大難卒臨威

脅勢迫鮮有不神明搖亂者而佩山雖自知必死乃能從容應變誘賊如誘小兒餌之以空言之利引之使出以曲全其父母視古孝子之向賊哀號請以身代不尤計出萬全耶脫令搜索時佩山或匿而不出或出而稍遲非特父母受驚且必殃及家人其害可勝言耶至肇勳之銳意尋父發於孺慕之至性在佩山固宜有是子而賊竟殺之毫無憐憫之心何其虐也吾族庚申之變殉難者指不勝屈然類多激於忠義若佩山者知有親而不知有身盡其孝而不欲以忠義著者也又何暇計及

朝廷之卹典與身後之名哉

同治歲次辛未季夏上澣之二日　堂兄鈁敘

太親翁薛公鶴巖暨唐太孺人傳　十七世

余宦遊晉省已三十年矣回憶年幼家居嘗耳太翁鶴巖公名公正不阿治家有道思欲與聯姻好愧無匹耦之人閱十餘年余得實授山西長子縣縣丞喜舉一男叠經閥閱世家議婚不允余蓋注意於翁家也屢次函詢乃知太翁有孫女年相若即卓如親家女也遂委禽焉嗣命室人伴子善寶回里諏吉完姻數年之內家報來署輙道媳婦賢是非家教之良不致此後署壼關縣知縣余因有病致仕歸而太翁已仙逝不得親聆塵教竊爲憾事越數日卓如親家造訪袖出一帙即太翁及唐太孺人之事蹟也囑余傳余不文何敢班門弄斧惟其間有四大端採而錄之以自警也亦足以風世余嘗曠觀古今無不因財敗節翁家素稱貨財出入歷二十餘年之久全無私蓄古今所罕覯也其足以風世者一貞節久不重矣翁待一姊一弟媳可敬可慕姊之夫歲貢生楊治安歿於湖北幕次聞訃仰藥死嗣姪爲後年幼無知翁爲之營葬請旌奉旨建坊入祀惠山節婦祠任怨任勞不計焉弟媳孫氏未婚而夫卒氏誓不改適

始則守貞在家繼仍守節於翁家焉翁益敬之重之贍其貧用安其身家更命嫡姪國鈞爲之後亦爲請旌入祠位置咸宜非常人所能及也其足以風世者二近世之風俗難言矣每見席豐履厚隨在有執袴氣翁富而儉約自持輙以漢之馬援晉之袁安自鑒而警人致化子姪婦女靡不彬彬有禮盡爲少年老成一邑共仰其足以風世者三從善如流虛實易辨翁自髫逆平後家道中落賴舌耕度日而樂善好施無異曩昔有永善堂者翁之曾祖副貢生愚泉公所捐建翁之父附貢生研博公等擴而充之以濟一鄉之四窮迨翁經理每有不敷輙傾囊以實之不特排人之難息人之訟爲人人所愛戴也其足以風世者四誠可謂仰不愧於天俯不怍於人矣天何靳其年耶使余不能師事之余之不幸也第余素好揚人之善不憚筆墨之勞茲爲之振筆疾書未知後之讀余傳者以爲能傳翁焉否耶德配唐太孺人温恭孝謹人無間言生二子一女長即余之親家卓如五品銜候選縣丞次汝玠候選縣佐女適邑城顧文杰孫五曾孫七人材蔚起頭角嶄然悉非凡品易曰積

善之家必有餘慶信然爰爲之歌曰
太親翁爲人綽有古人風幼尙儉貫始終壯盡孝道渾融只知勤儉以持躬治家上下睦共說器量洪交友平和氣相將禮義崇最好濟人急生平不顧橐囊空太親翁慷慨洵如紫髯公
太親母系出儒門慕名久無倦容執箕帚無怨言操井臼不事粉飾論妍醜居常奉舅姑諸凡勿束手相夫成大業古今誠罕有勤苦歷一生到老還將紗布守太親母爲婦之道推爲首
光緒癸卯仲秋之月
欽加同知銜賞戴花翎山西壺關縣知縣楚思孟拜撰

堂叔寶千先生行略 十七世

我先考同高祖兄弟百有餘人而以道義相砥礪與先考契最深者莫如我受業堂叔寶千先生先生於先考歿後嘗課讀元者三載讀書悉遵程氏分年日程暇則時述先考品學爲元勖元不肖未獲闡揚先業以仰副先生樂育之至意顧念先生人品學術有足以光先緒而示來學者謹述其崖略如左先生姓薛氏諱鑑字寶千以道光己酉議敘縣佐世居錫邑之禮社曾祖郡庠生襄成公諱雲錦祖
貤贈儒林郎祥國公諱朝楣考議敘縣佐
贈儒林郎衛芳公諱浚衛芳公舉子四先生其仲也衛芳公少孤先生亦少孤兩世節母俱在堂先生少有至性能事事得其歡心以故祖母馮母强兩太安人俱愛憐之年十五馮太安人病篤先生隨母醫禱兼盡及歿襄喪務無失禮復勸母節哀順變自是益專意色養一切事奉之禮悉準子朱子小學一書歲甲寅太安人生瘍於頰先生親嘗湯藥衣不解帶目不交睫每夕黙禱於神願以身代卒不起先生擗踊號慟哀毀逾恆水漿

不入口者三日居喪不內寢不茹葷不鼓琴衰絰三年
未嘗見齒家廟中四時祭享及先忌誕辰悉遵朱子家
禮與伯兄季弟齋肅設奠必誠必敬伯兄澤之公以幹
才膺世務然每事必質於先生而先生亦事之如嚴父
保之如嬰兒嘗爲錄先正格言懸齋壁以爲處事箴規
期以共勉季弟圭一公早歲游庠先生爲錄立腳怕隨
流俗轉留心學到古人難二語作楹聯復跋數行相勖
其於兄弟閒遇事責善類如此然亦未嘗傷恩也先生
髫年穎異習舉子業多驚人語曾受業於家芷軒先生

門牆多英俊先生爲文苦心結撰常欲軼出其儕輩每
一藝成恆至漏下數十刻遂以是得咯血證年十八應
邑試邑宰奇其文屢拔前列然院試卒不遇先生亦夷
然不以介意謂吾讀書本不爲科名地也聞孟里孫仰
晦先生當世碩儒也往從之遊於是專心理學躬行實
踐毅然以成己成物繼往開來爲己任其致功之序先
以小學近思錄讀書錄三魚堂文集等書悉心玩味身
體力行而後再參以歷代名儒所撰述辨同異考得失
惟以合於考亭一脈者爲宗主閒有所疑則質諸仰晦

先生一經指示觸處洞然仰晦先生所著有身範省身
格讀書劄記幼儀輯略勸戒贅言書堂壁貼若干卷一
一爲集貲刊行嗣仰晦先生歿旋警風鶴復爲撮其文
稿勉力付梓嗚呼先生之篤信師承力崇正學概可見
矣所居一室戶壁几案皆箴銘語嘗置一木榻終日兀
坐無惰容案設紅黑豆二盂做省身格靜參內念功過
閒或鼓琴一曲陶寫性情視子姪如一體凡博弈遊蕩
之具以及不正之書冊許寓目時值盛暑未嘗裸體踞
流離顛沛之中手不釋卷庚申之變先機遠避江北築

草屋數楹與伯兄子姪輩燕息其中蒿目時艱慨然自
奮益肆力於匡時濟變之學凡一切兵機將略團練籌
防無不孜孜討論期爲世用而自顧無尺寸柄日擊瘡
痍時形浩歎救世之心耿耿於中也不幸遽爾遘疾歿
於北地時同治甲子四月二十五日也距其生道光己
丑七月十八日得年三十有六歸葬歐宕祖塋穆穴第
五冢配華孺人子三秉仁十八歲而殤秉義出嗣圭一
公秉智幼皆業儒女一未字嗟乎吾邑自東林倡道以
後士風日盛降及近世人皆事務舉業不復有志聖賢

之學閒有高談性命者又往往慕講學虛名不實驗之躬行心得我先考首從事於文清公讀書錄先生聞而慕之晨夕過從相期遠大迨先考歿而先生又得名師教益所造日益進一時感動奮興者若仲父承之公族伯叔雲卿惠屏鑑湖虞卿諸公以及盛艮山孫仰泉華懋恭諸君人才蔚起爭相琢磨幾可上追東林之盛乃先生年未中壽遽赴修文朋輩亦漸歸零落豈天之不欲興起斯文耶雖然先生篤行實學其足以信今傳後無疑也所著有達泉錄藏於家子尙幼未能述先生行

誼謹以元所得諸親承者略書之附諸家乘願與族之後起者共資取法云

同治十年夏六月　門人堂姪丙元百拜謹撰

表弟禹卿事略 十七世

表弟諱鈞平字禹卿兄曰雲卿鶴巖弟曰禮卿虞卿父研博公母諸孺人性温和寡言笑少喪母哀毀盡禮事父以孝接兄弟以友愛人塾後性甚敏年十三四已無書不讀習舉子業偶未工不待師長譴呵即自立課程雖漏殘燈炧不輟也體素羸弱卒以力學得疾月餘知不起獨呼幼弟虞卿至牀前執手語之曰父延名師教我昆弟期望甚切恨不能博一衿以慰父心兄齒稍長不能無家政弟性敏書香可續吾死之後弟好爲之勿

貽家聲也言訖而瞑時道光庚戌八月十八日年僅二十聘西漳孫氏儀庭公女聞訃即守志不字閱十年至咸豐庚申奔研博公喪而來歸悉屏鉛華持家勤儉現又閱十餘年苦節俟請

旌以長兄雲卿幼子汝鋼爲嗣余假館舅氏五年知之甚悉誌此見禹卿之潛德幽光將來福澤正未艾也

同治歲次辛未夏五　愚表兄楊治安謹識

貞孝孫太宜人家傳 十七世禹卿公配

宜人姓孫氏俏生儀廷公次女幼承庭訓淑慎溫恭有大家風許字梁溪薛公禹卿未及笄禹卿公卒父母知宜人烈秘不以聞嗣因家庭喜慶宜人章吉服戚里見之共相惋嘆宜人察有異固洵之父母不忍隱乃詳告之宜人慘然變色求父母願歸薛父母哀其志邀媒妁述宜人志示意於禹卿之父研博公力辭不允而宜人則茹素持齋守志益堅逮咸豐己未研博公卒宜人告父母重申前請是時禹卿之兄鶴巖公主持家政哀宜

人之志許之爰擇日于歸抱木主成禮禮畢宜人向研博公柩前易服設祭一慟幾絕人之見之者莫不垂淚是時宜人年已三十矣鶴巖公素篤友于哀其弟而矜及宜人爰分頁田六十畝贍其服食又令胞侄國鈞爲之嗣宜人勤儉持家教養兼施爲國鈞擇配完姻訓以義方鄰里鄉黨或有爭執得宜人一言羣相和解戚族有急難者周恤靡遺數十年如一日鄉人士鑒於宜人之貞孝賢明也臚陳事實公請地方官轉呈

政府旌表入祠以爲世風卒年八十有一贊曰易之內卦曰貞貞者正也謂守正之人精誠所至不改操于盛衰存亡者也當遜清咸同之季神州鼎沸天下滔滔士大夫之不克全節以終者何可勝數宜人以一弱女子獨能守志不渝可謂難矣卒能享大年而旌金石則天之報施正人亦復不爽古人有言疾風知勁草嚴霜識貞木其宜人之謂歟

民國十四年乙丑仲冬　姻愚侄高汝琳拜撰

貞節孺母孫孺人行述 十七世禹卿公配

孺氏孫佾生儀庭公次女也幼字先叔父禹卿公早知淑慎温恭有大家風無紈袴氣迨將賦桃夭而先叔父歿母家知性烈秘不以聞後俟有喜慶事咸見氏紅緣章身共相惋歎孺氏知非吉兆急共詳詢決欲深知底蘊其親知難隱諱遂直告之氏即哭踊逾恒哀求父母前親送之門問欲何爲則曰生爲薛家婦死爲薛家鬼無他意也儀庭公乃請原媒向先王父研博公直道其詳先王父執意不允原媒以婉言相覆氏乃飲食如常易素而待越數年咸豐己未先王父歿又踵門求請先君鶴巖公即允許之諏吉于歸抱主行禮畢遂向先王父柩前易服而列孝婦班時年三十一歲見之者莫不爲之垂淚而氏雍容自若一若如願而償狀隨在計從言聽和藹可親而歷久不渝先君敬之重之分與良田六十餘畝贍其食用安其身家又命胞姪汝釗爲之嗣勤儉持家即爲汝釗完姻井井有條上和下睦妯娌相依數十年來親如同胞姊妹見人有困苦者必周卹之見人有爭論者必和解之是以鄰里親族無不稱爲賢

婦是皆余所目覩也宜其有福有壽無疾而終卒於宣統庚戌二年九月二十日距生於道光庚寅十年三月十二日享壽八十有一歲先君早爲請旌入祠歿後又爲入祀大墩忠節祠俎豆馨香千秋勿替可慰孺氏於九原矣茲值續修宗譜其孫乾元囑余紀略余即以素所熟悉者泚筆而爲之敍以俟後之君子採擇焉

民國十四年歲次乙丑季秋之月胞姪國華謹述

烈婦孫孺人事略 十七世映江公配

烈婦姓孫氏聖府齊奏槐庭公長女余堂姪議敘縣佐揚鑣之妻也幼淑慎寡言笑授以孝經列女傳即通大義未嫁父母相繼沒居喪克盡孝道年十九歸揚鑣事舅仲韓公姑張太孺人能先意承志盤匜瀡滫晨昏無怠暇則操女紅恆至夜半夫婦相敬如賓有德曜風人咸謂揚鑣得賢婦矣無何舉兩子皆不育然夫婦年尙少亦不介意也咸豐癸世夏舅病婦侍湯藥衣不解帶者累月既沒哀毀若喪父然姑哭輒委婉勸之而事之益敬故舅死而姑心稍慰者賴有婦也至乙卯秋夫病瘧始不甚劇而氣體素弱醫藥罔效婦常焚香默禱願以身代一日私語使婢曰吾得一夢恐非吉兆萬一不測惟有死耳夫聞之婦恐傷其心而重其病也即以他辭掩之未幾病益危不欲食婦知夫不起即噬金婢知之以告姑姑駭甚急以白鴨血灌之婦不肯飲姑乃諭之曰汝以死殉夫固善但窀穸未卜繼嗣未立汝之事猶未了也奈何舍我而遽逝耶婦遂飲之起夫已死矣撫屍大哭爲夫含斂附於身者一一手親見姑强爲節

哀而獨坐闈中未嘗不暗泣也已而形容憔悴姒娌勸之醫婦曰吾恨不即死死吾分也奚藥爲迨夫殯有日矣潛預辦衾履爲己送終具殯之前夕親戚畢集婦撫棺一慟竟口噤氣塞而死雖力救之已無及矣時咸豐丙辰七月十一日也年二十六歲遠近聞之莫不歎息且有泣者嗚呼婦何性之烈耶世之士大夫尙有臨難苟免者矣而烈婦乃輕生若此雖古忠臣義士殺身成仁豈有異耶烈婦死不朽矣是年冬邑紳士爲之具呈請

旌丁巳冬由撫院趙公專摺題

聞奉禮部議准戊午行知藩司王公

給帑建坊誠

朝廷之異數宗族之光寵而烈婦之死重於泰山也爰紀其巔末以俟女史採擇焉

咸豐歲次己未仲春上澣嫡堂夫叔雲潞氏識

薛君圭一殉難紀略 十七世

余與薛氏至戚也薛君圭一與雲卿虞卿等昕夕過從
余恒至舅氏因得交圭一稔其生平嗣於咸豐庚申殉
難奉
旨賜邺襲職入祠迄今已十餘年矣謹撮其大略紀之
按君諱敬字圭一父衛芳公諱浚母強太安人生四子
君行季衛芳公歿時君尚幼事母能色養事諸兄尤謹
凡衣服飲食勿過侈亦勿敢私一堂雍睦有姜家同被
之風焉太安人歿喪葬盡禮忌日必哀旣補弟子員益

邃心於實學常置朱子語錄子學等書於座右以期躬
行實踐而後已己未偕余歲試列優等又偕余赴浙鄉
試落第後君亦恬然其意見高卓不爲功名所累類如
此旣而粵逆騷動庚申春警報日至卽謂雲卿虞卿等
曰吾等祖宗聚族於茲久蒙
朝廷安撫綏無守土之責其忍棄宗廟而事賊乎當爲
二百餘年作養士之氣四月中旬蘇杭相繼失守所過
焚掠君商諸兄邀族人倡捐募勇設立團防總局朝夕
籌辦諸務心力交疲七月初五日賊窺蔡家岸橋練勇
擊退是夕戒嚴君謂雲卿虞卿等曰今雖小勝明晨賊
必大至練勇終難久恃設有不幸君等將如何皆曰可
守則守否則死之君乃拊掌稱善初六日黎明賊從東
路入礮聲不絕練勇分道拒之俄退至楊巷愈戰愈北
君亦隨眾巷戰聞雲卿虞卿已被害戰益力勢益孤遠
見隔河其姪秉鈞被賊重圍急至河干欲跨舟渡河往
救未離岸而賊蜂擁至爭刺之墮水而死年僅二十有
五配孫氏魯書公女柔嘉有則撫仲兄實千公次子秉
義爲嗣教養備至守節待

旌噫當時大吏如陸建瀛楊文定何桂清輩有封疆之
責尙多望風披靡君以書生行義而卒能不食其言若
是回溯及之猶覺英風生紙墨間也
同治歲次辛未　眷弟楊治安謹敘

先考禮卿公行述 十七世

先考諱衡平字禮卿先王父研博公之四子也生有至性十歲叠遭先王母及高王父之喪哭踊如成人故先王父刮目相看及入塾讀書頗異常兒尤得堂上歡咸豐己未先王父疾革醫治無效先考哭失聲痛幾滅性時庶祖母周氏命先考與昆弟料量殯殮事乃相助爲理井然秩然迨營葬事竣粤匪攻陷常州順流而下蘇錫相繼失守而吾禮社彈丸之地間於常錫之間危如幕巢里人士相與設立團練局招募團勇以衛桑梓而

先考與先伯父雲卿公五叔父虞卿公出私資相助襄理局務里人恃以無恐旋先考知匪勢浩大鄉團決不可恃勸兄若弟早爲之計二公遲迴不決致同五叔母華竟罹於難幸先考與二伯父鶴巖公率眷先避芙蓉圩之僻壤及得耗痛哭不已遂偕二伯父歸里殮葬時高王母唐孺人猶在堂年九十有五亂離之際復得凶聞感傷成疾遂以不起先考以叠遭家庭慘變哀毁逾恒循例安葬心力交瘁旋以芙蓉圩亦非樂土復率大伯母吳及貞節三伯母孫暨全家老幼徙居常熟莫城

復避江北之霞幕圩顛沛流離其艱苦概可想見亂平旋里室如懸磬不得已棄儒就商爲儲蓄計性本勤儉又復忠厚待人無一毫市井氣里黨稱爲長者每有爭競事質先考者先考隨事排解無不悅服初高王父愚泉公倡捐田畝賑辦善舉名曰永善先考經理其事一遵高王父及王父研博公之成規悉心辦理潔己奉公除補助公共善舉外未敢靡費絲毫致令一鄉孤寡月給漸豐堂有餘蓄積穀存倉以備凶荒當水潦時低窪之田常患淹沒先考乃購板木以固堤岸實土囊以塞

壩穴雖不足爲完全之救濟然賴此而幸免者不在少數其宅心之仁慈如此平居喜作丹青頗得名人筆意乞畫者踵相接又明歧黄術求治者多常施送藥品加恤貧病無吝色喜飲酒量頗宏有陶靖節李謫仙風嗣以患痰飲疾飲漸減惟在公事勤而且慎積有盈餘將永善堂内廳事及内室披廂等重加改建煥然一新一生之成蹟其彰彰可考者濟不敢湮而没之所恨天不假年祇享壽六十有八其生卒年月纂入家乘玆不贅先妣諸孺人年二十來歸事舅姑以孝相夫子以儉妯

姻戚族均賢之壽九十歲例得附書
民國十四年歲次乙丑季秋月　男汝濟謹述

表弟虞卿暨配華孺人殉難紀略　十七世

余舅氏研博公生五子虞卿諱成平公之季子也生有至性七歲失恃擗踊哀號若成人聞者酸鼻以故公及王母陳太安人獨鍾愛之十餘歲公令出塾從兄讀郎曰刻勵焚膏繼晷無倦容舉業外旁及詩賦等學尤潛心於程朱之理復從孫仰晦吳子銘先生遊學益進丁巳歲試拔取佾生己未金邑尊許公縣試特賞識之拔取第一乃府試未畢而公忽病君與諸昆朝夕侍藥目不交睫衣不解帶敦請諸名醫而病日劇君乃黙禱於

庭願以身代割左臂一臠煎湯以進而公病已入膏肓終以不起君哀毀骨立幾至滅性庚申春金陵警報日至即奉公柩安葬畢乃喟然曰人縱無權行義則一國家養士二百餘年豈必待有權而後行義耶粵匪破城後族中募勇設團練局君與長兄雲卿在局辦事井井有條延至七月初六日賊蜂擁至勇不能敵男女殺傷甚衆君猶冒白刃與賊相拒瞥見長兄巳被賊傷益憤甚曰人固有一死貴得死所耳今日之難吾死所也益力拒之遂遇害年僅二十有五配華孺人德宣公女

年二十一歲來歸性淑愼事舅相夫克盡厥職妯娌無
閒言慘見夫死恐被辱卽抱幼女投水明晨收之面如
生存年二十五歲均棠
朝廷賜卹祭葬銀兩建坊立祠君於是爲不朽矣古人
云求忠臣於孝子之門觀於虞卿而益信其志節略可
見矣豈僅以文字顯哉子一名汝霖幼從余讀卽通字
義天將啟之使食其報耶余誌其爲虞卿幸且爲汝霖
勖云
同治歲次辛未日在東井
愚表兄楊治安謹識

母舅炳之公述 十七世

公姓薛氏諱鳴玉字炳之太學生議敘從九銜介祉公
嗣子本生父凝祉公卽 錫勳 外王父也性至孝念母發
居承顏順旨專意色養不以非所生詎稍薄凝祉公年
逾五秩追隨杖履依依若孺子不以出嗣故情稍疏庚
申寇變公族中仗義團練公承本生父命出贊機宜悉
心籌畫與賊相持者數月當是時 錫勳 隨兩大人居外
家竊見公義憤之氣溢於辭色然或聞警報公必告於
母促令登舟復謹扶凝祉公乘小艇令舟子遠颺俟勢
定乃歸恐驚老人也處置畢復入巡防局共商戰守每
定一計恆爲衆所許可亡何以衆寡不敵軍遂潰賊長
驅入焚掠殆盡殉義者數百人公知事不可爲又以高
堂衰老房舍邱墟旋卽挈家避江北顧兵燹之餘旅奔
不繼思以牽車服賈謀菽水之資乃復渡江而南徒步
數百里中經波濤之險兼以炎暑熏灼竟得暴疾卒於
常熟之莫城客舍年止二十有八悲夫公少讀書以世
變兼習武顧不尙勇臨事詳審精密及遇有義舉又慷
慨不計嘗有母黨遭亂喪母公爲之營窀穸出貲助其

費禮毋志也公生以道光丙申九月初六日卒以同治癸亥六月二十五日歸葬本生父塋之穆配顧孺人守節撫孤子三女二備詳家乘中茲不載嗚呼公之歿去今幾十載矣回思音容丰采猶如昨日事今春公兄子丙元以公傳相屬錫勳何人敢以傳公顧念渭陽之情有不能已于言者謹述其梗概以俟立言之君子

同治歲次辛未季春下澣　甥孫錫勳拜撰

先考鶴泉公行述 十七世

嗚呼我先考鶴泉府君之歿於今四十四年矣時本尙在髫齡不能備悉斯亦大可悲矣茲值續修宗譜謹將所聞於先妣顧安人者略述梗概如左

府君諱履潔字鎮峯一字鶴泉曾祖在岡公之孫先王父蔭北公之次子也當府君棄養後先妣顧安人常詔本而謂之曰汝今已爲無父之子矣汝兄弟四人惟汝獨幼他日成人當以汝父之品行爲法汝父在日事父母以孝順接兄弟以友愛自經粵匪之亂先王父挈全

家避亂江北備受流離之苦及匪平南旋房屋被燬家道中落先王父年事既高境遇拂逆遂由是遘疾吾與汝父侍奉湯藥目不交睫者累月歷請名醫而病入膏肓終以不起時在同治戊辰之四月也汝父與伯叔痛哭失聲哀毀骨立乃以慈母在堂未盡終養始節哀順變盡禮喪葬忌日必哀習以爲常祖母稍嗜飲居常酒餚無少缺如聞外間軼事必歸家詳述以博老母歡在伯叔兄弟中數十年相敬如賓至老不衰天性穎悟練達過人凡天文地理諸書推闡精究與族兄伯時族姪

艱方等孜孜講求終日不倦尋龍點穴雖堪輿家無以過之道光己酉夏大水芙蓉圩隄潰決民廬水及半扉曾叔祖仙池公慨捐錢千緡置田一百四十餘畝創建保圍堂以租籽作歲修圩隄之費而圩隄永賴保全洎父經管堂事不遺餘力每當雇工修葺必親自督察不敢稍事草率有失曾叔祖置田保圩之心此皆得諸先妣遺訓之大畧也府君易簀時招先伯父燕屏公仲叔鵬九季叔鴻軒至榻前握手言曰老母在堂不能終養春暉未報死有餘辜今與我兄弟一朝永訣弗使老母傷感更增罪戾望我兄弟善體親心言時涕泣不止又命子士林士雋士棟及本環立於前囑曰余沒後惟伯叔之命是遵汝等各安生業崇儉戒奢兄弟手足宜相愛護則余心慰矣言訖而卒嗚呼痛哉迹其生平孝於親友於兄弟忠信待人義方教子即此數端決非不學無術者可比矣府君生於道光癸巳卒於光緒壬午享年五十歲配顧安人太學生偉屏公次女有閫範性寛和力持節儉井臼親操雖府君好行其德安人內助之力居多以道光乙未生光緒甲午卒享壽六十歲本無

不能承前人未竟之志光大前烈則又本之終天抱恨者也

民國十四年歲次乙丑孟秋之月季男士本頓首敬敘

仰暉薛君贊 十七世

同治丁卯科並補行辛酉科舉人 華錫光 芬 著

玉韞於璞遽晦其光劍藏於匣遽折其鋩薛君仰暉卓犖自喜天不永年竟類於是憶予少時隨侍嚴幃與君同硯積久無猜君少於予竊簡勤習穎悟殊常予慚靡及君有伯仲互爲觀摩機雲名譟軾轍文多予爲家謀寄身秏氀時與往還共相傾倒譬彼騏驥冀君騰驤何圖足蹶買骨神傷譬彼天鵬冀君高翔何圖翼折身隕雲黄今覩遺容宛如夙昔敬題數言淚爲沾臆

貞孝三胞姊隨母死難紀略 十七世

嗚呼吾姊之死令吾無以爲弟憶吾姊之死益令吾無以爲子也慨自庚申世變粵賊擾攘延及癸亥賊益猖獗五月下旬吾父被害不孝坤於呼號失措中權爲殯殮遂奉吾母及姊於七月初一日避至常熟木城不意吾母痛吾父殉難誓以身殉竟於七月十一日從吾父於九原嗚呼痛哉不孝坤寄跡他鄉赤貧如洗棺木殯葬一切懸虛聞同邑候補府楊駐扎常熟置產濟急時有堂叔遊其幕下坤急攜印單往冀得價即售

聊資吾母送終計而堂叔適隨楊守解糧坤又轉赴梅里訪親阻而未遇輾轉道塗閱五日而後反時木城惡俗客死者隨時殮埋不准停擱坤雖苦求房主容過三天誰料以求親不遇遲延過約房主竟不能耐於七月十三日忽移吾母體魄暴露門外時姊亦病哀求暫留房主不許姊計無可挽欲死母側時從嫂鄭氏力止吾姊姊曰吾病已危吾知必死與其死而受人塗毒一如吾母之慘不如先死於母側可以潔吾之身也遂匍匐出門伏母體哀啼及坤反姊亦已長逝矣在其地目覩

貞女大寶壽雲殉難事略 十七世

余生四女長曰素雲次曰壽雲四弟靜齋生一女曰大寶三人者性皆貞靜針黹必相偕也余教以列女傳諸書皆明大義咸豐甲寅余長女歸端楷橋儒童許錦雲舅姑頗稱其賢庚申四月粵賊陷常州直下蘇杭勢如破竹所至虜淫燒殺族人乃損貲團練頗有聲勢長女遂攜甥女來避亂七月初五日賊竄蔡家岸橋勇與接仗互有殺傷是夜戒嚴長次二女與姪女私議曰賊勢猖獗練勇恐不足恃吾三人生長儒門豈可受辱倘事

急惟有一死乃上策也初六日黎明賊至如雲勇果敗余扶老母染安人向東行甫出街賊已進楊巷紅旗林立矣而老母以身肥目眊故行甚遲扶至後巷水柵外余妻王孺人兩子一婦四女一姪女一孫一甥女皆在舟中待老母時余見柵內逃出者有三四舟焉屢請老母登舟而老母臥岸上不肯起余不忍舍老母乃侍其側長女等謂余妻曰祖母在岸上萬無行舟理然事急矣吾等不欲生矣若緩須臾賊必至矣妻姑慰之言未畢長次女姪女已投河矣妻子等亦躍入但聞哭聲喧

者咸謂姊至死哭聲未絕焉時幸從嫂命小女子晝夜防守勿致踐蹈然慘毒已不可勝言不孝坤籲天無路入地無門不得已而草率收埋坤之罪即濯東海之波而亦難洒矣嗚呼傷哉坤又何以爲子哉坤又何以爲弟哉猶憶吾姊少時習詩書嗜韻學反切訓詁講求字母年及笄吾父爲擇嫁姊曰兒願事父母以終以故甘淡泊愛清修一飲一食不離母席一起一居不違母命雖簪珥弗兼而日用務從儉約衣服不侈麗都守貞不字者計三十有七年夫以吾姊之矢志如此而至羇棲

異郡殞命客里且不獲安枕席而終竟與吾母並同道路之餓莩也嗚呼傷哉坤又何以爲弟哉坤又何以爲子哉迄今坤每回憶之不禁泫然淚下悔不隨吾母吾姊而同逝也

同治歲次辛未孟秋　胞弟坤謹識

水聲雖傷心慘目不能救也未幾賊至以余爲妖頭不問便砍頭上兩臂共十八九刀左股一槍流血如注然余甘死如歸不懼也又見長子省欽背受兩槍三子省銓虜主街西而返老母幸無恙而舟中衣物及質庫所存首飾共約千金盡虜去矣俟賊稍遠欲以空舟暫避妻子等皆在獨不見長女次女姪女三人回視浮沈亂屍中竟與三弟之妻子婦女八人同死矣是時賊在街中擄掠放火不得殮至明日乃殮皆面如生長女柩歸許氏次女姪女葬劉莊祖塋旁歲時致祭焉嗚呼大寶

年十九壽雲年十三皆小女子也長女稍長亦僅二十三歲耳乃能逆料勇之必敗事急則乘賊未至稟命於母而死何其從容就義歟且余妻子等入水不死而獨此三人者同時殉難殆天之欲成其名歟去年秋余已託余蓮村先生以三人殉難事跡報忠義局請

旌而許氏去年修譜不爲余長女立傳余既目覩何忍聽其湮沒故因次女姪女而并及之雖事越十餘年握管時猶爲之髮衝冠也

同治歲次辛未孟夏下澣之五日芸楣氏敘

外舅惠屏公傳十七世

從來理欲不並立欲勝則處處皆爲危地理勝則事事盡屬坦途外舅姓薛氏諱養修字惠屏幼秉異質讀書過目不忘下筆爲詩文未嘗屬草襟懷冲淡志趣高超十七八歲時赴小試屢列前茅咸豐庚申遭洪楊亂遂絕意於功名不復應試跡其生平行事類皆率乎天真非特昆弟朋友之間絕不參以私意即鄉黨里鄰之際亦必示以誠心非人欲淨而天理勝乎語初館甥時登其堂古樸可風中間僅懸一幅銘言其文云蓋有以見

夫人欲盡處天理流行隨處充滿無少欠闕故其動靜之際從容如此而其言志則又不過即其所居之位樂其日用之常初無舍己爲人之意而其胸次悠然直與天地萬物上下同流各得其所之妙隱然自見於言外讀畢想此文出於論語集註中曾點之學一段譆始以爲公之隨時抒寫特取其雅而不俗未必能融會貫通繼而思公之心曠神怡幽閒自適其得力於聖賢之學也久矣進內庭檢公之殘稿其文章則豪氣縱橫不爲時藝所束縛而其詩章則喻意深遠有瀟灑出塵之致

如披裘負薪題云趨炎嗤若輩求價笑如今此公泥塗軒冕之意也如籊籊竹竿題云握此生涯穩持斯活計安此公樂就林泉之意也詩者心之所之也在心爲志發言爲詩公之借物言情於此概可見矣諧歎服之下怪而問曰以公之才何求不得高隱何爲公喜然笑曰余素位而行不無自得與其有譽於前孰若無毁於其後與其有樂於身孰若無憂於其心世之縈情仕宦者患得患失患利患害曷嘗有怡情適性時哉諧退而思之而知公之素位而行非即其所居之位樂其日用之

常乎公之無不自得非胸次悠然隱通天地萬物乎見道既眞斯言理益切就其心之所得書諸座上以明其志嚮之所在非得力於聖賢之學者烏能體會及此乎閑靜少言不慕榮利無懷氏之民歟葛天氏之民歟配吳孺人出自宦門少嫻姆訓孝慈兼至才德克全一切內外家政均孺人總理之公之得以涵養性天優游自在者皆內助之力也公卒於光緒庚子壽七十有一歲孺人卒於民國壬子壽八十有五歲子四長端賁次端質三端稟四端志女一即適諧孫二曾孫三

論曰曾點之志不過即事言事大公無我而已矣蓋人惟心中有一點私累便白從容脫灑不得可見心地光明方有這種氣象公深領此中趣味故一動一靜隨在與天心相見初無一毫私意介乎其間諧館甥數十年來覺公之不私於我不私於子亦不私於人所謂人欲盡處天理流行隨處充滿無少欠缺者意在斯乎公眞善學聖賢之學者也

民國五年歲在丙辰仲春之月子壻陳諧百拜謹撰

舅父薛柏如公傳 十七世

舅父姓薛氏諱學培柏如其號也系出黃帝二十五子一爲任姓裔孫奚仲居薛至仲虺爲湯左相代爲侯伯歷三代凡六十四傳周末爲楚所滅公子登仕楚懷王賜沛邑爲薛大夫遂以國爲氏厥後自秦漢以迄唐宋代有完人公世居無錫之禮社太學生受職員外郎氣識過人膽量雄壯幼而好學博通經史長而尚武毀家紓難又有老吏斷獄才足爲一鄉人排難解紛至處理家務救災卹貧稟承家訓術精岐黃猶爲餘事故外祖

渭占公最憐愛之生於清道光中葉其時舉子業尚八股文獨能揣摩周管合稿及明末清初諸大家選本規仿而求其是雖命若劉蕡屢遭下第然壬戌恩科薦卷亦曾受知棘房咸豐庚申洪秀全發難勢如破竹順流而下江浙相繼淪陷流寇因之蜂起無錫城鄉亦從此擾亂公投袂而起曰士生亂世不立功不殺賊不盡義務愧恧乎爲人矣乃將家中所有財產募精勇編團練設防堵規劃有條即孫吳兵法亦不是過是年七月初五賊竄蔡家岸橋公帶勇擊禦大聲疾呼音若洪鐘賊膽爲寒竟大獲勝仗即有時衆寡不敵偶或一挫然轉輾禦敵竟隨李文忠公破蘇州收復無錫江陰塘西楓涇平望等處累經血戰身先士卒未始非膽量洪壯有以致之惜乎克復後論功行賞朝廷僅以藍翎報之雖非焉異之倚樹不求爵賞亦略等介之推不言祿祿亦不及之意然而功在社稷關係桑梓豈淺鮮哉且性好交游有孟嘗風即在窮鄉僻壤之間座客常滿樽酒不空其供職京師也廣納天下賢士深交王公名卿更可想見至其孝友之天性亦有超出尋常者光緒丙子夏

外祖渭占公肝胃氣作則親侍湯藥衣不解帶者數月易簀時更錐心泣血居喪三載未見色笑有古孝子風及與弟析產時敬遵母命未嘗絲毫較量尤爲世俗所難能吾母爲渭占公次女公之幼妹也歸寧時則親愛逾常不同浮泛至於在鄉公推爲地方董事則鄉人訟鬩事無鉅細一經判斷悉臻和平省却鼠牙雀角保全人家產業者暗中造福不可枚數配城中虹橋灣顧氏有子二長名亮孫次名董孫皆予表兄也董孫表兄幼年入泮未冠婚而夭亮孫表兄屢得子而不果養其時

有與公不合者頗有訾議余知舅氏樂善好施心地賢
良生平雖殺賊多人然爲國也至與人排解從無私怨
於其間必無癉惡之理也我知公之必有後也今日者
公之孫紹宗托余爲公撰傳列入宗譜紹宗亦知揚親
之道本支之要果後起之苗裔且爲佳子弟始知余言
之信不謬也樂而爲之傳

民國五年秋七月

癸巳科舉人三品銜在任候補府經濟特科廣東遂溪
縣知縣甥華承譔謹撰

薛霽塘先生暨德配謝宜人事略 十七世

先生諱景清字霽塘世居禮社鎮爲錫邑望族爲人誠
樸和平讀書必求眞理幼年喪父受母馮太孺人教常
篝燈夜課機聲軋軋與書聲咿唔相應咸豐庚申遭亂
家道中落先生奔馳南北旋從善士余孝惠先生遊相
隨杖履不離左右先生所以品學兼優者皆孝惠先生
提撕之力也光緒初年河北大災先生隨熊純叔明經
辦理賑務寓優師一載凡有保舉俱力辭不受又値山
東黄水爲災先生借金訓人觀察熊鞠孫太史赴魯賑

恤先生事必躬親經理出納絲毫不苟越數年直隸疏
濬小清河委先生任職先生風雨不避晝夜不倦直督
李文忠公見而器重之及工竣由府經歷保舉直隸候
補知縣旋加同知銜後盛杏蓀宫保季士周都轉胡雲
楣侍郎稟同公舉先生稽查天津河間十八州縣義塾
每年按查兩次勤懇備至八年之間栽成子弟不下數
百人如靜海劉汝濟侍御慶雲劉統疇太令天津劉致
三孝廉均是義塾中傑出之才皆先生門下士也去歲
堯在同鄉史仲甫先生席上遇見劉侍御尙稱道薛先

薛君霽塘大令事略 十七世

君諱景清字霽塘一字季棠髫年失怙賴節母馮太宜人含辛茹苦撫育成人資性聰穎入塾未十年徧讀小學四書五經等書因無力栽培棄儒就賈君日則經營商務夜則温習經書雖酷暑嚴寒未嘗一日少間也咸豐庚申蘇常失陷君奉節母南北奔馳艱苦萬狀克復後節母見背君思内顧無憂復棄賈就儒慕同鄉余蓮村先生品學兼優遂負笈從遊追隨杖履藉得朝夕請益受十餘年親炙之化不第品行端方而學問亦於此淵博矣余先生有評云君耽於吟詠其得意處雅韻欲流頗有宋人氣息君嘗隨先生偕李君金鏞等襄辦直晉豫浙齊各省賑務歷蒙保舉君不樂仕進力辭之僅受五品銜候選府經歷之職同治甲戌余先生卧病燕寓君侍奉湯藥代盡子職旣病危偕李君金鏞方君仁堅等料理一切大事君爲弟子中最相得者先生有未了事故臨終時悉付託於君也及先生沒君爲服心喪在鄉訓蒙數年一遵先生之法教人以脩身爲本光緒初李傳相督辦天津廣仁堂同學諸君薦君贊其事君

生弗衰設令先生出宰封疆必能爲蒼生造福惜乎天不假年迨癸巳秋忽得半身不遂之症卒於津門年五十有七 堯正隨待在側親爲料理喪事迄今幾三十年矣德配謝宜人江邑名門女讀書明理有烈丈夫風曾充廣仁女教習頗有聲譽 堯初次北上認爲義母相依六載賴其命提今黍爲百里宰思欲報昔年知遇之恩而先生與宜人久已皆歸道山矣先生生女一字青浦恩貢生熊純叔子芭詒未笄而卒後熊氏迎其柩歸祔葬祖塋兹因薛氏續修譜牒先生之内弟謝振新來署

囑堯傳堯雖不文固不敢辭第堯過先生也晚先生之事實巔末難知惟將所知者略述生平之大概伏乞當代名儒爲之立傳俾先生之行誼足以常垂不朽云

民國壬戌仲春之月

四等嘉禾章現任奉天本溪縣知事門人劉承堯拜撰

奉委赴津在堂中襄辦多年兼辦永定河大工升保同知銜直隸候選知縣時江邑季士周任天津觀察知君誠篤札委稽查天津河間兩府義塾事宜君自此僕僕風塵席不暇暖矣癸丑夏君在途中感受暑邪歸寓染病卒於天津保嬰局旅舍年五十七歲其德配謝宜人即吾之姊也扶櫬回籍安窆横林北首按宜人幼嫻庭訓習禮知書風度端凝歸君後隨君旅居津寓在廣仁堂教育諸節婦兼督紡織事宜課嚴規肅節用愛人當道聞之給匾獎勵宜人自奉儉約所得二人廉俸不敢

絲毫浪費以故稍蓄餘貲君卒後宜人旋里家居克勤克儉躬自執爨一若貧家老媼莫有知其爲五品命婦者卒年六十歲窆與君合兆宜人育一男幼殤以近支姪思孝承嗣女一字青浦恩貢生熊純叔子芑詒未過門卒後芑詒迎女柩歸祔葬熊氏祖塋之旁嗚呼君之謹厚清廉足爲後進之典型安可湮沒不傳茲將鄙人所聞知者畧書君生平之大概敬求

碩彥名儒錫予家傳以垂不朽

民國十四年歲次乙丑仲夏之月愚内弟謝振新拜撰

薛克家先生傳 十七世

唐虞吁咈垂念懋遷爲粒民乂邦之道端木貨殖聖門列之四科商固尚矣漢興重困商賈至不得衣絲乘車子孫不得仕宦淩夷迄於清季泰西互市利權坐削而後知商之可以存亡人國也士大夫猶然諱之宦成身富有出囊橐權子母授之駔儈而不居其名者矣未有薄仕宦輕科第甘隱市井一以行善爲樂者也宣統辛亥余官郵傳部閩人趙似昇賢而不永其年余哭之哀同部薛君葆煌首賦四詩唁余辭婁亶而茂抜乎曹

偶其人温淑其學淵懿意必由賢父師涵育淬厲而底於成屬政變賢人君子紛散不通問者四年歲丙辰薄遊江南薛君自無錫偕其兄葆沅具狀來曰先大夫棄書而賈一生行誼艱苦卓絶年將八十不幸棄養終天之恨其無窮期求文如盧陵眉山者敘功德示奕禩不可猝獲今用相屬幸毋辭余陋儒也曷足以傳公哉然公幼孤貧甚太夫人紡織度日使就外傳性穎悟一目數行會洪楊沿江東下逃竄不遑卽設肆於蘇之山塘以避時亂生平以此爲憾惟其豪俠好義頑懦聞之而

廉立爲輓近所不可幾少時與髮逆巷戰發砲斃賊賊
還擊則身向之麾衆速避所全者千百人矣募建蔡家
岸柳堰兩橋修孫家港白雲張曹諸橋率排衆議冒險
毀家不成不止所濟者千萬人矣寒施之衣饑糶之粟
殁而不克歛且葬者爲之棺以掩其幹爲之義冢而妥
諸幽排難解紛處勞怨弗恤遺傾陷勿回治家訓子以
嚴待人接物以寬惜字惜穀爲惟一力行健於記憶熟
史傳與人談上下古今事孝先腹笥無以過之且有益
於世道人心深夜割股療母病寒天入水拯嬰孩賑芙

蓉圩淮徐災黎無算夫人丁太宜人又能鹿車共挽皆
不朽盛德矣假文而傳獨是流俗之見重官輕商牢不
可破如公之孝友於家好行其德於鄉乘軒服冕中亦
有其人否耶令子器識閎達卓然自立人之譽之者又
不徒善而已也國體初革優伶冦賊旋赫赫旋蹶旋滅
世祿之家閥閱喪失或傫然乞食不能自振拔公每謂
我一商人耳素位而行他無所求乃豐裕考終二子秀
發天之報施善人若有權衡之不爽觀於薛公何去何
從公諱雲鐘字克家世居江蘇無錫縣之禮社數捐資

輸粟獎州同授中憲大夫賞花翎加提舉銜非其志也
業商自若既臻耄耋清朝錫之粟帛爲鄉飲大賓

中華民國五年丙辰十月　會稽周嵩堯撰

吉甫公傳　十七世

前族尊吉甫公發起續修宗譜事卒以人事糾紛中道而止嘗引爲缺憾今幸譜事將竣然飲水思源不可謂非吉甫公發起之功族人咸欲爲之傳公之哲嗣汝舟叔祖聞斯言曰先君雖有是志然事未成立何必牽引及之無已請爲我述其生平大畧乎　府君諱紹忠字晉蕃一字吉甫大父春泉公生四子府君其次也少而好學長更攻苦能文章精法書以是獨得大父歡早歲習舉子業屢試不售人方以名落孫山爲憾府君則淡

然處之曰文章自古無憑據惟願朱衣暗點頭前人已言之胡戚戚爲其曠達有如是者尋大父爲之納粟成均府君以父命難違然非其志也每慕曾祖經閣公之熱心公益故府君壯年舉凡地方公益無不熱心任之其經營義莊也清積弊修議規少長帖服規模一新涓滴不入私囊人咸知府君之急公好義也推爲圩鄉保圍堂經董府君以保圍堂爲曾祖經閣公創辦尤殫精竭慮希承先志光緒二十年增添木石築堤防決由西龍潭至五重涇波濤洶湧剝蝕多於他處府君鳩工修築早晚督促不遺餘力積數十日而告竣迄今稱道不衰曰十萬蓉圩得以不爲澤國者皆乃祖乃父之力也府君晚年健步善飯弄孫之餘朗朗背誦詩書無少差謬其閒逸有如是者毋誠不肖既不能奉養期頤又不能繼志述事幸賴先人餘蔭一門無恙伯兄汝開之子奎孫章孫已能自治舟之子壽孫武孫亦能負薪今年壽孫又生一男名硯祖府君有知當亦快然自慰也夫

元聞言之下不揣譾陋濡筆記之

中華民國十四年冬十月　族再姪逢元謹撰

外舅立夫薛公傳 十七世

蓋聞太上有立德其次有立功其次有立言是之謂三不朽達而在上固卓有功德可紀一言足任家國之安危即在野之士亦豈無德隆望重片言足以解紛卓然有功於社會百世之後聞風興起頑夫廉而懦夫立求所以名副其實者厥惟我外舅立夫薛公公係無錫之禮社鎮爲邑之望族外王父以其齒之最幼也鍾愛逾恒恂恂孝友少讀書通大義不屑爲制舉業而於醫學則多所研究不欲出是術以炫世或親友託辭不獲診

治輙應手而愈曾建設韓康事業遇貧病力有不給且爲代配方藥值甚廉而收效自巨甚有不索值而施之者以故他肆則歲牟厚利公則迭經耗折不數載而輟業絶無一毫怨色至寒苦之佃戶且寬其逋欠減定額以收入焉爰焚券市義不讓於前人此公立德之一端也治鄉要政農之外厥惟桑錫邑則桑陰蔽野比戶育蠶昔時蠶簇上市輙運售於十數里外勞瘁殊甚公爲開地方風氣計創設繭行於宅内顔曰公昌由是聞風興起利在則爭趨之近已增至十數所每屆春蠶育蠶

洋商麕集載巨鏹而來運新貨而往主賓相洽甚歡上自職員下至傭力等莫不依附佔潤於其中飲水思源伊誰之賜一舉而羣利溥此公之立功之一端也鄉里雀鼠之爭涉訟公庭得不償失者參半公則遇事和解義忿激發一以剛直公且正爲衡或有娼嫉而中傷之者覆盆既雪公論自昭公不居董理之職而時化大爲小化有爲無爲羣衆所翕服勞怨不辭雖代擲巨貲而不恤排難解紛昔魯仲連無以過此公立言之一端也跡公之生平事親以孝祀先必誠接人則和而介好善

若渴嫉惡如仇於社會建實業於羣衆息爭端嘖嘖昭人耳目及公殁後相與咨嗟嘆息感激涕零宗族稱道之鄉黨矜式之去思大係於人心墮淚羊碑固自有不朽者在不必立勳於國也公有丈夫子三次君剛毅果敢綽有父風其長其季則繼志述事均以醫術濟世蓋遺澤相垂於勿替云

贊曰仲山甫之德在柔亦不茹剛亦不吐不侮鰥寡不畏强禦公之剛柔交濟抑强扶弱不隨流俗爲俯仰位之高不及仲氏而寓濟世匡俗之心則一禹稷顔子易

地則皆然

民國歲次丁卯孟秋之月

優廪生候選訓導子壻張湫荃謹撰

姨丈薛仲吉公傳 十七世

薛公諱謙培字仲吉無錫禮社人性純孝聰穎篤學受業於名儒顧翔九先生之門先生每稱之曰能甫青一衿而洪楊亂作賊既踞金陵勢甚張益兵東窺連陷丹陽常郡禮社震恐公見事急奮然曰所謂爲士者衛國也鄉里淪没不能救何以讀書爲則釋儒服與同志辦團練規畫防禦聚餉械廵視內外無倦容賊憚其勇不敢近於是四方之人皆走禮社無何公以勞瘁疾剢公志在擊賊奉母孫太宜人于江北已則專事捍禦至是

輿疾渡江省母疾愈將返而禮社破父渭占公虜焉事聞公痛欲絕然秘不敢宣仍强歡事母既聞賊利貨財則携金帛躬赴賊巢見賊將侃然直陳願代死賊義其勇留金而兩釋之未幾賊敗禮社復返其田里公傷禮社之失而莫之救也矢終身不言兵明年乙丑鄉試恩科舉貢先是公兄伯時公隸李宫保部多戰績晚年解兵任禮社市董每事必諮於公公亦盡心贊助鄉有訟者父老不能決公至片言立解父老皆曰善哉薛公之聽訟也邑宰廖養泉尤重其人伯時公卒市董職虛廖

公造其門而請焉公固辭遂以課子終其身其淡泊如此公以道光癸卯六月二十三日午時生以光緒壬辰二月十五日卯時卒德配高太夫人予母之姊也尙健在子一諱鳳鈞已故孫二淦淳曾孫六弘訓弘誼弘誠弘謨弘謣弘諍均幼

張軼歐曰薛公恂恂一儒者居常樸愨不見所長一旦遭遇事變奮然不顧其身傳曰仁者必有勇殆薛公之謂歟

中華民國十三年歲次甲子仲夏之上旬

二等大綬嘉禾章農商部礦政司司長江蘇實業廳廳長姨甥張軼歐拜譔

薛仲吉偉臣兩公跋

仲吉公爲余內表叔而偉臣公則余之大姊丈也兩重葭莩一路親知休戚相關往來密接歲月不居死生契濶從前跡影已成塵刼今年秋大甥薛范之以家乘見示歷敘其乃祖仲吉公乃父偉臣公行略纖屑靡遺善繼善述本子孫當然之責閱之不禁感觸於余心蓋往事雖成塵刼一回想而聲音笑貌性情品誼恍如覿面仲吉公丰度瀟疎寓聰明於渾厚偉臣公言行謹飭守矩矱於高曾父子之間一近狂一近狷有爲有守爲當時名流所景仰結廬於西北鄉禮社鎮足跡不履城市隱居勵志野服蕭然視名利泊如也常以著述自娛圖書插架水竹當門左對孺人右弄孺子家庭中極洩洩融融之樂而明經博士代有傳人至偉臣公已三世遊庠矣於以知鄉居之風俗醇而世家之遺澤長也不幸中遭多故皆不永年壯志銷沉淩雲氣壓使余失其相親相愛相扶持如二公者於茲十數年嗚呼蒿藟誰附人琴俱杳黃壚重過風景全非余亦飽嘗世故憂患餘生頹然將老撫茲遺乘不覺愴然淚下也幸太夫人高

氏在堂善操家政余姊從旁贊助教養有方得使兩遺
孤成立出作教職恢復舊業且恂恂誠實不染絲毫積
習信乎積善之家必有餘慶他年張大門閭增光史乘
宅相多才更有無窮之希望余不文聊摭蕪詞以跋傳
後知不足表揚二公於萬一至于生平行略有子孫之
傳述在余不贅焉

中華民國十四年歲次乙丑仲秋之月

候選訓導愚表姪龔錫圭拜撰

薛世嫂高太夫人八秩壽詩 仲吉公配

九天春色滿瑤池綺席臚歡獻玉巵解橐濟貧垂母範
挑燈課讀茂孫枝惠施戚族聲稱著孝事翁姑遠近知
何用採芝養大壽長培厚德慶延釐

庭階瑞氣動苤藍黃髮莪莪笑語温裙布釵荊知儉德
桂芬蘭馥羨名門和丸昔喜有賢子挺秀今看多慧孫
一曲壽人翻樂府願隨鳩杖進桃樽

憶昔河東設帳年習聞懿淑母稱賢珩璜德協坤儀兆
筐筥箴垂女訓篇瑞獻蟠桃春益永風和慈竹福常綿
捧觴更進華封祝九十韶光啟綺筵

素仰賢聲比郝鍾喆孫才望更如龍春融翠水環王母
學建青城頌女宗萱幄蘭陔家集慶冰桃雪藕味逾濃
期頤轉瞬筵還啟猶說樊英有少容

中華民國十二年歲次癸亥春王正月上旬

世侍生寶　鎮頓首拜

薛世伯母高太夫人八八秩壽詞 十七世仲吉公配

太君賢達本天成家學淵源莫與京忠憲書香多淑德閨中孝友久蜚聲　弱小聰明姆教嫻才長女史宛同班年華二九于歸賦孝事翁姑博笑顏　庚申浩刼罹洪楊避禍奔波辛苦當二老驚心先後歿相夫喪葬售家鄉　鴻案齊肩艷事傳治家守約儉爲先濟人大度秉慈惠鄉里同聲頌母賢　晝荻和丸教子勤案頭課讀勉超羣麟兒事竟尊慈訓早歲遊庠慰太君　迭遭家變最堪哀夫婿賢郎喚不回幸有文孫相繼武悲顏

抛卻壽顏開　高年矍鑠課孫忙教養成材姓字揚推己及人公學建後生受惠感無量　百歲祇增二十春瑤池仙子是前身明頤遐晋舉觴祝堂北長明婺彩陳

中華民國十二年夏歷正月之吉

世愚姪殷獻臣頓首拜

薛太岳母高太夫人八八秩壽序 十七世仲吉公配

中華民國紀元之十二年日在娵訾律中太簇爲我薛太岳母高太夫人八旬誕辰時也大地春融光天日麗月圓人壽花笑鳥歌蓮開玉井峯前桃熟層城山上羣仙獻祝大張王母之筵天樂和鳴勸進麻姑之酒孫曾繞膝皆荀龍薛鳳之英蘭玉盈階萃東箭南金之秀頌几如於天保備五福於箕疇洵女界之靈光民國之瑞人矣竊念人生最難得者惟壽七十古稀八旬尤貴昔人言樂易者常壽美意則延年豈必待服餌始躋遐

齡哉然則丹砂紫菊豈眞却老之方熊經鳥申未盡養生之訣蓋藏修盛德乃致福而攷祥培養心田自翔祺而集嘏然後知

太夫人之所以享此大年有由來矣

太夫人錫山望族渤海名門嫻女誡於閨中大家法度擅清才於林下道韞前身乃邑縉紳蕙圃公之次女而恩進士仲吉公之德配也當夫門盈百兩戸耀三星婉娩修儀既如賓而舉案從容治事爲健婦之持門豈料海水羣飛潢池告警赤眉肆虐銅馬橫行地出蒼鵝又

見永嘉之亂江浮畫鷁遠尋安樂之鄉既而舅氏遄歸來省武城居室孰意姎徒伺隙竟將玄伯拘囚太夫人則設計周旋脫晉營救不使慈闈聞耗俾從陷阱生還無何兵亂甫平家憂未已乃翁一夕風燭長辭阿姑雙眸金篦難刮太夫人主米鹽之瑣屑奉湯藥於晨昏彤管攄辭共羨姑恩紀曲鐵簪畫壁不令夫子勞心其任事之勇孝思之篤有如此者太夫人博通經史早富才華其教子偉臣公以成名也

尤有畫荻之風焉蓋其時仲吉公董政一鄉既贊藎籌於棠閣遍三絕未遑嚴訓於鯉庭太夫人則和熊爲丸仔細授楹書之義折蔓而教伊唔和刀尺之聲采芹藻之馨香紹箕裘之事業喜可知矣心亦瘁焉既而棄砧月冷梓舍風淒玉樹連枝一則未離襁褓蘭孫雙秀一則初識風丁太夫人一喜一悲以教以養不親博戲示江鞦以義方勤撫貞牀畢向平之婚嫁其治家有法垂訓後人有如此者若

太夫人之待人接物動出慈祥好義急公廣其施予體法型於戚黨仁惠及於里門固宜慈竹恆春金萱永茂多壽之徵其在此乎今日者後賢蔚起晚景堪娛范之潤之兄弟皆至性過人孝思不匱如殷亮之職能代父元卿之病卽痛心春到北堂晉先人而舞綵星輝南極祝阿母以加餐孫壻景靖模夙叨慈蔭久仰徽音依天姥之高峯附館甥之後列天錫難老鶴髮常新山號後隆鳳毛濟美登堂介祉挹紫氣於西神扶杖開顏益仙籌於東海此日三千珠履共稱玉女之觴他年九十

雲屏再聽壽人之曲謹序

孫壻 楊景靖 唐模 頓首拜

伯母高太夫人八旬壽序 十七世仲吉公配

蓋聞寶婺燦中天之彩光耀輝騰仙鄉飛太極之泉源深流遠瞻仰瓊華之闕盤進仙桃步趨光碧之堂書呈寶笈或駕斑龍之蜿蟺或執綵鳳之參差萱花堂上聽玉女之彈絲桂樹庭前覩旋娟之起舞此固天下所快心亦爲子孫所樂道者也然而鐘鼎榮華安樂者未必修齡克享膏粱文繡逸豫者豈皆上壽同登今欲以憂患餘身而操長生之券勤勞多慮而得遐算之徵者惟

我

伯母高太夫人有足稱焉夫人於今歲孟陬之月爲八旬攬揆之辰其文孫芘之潤之等請舉稱觴之禮并修祝嘏之文夫人以物力艱難世情變幻𠜱瑤島之桃而不御戒豳風之酒而弗陳其親鄰族𠋫咸踵門而請曰不介躋堂之壽無以尊閫範而顯令儀也不修揚觶之文無以彰潛德而發幽光也試陳半生實錄之文以侑四座賓筵之爵可乎夫人系出梁溪于歸禮社以渤海之清聲作河東之懿範幼嫻姆教長更賢淑詠柳絮於風前謝氏高才獨擅頌椒花於日下劉家聰辨飛聲

年年花事絕不關心種種艷情俱非着意三湘結秀蓉可集以爲裳九畹滋芳蘭可紉而作佩晝長春閣之輝絲添弱線夜急秋砧之響錦製并刀執爨之餘不事冬爐夏扇吐絨之暇惟閒聯句吟詩其幽閒貞靜有如此者無何青犢横行紅羊深入羸師不濟將軍却懼斷頭竊位無謀守令但知袖手寇方壓境即棄甲以疾逃賊來臨城便挂冠而先遁遂使帶甲滿天連營蔽野纛旂影裏日耀金戈畫角聲中風嘶鐵騎充衢塞巷家家逃命如蜂灑谷滿山在在殺人似草夫人則奉舅姑相夫子冒及攖鋒出奇制勝營謀脫被虜之傷竭智計保全之策望歧路以同奔燕雁未嘗離南北寓異鄉而相顧參商不致隔東西寇退歸來家貲淨盡然高堂之奉養無虧而內助之心思獨運聞雞戒旦七雁鼓琴挽鹿車以何勞臥牛衣而亦樂夜月紡磚之側不輟女工春風鏡檻之旁自勤婦職問安無缺甘旨每飯不忘侍疾多方湯藥以時而進持家則儉約爲懷理事則精詳倍至其履險如夷有如此者既而弄璋得子繩武有人歐陽昭晝荻之賢仲郢得和丸之助鳳毛濟美早馳譽於童年

驥足展材旋列名於黌序方期桂杏聯攀娛慈顏於蔗境孰意喬梓並折拋老淚於萱帷幸也桂子飄殘蘭孫挺茁劉家有母忍令李密遘凶趙氏遺孤尙賴程嬰撫養夫人則老當益壯常懷舐犢深情窮且益堅靜聽慈烏送喜果爾纘戎祖考依然垂裕後昆列祖之賓田無恙先人之磐石常存然猶殷勤教誨諄諄如嚴父尊師淬厲憂心懍懍若臨深履薄平居屏絕嬉遊進論紙鳶竹馬終歲精研學術但求格物致知其督責家庭有如此者尤可敬者捐貲興學施惠濟貧教育流通能使頑

廉懦立積倉散給傳爲義粟仁漿與賈豎販夫錙銖不計待傭工僕役溫卹愈多見黃髮兒童愛之如元昆娟孟逢青年子弟規之以內則少儀藉以移風易俗無鼠牙雀角之爭佳節良辰有稱兕獻羔之雅徽音遠播信乎有口皆碑懿德增修允矣無懈可擊其好德流傳有如此者今者鳳歷更新三元節始鶴籌添算八秩筵開奏歌聲於長笛賦巾聽頌祝於試燈風裏玉露浥延齡之酒銀雲圍稱意之花勵進等誼聯一本感激五中欲展祝釐之意必明受祜之由須知壽以德延無藉安期之棗慶由善積何須商嶺之芝溫恭者氣固淑愼者神怡此固養生之妙諦而亦純嘏之眞符也茲當萱堂日暖梅嶺春生狂揮墨客之毫南山獻頌共酌金仙之酒北海樽開瓊筵坐花宵宴敞宜春之苑金樽醉月華燈燦不夜之城際此春回歲首宜歸曾傳受祉之詩他年壽上期頤更譜燕翼詒謀之什謹序

中華民國十二年正月之吉

姪 勵進 坰 姪孫 蓓 連登 後泉 紹宗 夏森 緝琦 浚濤 洪昌 再姪孫 逢源 敬祝

里人殷曰同頓首拜撰

祖母高太夫人行述 十七世仲吉公配

吾祖母今年壽臻八十有二猶康彊健適中間歷經艱辛爲人所難爲之事任人所難任之任以數十年憂患之身佐我　先祖上侍　先曾祖　先曾祖母盡生事葬祭之禮下撫　先府君以及淦兄弟姊妹教育婚嫁以至成立未嘗一日安此不特覆育吾淦兄弟而已抑亦關吾家之興替也今宗人將輯家乘則淦等其不可以無述　祖母姓高氏邑紳蕙圃公次女幼嫻姆教長更賢淑極爲　外曾祖父母所鍾愛年十八來歸我先祖仲吉公其時適値洪楊之亂大江以南遍地兵燹遂奉　先曾祖渭占公　先曾祖母孫太淑人避禍江北亂事少平　先曾祖歸省家園爲人嫁禍以致被擄　祖母得報後恐傷親心匿不上聞內而極意承順外則佐　先祖百計營謀始得釋出亂平歸來廬宅幾墟資產盡失　先曾祖目擊慘狀不數年遽謝世　先曾祖母以疊遭喪亂哀毁逾恒兩目失明綿綴牀蓐歷十餘載　祖母侍奉湯藥未嘗稍懈擘劃家務秩然有序鄰里戚屬之見者莫不稱許不置延及丁亥　先曾祖

母亦辭世臨終謂　先祖曰汝得婦如此吾無慮矣其見重於堂上如此厥後佐　先祖處理喪葬事自是內政悉集　祖母一身並以屢遭變故傾覆堪虞益自儉約待人接物一以慈祥出之年十九乃誕　先府君偉臣公　先叔生而殤于是愛　先府君愈摯而督責愈嚴當時　先祖佐理公務無暇庭訓　祖母常使　先府君坐於案頭親自課讀夙夜匪懈刀尺聲偕吟誦聲並作歲乙酉入郡庠　祖母顧而喜曰吾家世代遊庠今如此可無負先人之期望矣越數年　先祖　先府君相繼歿　祖母陡遭劇變幾以身殉其時淦僅十歲淳則歲纔三齡耳　吾母身體素弱常纏牀蓐淦等幼時撫育長則教養賴　祖母者爲多淦年十八因患腦病不克入校求學　祖母謂淦曰汝雖未竟所學當視力所能爲者爲之命淦出貲籌辦一青城公學爲地方盡少許義務經三年而歸爲立市校至今存學是校者莫不頌　祖母之德其急公好義如此胞弟淳畢業於省立第五中學追溯由來淦兄弟之得以成人實出祖母之賜特以秉性魯愚不自振拔以釋高年憂實有

負　祖母屬望之殷惟期小心翼翼惕勵兢兢不墮先
人家聲以報　祖母厚德于萬一耳謹撮　祖母生平
顛末如此更不敢溢美以貽譏倘蒙
當代立言君子播諸聲詩錫以鴻文俾光家乘不惟
祖母之寵榮即淦等兄弟馨香禱祝感激于靡既也
中華民國十四年孟冬月　孫淦淳百拜謹述

藹吉公暨繼配季孺人傳 十七世

公姓薛氏諱鳳飛藹吉其字也天資聰穎且好學過人年十五經史子集無所不覽爲文章端莊流利脱盡恒蹊當時名師宿儒方望其取青紫如拾芥也不意咸豐庚申大江南北烽火頻驚流寇四出刼掠公所居禮社鎮素稱富饒更爲賊所注目殺掠焚燬不可勝計公父玉亭公盡力禦賊致受傷三十六處公以是輟讀奉父逃匿同治二年蘇常克復寇盡退復奉父還家前後料理傷藥屈指十載未嘗少懈族中諸尊長有爲賊寇所傷者公亦親往省視爲之料理藥物一鄉咸稱爲孝悌特製聯語以贈之其上聯云義田千畝贍宗支燕翼長綿百世蓋薛氏有義莊公嘗經理其欵產其下聯云禮社一鄉稱孝悌鳳飛遥映三唐此指公個人之孝悌而言自是以後瘡痍漸復公重理舊業讀書不輟至道光丙寅年始入泮庚午年補廩光緒丁未年歲貢而公年已老矣奇才不早達有如此夫向使生當盛世則千里康莊騰驤有自何止名列膠庠已哉公配秦氏張氏俱無出繼配季孺人長安橋季逸軒公三女操持家政井

井有條侍奉翁姑先意承志生子女九人成者祇一子二女子卽炯公歿時炯十三歲長女二十歲幼女才七歲孺人忍苦耐勞母兼父職以養以教至於成人婚者婚嫁者嫁待時而動從無舉措失宜之患今炯已兒女成行矣地道無成而代有終吾於孺人始見之

中華民國十四年孟秋之吉　世愚侄殷曰同拜撰

貞烈內姑母淑儀女士傳 十七世

忠孝二字烈丈夫有此不圖於烈女子得之女士系出禮社薛氏爲錫邑巨族外王父星巖公之幼女也外舅國動之胞姊也幼慧絕倫讀書通大義於四書五經無不諷詠殆遍獨於唐詩數百首猶惓惓不忍釋手夙爲外王父母所鍾愛尤至性過人當外王母疾革時輒朝夕侍奉料量湯藥衣不解帶者累月深夜焚香禱天願以身代嘗封臂和藥以進而疾始瘳後由外王母知之憐惜逾恆旋外王父母年力就衰病榻久淹先後溘逝女士痛不欲生遇救而獲蘇此事親之孝也女士夙抱獨身主義自負過高睨睥世庸庸無一當封侯夫壻之之目而於家政中米鹽瑣屑縫紉辛劬中饋之烹飪飲食無不既精且敏以故外父家室中事一一惟女士是賴內外整潔井然事無弗舉若羣享蔭下之福然外母之倚女士也一似其依姑外母之事女士也一如其事姑至撫姪等尤愛如己出以養以教直分擔父母之職而任之及晚年頗耽禪悅茹齋繡佛喃喃信因果諸說嗣因目疾翳興光不及遠乃屏除人事於不問但遇有

要政外父且席前諮商指示機宜處若燭照數計而預卜鞠躬盡瘁死而後已迄年逾古稀而終此在室之忠也其他接人以和御下以寬待宗族則愛且敬待親戚則周且渥無不嘖嘖稱賢德焉長姪女之來歸於予淵源家範其儉慈勤慎得於姑母之教㠯多頃譜系重纂不忍女德之湮沒不彰也故撮舉忠孝之犖犖大者以著篇

民國歲次丁卯孟秋之月

姪婿古暨陽張溆荃拜稿

府君賡堂公行略　十七世

府君諱賡堂先大父克類公之長子也先王母王氏生有二男長即府君次秀堂府君十歲而孤先王母守節自誓家貧母子相依孤苦零丁未嘗須臾離也後二年紅羊亂起蹂躪徧江南南京蘇常澄錫相繼陷禮社以彈丸小鎮竟與賊拒大小數十戰無不勝者相持百有餘日賊僞忠王怒親統蘇常澄錫之軍來犯於是禮社以七月初六陷府君奉先王母及弟避難出亡中途與母相失時府君年十有二歲而負四齡弱弟勢不能兩全途人謂曰人有愛子且棄之況於弟乎汝年尚幼汝身且不能保弟於何有府君揮淚答曰吾止有此弟棄之無以對先君於九原吾寧與弟同歿安忍獨存其時叔父無粟食者四十餘日賴府君飼以豆始得延命及亂定歸家先王母已先在家矣母子重逢喜極而悲石人聞之亦爲下淚府君以貧故遂失學焉至三十歲外深知失學之害與族中諸文人交日誦八十餘行得蔣公地理之術所斷吉凶無不應驗由是遠近爭延之蓋非重其術重府君也府君待人温厚持身正直事親盡

孝遇弟則友撫子則慈治家雖儉約而好施與濟困扶危惟力是視里有涉訟者盡力和解之至今受其惠者猶稱道不衰焉府君幼習技擊精少林拳棍多力善走一時可三十里歿時六十有二步履尚健往返百里無倦容時遇水災田禾盡沒籽粒無收府君憂思焦急節衣縮食寢成篤疾壬子秋八月初九日遽棄世而長逝矣嗚呼傷哉海可枯石可磨此恨綿綿曷其有極第運沒不彰爲罪滋大爰述行略如左

民國甲子春日　男衡謹敘

文英薛公傳　十七世

公諱可鏞字文英父諱儆早卒母俞太孺人青年守節井臼躬操暇則課公以讀公本性敏有人一己百人十己千之質弱冠應童子試雖屢列前茅以數奇屢試而不獲售既念家況清寒慈幃衰老慨然以家政爲己任遂棄儒業焉元配夏孺人亦能事姑盡孝接應親族無不如禮治家尤井井有條生子二長建寅次樹寅女一樹寅生未二歲而夏孺人辭世公當以中饋乏人遂續配唐孺人主持家務唐孺人禀性慈善視建寅等如己出詎過門未及一年又賦悼亡時公悲憤異常誓不再娶因太孺人諭以子女尚幼且中饋之事不應付之衰老公不獲已再娶許氏以維門戶清光緒三十年九月俞太孺人逝世驟遭大故痛不欲生日夕思慕至形毁骨立其天性之仁孝如此公之一生待人忠直不畏强禦不侮貧窮人有紛爭無不力爲排解苟能息事寧人雖舌敝唇焦而弗惜故鄉人遇有爭執一經公之勸解無不平心而去此由於公之處事接人不以貧富而有所軒輊於其間也迄今鄰里有交涉事猶思念及之何

公命途阸抑屢遭顛沛自持家政數十年凡婚喪大事每拮据異常然猶必竭力措置從容中禮其處境亦良苦矣公卒年六十有六哲嗣建寅欲表彰公之平生以垂永久會家乘將竣卽請傳於予以付排印余與建寅誼切葭莩對於公之平生聞之有素爰直書其梗概不敢有所藻飾也

民國歲次丙寅夏四月上浣

姻愚姪陳暢言謹撰

永甫薛公暨配孫恭人傳 十七世

余與薛君永甫世有舊姻相過也少嘗角藝于童子試接其人温恭以和讀其文先正典型流風未沫一剛毅木訥之君子也晚歲爲一鄉籌賑公爾忘私義聲震海內鄉里謳思至今不輟古之所謂鄉先生沒而可祭社者其君之謂歟君諱福榮爲佩蒼先生學詩長子世居禮社鎭富而好禮博學能文少穎悟鄉里長老以大器相許佩蒼先生復爲之歷聘名師指授義法君亦傾心結納當代賢達以是學日益進每應縣府試輒列前茅顧屢阸於院試遂援例入成均癸巳鄉試復以額滿見遺君于是慨然有採風四國之志會族人叔耘都憲奉命出使英法義比簡賢輔行君投鞭隨節飛渡重洋以勞績保奏賞戴藍翎同知銜郎補州同兼名有日矣都憲任滿回國未復命卒于滬上君亦以學詩公年老急于歸省讀書事親杜門不出一時聞風負笈者濟濟盈門君顧而樂之口授指畫絃誦不輟又儼然一老師儒矣門下士之列黌舍食廩餼掇巍科者踵相接也歲乙未受知於攸縣龍宗師拔取邑庠歷試皆高等遂以教

官詿卌分淮郡試用時綰郡符者爲許太尊寶書一見即深器之會山陽縣教諭缺人即以君往署視事後遣人迎二老就養于淮問安視膳晨夕惟謹尋復委充孝廉堂暨麗正書院監院主講鳳鳴文社山陽爲淮上巨邑精廬講舍月必有課每一課出君丹黃甲乙指示奥窔並以根柢之學爲士林提倡講求義理陳說古今庠彥郡俊一經品題即聲價十倍士林化之文風丕變同寅中范太史家祚汪教授麟昌李訓導汝楚皆相見恨晚每與縱談文藝源流正變羣相詫歎自以爲不及援

例加國子監典籍銜晉階中憲大夫貤贈三代如君官越二年得家報學詩先生因驅蝗觸暑寢疾君星夜遄歸已不及矣乃撫棺號慟哀毀骨立四方會喪者羣稱其孝合江李公超瓊知縣事以青城市董非君莫屬書函往復至再至三君固辭不獲受命後一以繼志述事爲心施米給衣平治橋梁踵行不怠貧民失火者乏資造屋則出私財以補助之濟川候渡者托足無所則建憩亭以休息之並以先人創建義塾造就寒畯時當西學東漸海內士夫競言興學不可不有以光大之乃因時

制宜與同族鵬九應和等開辦羣智學堂爲市民倡丙午大水濱圩之田盡沒災民盈路君與諸昆季集捐平糶德配孫恭人力贊其成剋期散放其時盛宮保派員入境撥放義賑即以君暨孫君鶴卿董理其事義聲所暨城紳鄒觀察亦蕃鄉放賑一期以蘇災黎君猶以爲未足復偕次郎乃楨謀之美教士慕牧師乞糶于上海華洋義賑會總會長李德立分派教友暨各執事汎舟輸粟散給災黎往來運費皆出君自墊並設廠賣粥留供領賑災民嗚呼君之盡心于公益可謂至矣詎以積

勞過甚舊疾復發至戊申五月遂以不起易簀時猶殷殷以市區低下遇災立賑爲言且曰修短數也惟人定乃可以勝天距生于清咸豐己未卒于光緒戊申享年五十子五長乃成候選州同次乃楨南陽商業學校卒業常州師範學校畢業三乃鎬當選青城市議員兩次四乃鋆常州中學畢業五乃塤南菁中學畢業北京大學肄業女二長未字卒次適本邑西門石灰巷浙江布政使司理問高季蓮之長君孫五謨烈長出祖烈兆烈四出基烈楀烈五出君歿後諸子尚幼賴孫恭人教養

兼施得以成立恭人幼讀詩書嫻姆教深明大義來嬪
後襄理家政善事舅姑一家之中羣以爲得賢婦然則
世之徒以文士目君者淺之乎視君矣茲與封翁同日
入祀惠山尊賢祠馨香俎豆世濟其美特附誌之以爲
他日上祀鄉賢血食千秋之左券
民國歲次丁卯夏五月
庚子科經魁姻愚姪嚴毓芬拜撰

節婦顧安人傳 十七世

安人姓顧氏錫邑浮舟村清授奉直大夫賞戴花翎五
品銜浙江補用知縣歷署嘉興嘉善等縣縣丞附貢生
鳴山公之次女也幼讀書頗聰慧于孝經內則烈女傳
諸書俱能貫通大義尤工書法酷摹柳顏二公法帖及
笄習女紅善刺繡人競羨之早失恃而無童心鳴山公
需次在浙安人佐理家政事無大小悉以諮之遇疑難
事輒與兄嫂通商集議斟酌辦理是以事行而不悖鳴
山公鍾三愛之珍如掌中珠遲遲未字其歸河東也年

甫二十六時清授奉直大夫府經歷國學生又顯君斷
弦續聘安人爲繼室又顯卽賞戴藍翎五品頂戴國子
監典簿銜揚州府試用訓導以和公之次子也又顯初
娶衛氏生二子一女衛安人沒僅遺一子一女越二年
一子又殤迨安人續膠祗有一女安人撫之不啻己出
詎一載未滿又顯病危安人日夜禱求願以身代延至
秋初竟遭破鏡安人朝夕哭泣哭之甚慟一病幾亡幸
有安人之胞姑姊暨表姊妯娌等再三慰勸謂家有遺
年之父堂有垂老之姑并有弱小之女設遭不測非特

不可告無罪于長者亦難見先夫於地下矣由是節哀順變病乃漸瘳安人事姑盡孝育女以慈御下以寬零丁孤苦與女未一日相離也自幼至長未聞有詬詈聲未聞有笞撻時於宣統元年因鄉間風潮迭起其夫兄遷居城中安人隨姑携女主持中饋烹飪澣濯之事必躬必親暇則代人刺繡聞有支用賴十指以充裕足不出戶常食藜藿晝則領女習刺繡夜則挑燈課女讀談至古今烈女傳輒引以爲証謙讓不及守節二十餘年備嘗艱苦矢志不貳上不怨天下不尤人今年四月間

安人奉姑命爲女擇婿曾許字本邑村前卽五品頂戴賞戴藍翎同知銜前桃源縣教諭恩貢生胡麗榮先生之再從姪乃五品職銜如璧先生之長子胡瑞菊係東華大學堂肄業生預備來年出閣詎于八月下旬江浙頓起風潮風聲鶴淚草木皆兵城中擾亂安人卽携貴重等物旋里並爲女揩漆嫁裝油晒物件僱舟至禮社舟經孫家閘口突有兵船撞見遂蜂湧上船翻箱倒篋將安人金銀首飾等物刼掠一空此時安人終日不食終夜不寢欲效莫敖故事經鄰右再三解勸其心稍安

噫窮通否達人固有之安人否塞若是復遭奇窮令人不解殆天故欲使安人窮且益堅不墜冰霜之勁節是以欲揚先抑益彰其苦節益顯其堅貞也今年薛氏纂輯家乘余與其先父幼本同硯後以戚誼而兼寅誼若以戚屬論安人是余之內姪女也玆因顧君寅清不忍湮沒其令妹一生之苦節特來乞傳於余余亦素稔安人之行事矢志二十餘年不可使沒世無聞也曷敢以不文辭若安人者洵能爲天地扶不衰之氣爲閭里垂不朽之光爲閨闈樹不磨之範以執綺子女而能黙守貞

節白璧無玷堪稱巾幗之完人矣至於

旌表建坊非余所敢及也

民國歲次丙寅夏曆仲春之月

同知銜前清實授安徽太湖縣知縣華錫旂敬撰

鵬九先生傳 第十七世

先生諱乃飛前清廩貢生也余自應童子試時即耳其文名意欲從遊而先生是年適應石塘灣孫太史之聘不能如願悵然久之余外舅吳培根公常謂鵬先生之句法章法有宋歐子蘇子之風故從其學者取科第如拾芥計其門下某也公車獲雋某也席帽離身至如遊庠補廩者不可勝數洵當世之名師也余聞而益慕之後余掌教於薛氏私立開明學校才得與先生賞奇析疑惜此時科舉已廢矣先生仁孝之行爲宗族所共仰而規過勸善之心至

老不衰見少年子弟輒教以孝弟忠信之行使知人事父兄出事長上之道年五旬後邑宰委以地方董事之任先生辭不獲命黽勉從公十餘年閭里無雀鼠之爭野無雞犬之驚是時芙蓉圩東中西三港每因上水下漏致起爭端先生爲之未雨綢繆不致臨時竭蹶自是圩民安居樂業永無中邦其魚之歎公正廉明之譽城鄉傳誦殆遍以此先生之行事人所盡知也先生生於道光壬寅卒於光緒丙午享壽六十有五歲德配楊夫人爲昂若公次女荆釵布裙大家風範戚鄰咸奉爲女師有德無子時人傷之今年薛氏續修宗譜余又掌教於薛氏私立羣智高小學校其嗣子士本兄囑余爲先生傳余本素稔先生之爲人也遂援筆而書之

中華民國歲次丁卯季秋之吉

後學殷曰同謹撰

堂兄燕齋殉難紀略　十八世

堂伯湘文公生二子君其伯也早歲喪父擗踊哀號如成人以故王父獨鍾愛之比長讀書每覽昔人忠臣孝子可驚可愕之事輒稱賞擊節不置有勸之帖括者君曰雕蟲小技男士不爲吾肯爲子雲笑耶迨庚申夏蘇常失守君乃慨然曰丈夫處世既不克掇巍科取顯官佐國家廓清四海亦當保衛一方留名後世庶不爽草木同朽耳時族人方設局團練君常在局襄辦各務至七月六日賊大股至君知勢不可當遂令弟士彥奉王

父與母避難已則率衆禦諸要道忽有人報曰賊已從小徑至湯家浜口矣君聞信急至河干見已船在焉即問舟人曰時不可緩汝等何不解纜舟人曰爾母尚未至君即奔至家中攜母至湯家浜口不料賊已蝟集未及交鬭而身受重傷君罵賊不屈賊怒甚以槍刺之失足墮河而死年僅二十有一吁如君者亦古今所罕有也余不忍沒君之忠義因爲之誌其梗概如此配孫氏吾姨也矢志守節已十餘年每談及逆賊猶切齒云

同治歲次辛未仲夏　堂弟汝堪敘

節婦孫孺人事略　十八世燕齋君配

節婦孫武進封翁芝田公之長女也咸豐己未冬歸我族之堂兄士彬號燕齋其年吾鎮已設團練局捍禦粵匪保衛一鄉燕齋襄理局務昕夕不遑延至來年庚申秋七月粵匪大股闖攻鎗刺陣亡時年二十一歲氏因匪勢猖狂避難母家猝聞凶耗歸殮葬畢哭踊異常誓不欲生氏父母素知性烈防閑倍至時以温語慰之陽雖面奉庭訓而陰實矢志靡它時而吞金待斃時而束帶自經密防難周封翁千百思維擇氏之素嗜者供其

賞玩以分悲痛之懷因將家藏名畫稿本陳列氏房氏朝夕研求大有目不暇給之狀封翁乃命日臨一頁聊以解悶潛移默化遂能安分如常不數年來竟成名筆踵門而求者日有凡幾故孫瑤仙女士之名不第表揚江浙間也其姑孫太夫人即氏之嫡姑母也髮逆平後家況益窘氏以所分良田一任變賣毫無怨言太夫人殁夫弟士彥殮葬無資氏一女子也爲之百計營籌事事合度親族中莫不大加稱賞其時士彥年踰不惑尚未成家氏乃念夫君兄弟二人至今杳無子嗣洵屬生

平之缺憾也遂爲出貲求親聘娶一婦嗣因房屋窄隘又爲造屋數椽相與同居飲食衣服均取給於氏焉而氏無憾意越三年而士彦又歿幸婦有孕竟舉一男氏乃大慰所望更加勤勉日夜圖畫心力交瘁以致受寒過深釀成傷寒絶症當垂危之候猶執婦之手曰汝夫雖歿汝子可靠家有薄產汝可恃而無憂汝當堅忍一心守節撫孤不負吾志斯時也驟見語嗇氣喘顯有虚脱之形因勸汲汲安神口方唯唯而氣已絶矣嗚呼痛哉回思平日行爲輕財重義慷慨異常人有急難必解

之人有困窮必濟之被其澤者不可枚舉與世周旋事以謙和爲主故上和下睦無論族無論親無論鄰里悉以邀談片刻款留半日爲榮何天不諒忽焉而靳其壽數耶尚何言哉尚何言哉氏生於道光己酉年正月十九日卒於光緒丙申年正月二十四日享壽六十歲計守節三十七年祔葬蘇垣胥門外白馬澗氏本生母孟太夫人之穆穴第一塚未山丑向兼坤艮分金前蒙江蘇撫憲吳匾賜松筠勁節大筆淋漓迄今士紳瞻仰歆慕其深嗣又於光緒己亥年恩准建坊入祠今已入祀大墩節婦祠春秋二祭俎豆馨香亦足以慰節婦於九京矣軼事正多筆難罄述茲特舉實見實聞者以附於家乘之尾伏乞

當代之名師碩士憫茲苦節錫以傳文俾光泉壤不勝銘感

民國十四年歲次乙丑孟冬上澣愚妹壻國華謹敘

舅氏薛伯壽先生家傳 十八世

錫邑諸山惟惠山最大九峯起伏又曰九龍環山百里鄉聚以千百計西行三十里其地名禮社吾母家薛氏居之薛氏族大而多賢文學仕宦代不乏人惟我外祖介藩公以醫名於陽錫間贈承德郎配蔡氏封安人生諸舅兄弟三人而吾母爲其長女 華 幼隨母往來諸舅家惟大舅尤愛余嘗撫余而謂吾母曰此子將大孫氏之門姊之福也弟亦與有榮焉及 華 以乙科令閩中而大舅奪卒二十年來思爲之撰述懼無以盡也然 華 嘗

聞之吾母曰外祖母歿時大舅祇八歲已能哀毀如成人外祖續娶則事繼母如生母當咸豐庚申辛酉間大舅見天下大亂因厭棄舉子業思奮身疆埸爲國家効力禮社薛氏團練大舅實佐外祖有以成之也吾母之言若是 華 又嘗於平居竊窺大舅之爲人大舅自冠乎後卽伏處鄉里不慕榮利初以祖蔭襲雲騎尉得由武階進辭不赴惟守先業以爲衣食閉戶讀書不與外事室中蒔花木蓄圖書儼然有塵外之致然孳孳慕義老而勿衰邑士請建昭忠祠於惠山大舅奔走助之成禮社之陷也族人死者最多悉爲之請旌郵嗣又爲之刋薛氏忠義錄以垂不朽已而爲義莊司出納歷數載無一毫苟人稱其賢嗚呼此可以見大舅矣大舅諱紹祺字伯壽介藩公長子娶張氏繼娶孫氏生一曰蔭庭張出也女五長張出未字卒次張出適玉祁沈三孫出適下塘新開河張四孫出適下塘社埭徐五孫出適浮舟村顧茲當薛氏修譜將竣蔭庭請爲之傳而行略不具故謹就 華 所見聞以傳之嗚呼大舅之可傳者豈止是而已耶若 華 也抑果足以傳大舅耶

中華民國十四年乙丑夏曆仲秋之月

花翎四品銜前福建建寧府甌寧縣知縣甥孫錫華撰

應和薛先生傳 十八世

公姓薛氏諱永銘字應和系出明武畧將軍諱琚之後曾祖諱雲錦祖諱浚考諱銑而本生父又泉先生之長子也幼具夙慧聰穎異常兒祇以家計式微無力供修脯遂失學年甫十餘齡卽就商業時銑公方董青城市政聲望隆一時雖婦人孺子莫不知有澤之先生者澤之銑公字也先生中年喪子久欲於近支子姓中擇賢立嗣羣從十餘輩絶少當意者獨以公嶄然露頭角謂爲可造越次立之撫育於家復延師課讀公乃棄商而業儒專攻舉業能文章出應童子試不售納粟入太學數應鄉試不第光緒二十七年由浙江籌賑案內報捐州同指分安徽翼年驗看到省奉撫憲恩委辦順直賑捐事務期滿以捐數溢額大爲中丞所激賞保陞知州未及引見而國體變更遂棄官歸里不復出焉先是澤之先生已歸道山遺庶子實善尚幼公掌家政一以寬大爲主待嫡母馮太宜人庶母劉太孺人克盡孝養撫字幼弟以教以養友愛逾恒人無間言旋舉市董事寧人息事和藹可親遇地方公事無不悉心盡力如芙蓉

圩保圍堂里中書塾義莊皆公經管而於款項則絲毫不苟鄉人翕然信服無少訾議鄉間訟事經公排解靡不帖然折服以是歷任邑侯皆倚公如左右手而鄉人士之歌功頌德至今不衰其德意之感孚人心者至且深矣光緒季年清廷廢科舉設學校公集同志將薛氏書塾改設羣智兩等小學校造就人材不少宣統初元頒布立憲設議諮局立自治公所每遇選舉公得票獨多輒當選民國元年應選市議事會正議長二年自治停辦邑令復舉公任正董吾市公立十餘小學校皆公任內規畫設備而公之心力亦盡瘁於地方公事矣四年四月馮太宜人壽終年九十有二而公已皤皤黃髮擗踊哀號人咸比老萊子云然自此以後公之精神日益衰頹卒亦未能恢復七年十一月猝患中風迭延中西名醫診視卒不治端坐而逝享年六十有五配錢宜人繼唐宜人過宜人子二長克勤字慕禹省立第五中學畢業學行俱優有父風次學勤字慕旦肄業東吳大學勤學早卒俱過出女三長適許錢出次適顧唐出三適胡過出孫二厚生燿生俱幼孫女二會薛氏續修宗

譜纂禹以余佐公書牘最久知公行誼最深囑爲文以
傳之誼不獲辭謹舉所聞見者詮次歸之嗚呼昔趙氏
父子執晉國之政而晉國以治世稱趙衰如冬日之可
愛趙盾如夏日之可畏所謂寬猛相濟也吾於薛公父
子董青城市事而市民愛戴亦曰澤之先生如夏日之
可畏應和先生如冬日之可愛可謂後先輝映矣時維
中華民國十四年夏曆季秋之月姻世姪劉翼墀謹撰

先考應岐府君事略 十八世

先考諱鳳球字應岐峻修公之長子也早失怙恃孤露
堪憐幸賴伯兄長嫂是依府君年十四即學業於姑丈
黃公禮安家克勤克儉如是者十餘年稍有蓄積立業
成家娶東橫林謝氏登明公第三女也先妣來歸時其
父已故越數年子又繼歿母氏陳年老喪子無所依靠
府君迎之歸事之如生母有外甥女孤苦無依亦附養
焉以至成人並爲遣嫁其親親之心概可知矣此特其
小焉者也府君純孝性成恒以未報親恩爲終身憾事
每逢祭祀粢盛必潔跽鞠之誠如在其上如在左右沒
齒不忘五十而慕者於府君見之矣府君有弟名鳳圻
未有家室推其愛親之心以愛弟將所有餘資爲之婚
娶嗣後生齒日繁見有難色必分多潤寡以贍其身家
非篤於天親者烏能若此以視世之不友於弟傷厥考
心者不大相逕庭耶而況爲人溫厚經營數十年凡與
交接者未嘗見有觝觸也生子四長章銘殤次學銘娶
武進趙氏邑庠生葆宸次女三根生四壽銘皆幼殤孫
四佩綸佩珩佩璜佩青俱幼讀孫女五繞膝承歡府君

顧而樂之謂予曰我少遭閔凶書未多讀頗知孝友爲立身之本汝宜勉諸恨天不假年卒於民國辛酉距生於前清咸豐丁巳享壽六十有五府君出嗣堂伯峻儀公雖無可頌可歌事藉以闡揚而敬老慈幼隨在推己以及人是亦仁者之心也茲因續修宗譜安可湮沒不彰小子不文謹述一二以示後昆焉爾

民國歲次乙丑夏歷孟冬之月上澣男學銘百拜敬述

外舅席珍薛公紀略 十八世

外舅薛公諱國楨字席珍世居邑之禮社鎮年四歲遭粵匪之亂外王父虞卿公及外王母華孺人駡賊不屈同時殉難外舅依胞伯鶴巖公以養以教比長淬厲奮發茹苦讀書卒爲名諸生尤工八法注籍門弟子者先後數百人外舅因材施教無不發名成業以去性篤厚遇歲時祭祀恪恭將事痛外王父母之遇難捐軀也爲位而哭孺慕終身見者輒爲之動容敬禮焉薛固鉅族以財力雄一鄉外王父銳意以儒業自奮縣試冠軍未

及舉博士弟子員而難作兵燹之餘家業蕩然外舅掇拾燼餘粗足自給頻年設帳蔚爲名師束脩所入亦復不菲晚年困於家累出遊寫懷常一參南京戎幕慨然歎曰此中有金銀氣非吾輩所宜厠足也卒舍去不顧東海當國時变游中駸有貴顯者屢以書招之卒不往民國六年十二月小疾長逝年六十三歲外姑顧孺人爲名孝廉仲儀公女淑慎知禮三黨稱賢逾外舅之歿一年卒於上海甥館年六十三日月可稽陵谷未卜略述懿行以諭來者備家乘之採擇焉

中華民國十四年孟冬之吉

子壻王蘊章謹紀

徐太君序　十八世靜山公配

蓋聞雲裏祕安妃之籙黃玉九華人間高天姥之峯赤芝三秀即此春庭日麗時開長樂之花柘館風輕每種恒春之樹我外炎靜山公天資聰敏清洪楊之亂讀書不果篤志商場揚名姑蘇聘周公官寶之女世稱望族素嫻閫儀悉遵姆訓生子庚生先後逝世續聘徐公漢臣之女即太君也世傳閥閱吴地縉紳幼而端莊無煩姆教長既婉淑不愧女宗喜讀閨門孝經之書內則大家之篇迨夫東海來歸北堂入省恪遵中饋克相外庭

固類負羈之妻以識兼才還同冀缺之婦如賓斯友而乃安不忘勤恭且能儉機絲軋軋裙布垂垂括其大概示我徽音十餘年間門庭藹瑞家室和平不意太君三紀之年外炎五旬之歲偶染嗽疾湯藥必親揮汗於三伏涕洟不輟沫血於終宵公病篤太君無出潸然淚下相泣而言曰願從君於地下公曰無傷也吾弟樹鏞子嘉生旻生猶子也汝能撫之養之教之育之待其成人而聘娶之繼續先人吾雖死猶生也太君曰敢不唯命自遵公亡殯殮安葬盡其禮擗踊哭泣哀聲不聞閫外

後嘉生亡太君哀痛異常正言厲色任內外事與受生聘張公文興之女爲媳溫柔端莊克盡婦道生三子文明伯明德明不十年而受生又亡張繼之至是太君朝夕勤勞晨昏哭泣今年已六旬外矣三孫奮志立業不替含飴之弄此尤坤道不渝其始母儀克開厥後者也定知丹竈瓊田不夜築長生之館豫卜瑤宮璇室宜春開長壽之宮異日使來青鳥跨去斑龍愧非珠玉之才未博投壺一笑幸托甥舅之誼聊當前仗三呼爰灑墨以摛詞遂含毫而製序

民國十四年乙丑孟冬　愚甥錢邦彥拜撰

節孝韓孺人高孺人合傳 十八世

從來兄弟之間必有同氣以聯伯仲而娰娣之際亦必有同志以矢堅貞觀於吾岳家之兩節婦未嘗不歎其芳徽同著也內嫂韓孺人黃石街布政使理問浙江漁浦巡檢司菊泉公女也配薛君韻留外舅惠屏公之長媳也當吉期之前韻留已抱病數載夫家數往求親其父因壻有病輒以他辭却之迨氏二十三歲夫家又往求親無可再辭乃詢女曰薛壻病怯過門後恐累汝終身汝意如何女遂流涕曰兒字薛君終身不改即或不幸兒願效薛氏五貞事矣其父見女志已決遂允之及

期冬日嚴寒夫病益劇迎親時新郎不能起立兩人扶持拜跪禮畢入洞房花燭忘在堂前事雖至微而新郎病日偃蹇遂令分房獨宿氏默祝神佑願以身代奈病入膏肓延至來春三月而歿氏時年二十四歲嗚呼白首難期青年喪耦情固可痛而可憐從未有我內嫂之奩未一合夢未一同而數月之間鏡破鸞分其情更有慘乎尋常守節者人固深爲憐惜而氏仍按部就班晝則勤奉舅姑夜則獨守孤燈寒帷寂寂並無一男半女

贍依膝下而衣則樸素食則淡泊其儉約一如爲有男女者計迨次叔生男撫爲己子教養成人娶妻已畢方將授子婦家政以少息仔肩而氏以積勞過甚諸恙俱作矣易簀時呼兒媳曰吾今可告無罪於夫君矣所遺承分田五十畝放出債項數百金付汝收管汝當勤儉成家庶不負吾一生之苦志焉言畢即瞑目年五十有三嗚呼婦道克盡母道亦盡豈特終身無玷克完名節而已哉越四載又有高孺人與之相繼其苦節更有不忍言者孺人北七房太學生雯錦公長女配薛君完珍

外舅悲屏公之三媳也年二十一嬪於薛是年仲冬合巹明春二月歸寧四月二十三日告歸詎意是日黎明夫婿忽染急痧未及延醫而卒而其妻猶未知也上午歸來新婦尙穿禮服入門對舅姑將行禮見舅姑下淚不止知非吉兆神魂不定入內房一見夫尸在牀呆不能言痛不能哭猝仆地聲音頓絶兩目俱瞑幸諸妯娌在側以指捺唇高聲大呼始奄奄一息稍有生機徐而蘇曰夫君已逝願隨夫君同逝矣伯姒胡爲喚醒我乎我寧死而誓不欲生也妯娌復勸慰之曰是何言歟爾不知二老在堂夫君無嗣一死不足以塞責氏氣衰聲微不應者久之繼而言曰伯姒之言甚善我姑偷生在世俟大願已償而后與夫君聚首矣於是匍匐而起釋禮服易衰蔴呼號擗踊聲達戸外聞者莫不爲之淚下喪葬旣畢猶復悲啼不已惟在舅姑之前必强爲收淚終身服素屏粉飾絶嬉笑飲氷茹蘗內外無閒言迨季叔生男即以嗣夫後未及一旬無病而歿年三十有九嗚呼高孺人所謂大願已償者意在斯乎意在斯乎其夫君之歿也甚奇孺人之歿也爲尤奇天生奇遇所以彰高孺人之奇節也余年已衰邁不事筆墨者已數十

年矣今秋薛氏續修家乘內弟心一暨姪蕚芳以韓孺人高孺人節畧請傳於余余雖荒疎義不容辭爰就余之所歷歷聞見者勉立一傳爲世之觀風者告焉

諸嘗讀易至坤元之義曰妻道也臣道也蓋夫婦之道通於君臣者也君亡則臣爲之託孤寄命夫亡則妻爲之撫孤立後此皆天壤閒之完人而爲萬世綱常之準也內嫂韓孺人高孺人一則俟孤成立而歿一則俟孤初生而歿要皆撫孤立後以慰夫君於九原者也一門

雙節四載兩逢此千古之奇事亦百世之芳名也異日建坊立祠我願薦香蘋潔藻肅然拜之

民國五年歲次丙辰孟秋上澣姻侍生陳　詰謹撰

節母孫太夫人序 十八世雲韜公配

中國承數千年禮教之遺婦女因守從一不改之義往往歷盡人世之艱難卒伸其承先啟後之志則其畢生之苦心孤詣允足以勵俗而風世矣吾友薛君子瑜明達士也以畢業於江蘇高等學堂獎給舉人授部司務卒以親故告養歸里暫任教育以待時可想見其志意之高潔客歲小住津門嘗以其太夫人事狀見示並乞爲序言以示後世予重君之懷仁抱義而不汲汲於世用則其蘊積愈久流光愈遠知異日必將大顯於時也

而並信太夫人之以身示範者爲不可及矣按節母姓孫氏爲吾邑孫菊泉先生幼女嫻習禮法精通書史歸同邑薛雲韜先生未幾雲韜先生即世遺孤纔八齡太夫人驟遭鉅變痛不欲生祇以老母在堂經年臥病仰事俯育匪異人任知殉節不難而存孤爲難乃忍痛强起力謀喪葬孝養無缺教育不懈家無婢僕內外事無鉅細悉以一身任之迨子稍長輒置於膝前親爲課讀以慈母而兼嚴父之責矣及成童出就外傳又慎擇名師使事之學大進能文章適清廷廢科舉興學校太

節母龔太孺人六旬壽序 十八世偉臣公配

節母龔太孺人余之長姊也系出武陵郡氏世居無錫北塘內大河池沿頭父諱芝湄公母孫太君幼嫻姆訓涉獵詩書旁及女工家政無不精習性忠直慈仁愛護弟妹體貼周祥無微不至先意承志能分父母之勞故父母絕愛憐之光緒辛巳年九月嬪於本邑青城市禮社薛偉臣公諱鳳鈞共生丈夫子二女四時祖姑及翁姑均在堂姊雞鳴入侍孝養重闈鴻案相莊敬事夫子凡縫紉浣炊一身肩之使偉臣公無內顧憂壹意求學

乙酉年偉臣公入泮堂上顧而樂之戚稱賢內助焉丁亥年祖姑孫太君棄養壬辰年先翁仲吉公繼之送往事居哀敬盡禮其後因族事爭差以致纏訟不休偉臣公抑鬱成目疾病日加劇光緒二十三年遂溘然長逝門庭冷落子女幼稚兩代孀居一燈對泣肝腸寸裂痛不欲生後經親長勸慰勉以大義謂殉節易撫孤難與爲其易寧爲其難姊乃勉抑哀思上事姑嫜下育子女入則篝燈課讀出使負笈從師摒擋家事幾無暇晷以致積勞成病綿綴牀第然猶力疾從事不稍寬貸其任夫人知風會所趨不容墨守立命愛子負笈於江蘇省立高等學堂辛苦爬梳使無乏用遂由預科而入正科越五年以數理科第一名畢業部試優第給出身授部曹聲譽鵲起和熊助讀之心始稍慰矣其間老母終堂孤兒授室無不備物盡禮艱苦卓絕殆難言喻及子瑜已成名鑒時事日非遂以告歸田里融融洩洩以遂烏哺之私亦慈孝一氣之所感也且太夫人願力深宏不私於已於教子之餘復謀所以培植族中子弟而尤拳拳於女子教育子瑜乃秉承母志與其從叔合力創設

培本女學而母復力盡義務主任教課鄉人始知教育之亟男女當並重焉迄今兒孫繞膝蘭桂騰芳太夫人猶康彊壽考備享人間清福未始非半生來苦心孤詣之所致也故援筆而樂爲書之

同邑楊壽枏拜譔

重其心苦矣今二子恂恂誠實均能自立有名於時爲地方所景仰家境日以裕子孫日以昌繞膝承歡得含飴之樂中年茹苦晚境回甘歲寒然後知松柏洵不易也姊持己約待人寬布衣椎髻操作而前解囊輸財慷慨周急世界誠能持己約則斥華崇實舶來之品無用外貨不必抵制矣世界誠能待人寬則樂善好施貧富之級自消共產無庸過激矣今年春適值六秩稱觴蔚玉聯班滿堂舞彩洵乎德邵年高光前裕後天之報施善人爲不爽而世家之遺澤長也歲月不居人生如夢

婉孌青年變爲白頭姊弟而愛我之情體貼周詳無微不至猶如昨日所愧半生潦倒不克副我姊期望之殷草此以序殊覺負疚寸衷耳姊長男淦配陳氏靜芬孫三人弘訓弘誼弘誠次男淳配范氏純嫻孫三人弘謨弘謌弘諍女四人長女菱芬適蔣莊候選直隸州州判楊景靖次女蕊芬早卒三女定芬適高明橋國學生呂國楨四女墨珠適前州中塘南洋中學畢業生唐模孫女六人蘭芳蓴芳蓉芳長男淦出蘅芳菡芳堇芳次男淳出

中華民國九年歲次庚申春王月

候選訓導胞弟龔錫圭拜譔

孝貞女桂芝女士傳 十八世

孝貞女之義女素貞前清宣統元年肄業於鍾英女校時容遵師鈞畢業曾任是校教務入後容乃任教職於外足跡幾半天下離鄉久疏而孰知孝貞女已於去年孟秋病歿於蘇今屆薛氏續修家乘素貞由蘇函請爲孝貞女作傳容學術荒蕪不足以傳孝貞女惟念素貞身係義女孝思勝如親生不得不略術一二盡所知以傳之孝貞女禮社薛氏清元公之季女名桂芝清元公生三子伯英者孝貞女之長兄也

爲容內弟劉賡泰之外舅容至岳家嘗聞內嫂言之綦詳孝貞女三歲時洪楊亂作禍延蘇常清元公避難江北死焉孝貞女之母陳氏撫孤自守家無擔石勤十指以免溝壑一門五口懷抱者提携者肩負者教養兼備以至成人及兄皆授室而孝貞女謂父已早死母亦年老從此完孝之心生不嫁之志決機聲軋軋寒暑無間孝貞女之勤紡織也燈火熒熒夜深不息孝貞女之勤針黹也雖無家室之累而甘旨侍奉晩菽早韭一纖弱女子常得母之歡心其母得享大年者孝貞女之力居多焉故於本邑惠山節孝祠中有貞孝可風四字之匾額以作紀念孝貞女少年不嗜葷腥好佛學西方傳來諸經口無不喃喃誦嫺介昆魚相戒勿殺晩年領一義女素貞即以治身之道傳與義女其齋食戒殺一如孝貞女焉孝貞女之母歿後之二年喪葬事畢歲甲子孝貞女爲自身修養計卽寄居蘇州桃花塢旦夕拜焚三易寒暑而孝貞女病歿蘇邸孝貞女爲人儉樸堅貞母女間固稱其孝而兄弟間亦和藹非常待義女亦慈愛可親人

世間罕有其人他年採風問俗者得一擇焉則增光綽楔非特閭里之榮也孝貞女生於同治元年壬戌十一月初九日卒於民國十五年丙寅七月二十二日壽六十有五孝貞女之義女名素貞素貞之義女名瑞芳俎豆馨香綿延弗替吾知孝貞女當含笑於泉壤矣

中華民國十六年夏歷孟秋之月

姻愚姪戴容先謹撰

表兄子安薛公傳 十八世

傳有之曰修德者必獲報夫修德之人不必預蘄其報也而報必隨之吾以驗之表兄子安薛公公隸錫邑之禮社鎮爲母舅紹曾公之長子幼有至性聰穎逾常人年十三而孤時丁洪楊亂家道寒微乃出就外務依人作嫁者十數年賓主相洽甚歡某年除夕風雪覆舟天寒月晦同人甚爲怖恐公未習泅泳諸術而果誕登彼岸信乎忠信可涉波濤亦神力有以佑之也事暇喜披書册以自娱凡古昔之嘉言懿行揭諸座右以爲銘故

頗注意於私德及公益諸事業子產聽鄭國之政乘輿濟人一事孟氏以小惠譏之蓋可以濟一二人不足以濟千萬人徒杠輿梁自有及時行政之策在五牧之有柳堰橋年久失修磚石剝落爲行旅往來之孔道適滬寧鐵路修築隨沿塘橋勢高下以爲衡公乃相時機而利用之亟籌欵興工奔馳星夜越月餘而工竣至今石梁虹貫於上塘皆公之流澤長也他如玉祁之張曹橋澄錫交界之界溪橋事關修築僉以駕輕就熟倚公如左右手次第舉行爲一勞永逸之計鳳阜爲一鄉之勝地前建之玉皇行宮不戒於火公乃布捐册以重建觀瞻始壯本鎮之純陽雎陽合祠亦皆葺舊者而新之水龍宮則利於消防圖書館有裨於教育凡此善舉公皆不辭勞不避怨殫畢生之能力以規畫經營之即近屆譜系重修亦公等爲之首倡融和意見訂立議章成此五十餘年續纂之大事綜公之一生有益於社會有益於宗族並有益於神祇厥功匪淺前任青城市自治會議員江蘇第四屆省議員初選當選其允孚衆望可知歷經時代之滄桑變幻中無日不殫心竭慮外而應世

内而持家計婚男者四嫁女者二畢向平之素願益以綢繆風雨堂構更新公之心力已交瘁於此矣公享壽六十有一配劉氏亦習勞崇儉以敬姜遺德聞生子四各士商分軌以有用之實學相勗孫已三枝挺秀蓋公之系以單位相傳者累葉至此而繩繩繼繼蘭玉聯芳知必有顯揚而光大之者所謂修德獲報之說其在斯人歟其在斯人歟

民國歲次丁卯菊月之吉

愚表弟張澂荃謹撰

節母尤孺人紀略 十八世光鈺公配

孺人爲西漳尤玉峯公長女幼嫻姆教長習女工年二十一歲來歸薛氏光鈺公奉養舅姑如事父母敬愛妯娌如同姊妹爲薛家之賢婦不意光鈺公年僅二十三卽遭歲厄禱祀服藥均無效驗竟棄孺人而長逝孺人哀痛不已淚盡繼血輾轉欲以身殉時長子浚渭方週歲次子浚泉方懷孕妯娌勸止之曰撫孤成家匪異人任矣豈可以一死塞責耶孺人韙其言含淚任事不敢少懈自是孤燈紡織隻影縫紝絲添春閨錦製秋幃待

雛兒能食能言復竭力教忠教孝歐母畫荻方厥苦功柳母和丸同其深意舅姑藉以稍慰不復作悲酸語矣然而入學從師一肩未卸聯姻娶婦一肩又加以夫亡之人擔未了之事非胸有成竹者决不能措置裕如也今孺人已踰花甲耳目聰明精神強健兩子雖已分居猶復彼此兼顧長房有孫男二梭才梭傑次房有孫男一梭涛孫女一翰英今年薛氏續修宗譜浚泉恐乃母一生之苦節湮沒不彰也故爲余述其顛末余聞其事敬其人遂援筆而書之俾後之採風者得以覽焉

中華民國十四年仲冬之吉

世侍生殷曰同敬撰

士貞公傳略 十八世

歲乙丑纂修家乘鳳元隨諸長伯叔後忝職譜局觀於族人之有嘉言懿行者其後人爭以文傳之有人以文傳者文以人傳者要皆盡子孫應盡之義務耳鳳元一介小子抑且不文廼堯均叔屬傳其尊人士貞公固辭不獲復以堯均叔爲余總角交時相過從知公稔則義不容已也爰不揣譾陋謹詮次其崖略如次

公諱聞紹字士貞文浚公第二子承世襲雲騎尉職文錦公嗣也少而歧嶷師以遠到期之比長以貧故無力就外傳學以中輟文浚公命出外習業公念輟學中途習商盍奮勉授室後設肆於市逐什一之利經營籌畫備嘗艱辛雖勞勿怨嘗謂人曰喫人一盌受人使喚吾其爲五斗米折腰耶今者自食其力頗有自得之樂焉文浚公棄養時公長號擗踊泣不成聲以母氏在也力自節哀順變未至滅性斯時奉侍萱堂益以色養弟娶婦時尤竭力擘畫以襄其成壯年喪耦又殤其次子幾至喪明是非天性孝友慈祥者不至此公之爲人也守正不阿趨舍以時非分之財尤爲

深惡而痛疾者故職會計於保衛堂義塾也均能涓滴歸公里之人今猶稱道不衰焉公生於同治丁卯卒於民國庚申子三長卽堯均叔已克自樹立支孫鈁卒業於小學釗肥白有宅相斯天之所以報善人也

元曰金玉其外敗絮其中者世不乏其人欲求如公之匿跡銷聲不求聞達如隱君子者不多覯故吾謂公諱士貞殆名數其實士之守貞者歟

中華民國十四年之秋七月 族再姪 鳳元 拜撰

節母劉孺人紀略 十八世紱之公配

從來守節之難難在苦節之能守耳吾族有堂弟媳劉孺人年二十一嬪於薛家無恆產時翁俊臣公姑顧孺人年俱老氏乃親操井臼勤於紡織歷年勤苦適巽尋常越一年即舉一男恐勞姑神仍然出外操作不使翁姑有籌畫憂人莫不稱氏賢又越一年其夫紱之得寒疾醫藥罔效氏日夜禱天願以身代卒不瘳其時誓不欲生勺飲不入口者二日遺孤培清尚在襁褓姑抱其兒泣告曰如此呱呱何汝欲死耶氏乃悟即照常辦事

理殯葬事畢虧累益深即勤勞益甚詎料晦運迭乘踰年而姑又病歿人莫不爲氏慮而氏竟從容辦理隨遇而安恃縫紉之利益上事翁而下撫孤艱難之苦況從未訴與人知其賢可知嗣後蠶桑利興氏乃專事蠶桑藉以培植孤兒數年以來漸見家業恢張特慮翁壽不永耳遂爲之未雨綢繆百凡豫備氏年三十二翁果得病而終氏乃按部就班舉凡應有應爲之事無不極力遵行此時培清已十歲矣氏見培清字義粗通知非俗子益自奮勉而勤儉逾恒歷數年而稍有餘蓄又爲培清授室不見有支絀之象素無恆產之家得氏調劑克振家聲洵不多覯他如孝養父親留養在家病重而不送之回易簀時井井有條令人慕不令人議可見爲人之正直無有踰於氏者矣時年五十有一性益溫和與人交接隨在以和平處之不佔便宜不聞吝嗇故鄰里親族中無不上和下睦爲人人所稱道也氏生於光緒乙亥元年計守節已二十八年茲值續修宗譜其子培清囑余敘余因不辭謭陋爲余所詳知者草率成篇以垂於不朽云爾

民國十四年歲乙丑季秋之月上浣夫兄卓如氏謹敘

節婦陳孺人序略　十八世少丹公配

世皆以節烈並稱而余謂烈固難節尤難以烈在一時節在終身非成於性嫻於教則知之而果能蹈之者實戞戞乎不可多得節婦姓陳氏玉祁國學生獻賦公長女前清詔舉孝廉方正附貢生獻廷公之姪女也生三歲而父亡其母薛氏以守節蒙大憲題請旌表入祀惠山節孝祠里人咸稱之節婦幼時沈靜端莊不苟言笑女工針黹外並讀孝經列女傳蓋得力於母教者多也光緒庚寅年十九歸國學生薛君少丹惟少丹氣體素

弱咳嗽吐血等證時時發現節婦歸後躬奉湯藥獨任其勞十年之久未嘗稍懈節婦不惜家貲傾囊調治且日夜禱求願以身代而少丹卒不起時長子汝鈖甫八歲次子汝楫已於光緒戊戌年殤年僅四歲光緒庚子少丹疾革時泣謂節婦曰予無祿有負汝膝下藐孤全賴汝撫綏之言訖遂瞑目節婦呼天搶地欲以身殉因念孤兒所關於薛氏者甚大夫雖亡猶可冀子之成立節婦乃節哀順變經營喪葬悉中禮教兒綦嚴最難者當薛君少丹在日家計艱窘田產已典質在外節婦於夫歿之後兩年間將田產如數設法恢復原狀蓋父家夫家皆以詩書爲傳家起家物夫不永年而有志未展者節婦欲子承父志以振家聲也不幸天違人願光緒壬寅汝芬十歲而亡節婦痛甚幾不欲生宗族勸慰之曰汝夫早亡猶不自惜身命則似續未定門庭無主其將何以慰先夫於地下乎節婦意悟遂含淚而謝曰敢不承命由是茹蘖含荼綜理家政積數十年如一日節婦積勞過甚筋力日疲肝氣等證時發更兼形單影隻苦無可訴遂遵夫兄仲升等之命領愛女以伴終身愛

女性情溫和日夜在側未嘗片時廢離節婦有命順承弗違節婦有教銘佩弗忘節婦氣撑呼痛雖夜半更闌聞聲卽起周旋其間者十餘年民國己未適同邑張涇橋高友鴻節婦有病仍不時呼歸使之供奉湯藥節婦之不能一日離愛女者如此節婦一生節儉辛苦異常人荊釵布裙終身服素雖逢喜慶不稍粉飾年逾五十未嘗出門游觀亦未嘗入廟燒香脫非成於性嫻於教者烏能若是哉乙丑冬薛氏續修家乘余以孺人守節苦貞與其母同允符請旌之例又其事足以勵風俗也

爰據實而爲之序

中華民國十五年　月

前清優廩膳生現任縣議員陳麟章謹撰

貞節孫孺人述辭 十八世壽增君配

夫不壽兮亦傷人之悼兮未亡鏡將圓時影破玉在璞而含章古忠臣不事二君兮維烈女之不事二夫均足揹拄乎綱常允爲里族遐邇所式敬兮毋謂陰陽乖慘之不祥花燭迎兮淚下琴瑟撤兮音商上承祟歡於二代兮殫婦職之劬勩下慰夫祧於一綫兮纘舊德之馨香矢冰心以盟素兮岐孰與方普孝思於錫類兮遑莫能忘羌厭世以參佛學兮福因慧果悟色相於空茫組慈善兮德業堅鐵石兮肝腸女則曰貞而婦曰節附柏

舟錄以千古兮亘昭青史而有烈光

泉侍薛外祖母日久與談貞節甥女之志行知其系出名門幼字同邑薛君壽增即爲族之姪孫媳未及婚而夫卒聞訃慟不欲生者再多方慰解以來歸於薛遂其志夫青年矢節爲人所難而願奉粟主以永成其節尤難歸薛之夕里之耆碩爲撰聯以嘉其德焉時嗣王大母遺且病本生王大父暨王母在堂孺人以孝以養賢勞眞摯均依依得堂上歡以故戚黨中夙有聲外祖母距居不數武輒以時存問有疾則侍養有加亦孝思不

匱之一也謹略綴數語以誌欽仰

民國十四年歲次乙丑

候選訓導暨陽張漱泉俟正草

季賢君序　十八世

薛季賢君爲陸醫學博士蘭亭公之高弟也蘭亭公世居澄江精中西醫學民國某年季賢君從之遊陸公以季賢君聰穎過人授以鍼砭灸艾注射藥水諸急救法季賢君心領神會悉得其秘歸而施治本鄉活人無算民國十四年春三月薛慕禹君爲之懸壺張筵演劇遠近之得其惠而來賀者充巷塞衢季賢君晝夜招待周到之至逾於恆人不意爲仇家所忌誣以抽頭漁利私報廵警將季賢君逮捕季賢君從容庭質詞不稍屈縣令知其爲仇人挾嫌温語慰謝并請順風送之歸家重

爲掛紅懸壺其事始寢人固有以受誣若此爲之不平者余謂此即季賢君名譽大噪之始也夫仲尼見厄而春秋著屈原放逐而離騷著左邱失明而國語著孫子臏脚而兵法著季賢君受辱一時殆即其醫學傳誦一時之基也由是觀之人不可以受誣亦不可以受誣爲辱惟閲人多而經驗足者爲能知箇中之曲折否則人云亦云衆好之亦好之衆惡之亦惡之有何公道之可言哉予故爲之敘其生平而獨詳此

中華民國十四年十月日　友生殷曰同贈

族祖炳宗公傳　十八世

公諱曜千字炳宗爲余族叔祖亦忘年交也少讀書聰穎異常兒故其尊人季芳公甚愛之嘗曰此兒非徒以一衿終老者已而歐學東漸知帖括之愚民也科舉廢焉公乃負笈江陰就南菁書院學每試輒冠儕輩駕服其爲文也洋洋灑灑一瀉千里筆無滯機庚戌秋季芳公捐館舍公聞訃星夜匍匐奔喪哀毀盡禮在院服闋終其制没由見其齒卒業後遊幕於津漢之間以公之性恍爽而有俠氣也一時賢士大夫樂與往還鄉人有往投者必助之資被其惠者猶稱公當時之慷慨解囊絶無吝色云以是辛亥政變公歸來時宦囊羞澀清風兩袖耳當斯時也中原多故國事已非公厭棄宦途蟄居家園遂得與余交一日過余室縱談往事及曩時之遊黄鶴樓曰余在漢時偶約二三友人作黄鶴樓之遊至則拾級而上登伯牙琴臺臺之四周雅多題咏余會記其最佳者有古調人誰識知音世所稀洵乎知己之難得也阮其我之鍾子期乎於是公與余交益密晰夕過從或以吟事相規勖或以盆花相餽贈或以宦海風

味慨陳其勢利酒酣耳熱時常誦若論世事金能語説到人情劍欲鳴之句即此可以想見公之爲人又曰我禮社薛氏英才濟濟足冠一鄉他年改良社會實攸賴焉惜乎散沙一盤時起鬩牆之爭若我儕不再覺悟則社會現象其將伊於胡底耶言罷欷歔嗟乎其人物故其言足以不朽矣設公而在造福地方又何如廼天不假年以勞疾卒於民國十二年四月十四日距其生光緒辛卯三十三年也德配顧氏撫孤守節子一春浦尚幼異日必能闡揚其先人蓋公之遺澤長也公疾革時

元以俗務羈縻滬江不克撫棺一慟茲居脩輯家乘以其言行之可紀者謹略陳梗概誌余人琹之感亦以待春浦叔之欲曉其尊人之崖略也

逢源氏曰有人焉其志非不大其才非不宏乃終其生而抱負莫伸懷才不遇以致没世而名不稱者不亦可慨也夫吾讀宗譜雨茂才記不禁感慨係之慨公之爲其三也願後之讀公傳者勿再有感於斯文

中華民國十四年秋七月　族再姪鳳元拜撰

唐節婦事略　十九世少卿公配

嗚呼節婦之難也尚矣蓋烈婦或激於一時猶易爲也節婦非素有定志安能飲冰茹蘗至數十年其所感痛困苦視烈婦爲尤甚况復上有二親下無子女獨能竭力以盡孝養委曲以延血食如唐節婦者不尤難而尤賢哉節婦爲余表弟少卿之配其生平苦節余知之審久欲表彰之歲乙丑薛氏續脩宗譜乞余傳不敢以不文辭節婦籍無錫父名慶稻年二十歸於薛爲禮社望族余舅氏本素封亂後家中落以是少卿棄儒而習賈

成婚後恆居肆中不得歸婦身任烹飪縫紉盥饋以事翁姑深得其歡心視之若己女蓋少卿無同懷伯仲愛子以及婦固其宜也節婦性柔婉喜靜默所居禮社鄰里諸婦常相過遊嬉節婦往往閉門不出體弱久不育堂上望孫切節婦屢勸少卿納寵爲嗣續計光緒癸卯余宰霞浦少卿來閩中去家迢遠五載未一歸節婦每持齋禮佛爲丈夫祈福丁未六月少卿竟歿於閩垣凶問至家節婦痛不欲生繼思侍奉二老實爲已責且亡人旅櫬在數千里外誰返其骨乃以迎柩請於姑且探

少卿在閩有外遇已舉一男矣故欲𦇐閩以求其所在姑曰汝少婦安能遠出毋寧余之行也先是余悼少卿之客死又痛舅氏之無後也既知有外婦生子事亟命僕訪得之而馳書告舅氏於是吾妗母至閩攜之歸時兒纔三歲以失乳故羸弱多病屢瀕於危節婦朝夕提抱拊育之艱百倍尋常今此子曰榕生已自成立然則吾舅氏宗祀之獲延皆節婦力也嗚呼賢矣慨自政體改革異說爭鳴向所謂忠孝節義至欲盡棄而廢之其可痛孰甚吾尤痛夫女學日益發達婦德亦日益墮落

藉口自由號爲文明灌輸新智識吐棄舊道德節何有焉聞節婦之風其亦可以媿矣獨念節婦僻處窮鄉旌表未及余故表而出之毋使湮沒生而立傳古人有爲之者節其事於右以附薛氏家乘之末云

民國十四年孟秋之月

光緒乙丑恩科舉人霞浦縣知縣侍生孫錫華謹撰

薛孝女傳 十九世

孝女名菊貞係馥苑薛公諱士林長女陳宜人出而企唐薛君之胞姊也清光緒朝孝女年二十有六母陳宜人病篤衣不解帶者數閱月親侍湯藥上慰老父下撫幼弟見百醫之罔效乞以身代於是默禱上蒼焚香割股母服之而病瘳壽延六十有一是以孝行爲戚族鄰里稱越一載父馥苑公又病篤孝女再事割股病不起形毀角立尋致自病以一弱女子而前後兩次割股方之古貞孝女如曹大家文寧女一流亦不是過也于歸

梁溪徐頌如諱善登爲室孝事翁姑與事父母無稍異不意孝女年僅三十有八郎失所天矢志冰霜驟入黃蘗薑桂境矣抑且上有尊嫜膝下無兒徐氏本梁溪鄉宦富有貲財長次兩房原未分爨詎自孝女之夫頌如君不祿後長房欺其寡弱佔沒財產衣食不給并復苛虐待之至不得已而涉訟公庭事難得白以致別居獨力炊爨亦云苦矣噫一生節孝不辭勞瘁工鍼黹以自贍身家并復樂善守志奉佛持齋爲親恩未報計終身茹素以養天和其篤於倫理爲何如耶泯與孝女有姻

婭誼知其家世及行事最悉爰表其孝行以風世爲作
節孝女傳
中華民國十四年十一月　日
福建高等檢察廳檢察官思明地方檢察長　姻弟　張棨
泯拜撰

薛君培昌傳　十九世

君姓薛氏諱植字培昌爲予繼室胞弟初予婦女兄弟有五而外舅仁安公年將知命猶無丈夫子心殊惴惴恒以嗣續爲憂及君之生外舅正五旬外姑邵太夫人亦年四十有三矣晩年得子珍如拱璧溺愛逾尋常然君性穎悟酷嗜文學每至予家輒孜孜問字終日不倦予甚寵異之惟家道寒素遂輟學習典業於孟河而父母亦先後謝世年纔弱冠勉力盡禮時肆中經理爲其舅氏邵小溪先生素知醫合藥濟世年以爲常君稍稍

習焉暇輒研究方書畧窺門徑孟河多名醫君所與交游必其醫學有根柢者也業大進其後隨舅氏轉業溧陽稍出問世輒奏效然僅限外科一門於内科則未敢自信也光復輟業又隨舅氏至毘陵會長姊丈吳君集貲設濟恆典於城中仍延舅氏經理而君亦升内缺主首飾房職務稍閑吳君乂與名醫金子城爲兒女親家遂問業而肆力於岐黄之術矣三年學益精進予不知也去春予以内感病劇復患外症去函促君至則便結五日勢已不支君視前醫方謂元陽已微誤投凉劑幾

不治急用溫補一劑而便解頓轉生機內服外數旬日
而瘳在鄉數日聞名就診者無不立奏奇效晨夕晤談
始悉近年在城醫業甚發達歷數危險重症經君起死回
生者指不勝屈益信吳下阿蒙三日不見刮目相待之
語固不誣也常城舊駐警備隊官佐目兵病無重輕輒
延君醫全體信仰遂補團部軍醫官今夏五月予以事
赴常見君伏案擬方操勞特甚詎料予歸匝月噩耗傳
來君竟以外症逝矣噫君病予不知君歿予不見及其
歸正首邱予尙因病淹留滬上不克親臨其喪予負君

矣君以光緒辛卯生民國乙丑卒年僅三十有五配唐
氏子四長文煥纔十七齡耳次殤三文德四文浩俱幼
女一殤嗚呼使天假之年活人濟世當無限量吾知良
醫之功不在良相下也孰意少壯康強之體竟一病不
起所謂能活人而不能自活可哀也已
中華民國十四年季秋之吉

姊婿 劉翼墀拜撰

薛君汝銑追悼會啟 十九世

嗟乎寢門失哭依稀黃卷之情橫舍驚才鄭重青錢之
選乃鯉庭捩美竟赴玉樓經苑蜚聲遽戕書種鏗鏗絜
矱實哀國士無雙斗酒隻雞寧爲一人私祭
薛君汝銑者生而醇粹神禪其辭長多思聞溺苦於學
窮業五際之途尋契千載以往始橫琴於海上繼負笈
於東膠歷南朝金粉之場溜塵不汨居京華冠蓋之地
憔悴伊人落落在松之颺鄰鄰出石之水成神有骨豈
曰酒徒嘔血及心孰云尸壓嗚呼黃橫丁厄歲值龍蛇

月纏鬱腐讖成鵩鳥千鍾未逮西河有痛子之悲亘古
長嗟伯道竟無兒興嘆素帷誰語深閨則寡鵠生憐宿
草未滋萬里則知交死別 同人 等苔岑舊侶鵝鶒私期
固知任昉無文難伸尺素第嵇郭公全德莫勒碑銘謹
丏篇章用光泉壤嗚呼松楸露盡非無染淚之株溟渤
塵揚祇有生金之字所冀素靈宛在允鑒椒漿丹旐非
遙願茲蕪詠云爾

陳鵬程 賈念曾 王汝昌
朱 卓 程家桐 陳其鹿

顧　鼎　譚　澄　楊濟華
孫熙文　梁敬錞　周大經
發起人　楊健霄　江鐘麟　范　鎧同啟
李　芳　吳　澄　劉光頤
陳湛恩　楊宗燗　宗　布
李振寰　周增奎　葛維翰

民國六年三月初四日

節母余孺人序　十九世汝銑公配

節母余孺人予之三姊也世居無錫北塘之石板頭蓮村先生之後裔昂夫公之三女也幼聰慧昂夫公輒於膝前教讀嫻習禮法通詩書精刺繡縫紉浣炊無不精美民國三年七月嬪於同邑禮社鎮薛君汝銑時汝銑肄業北京國立北京大學因家計式微無力供修膳節母乃質裙釵以助民國六年得法學士位畢業歸來嗣母陳孺人顧而樂之方冀異日之大顯於時也是時汝銑在北京因張勳復辟之役避入地穴受寒而得肺病

節母供奉湯藥未嘗稍懈日夜禱求願以身代奈病入膏肓醫藥罔效延至六年十一月而卒節母時年二十六歲遺一幼女蕙心祇二齡節母驟遭巨變呼天搶地痛不欲生因思兩代孀居汝銑無嗣遂含淚任事喪葬既畢復日夜悲啼惟於嗣母陳孺人前必强爲歡顏明年蕙心卒而嗣母陳孺人因痛夫逝子亡得肝氣疾每於夜半氣撐呼痛節母聞聲即起代爲按摩腹部每至（嗚呼處孤鴻之境盡爲婦之心生不逢辰亦云已矣而木朽蛀生更有難言之隱痛）天明而止且家無婢僕事無巨細悉以一身任之余恐吾姊一生苦節湮沒無聞乃畧具顛末附於家乘俾後

之子姓有觀感焉
民國歲次丁卯孟秋之月　胞弟余翊林拜撰

辛未續修宗譜跋

今
皇上御宇之三年粤氛肅清大功告成薄海內外咸舉
手加額頌
帝運之中興前此之流離遷徙者胥得復故業而各遂
其生越五年族尊乃集遺黎計存丁將有事乎譜牒之
修增於是按丁集貲分支繕稾體例悉循舊章損益適
孚衆志葢又閱二年至辛未仲秋始蕆厥事族人因戶
口凋殘撫今思昔若有不釋然者光乃推廣族尊所云

雖衰實盛之意以告諸族人曰粤我先祖鎮撫將軍自
明永樂間卜居於此命仲子襲職而長房世守田園終
明之世凡歷十傳隱德不顯洎乎我
朝涵濡沐浴二百餘年族乃日以昌大而貲亦頗饒每
念受
恩之高厚冀圖報效於涓埃爰詔兄弛惟以好義急公
相尚凡遇偏災恭荷
帑賑濟吾族必踴躍捐輸以仰副
聖天子廑念災黎之至意有時賑飢之後兼及饟軍捐

貲愈多蒙
恩亦愈渥於斯時也人耀頭銜之晉戶多瓜瓞之綿蓋
由咸豐己未上溯道光己丑僅三十年耳而吾族人丁
數幾逾倍嗚呼盛矣迨咸豐庚申春賊警日逼奉前邑
侯丁札辦團練吾里屬靑下鄉鄉之在運河上塘者凡
六啚而禮社居其南爲各啚屛障故議立局於禮社自
閏三月初二日立局後集貲募勇衆志成城誓以死守
四月初賊由丹陽下竄連陷常郡錫邑蘇城上塘爲往
來孔道股賊竄至各鄉有族姪榮生者率衆拒敵屢有
斬獲至初九日於蔡家岸橋禦賊已斃賊一人適中賊
槍亦斃衆乃負其尸并斷賊首以歸明日殮於團練局
之門外以賊首供其前局中無論長幼皆泣拜以故人
人思奮各鄉之有智略勇藝者聞風俱來就勢益振十
八日賊由龔巷將至禮社團勇馳赴獲執旗賊目二名
斃賊二十一人自後賊即無入境者五月十八日賊大
隊由前洲將往江陰拘擄婦女意圖夜宿團勇攻襲其
後砍斃數人槍斃數十人奪獲賊旗賊印賊速夜遁婦
女盡得釋回自後賊即無再由此路者六月初九日忽

有賊五百餘人在沿塘洛社之開利寺住宿大肆騷擾
團勇於十一日夜奮勇進勦槍礟齊施斃賊百餘人生
擒數十人斬首二十餘級奪獲器械無數而團勇受傷
僅五人自後賊即無從上塘經過者當是時毘連各鄉
均議仿照集團聲勢漸可聯絡常城錫城之避難者到
此視爲樂郊俱思僑寓吾里而吾族與團勇輩雖處屢
勝而不驕日夜摩厲以俟大兵之至其視斷脰穴胸皆
分內事絕不作成敗計也惟計大江以南獨常熟尙固
守邑侯周威望素著因將團練情形具稟往訴蒙給六
品功牌者二人並給圖記火藥焉乃七月初五日忽見
沿塘烽火十餘處知有賊來犯團勇即枵腹往禦自辰
至亥始得收隊初六日早聞賊將至龔巷即撥團勇七
成出仗頃之有人回報云賊不過千餘人無慮也蓋我
勇遇賊素當一以當十故云然耳詎意無錫賊首暗約
常郡江陰諸賊於夜間假裝難民由閒道進巳乘虛直
擣禮社矣於是前敵者折回奮擊留守者會集巷戰殺
傷略相當而賊勢愈集怨愈深以故是日遇賊無得免
者然賊至縱掠僅一時許至午後即焚燒房屋擄所掠

貲舁其屍以去蓋恐團勇復集不敢久留也方擬收合
餘燼再圖後舉而十六日賊復大至焚擄更甚軍貲火
藥勇目册籍蕩然無存從此團練一局不可復振矣是
役也以方廣五六里之地募團勇五百餘人集義民六
百餘人縻費萬餘金屢次出戰共斃賊三百餘人終以
衆寡不敵而敗統計臨難捐軀在局司事者十餘人團
勇十餘人義民百餘人婦女幼弱及外來避難者不可
勝計貲財被掠一空廬舍被焚大半凡賊所擾害地方
莫有慘於禮社者曾於靖江謁見署無錫邑侯陸具禀

備案焉自團局散役志不甘屈者挈家遠徙心未全灰
者赴營投効而力難自拔者仍株守故里受賊荼毒同
治癸亥秋大軍克復常熟進取江陰賊勢愈蹙蹂躪愈
甚始思渡江北避而是時江口已禁絶往來求生無路
不得已賣鬻衣物拋棄嬰孩以冀苟延旦夕幸劉軍門
由江陰移駐青暘吾族呼籲乞援即蒙令爲前導於九
月初二日親統大軍在九頃橋圍勦擊斬無算乘勢窮
追青下一鄉遂得安堵復取賊所刈穀散給飢民瀕死
者乃得復活蓋距十一月初一日收復錫城先見天日

者六旬儻延至斯時則死亡無孑遺矣迨甲子夏復常
州秋克金陵族人始悉旋里其時約計人丁十存其四
今復休養生息者六七年較之咸豐己未時尚不能得
十之五嗚呼衰矣然自甲子以來蒙地方大吏採訪奉
旨賜卹入祀昭忠祠給予世職者三十餘人并蒙
欽差大臣以軍功彙奏奉
旨賞戴翎枝者三人至在局辦理團練捐貲出力者均
自謂世受
國恩分當圖報尚未敢呈請詳奏仰邀

獎敘也而疊奉
綸音孤忠必表微績咸褒已如此凡我族人苟深維昔
日之所由盛與今日之所由衰幸際
中興之世旋乾轉坤休否亨屯摩義而漸仁飭紀而明
倫既
帡幪之如舊復
鼓舞之維新誠使爲父兄者祖訓之是申爲子弟者家
範之是遵爲婦女者閫教之是循於以蕃育長子孫永
爲我

朝廷安長治之臣民是非特雖衰實盛而亦即由衰轉
盛之因安知數十年後不較諸曩昔而倍見其緜振族
人聞光言咸轉戚而爲欣爰於譜牒告竣謹書此語跋
其後以爲異日之劵云
歲在重光協洽壯月　十六世裔孫熊光謹跋

領譜字號
丁卯續修編成一百零二部每部二十本註定某
字號給某人領茲將領譜芳名開列如左
天字號　中房十七世文洪　領
地字號　中房十七世省銓　領
元字號　中房十七世克明　領
黃字號　中房十七世掌林　領
宇字號　中房十七世漢鈞　領
宙字號　中房十七世肇榮　領

洪字號　中房十七世顯榮　領
芳字號　中房十七世漢傑十八世金濤 望之　領
日字號　中房十八世汝璉　領
月字號　中房十八世振麟　領
盈字號　中房十八世南昌　領
昃字號　中房十八世鳳圻　領
辰字號　西房十八世根全　領
宿字號　中房十八世端性 篇志　領
列字號　東房十八世金軒　領

張字號　中房十八世汝熙　領
寒字號　東房十八世雙全　領
來字號　中房十八世汝濟　領
暑字號　西房十八世紀祥　領
往字號　中房十八世順全　領
秋字號　中房十八世紹和　領
收字號　中房十八世葆沅　領
冬字號　東房十八世九松　領
藏字號　中房十八世藍田　領

閏字號　中房十八世光宇　領
餘字號　西房十八世濬榮　領
成字號　中房十八世詠杕　領
歲字號　中房十八世玠銓　領
律字號　東房十八世潮璋　領
呂字號　中房十八世士本　領
調字號　中房十八世雲潮　領
陽字號　中房十八世正銓　領
雲字號　中房十八世家鳳　領

騰字號　中房十八世裕法　領
致字號　中房十八世干城　領
雨字號　中房十八世殿魁　領
露字號　中房十八世新業　領
結字號　中房十八世覲光十九世傳霖　領
爲字號　中房十八世勸良 蓮蓀　領
霜字號　中房十八世永康　領
金字號　中房十八世聽淇　領
生字號　中房十八世清標　領

麗字號　中房十八世桂生　領
水字號　中房十八世鶴鳴 志向　領
玉字號　中房十八世乃成　領
出字號　中房十八世接三 壽彭　領
崑字號　東房十八世根裕　領
岡字號　中房十八世秉鈞　領
劍字號　中房十八世勤業　領
號字號　中房十八世家駿　領
巨字號　中房十八世炯　領

閏字號　中房十八世江淹　領
珠字號　中房十八世穎　領
稱字號　中房十八世邵肇十九世祖榮　領
夜字號　中房十八世光釗　領
光字號　中房十八世高墱　領
果字號　東房十九世汶漳　領
珍字號　中房十九世和尊　領
李字號　東房十九世燡培 銘勛　領
柰字號　中房十九世錦明 豫剛　領

菜字號　中房十九世念祖　領
重字號　中房十九世維清 維城　領
芥字號　中房十九世金臺　領
薑字號　中房十九世金泰　領
海字號　中房十九世耀祖　領
鹹字號　中房十九世祖德 錫生　領
河字號　中房十九世景瑄　領
淡字號　中房十九世炳煜　領
鱗字號　中房十九世宗燮 宗堯　領

潛字號　中房十九世坤元　領
羽字號　中房十九世福厚　領
翔字號　中房十九世振燾　領
龍字號　東房十九世禎祥　領
師字號　中房十九世纘祖　領
大字號　中房十九世隆吉　領
帝字號　中房十九世淦 濬　領
鳥字號　中房十九世堯均　領
官字號　中房十九世根培　領

人字號　中房十九世乾元　領
皇字號　中房十九世克勤　領
始字號　中房十九世夏聲　領
制字號　中房十九世祖銘　領
文字號　中房十九世紹宗 允宗　領
字字號　中房十九世桂生　領
乃字號　中房十九世瑩祖　領
服字號　中房二十世桂芳　領
衣字號　中房二十世金榮　領

裳字號　中房二十世根林　領

推字號　中房二十世福根　領

位字號　中房二十世培根　領

讓字號　中房二十世鳳章　領

國字號　中房二十世汝珍　領

有字號　中房二十世軏鎮　領

虞字號　中房二十世文明　領

陶字號　中房二十世仁德　領

唐字號　中房二十世顯祖　領

弔字號　中房二十一世金寶　領

民字號　中房二十一世錫源　領

伐字號　中房二十一世修良　領

材字號　中房二十一世毅　領

周字號　中房二十一世玠寶　領

發字號　領

中華民國十六年冬季　給

後記

無錫是中國吴文化的發祥地。七千多年悠久歷史與文明，造就了『梁溪明秀之區，衣冠禮樂甲於江左』的城市人文傳統和深厚的歷史文化底藴。數千年來，文脉綿延，永世流芳。邵寶在《錫山遺響》序中曾經這樣描述：『錫之爲邑，在三吴間。山水清麗豐曠，生其地者，多沉雅秀整，以文名家，代不乏人。』文化已經成爲這座城市最本色的氣質。爲傳承吴地文明，建設文化名城，進一步彰顯無錫城市内在精神特質，經過幾年的精心策劃，旨在全面整理地方文化典籍的《無錫文庫》編纂出版工作於二〇一〇年全面啓動，二〇一一年起陸續與讀者見面了。

無錫的城市文化曾經爲中華文化寶庫作出過巨大貢獻。顧愷之、倪瓚、王紱、鄒一桂、賀天健、徐悲鴻、錢松嵒、吴冠中，如松秀群嶺，在中國繪畫史上擁有很高的地位；華秋蘋、楊蔭瀏、劉天華、華彦鈞（阿炳），乃韵動天籟，對中國音樂發展發揮了重要作用；李紳、蔣防、尤袤、蔣捷、陳維崧、顧貞觀、嚴繩孫、周濟、劉半農，皆胸懷錦綉，在中國文學史上可謂各領風騷；計六奇、顧祖禹、顧棟高、秦蕙田、嵇璜、錢基博、錢穆、錢鍾書、錢海岳，可稱堂奥廣庭，學造淵源，在中國學術史上卓然大家；顧憲成、高攀龍之東林，唐文治之『國專』，徐霞客之游記，徐壽、華蘅芳之『格致之學』，陳翰笙、錢俊瑞、孫治方、薛暮橋之經濟學，都堪稱中華文化史上的一座座高峰，至今閃耀着炫目的光芒。

深厚的歷史文化底蘊激發了無錫城市的文化自覺。市委、市政府滿懷對鄉土誠摯之情、對文化敬畏之感，以義不容辭的責任擔當，致力於文化强市建設，以科學的理念和方式對歷史文化遺産作全方位的觀照、深層次的發掘、系統性的保護，匯四海之智，舉全市之力，共襄文化建設盛舉。二〇〇六年十二月，無錫市成功申報國家歷史文化名城，標志着新一輪文化意識的覺醒，并迅速轉化爲文化自覺的實踐。近年來，我市全面啓動惠山、清名橋、小婁巷、榮巷、蕩口等五個歷史文化街區和十個古村落保護修復工程，『護其貌，顯其顔，鑄其魂，揚其韵』；鴻山遺址成功保護的經驗被國家文物局譽爲大遺址保護『無錫模式』，并被授予首批國家考古大遺址公園，闔閭城遺址考古發現則確立了歷史上無錫曾作爲吴王闔閭都城的地位；建成開放六十餘座博物館、名人故居和紀念館；對無錫的非物質文化遺産予以重點保護；每年春天舉辦的中國（無錫）吴文化節、中國文化遺産保護論壇成爲文化亮點，享譽海内外。這些舉措遵循規律，探索文化建設體制和機制的創新，形成了寶貴的『無錫經驗』，得到海内外學者、專家的一致肯定。

在注重保護歷史文化遺存的過程中，發掘、整理無錫歷史文獻著作，展示和弘揚無錫城市的思想精神世界，自然而然成爲大家關注的重點。二〇〇六年，市委宣傳部組織無錫文史專家、學者編撰的十七册三百萬字的《無錫文化叢書》正式出版，引起强烈反響，出版後供不應求，在二〇〇八年再版加印。《無錫文化叢書》集中反映了無錫城市文化精華，展示了無錫城市文化特質，彰顯了無錫歷史文化的厚重，同時也告訴人們，文化精神的傳遞是文化繁榮發展的重要内涵，一旦擦去歲月蒙塵，優秀的歷史文化就會轉化成爲取之不盡的精神財富。

爲了進一步彰顯城市歷史文化底藴，二〇〇七年，市委、市政府將全面系統整理無錫文化典籍擺上工作議事日程，明確提出編纂《無錫文庫》。由于無錫歷史文化底藴深厚，卷帙浩繁，内容豐富，編纂工作千頭萬緒，要想整理出一部簡明扼要而又内容翔實、主旨鮮明而又文質彬彬的文獻集成，難度遠大於預想。爲此，我們先後成立了《無錫文庫》工作委員會和編輯委員會，加强對編纂出版工作的組織領導與統籌協調，在尊重歷史、尊重規律、尊重科學、尊重專家的基礎上，積極推進文庫編纂工作。編輯委員會經過反復論證，明確原則，綱舉目張，有條不紊地開展工作。充分憑借地方文史專家的優勢，充分發揮高校人文學院、研究機構的作用，充分依靠出版機構的專業經驗，并邀請國内外著名文史專家指導、把關，形成了文庫編纂的工作合力。

在編輯過程中，我們力求使《無錫文庫》成爲經得起歷史考驗的鄉邦文獻集成。

全面規劃又保持開放結構。面對豐富的歷史文化積澱，没有規劃就不可能形成清晰的編纂思路。在前期編纂工作中，編輯委員會經過二十餘次的論證會和專題研討會，形成并確定了《無錫文庫》總書目，明確了收録範圍和内容主體，立足無錫市區，兼顧江陰、宜興，主要體現無錫本土内容，突出人文科學，適當兼顧其他門類。據此，《無錫文庫》收録圖書五百五十餘種，分爲五輯：第一輯『官修舊志』，收編無錫地方志（含江陰、宜興）；第二輯『地方史料專著』，收編反映無錫地方史料的專著與筆記；第三輯『年譜家乘』，收編無錫（含江陰、宜興）地方名人年譜和望族的家譜；第四輯『無錫文存』，收編歷史上無錫作家詩文和專著的精華；第五輯『近現代名家名著存目』，編撰無錫近現代名家名著的書目提要。爲使文庫具有更大的開放度和包容量，《無錫文庫》注重整體設計，在框架分類上既注意整合，又突出重點，考慮到文庫的涵蓋面和系統性；在書目選擇上既注重經典性，又强調代表性，兼顧到圖書本身質量和作者特點；在出版方式上既總體規劃、循序推進，又采取較爲靈活的方式，成熟一批出版一批，不編序號，爲今後增補書目預留空間。

尊重歷史又反映時代特色。《無錫文庫》注重歷史性與時代性相結合，以嶄新的學術角度和現代學科理念對城市歷史文化進行整理和弘揚。編纂工作充分體現對歷史傳統的尊重，儘可能減少評述性成分，杜絶截割、改篡、增删圖書内容，對節選本衹采取作者的自選本。與此同時，以現代學術視野來看待傳統史料，增加收録有價值的歷史資料和文獻，如對民國時期的一些稿本、期刊、會刊、紀念册也予以應有的關注，收入了部分重要的民間史料。

保持原貌又便于讀者查閲。《無錫文庫》除第五輯外，全部采用原版影印方式，力争選擇最優版本作底本，保持文獻著作的歷史面目。爲了便於閲讀、查證、使用、研究，每一輯均撰寫編輯説明，每種書撰寫提要，并編撰《文庫》書目索引。通過這樣的方式，使《無錫文庫》兼具工具書檢索的作用，增强文化典籍整理的實用功能。

如期完成又精益求精。《無錫文庫》作爲一項重大文化工程，編纂工作面廣量大，必須集中力量，一鼓作氣。我們明確，從編纂工作全面啓動開始，花三年時間完成《無錫文庫》出版工作。《無錫文庫》總書目形成後，五輯的書目編纂工作同時開展，整體推進。我們要求，《無錫文庫》編纂出版工作要强化精品意識，力求思想精深、内容精彩、選編精當、學風精良、裝幀精美。文庫編纂出版的每個環節都反復論證推敲，確保經得起歷史檢驗。

《無錫文庫》的編纂出版工作，得到了鳳凰出版傳媒集團的大力支持，鳳凰出版社在版本選擇、編輯出版方面做了細緻的工作；由於《無錫文庫》收録的資料有三分之二散落在全國各圖書館中，中國國家圖書館、上海圖書館、南京圖書館等一批國内知名圖書館爲此提供了積極的幫助；應邀擔任《無錫文庫》學術顧問的專家，都是無錫籍的文化名人和國内一流的古籍研究專家，他們有的不顧年事已高，有的不顧自身工作繁忙，爲《無錫文庫》的編纂工作付出辛勤勞動；《無錫文庫》工作委員會和編輯委員會成員以及編務人員在文庫編纂出版過程中做了大量的工作。在此，謹向他們表示崇高的敬意和由衷的謝忱！

由於《無錫文庫》收録内容涉及範圍廣，時間跨度長，部分書目已經散佚，可利用資料受到限制，加之編輯委員會水平有限，《無錫文庫》的編纂工作難免會有一些疏漏和錯誤，不當之處敬請讀者指正。

王立人

二〇一一年一月